윤리학 그 흐름과 쟁점들

'일리아스'부터 '죄수 딜레마'까지

건지학술총서

'06

Ethics, Its History and Issues

윤리학 그 흐름과 쟁점들

'일리아스'부터 '죄수 딜레마'까지

최용철

전북대학교출판문화원

서문

윤리학은 어떻게 살아야 하는가를 묻는다. 이 책에서는 이 물음을 시대에 맞춰 12개 주제로 나누었고, 그 주제에 따른 여러 사상을 살펴보았다. 그렇게 12개 주제를 살피다 머리말을 쓰는 지금에 이르니 그동안 마치 어디 머나먼 곳을 여행했다는 느낌이다. 여행 중에는 언제나 새로운 것을 만나게 마련인데, 이 여행에서도 온통 새로운 것뿐이었다. 이 여행 중, 이제껏 알고 있었던 것들은 잘못이었거나 아니면 한참 모르고 있었던 것들이었음이 밝혀졌다.

그렇게 밝혀진 것 중 하나가, 그리스 윤리사상이 등장한 것은 헤아리기조차 힘든 오래전이었다는 사실이다. 그리스 윤리사상은 소크라테스 그 이전, 어딘지 모를 때로 거슬러 올라가야 한다는 점은 정말 놀라웠다. 대략 호메로스가 등장한 것이 기원전 9세기경이었고, 트로이 전쟁은 그로부터 300년 전쯤으로 추정하니, 대략 잡아도 지금부터 3200년 전후쯤 어떻게 살아야 하느냐는 물음을 이미 묻고 있었던 셈이다. 그런 만큼 이제껏 소크라테스와 플라톤 그 이후에만 맴돌았다는 것은 어이없는 일이었다. 플라톤 이후 철학은 플라톤에 대한 주석에 불과하다는 말을, 플라톤이야말로 그 이전 그리스 철학에 대한 주석, 그것도 아주 소소한 주석에 불과하다는 말로 감히 바꿀 수도 있겠다.

특히 소크라테스와 플라톤으로 이어지는 철학은 그 이전 철학에 대한 반동이었음도 여태 잘 몰랐던 사실이다. 그 이전 탈레스가 시작했던 자연철학은 '변화'와 '운동'을 추구했다. 자연철학은 그때까지 살아왔던 방식을 '변화'시키려는 '운동'이었다. 자연철학은 그 당시 사람들이 숭상하던 온갖 신들을 거부한 새로운 세계관이었다. 자연철학은 그 당시 지배구조를 바꾸려는 열망에서 비롯한, 윤리학이거나 아니면 사회철학이었다. 그러나 그러한 열망은 언제나 강력한 지배자에게 꺾이고 말았다.

'변화'와 '운동'을 내세우는 사상은 불온했고, 지배자들은 그 불온한 사상을 억눌렀다. 강력한 지배체제 속에서는 체념이 고작 실천지혜였다. 체념하지 않았던 소크라테스는 처형당했다. 제자 플라톤은 지배자가 누가 되느냐에 따라 국가는 재앙을 겪게 된다고 주장하였다. 결론은 철학자가 왕인 이상국가였다. 그러나 이상국가란 모든 걸 체념한 사람에게는 코웃음거리였다.

강력한 지배자가 등장하면서 개인은 비열해졌다. 아리스토텔레스는 관조를 최고 철학인 양 내세워 아예 체제에 순응했다. 지배자가 아니라면, 삶은 둘 중 하나였다. 지배자에게 복종하는 비열한 삶 아니면 체념하는 삶이었다. 체념한 사람에게는 국가 없는 무지배 삶만이 이상이었다. 그렇게 세계시민은 등장했고, 에피쿠로스와 스토아주의자들은 체념한 시민들이었다.

'변화'와 '운동'을 거부하는 사회에서 지배력은 더욱 공고해졌다. 강력한 지배력은 강제로 피지배층에게 이 우주가 영원불변하다고 교육했다. 말이 교육이지 세뇌였다. 어떤 종교는 이 강력한 지배체제에 편승하여 영구불변함이 마치 가능하기라도 한 듯 혹세무민했다. 그렇게 중세 종교철학은 지배이데올로기로 작동했다.

교부철학과 스콜라철학은 꼬락서니가 지배이데올로기에 헌신하는 시녀였다. 이 책을 쓰면서 특히 힘들었던 부분은 6장 '현세 vs. 내세'라는 쟁점에서 아우구스티누스와 아퀴나스를 다루는 부분이었다. 필자가 무지한 탓도 크지만 그 전개 과정을 따라 도달한 결론은 늘 실망스러웠다. 신성한 명령에 따르라는 게 결론이었기 때문이다. 어떻게 이게 철학이고 윤리학일 수 있을까 하는 회의가 앞섰다.

그런가 하면 신선함을 만끽할 수도 있었다. 역사상 강력한 지배자들이란 으뜸 조직폭력배였을 뿐이라는, 페인이 내세운 주장에서 그랬다. 페인에게는 군주가 어떤 자들인가는 누구나 다 알 수 있는 상식이었다. 페인에 따르면, 본성상 지배받기를 거부하는 사람들이 강력한 군주로부터 지배를 받는다는 것은 도저히 인간답지 못하다. 하물며 세습군주제까지를 용인한다는 것은 상식에서 벗어난 무지막지함이다. 게다가 그 조직폭력배 두목이 모든 땅을 독차지하고 그 땅을 복종하는 자들에게 나눠 주는 짓을 견뎌야 한다니! 답은 혁명이었다.

페인에 따르면, 토마스 홉스가 내세운 사회계약설도 군주제를 합리화하려는 은폐된 계략이다. 홉스는 으뜸 폭력배에 세습까지 더해진 스튜어트 왕가에 충실한 신민이었기 때문이다. 그런가 하면 존 로크가 내세운 소유권 이론도 그 당시 왕과 귀족들이 차지한 토지 소유를 합리화하려는 교묘한 이론이었다. 로크는 노동으로 얼마든지 토지를 소유할 수 있었던 시대를 상정하지만, 실제로 그런 시대가 언제였는지, 정말로 그런 시대가 있었는지는 정녕 알 길이 없기 때문이다.

신선함과 달리 진부했던 부분도 있었다. 9장 '이성 vs. 감성' 부분이 그렇다. 이 부분에서 사상가들은 거의 한결같이 이성과 감성이 명확히 구별될 수 있다는 전제에서 어느 한편에 기울어지는 결론을 내렸다. 정녕 감성과 이성은 구별될 수 있을까, 의심스러움에도 그런 의심이 없었다.

10장 '자기이익 vs. 공공이익'이라는 쟁점은 진부하기가 9장과 비슷했다. 이 부분에서 쟁점은 자기이익과 공공이익을 명확히 구별할 수 있는가라는 문제였다. 여기서 결론은 자기이익과 공공이익은 서로 엄밀하게 구별될 수 없다는 것이었다. 그럼에도 탐욕스러움에서 벗어날 수 있는 능력이 이성인가 아니면 감성인가라는 물음이 다시 등장했다. 이러한 물음이 악령처럼 쫓아다닌다는 사실에 혼란스러웠다. 이 혼란스러움을 끝내 걷어내지 못해 아쉽다.

오래전부터 철학이란, 특히 윤리학이란, 무엇에도 얽매이지 않으려는 신념을 마련하는 작업이 아닐까 생각했었다. 그럼에도 이 책을 쓰는 일부터가 얽매임일 텐데 왜 책을 쓰는 걸까라는 의구심이 생겼다. 얽매이지 않으려고 함이 곧 얽매임이라는 역설에 마침내 휘말렸다. 고백하지만 필자는 역설인 줄 알면서도 이 책을 쓰려는 욕심을 누를 수 없었다. 윤리학을 전공하고 강의한 지 어언 30여 년, 어느덧 회갑에 이르렀고, 때맞춰 이 책을 펴내고 싶었던 탓이다.

이 책으로 필자는 지금까지 미욱했던 삶을 부끄럽게도 기념하면서 그동안 고마웠던 분들을 떠올린다. 먼저 올해 구순을 맞이하시는 김영철 선생님께 감사한다. 선생님은 필자에게 말 그대로 은사恩師이시다. 그분께 윤리학 강의를 처음 들으면서 윤리학을 전공할 수 있었고 지금 이 책을 쓸 수 있었다. 선생님께 동문수학했던 고려대 김성호, 진주교대 김명식, 전주교대 김성한, 진명여고 임덕준 선생에게도 감사한다.

전북대 윤리교육과에서 평생 동료인 이중호, 강두호 두 교수와 역사교육과 이희환, 철학과 백훈승, 교육학과 박세훈 교수께 감사한다. 또 과거 강의로 맺어진 소중한 인연을 아직까지 이어가는 전북대 윤리교육과 졸업생 최순삼, 김신자, 고혜자, 최형찬, 박윤석 선생에게도 감사한다.

아울러 오늘날까지 변치 않는 우정으로 함께 지내온 이영기 변호사, 전북대 로스쿨 김영문 교수, 정산회 오세익 회장, 삼삼해회 이호경 회장을 비롯하여 신화로 그리스 사상을 일깨워준 '세계신화연구소' 소장 김원익 선생, 무용가 최영숙 교수께 감사한다. 어머니(조명호)와 (영주, 영혜, 용배) 형제에게 감사함은 말할 것도 없다. 여기서 일일이 이름을 밝히지 못한 다른 많은 분들께도 감사한다.

2016년 5월 24일

최 용 철

목차

3장 소피스트 vs. 소크라테스

4장 철학자 왕 vs. 무지배

5장 폴리스 시민 vs. 세계 시민

6장 현세 vs. 내세

7장 자연 상태 vs. 사회 질서

8장 혁명 vs. 개혁

9장 이성 vs. 감정

10장 자기이익 vs. 공공이익

11장 현실 vs. 초월

12장 메타 윤리 vs. 규범 윤리

1장

인간 VS 신

01
'싸움' 패러다임

윤리학은 어떻게 살아야 하느냐를 묻는다. 언제부터 인간은 이런 물음을 묻기 시작했을까? 아마도 인간이 스스로 자기가 누구인가를 의식하면서부터였을 것이다. 그러면 언제부터 인간에게 이러한 의식이 생겼을까? 아마도 언어를 사용하면서부터였을 것이다. 언어를 사용하면서부터 비로소 어떻게 살아야 하는가라는 물음은 생겨났다.

고대 그리스에서 "그리스어를 처음으로 사용한 그리스 땅의 주민은 기원전 2000년대 후반부 미케네Mykene인이다."[1] 미케네 문명은 기원전 1300년과 1200년경 그 번영이 절정이었다. 미케네는 찬란한 청동기문화를 꽃피웠다. 그러나 어느 때부터인가 통치자들 사이에서 내분이 생겼

1 Thomas R, Martin, *Ancient Greece : From Prehistoric to Hellenistic Times* (『고대 그리스사 : 선사시대에서 헬레니즘까지』, 이종인 옮김, 책과함께, 2013), p.46. 이하 Martin(2013)으로 줄임.

고, 그 내분으로 미케네는 붕괴되었다. 그 후 그리스에는 독립국가 폴리스가 우후죽순처럼 생겼고, 치열한 싸움이 벌어졌다. 그 싸움은 씨족들이 서로 먹고 먹히는 정복전쟁이었다.

기원전 1200년경에서 1000년경 사이 그리스 전역은 전쟁으로 극심한 혼란을 겪는다. 그렇지만 극심한 혼란을 기록한 문서는 남아 있지 않다. 그래서 그 무렵은 '암흑시대'로 불린다. 암흑시대가 끝난 것은 기원전 900년경부터 약 150년 뒤 기원전 750년경이었다.

암흑시대 그리스인들에게는 싸움에서 이기는 것만이 살길이었을 것이다. 암흑시대 그리스인에게 삶은 곧 싸움이었을 것이다. 암흑시대는 '싸움(agnostic) 패러다임'이 지배하던 시기였다.[2] 끝없이 전쟁이 이어졌다. 전쟁이 삶이었고, 삶이 곧 전쟁이었다. 그중 하나가 트로이 전쟁이었다. 트로이 전쟁은 그 무수히 많은 전쟁 중 하나였다.

트로이 전쟁은 기원전 1300~1200년경, 트로이와 그리스가 벌인 전쟁이다. 암흑시대에 트로이 전쟁이 일어났음을 전해 준 사람은 호메로스 Homeros였다. "얼마만큼이 사실이고 얼마만큼이 지어낸 이야기인지, 또 어디까지가 선대 시인들의 업적이고 어디서부터가 호메로스의 작업인지 확실히 알 길은 없다."[3] 대략 그 이야기는 기원전 10~9세기 전후에 쓰였

---

2 Jakob Burckhardt(1818~1879)는 그리스 문화를 이 개념으로 규정했다. Charles Khan, "History of Western Ethic : 1. Presoctatic Greek", *Encyclopedia of Ethics*, p.458, ed., Lawrence C. Becker & Charlotte B. Becker, Vol.1(1992), p.468. 이하 *EE*(1992)로 줄임.

3 William J. Prior, *Virtue and Knowledge : An Introduction to Ancient Greek Ethics*, Routeledge(1991), (『덕과 지식, 그리고 행복』, 오지은 옮김, 서광사, 2010), p.26. 이하 Prior(2010)로 줄임.

을 거라고 추정할 뿐이다.[4]

4 "헤로도투스Herodotos는 호메로스가 자기보다 400년 전에, 그러니까 기원전 9세기에 살았다고 말하고 있다." 천병희, '호메로스 작품과 세계', *ILIAS*(『일리아스』, 천병희 옮김, 숲, 2007), p.754. 이하 *ILIAS*(2007)로 줄임.

02
호메로스Homeros(B.C.800?~700?)

2.1. 『일리아스』

'일리아스Ilias'는 고대 도시 '일리온Ilion'을 가리킨다. 일리온은 트로이(트로이아Troia)를 부르는 옛 이름이다. 호메로스 『일리아스』는 그 시대 지배층 남자들을 묘사한다.『일리아스』주인공 아킬레우스Achilleus가 그 전형이다. 아킬레우스는 용감무쌍한 전사로 살았다. 아킬레우스는 그리스인 중 '가장 훌륭한 사람'이다.[5] 아킬레우스는 '말도 잘하고 일도 잘 처리하는 인물'이었기 때문이다.[6] 그렇지만 무엇보다도 싸움을 잘하는 인물이었다.

『일리아스』에 등장하는 아킬레우스는 그리스 사람들이 우러르는 이상형이다. 그 이상형이란 싸움에서 패배를 모르는 영웅이다. '항상 제일인

5 *ILIAS*(2007), p.34.

6 *ILIAS*(2007), p.250.

자가 되고 남보다 뛰어난 인물'이어야 했다.[7] 아버지 펠레우스Peleus는 아들 아킬레우스에게 "항상 제일인자가 되고 남보다 뛰어난 인물이 되라."고 당부했다.[8]

'제일인자가 되고 남보다 뛰어난 인물'이 되려니 영웅들은 끊임없이 싸웠다. 영웅들은 싸움을 멈출 수 없었다. 그들이 싸운 것은 그 당시 그리스가 '정치적으로 전국 통일을 이룬 적이 없었'음을 반영한다.[9] 그렇지만 끊임없이 싸워야 했던 까닭은 '명예'를 소중히 여긴 까닭이다. 영웅들은 무엇보다 명예를 소중히 여겼다. "전쟁에서 명예를 얻는 주된 방법은 전투에서 승리하는 것이었다."[10] 영웅들에게 중요한 것은 명예였다.

명예가 소중했던 만큼 제일 중요한 것은 전투에서 이길 수 있는 탁월함, 곧 아레테aretē였다. 탁월함을 발휘하려면 용기뿐만 아니라 지혜도 필요했다. "영웅은 고도로 계층화된 사회에서 엄격한 행동 기준에 따라 자기 역할을 다하는 높은 지위 사람이다. 그는 명예를 위해 살고, 덕 또는 탁월함을 발휘해서, 뛰어난 전투 실력을 발휘해서 명예를 획득한다."[11]

트로이 전쟁이 일어난 것도 명예를 소중히 여긴 탓이었다. 그 당시 사람들은 트로이 전쟁이 일어난 것을, 그리스로 시집간 여인 헬레나Helena를 트로이 왕자 파리스Paris가 유혹했기 때문이라고 여긴다. 유혹은 명예롭지 못한 짓으로 비난받기에 충분했다. "가증스런 파리스여, 외모만 멀

---

7 *ILIAS*(2007), p.175.

8 *ILIAS*(2007), p.318.

9 Prior(2010), p.24.

10 Prior(2010), p.28.

11 Prior(2010), p.30.

쩡하지 계집에 미친 유혹자여! 너는 차라리 태어나지 말았거나 장가들기 전에 죽었어야 해!"[12] 유혹에 넘어간 헬레나도 마찬가지였다. "고향 땅을 떠나와 트로이아에서 죽어간 것도 바로 그 여인 때문이 아니었던가요!" 라고 그리스 전사들은 한탄한다.[13]

신화에 따르면, 헬레나는 한 나라와 바꿀 만큼 아름다웠다. 헬레나는 제우스Zeus가 레다Leda에게서 낳은 딸이었다. 스파르타 왕비 레다가 얼마나 아름다웠는지, 지상을 내려다보던 제우스는 순식간 백조로 변신했다. 레다가 침실에서 백조를 품고 잠들었기 때문이다. 얼마 후 레다는 백조 알을 낳았고, 거기서 두 여자아이가 나왔다. 그중 한 아이가 헬레나였다. 헬레나는 백조처럼 희고 눈부신 피부와 빛나는 머리칼을 가진 여인이었다. 그러나 헬레나는 '재앙을 가져다주는 끔찍하고도 염치없는 여인' 이었다.[14]

신화는 신이 인간을 조종하는 이야기이다. 신화에 따르면, 트로이 전쟁에는 바다여신 테티스Thetis가 등장한다. 제우스는 그녀를 사랑하고 싶었지만 단념해야 했다. 테티스가 낳는 아들은 아버지보다 힘이 더 셀 거라는 예언 때문이었다. 마지못해 제우스는 여신 테티스를 인간 펠레우스와 결혼시켰다. 모든 신들이 참석한 결혼식에, 불화를 불러오는 여신 에리스만은 초대받지 못했다. 심술궂은 에리스는 '가장 아름다운 여신에게'라는 글자를 새긴 황금사과를 잔칫상에 슬쩍 던졌다.

그 황금사과를 갖고자 헤라Hera와 아테나Athena와 아프로디테Aphrodite

---

12 *ILIAS*(2007), p.88.

13 *ILIAS*(2007), p.57.

14 *ILIAS*(2007), p.180.

가 서로 다투었다. 신들도 인간처럼 끊임없이 다투었다. 인간이 전쟁을 피할 수 없었던 건 오히려 신들이 다투었던 탓이다. 신들 역시 '싸움 패러다임'에서 살았다. '가장 아름다운 여신'을 가려야 할 제우스는, 지상 최고 미남 파리스에게 물으라며 즉결을 피했다. 그 당시 파리스는 양치기였다. 황금사과를 손에 쥔 파리스에게 세 여신이 나타났다. 세 여신은 온몸을 벗어 보이며 굉장한 선물을 각각 약속했다. 헤라는 '가장 큰 나라'를, 아테나는 '어떤 전쟁에서든 승리'를, 아프로디테는 '이 세상 최고 미인 헬레나'를 품에 안겨 주겠다고 약속했다. 파리스는 황금사과를 아프로디테에게 건넸다. 여신들이 싸우는 순간 전쟁은 시작되었다.

양치기 파리스는 본래 트로이 왕 프리아모스Priamos 아들이었다. 그러나 훗날 그가 트로이를 멸망케 하리라는 예언 탓에 태어나자마자 버려졌고, 양치기가 주워서 키웠다. 파리스로부터 황금사과를 받지 못한 앙갚음으로, 헤라와 아테나는 파리스가 본디 트로이 왕자였음을 세상에 널리 알렸다. 왕자가 된 후 파리스는, 친선사절로 그리스에 머물면서, 아프로디테의 도움으로 유부녀 헬레나를 유혹해서 함께 트로이로 돌아왔다. 헬레나를 빼앗긴 것은 그리스에게는 더 없는 불명예였다. 불명예는 상처받은 자존감으로 분노를 불러일으켰다. 분노에 휩싸여 전 그리스가 트로이를 공격했다.

『일리아스』에는 '분노' 말고는 다른 모티브가 없다. "노래하소서, 여신이여. 펠레우스 아들 아킬레우스의 분노를, 아카이오족에게 헤아릴 수 없는 고통을 가져다주었으며 숱한 영웅들의 굳센 혼백들을 하데스로 보내고 그들 자신은 개들과 온갖 새들의 먹이가 되게 한 그 잔혹한 분노를! 인간들의 왕인 아트레우스의 아들과 고귀한 아킬레우스가 서로 다투고 갈라선 그날부터 제우스의 뜻은 이루어졌도다."[15]

『일리아스』 주인공 아킬레우스는 타오르는 분노를 가누지 못했다. "분노란 똑똑 떨어지는 꿀보다 더 달콤해서 인간들 가슴속에서 연기처럼 커지는 법"이다.[16] 아킬레우스는 분노에 사로잡혀 그리스군 총사령관 아가멤논과 다투었다. 아폴론Apollon 신전 사제 크리세스Chryses는 딸 크리세이스Chryseis를 돌려달라고 간청했으나 아가멤논은 거절하고 오히려 크리세이스를 '명예의 선물'로 여기고 자기 여인으로 만들었다. 여기에 분노한 아폴론은 그리스군에게 역병이 퍼지게 했다.

역병이 퍼진 연유를 알아보려고 아킬레우스는 회의를 소집했다. 아킬레우스가 예언가 칼카스Kalchas에게 물어보니 아가멤논 탓이라는 말이 돌아왔다. 예언에 따라 아가멤논은 크리세이스를 돌려주겠다고 동의했다. 그렇지만 대가로 아킬레우스가 선물로 받은 브리세이스Briseis를 요구했다. 자기 여인을 빼앗기는 불명예를 겪으면서 아킬레우스는 분노에 휩싸였다.

아킬레우스는 인간이었다. 인간이었던 터라 그는 명예를 소중히 여겼다. 명예란, 남에게 지지 않으려는 자존감이다. 그 자존감이 꺾임으로써 불명예스럽다. 불명예를 겪은 아킬레우스는 그리스가 벌이는 어떤 전쟁에도 나가지 않는다. 그 사이 트로이군이 반격했고 그리스군은 후퇴했다. 아킬레우스는 사촌 형제이자 친구인 파트로클로스Patroklos에게 자기 투구를 입혀 출전시켰다. 그러나 그는 트로이 왕자 헥토르Hektor에게

---

15 *ILIAS*(2007), p.25.

16 *ILIAS*(2007), p.503.

죽임을 당했다. 아킬레우스는 죽은 친구 때문에 '더 무섭게' 분노했다.[17] 아킬레우스는 헥토르를 죽이고 그 시신을 땅에 끌고 돌아왔다.

아킬레우스에게는 헥토르를 죽이면 일찍 죽으리라는 예언이 있었다. 오래 살려면 분노를 삭이고 그냥 고향으로 돌아갔어야 했다. 그랬다면 헥토르를 죽이는 일도 없었을 것이고, 헥토르를 죽이지 않음으로써 오래 살 수 있었을 것이다. 그러나 아킬레우스에게는 오래 살기 위해 분노를 삭이는 따위가 어울리지 않았다. 아킬레우스는 분노에 휩싸여 불행을 겪고야 만다. "후대 철학자들은 감정을 다스리기 위해 꼭 필요한 실천지혜(phronesis)를 결여했을 때 어떠한 일이 벌어지는지를 보여 주는 대표 사례로 아킬레우스의 행동을 꼽는"다.[18]

암흑시대 이후 사회 지배층은 명예롭기를 열망했다. 명예란 승리에서 얻어진다. 뛰어난 사람만이 승리를 누릴 수 있다. "아킬레우스는 탁월함의 규범을 지키지 못해 남들에게 불명예스러운 자로 낙인찍힐까봐 제일 두려워했다. 그러한 행동규범에서 실패와 오류가 공개적 치욕을 낳는 것으로 간주된다. 그는 언제나 최선이 되기 위해서 살았고 또 죽었다."[19]

2.2. 『오뒷세이아』

『오뒷세이아』는 주인공 '오뒷세우스Odysseus'가 고향에 돌아오기까지 겪는 파란만장한 이야기다. 뱃길 10년은 험난했다. 그 여행길은 유혹을

---

17 *ILIAS*(2007), p.544.

18 Prior(2010), p.37.

19 Martin(2013), pp.96~97.

물리치는 과정이었다. 오뒷세우스는 그 어떤 유혹도 물리쳤다.[20] 오뒷세우스는 인간이 어떻게 어떤 유혹을 물리치는가를 보여 준다. 인간이 끝까지 파멸하지 않으려면 외부 공격 말고도 내부 유혹까지 물리쳐야 한다. 외부 공격을 물리치는 것은 기껏 살아남기 위한 필요조건에 불과하다.

오뒷세우스는 멋진 여신 칼립소Kalypso가 불멸하는 몸으로 영원히 같이 살자는 유혹도 이겨냈다. "존경스런 여신이시여, 거절했다고 화내지 마시오. 사려 깊은 페넬로페Penelope가 생김새와 키에서 마주보기에 그대만 못하다는 것은 나도 잘 알고 있소. 그녀는 필멸하는데 그대는 늙지도 죽지도 않으시니까요. 하지만 그럼에도 나는 집으로 돌아가서 귀향하는 날을 날마다 보기를 원하고 바란다오."[21]

특히 남자로서 오뒷세우스는 온갖 유혹에 둘러싸였다. 아이올리스Aiolis 섬에 닿았을 때 마녀 키르케Kirke를 만난다. 그녀는 오뒷세우스 부하들을 돼지로 만들어 놓고, 그 부하들을 본래 모습으로 바꾸어 달라는 오뒷세우스에게 대가로 동침을 요구한다. "우리 둘이서 침상에 올라 사랑의 동침을 해요. 서로 믿을 수 있도록 말예요."[22] 그 후 일 년 동안 날마다 키르케는 '말할 수 없이 많은 고기와 달콤한 술로 잔치를 벌'였다. '계절이 바뀌고 날들이 흘러 일 년이' 지난 후, 오뒷세우스는 키르케 침상에서 그녀 무릎을 잡고 집으로 보내달라고 애원했다. 키르케는 집으로 돌아가려면 지하세계를 거쳐야 한다는 조건으로 오뒷세우스 일행을 풀어

---

20 *ODYSSEIA*(『오뒷세이아』, 천병희 옮김, 숲, 2015). 이하 *ODYSSEIA*(2015)로 줄임.

21 *ODYSSEIA*(2015), p.141.

22 *ODYSSEIA*(2015), p.251.

주었다.[23]

인간은 신도 아니고 그렇다고 동물도 아니다. 특히 남자들은 유혹하는 여성을 견뎌내기 힘들다. 유혹을 견디는 과정은 마치 스퀼라Skylla와 칼립소Kalypso를 헤쳐 나가는 길과도 같다. 스퀼라와 칼립소는 모두 오뒷세우스 귀향길을 가로막는 바다 괴물들이다. '스퀼라는 바위 동굴에 살면서 지나가는 뱃사람을 잡아먹는 괴물'이다.[24] 스퀼라는 다리가 없고 몸 가운데에 개머리가 세 개 튀어나온 흉측한 동물이다. 또 칼립소는 '감추는 여자'라는 뜻으로[25] 하루에 바다를 세 번 삼키고 세 번 뱉어 바다를 용솟음치게 만드는 괴물이다. 오뒷세우스는 칼립소와 스퀼라를 이겨내야만 귀향할 수 있었다. 그래서 유혹을 견디는 힘든 과정을 빗대어 '칼립소와 스퀼라 사잇길'로 부른다.

오뒷세우스는 자기가 갈 곳을 단번에 갈 수 없는 인간이었다. 오뒷세우스는 방황하는 인간이었다. 오뒷세우스는 늠름한 영웅이 아니라, 방황을 거듭하다가 겨우 귀향하는 인간이었다. 그렇지만 오뒷세우스가 온갖 유혹을 뿌리칠 수 있었던 것은 귀향을 목적으로 삼았기 때문이었다. 귀향이 목적이었기에 오뒷세우스는 자기가 어디로 가야 하는지를 잘 알고 있었다. "인간에게는 떠돌아다니는 것보다 더한 불행은 달리 없기 때문이"었다.[26]

마침내 고향에 도착했다. 오뒷세우스는 "자기 나라에 돌아온 것이 너

---

23 *ODYSSEIA*(2015), pp.256~257.

24 *ODYSSEIA*(2015), p.655.

25 *ODYSSEIA*(2015), p.666.

26 *ODYSSEIA*(2015), p.373.

무 기쁘고 좋아서 양식을 대주는 대지에 입 맞추었다."[27] 그러나 오뒷세우스에게는 엄청난 고초가 또 기다리고 있었다. 사랑하는 아내 페넬로페 Penelope가 무려 108명에 이르는 구혼자들에게 둘러싸여 있었다. 페넬로페는 베로 시아버지 옷 한 벌을 다 짤 때까지는 청혼을 받아들일 수 없다고 버텼다. 그녀는 낮에는 베를 짜고 밤에는 그 베를 다시 풀면서 유혹을 물리쳤다. 그렇게 무려 3년을 버텼다. 그렇지만 4년째 되던 해에 하녀가 그 사실을 발설했다. 페넬로페는 청혼자를 선택하는 일을 더 이상 미룰 수 없었다.

그 청혼자들은 오뒷세우스가 돌아온 것을 알면 당장이라도 그를 죽일 기세였다. 그래서 아테나 여신은 어떤 인간도 알아보지 못하도록. '고운 살갗을' 쪼그라들게 하고, '머리에서는 금발을 없애고', 아름답던 눈도 흐리멍덩하게 만들고, '혐오감을 느낄 그런 누더기로' 오뒷세우스를 감싸고, 돼지치기를 찾아가 일단 몸을 피하라고 명령했다.[28] 돼지치기 에우마이오스Eumaios는 오뒷세우스를 알아보지 못했지만 포도주를 내놓는 등 환대를 했다. 아테나 여신은 아버지를 애타게 찾던 텔레마코스 Telemachos에게 집으로 돌아가기를 재촉했다. 돼지치기를 찾아온 텔레마코스는 아버지를 처음에는 알아보지 못했으나 오뒷세우스가 자기 정체를 밝히자 "목을 끌어안고 슬피 울었다."[29] 오뒷세우스가 돼지치기와 집에 당도하니 청혼자들은 온갖 행패를 저지르고 있었다. 그들 중 누구도 오뒷세우스가 돌아온 걸 알아차리지 못했다. 오뒷세우스인 줄 모르고

---

27 *ODYSSEIA*(2015), p.329.

28 *ODYSSEIA*(2015), p.331.

29 *ODYSSEIA*(2015), p.391.

'엉덩이를 걷어' 차는 사람도 있었다. 그러나 "오뒷세우스는 꾹 참고 자제했다."[30]

오뒷세우스가 에우마이오스와 말을 주고받는 중 "개 한 마리가 누워 있다가 머리를 들고 귀를 쫑긋 세우니 참을성 많은 오뒷세우스의 개 아르고스Argos였다. …… 지금 그 개는 오뒷세우스가 와 있음을 알아차리고 꼬리치며 두 귀를 내렸으나 주인에게 더 가까이 다가갈 힘이 없었다."[31] 아르고스를 보면서 오뒷세우스는 자기 집에서 행패를 부리는 청혼자들이 개만도 못하다고 생각했으리라!

오뒷세우스는 귀향했지만 아직 페넬로페의 품에 안기지는 못했다. 이 상황이야말로 고향 이티케Ithike가 숱하게 많은 씨족들로 둘러싸여 언제 먹힐지 모를 위험에 직면해 있음을 상징한다. 오뒷세우스는 아들 텔레마코스와 함께 이들을 모두 물리친다. 오뒷세우스는 말한다. "텔레마코스야! 너는 지금 전사들의 우열이 가려지는 싸움터에 들어가고 있거늘, 전부터 지상 어디에서나 용기와 남자다움으로 존경받아 온 우리 선조들의 가문을 욕되게 하지 말라."[32] 오뒷세우스는 아들과 함께 그 많은 구혼자들을 물리치고 마침내 아내 페넬로페 품에 안긴다. 마침내 귀향이 온전히 이뤄졌다. 온전한 귀향은 씨족사회들이 서로 다투던 전쟁이 일단락되었음을 상징한다.

---

30 *ODYSSEIA*(2015), p.412.

31 *ODYSSEIA*(2015), p.415.

32 *ODYSSEIA*(2015), p.570.

03

헤시오도스 Hesiodos(B.C.740?~670?)

3.1. 『신통기』

암흑시대 이후 기원전 8세기에 이르러 그리스인들은 그들이 믿는 신을 이야기하기 시작했다. 『신통기』는 그중 으뜸이다. '신통기'란 '신들의 계보'이다. 저자 "헤시오도스는 정확한 연대는 알 수 없으나 기원전 8세기에서 7세기 사이에 살았던 것으로 추정되며 아마도 기원전 720년경에 음유시인으로 활동했던 것 같다."[33] '무사이Musai 여인들에 대한 찬가'가 끝난 후 제1부는 다음과 같이 시작한다.

> 태초에 카오스Chaos가 있었고, 그 다음에는 넓은 젖가슴을 지닌 가이아Gaia가 있었는데, 그 가이아는 눈 덮인 올륌포스Olympos 산과 넓은 길이 많이 나 있는 대지의 가장 깊은 곳, 칠흑같이 어두운 타르타로스Tartaros에 거하고

---

33 *THEOGONIA*(『신통기』, 김원익 옮김, 민음사, 2003), p.169. 이하 *THEOGONIA*(2003)로 줄임.

있는 영생불멸하는 모든 신들의 든든한 처소였다.[34]

가이아는 우라노스Ouranos와 사랑하여 여러 자식을 낳았다. 크로노스Kronos는 막내였다. 자식들은 모두 끔찍한 모습으로 태어났다. "그래서 우라노스는 자식들이 태어나자마자 그들을 대지의 자궁 속에 가두어 빛을 못 보게 하였고 자신의 만행을 즐겼다." 그러나 가이아는 우라노스에 맞서 "사악하고 교활한 음모를 꾸미게 되었다." 그녀는 재빨리 회색빛 철의 원료로 큰 낫을 만들어 그것을 사랑하는 자식들에게 보여 주며 말했다. "너희들이 내 말을 따르면, 너희 아비 범죄에 복수할 수 있을 것이다. 먼저 부끄러운 짓을 할 생각을 품은 자는 너희 아버지이기 때문이다." 가이아가 이렇게 얘기하자 덩치 크고 가장 못생긴 크로노스가 나섰다.[35]

이윽고 하늘 우라노스가 밤을 대동하고 와서 욕정에 불타 가이아를 감싸며 뒤덮었다. 그 순간 막내아들 크로노스가 튀어나와 회색빛 낫으로 아버지 남근을 잘라 뒤로 던져 버렸다. "크로노스가 낫으로 잘라서 육지로부터 큰 파도가 출렁이는 바다로 던져 버린 남근은 오랫동안 큰 파도에 표류하였는데, 그 영생불멸하는 고깃덩이 주변에서 점차 하얀 거품이 일더니, 그 안에서 소녀 하나가 생겨났다." 그 소녀가 아프로디테Aphrodite, '거품에서 태어난 여신'이었다.[36]

아버지 우라노스를 물리친 크로노스는 레아Rhea를 완력으로 차지했다. "레아는 크로노스의 완력에 못 이겨 훌륭한 자식들, 즉 헤스티아

---

34 *THEOGONIA*(2003), p.28.

35 *THEOGONIA*(2003), pp.32~34.

36 *THEOGONIA*(2003), p.36.

Hestia, 데메테르Demeter, 그리고 황금신발을 신고 있는 헤라Hera, 동정심이라고는 하나도 없는 지하세계의 강력한 하데스Hades, 거대한 소리로 지축을 뒤흔드는 자인 포세이돈Poseidon 그리고 신들과 인간들의 아버지이자 천둥소리로 광활한 대지를 벌벌 떨게 하는 영리한 제우스Zeus를 낳았다."[37]

"거대한 크로노스는 이 모든 자식들이 성스러운 자궁에서 어머니의 무릎으로 나오자마자 하나씩 먹어 치웠다."[38] 크로노스는 자기 자식들 중 하나에게 죽임을 당한다는 얘기를 들었기 때문이다. 레아는 막내아들 제우스를 낳을 무렵 크레타로 피신했다. 제우스는 그곳에서 태어났다. 레아는 우라노스에게 제우스를 넘겨주지 않고 그 대신 포대기로 싼 커다란 돌을 넘겨주었다. 크로노스는 그 돌을 삼켰다. 크로노스는 괴로워하면서 제우스 형제들을 하나 둘씩 토해 냈다.

크로노스를 물리치고 제우스는 신들 중 최고신으로 등극한다. 제우스 삼형제는 제비뽑기로 제우스가 하늘을 차지하고, 포세이돈이 바다를, 하데스가 지하세계를 통치한다. 이 이야기들은 모두 그 당시 그리스 사회가 얼마나 혼란스러웠는지를 생생하게 묘사한다.

3.2. 『노동과 나날』

헤시오도스가 전하는 신화는 그 당시 아시아 전역에 퍼져 있었다. 신화

---

37 *Erga kai Hemerai* (『노동과 나날』) 인용 페이지 수는 『신통기』와 같이 *THEOGONIA*(2003) 페이지 수로 표시함. *THEOGONIA*(2003), p.57.

38 *THEOGONIA*(2003), p.57.

는 암흑시대에 도시국가들이 벌인 처절한 전쟁을 묘사한다. 처절한 전쟁 속에서 패권을 잡은 그 누군가는 '신'으로 등극한다. 지배자는 '신'이 되지만 한낱 인간일 뿐이다. '신'으로 불리면서도 그들은 한결같이 자연에 종속되기 때문이다.

헤시오도스는 신화에 이어 『노동과 나날』에서 인간 역사를 '기술과 노동' 관점에서 파악한다. 프로메테우스Prometheus는 불을 훔쳐 인간에게 준다. 그런 프로메테우스에게 제우스는 분노했다. "너는 내 불을 훔쳐 내 뜻을 거역하고도 기뻐하고 있구나. 그러나 그 불은 너 자신이나 그 이후에 태어나게 될 인간에게 큰 고통이 되리라. 인간들 모두가 불을 얻어 기쁨에 겨워하겠지만, 나는 그 불에 대한 대가로 인간들에게 평생 불행을 껴안고 살아가게 만들 재앙을 내릴 것이기 때문이노라."[39]

제우스는 인간에게 재앙을 내릴 심산으로, 흙과 물로 여인을 빚으라고 헤파이스토스Hephaistos에게 명령한다. 제우스는 거기에다 기만, 사기, 애교, 교활함을 심으라고 헤르메스Hermes에게 명령한다. "올륌포스에 사는 모든 신들이 열심히 일하는 남자들에게 고통이 될 만한 것들을 그녀에게 한 가지씩 선물로 주었기 때문"에 그 여인을 '모든 선물을 받은 자'라는 뜻으로 '판도라Pandora'로 이름 지었다.[40]

---

39 *THEOGONIA* (2003), p.121.

40 헤파이스토스가 빚어낸 여인에게 선물공세가 이어졌다. "아테나는 그녀에게 자수 놓는 기술과 미세한 직물을 짜는 기술을 가르쳐 주었고, 아프로디테는 그녀의 얼굴에 매력뿐 아니라, 남자의 애간장을 녹이는 애수와 비탄을 불어 넣었다. 헤르메스는 음란한 마음과 교활한 성격을 심어 주었고, 아테나 여신은 화려한 벨트를 하나 만들어 주고 예쁘게 화장을 시켜 주었다. 우미의 여신 카리테스 세 자매는 봄꽃으로 화환을 만들어 주었다. 모든 다른 패물은 아테나가 또 마련해 주었다." 김원익, 『신화 인간을 말하다』, 바다출판사(2011), p.394.

제우스는 판도라를 발 빠른 전령 신 헤르메스에게 보내고, 헤르메스는 판도라를 다시 에피메테우스Epimetheus에게 보낸다. 프로메테우스는 아우 에피메테우스에게 제우스가 보내는 선물을 일절 받지 말라고 충고했었다. 그럼에도 에피메테우스는 판도라를 물리칠 수 없었다. 에피메테우스는 그 선물을 처음 받았을 당시에는 앞으로 닥칠 불행을 알아차리지 못했다. "이 일이 있기 전에는 지상의 인간 종족들은 자신들에게 죽음을 재촉하는 불행이나 힘든 일 그리고 심한 고통을 모른 채 아주 오랫동안 살았다. 고생하며 사는 사람은 더 빨리 늙기 때문이다. 그러나 그 여인이 항아리에 덮여 있는 단단한 뚜껑을 손으로 열고 그 안에 있는 모든 것을 밖으로 끄집어내어 인류에게 극심한 고통을 만들어 주었던 것이다. 그런데 유일한 희망만이 항아리 가장자리 아래 붙은 채 그 누구도 깨뜨려 열 수 없는 뚜껑 안에 남아 밖으로 튀어나오지 않았다."[41]

헤시오도스에 따르면, 신들은 인간을 황금종족으로 창조했다. 황금종족은 고통 없이, 궁핍함이나 비참함을 느끼지 않고, 신들과 같은 생활을 했다. "모든 불행으로부터 벗어나 기쁘고 행복하게 살았다. 그리고 죽을 때도 잠을 자듯이 죽었다. 모든 것들이 그들에게는 더할 나위 없이 좋았으며, 곡식을 선사하는 대지도 그들에게 열매를 풍성하게 맺어 주었다." 황금종족은 황금시대를 구가했다.

황금시대를 지내면서 인간은 점점 열등해졌고, "바보처럼 집안에서만 놀고 지냈다. …… 그들은 서로에게 거친 폭력을 휘두르는 짓을 그만둘 수 없었으며 불멸하는 신을 공경하려고 들지도 않았"다. 그래서 생긴 종족이 '은의 종족'이다. 이 '은의 종족'은 '거칠고 사나웠'던 청동종족보다는

---

41 *THEOGONIA*(2003), pp.123~124.

나왔다. 청동종족은 힘이 엄청났다. 그들은 집도 청동이었고 무기도 청동이었다. 청동종족은 서로 싸우다 파멸했다. 이후 등장한 종족이 영웅종족이다. 영웅종족은 "앞 시대를 살았던 종족으로서 우리보다 고상하고 정의로웠다." 그럼에도 사악한 전쟁과 끔찍한 전투로 멸망하고 말았다.[42]

헤시오도스에 따르면, 황금시대는 은시대, 청동시대, 영웅시대로 이어진다. 마침내 도달한 것은 '불시대'이다. 여기서 '금'과 '은'은 상징이지만 '청동'과 '철'은 곧 청동기문화와 철기문화를 가리킨다. 이 철기시대에는 철기로 무장한 강력한 국가가 출현한다. 강력한 국가들 사이에 전쟁이 벌어진다. 그때부터 가혹한 '노동'이 시작되는 나날이 이어진다.

> 이들은 낮에는 노고와 고초로 편안하지 못하다. 심지어 밤에도 그들의 고난은 끝나지 않는다. 신들은 그들에게 벌로 쓰라린 고통을 내린 것이다. 물론 이들의 마음속에는 고상한 심성도 약간 섞여 있다. 하지만 제우스 신은 이 말하는 인간들이 태어날 때 벌써 관자놀이가 회색이 되면 이 종족도 멸망시키실 것이다. 그때가 되면 자식들은 아버지의 말에 따르지 않을 것이고, 아버지는 자식들의 말에 동의하지 않을 것이다. 손님은 그전처럼 주인에게 친절하지 않을 것이고, 친구는 친구에게, 형제는 형제에게 친절하지 않을 것이다. …… 더 나아가 어떤 사람은 다른 사람의 도시를 파괴할 것이다. …… 정의는 주먹에 있고, 서로 배려하는 마음은 사라질 것이다. …… 결국 유한한 인간들에게는 단지 쓰라린 고통만 남을 것이며, 아무도 이 화를 피할 수 없다.[43]

---

42 *THEOGONIA* (2003), pp.125~129.

43 *THEOGONIA*(2003), pp.129~131.

헤시오도스는 인간이 어떻게 살아야 하는가를 분명히 밝힌다. 인간에게 주어진 길은 불의를 버리고 오로지 정의를 따름이다. 정의를 따름으로써 인간은 고통에서 벗어날 수 있다. 정의를 따름으로써 인간은 폭력을 버릴 수 있다. "정의의 여신 디케Dike를 왜곡하면 큰일이 벌어진다. 그러면 디케는 비통해하며 안개에 둘러싸인 채 도시와 사람들이 사는 곳이면 어디든지 일일이 찾아다니며, 자신을 배척하고 부당하게 왜곡하는 사람들을 색출하여 재앙을 내리기 때문이다."[44]

> 정의로부터 한 치도 벗어나지 않은 사람들이 사는 도시는 번창할 것이고, 또한 그곳에 사는 사람들도 번영을 누릴 것이다. …… 정의로운 사람들은 기아와 불행을 겪지 않을 것이며, 즐거운 축제에서 자신들이 들에서 손수 거두어들인 농작물을 먹고 즐길 것이다. 대지는 그들에게 풍성한 수확물을 안겨줄 것이며, 산 속의 떡갈나무는 위쪽 부분에서 열매를 맺어 주고, 줄기에서는 벌꿀을 만들어 줄 것이다. 그들의 양 떼는 걷기 힘들 정도로 털이 무성하게 자랄 것이다. …… 이렇게 그들의 행복은 영원히 지속될 것이다.[45]

폭력은 정의를 따르지 않음이다. 정의롭지 않은 사람은, 그러니까 폭력을 일삼는 사람은 제우스로부터 처벌을 받는다. "폭력과 범죄를 저지르는 악당 한 사람 때문에 도시 전체가 그 대가를 치르는 일이 빈번하게 일어날 것이다. …… 그리하여 전 인민이 몰락할 것이다."[46] 멸망하지 않으

---

44 *THEOGONIA*(2003), p.132.

45 *THEOGONIA*(2003), pp.132~133.

46 *THEOGONIA*(2003), p.133.

려면 정의를 따라야 한다. "제우스신은 인간에게 모든 것 중에서 가장 최고의 선인 정의를 수여하셨다."[47] 인간은 정의를 따름으로써 폭력을 떨치고, 노동으로 살아간다.

> 가난은 아주 쉽게 얻을 수 있다. 가난으로 가는 길은 평탄하다. 가난은 우리와 가까운 데 살고 있다. 그러나 불멸의 신들은 성공으로 가는 길 위에서는 우리의 이마에서 땀이 흐르지 않으면 안 되도록 해 놓으셨다. …… 배고픔은 아주 게으른 사람의 동무인 법이다. 힘들게 수확한 일벌들의 꿀을 축내는 침이 없는 수벌들이 하는 식으로 게으른 한량처럼 하릴없이 빈둥대며 살아가는 자들에게 인간들과 신들은 분노한다. …… 노동은 사람들의 가축과 재산을 늘려 준다. …… 노동은 전혀 수치가 되지 않는다. 그에 비해 아무것도 하지 않는 것은 수치이다. 네가 노동을 하면 게으른 자는 곧 너를 부러워할 것이다. …… 가난에는 치욕이 뒤따르지만, 그에 비해 부에는 자부심이 뒤따른다. 훔친 재산이 아니라 신들이 우리에게 선물한 재산은 큰 축복이다.[48]

논밭은 식량을 얻을 수 있는 곳이다. 먹고 살려면 식량이 필요하다. 식량을 얻으려면 논밭을 경작해야 한다. 논밭을 경작하려면 경작하는 사람들이 필요하다. 논밭을 경작하는 일이 곧 노동이다. 식량은 곧 노동으로부터 얻어지는 산물이다. 지배자는 먹고 살려면 노동을 하라고 명령한다. 그렇게 인간 노동은 시작되었다. 지배자는 논밭을 경작하라고 명령하는 사람이다. 명령에 따르는 사람들은 피지배자이다.

---

47 *THEOGONIA*(2003), p.135.

48 *THEOGONIA*(2003), p.136~137.

'신과 인간은 원래 뿌리가 하나'였다.[49] 신은 지배자였다. 지배자는 명령하는 사람이고, 피지배자는 명령에 따르는 사람이다. 명령하는 사람은 명령받는 사람과 비교해 '특별한 사람'이다. 이 '특별한 사람'이 곧 '신'이었다. 지배자는 '신'이었다. 그렇게 '특별한 사람'은 '신'으로 불렸다. 마침내 '신'은 생겼다. 그 후 신들을 찬양하는 노래가 만들어졌다. 그 노래가 오늘날 신화로 전해진다.

49 *THEOGONIA*(2003), p.125.

04 언어가 빚어낸 '신'

의식(consciousness)은 언어가 빚어낸다. 언어가 가진 은유기능 때문이다. 의식은 언어 사용으로 생긴 의식일 따름이다. "언어는 대략 200만 년 전 생겨났을 것이라는 게 일반적인 생각이다." 처음에 언어는 "시각적 · 음성적 신호들"에 불과했다.[50] "언어의 첫 단계이자 필수조건은 우연적 소리내기에서 지향적(의식적) 소리내기(international calls)가 발전해 나오는 일, 수신자 측에 어떤 행동 변화가 생겨 중단될 때까지 소리 지르기를 반복하는 것이었다." 언어는 행동에 변화를 주었다. 언어는 "새로운 지각과 새로운 주의력(attention)을 창조해냈다."[51]

언어는 급박하게 닥쳐오는 위험에 주의를 기울이라는 신호였다. '멀리'

---

50 Julian Janes, *The Origin of Consciousness in the Breakdown of the Bicameral Mind*, Trust(1976), (『의식의 기원』, 김득용 외 옮김, 한길사, 2005), p.163. 이하 Janes(2005)로 줄임.

51 Janes(2005), p.165.

에 해당하는 소리와 '가까이'에 해당하는 소리가 달랐다. 점차 언어는 명령으로 바뀌었다. 언어는 인간 행동을 변형시키기에 이르렀다. 최초 문장은 "기원전 2만 5000년에서 기원전 1만 5000년 사이에 나타났다."[52] 언어 발달 단계에서 가장 주목할 만한 단계는 "이름을 만들어 내는 단계다 …… 부족의 어떤 성원이 고유한 이름을 가지게 되면, 그가 없는 경우에도 그를 어떤 의미에서 재창조할 수 있게 된다. '그'를 사유할 수 있는 것이다." 심지어 "사람이 죽어도 그의 이름은 여전히 살아 있"게 된다.[53]

이름을 만들어 내면서 "또 다른 변화가 발생했다." 이름이 누군가로부터 나온 목소리로 인지되는 "의미심장한 변화가 발생했다."[54] 그 변화란 환청을 겪는 일이었다. "그러한 환각은 개인이 자신의 또는 자기 우두머리의 명령을 들을 때 시작된다. 그 환각은 우두머리가 명령하고 있는 듯이 여기는 환청이다. 왕이 죽고 난 후 그 왕이 내린 명령에 따라 움직이던 사람들은 여전히 왕이 명령하고 있다는 환각 상태에 놓인다. 그때부터 죽은 왕은 '신'으로 불린다. "죽은 왕은 살아 있는 신이다. 왕의 무덤은 신의 집이"다.[55]

이집트 피라미드는 그렇게 만들어졌다. 기록된 문자는 "하나의 새로운 지시 방법이었다. 실제로 문자는 오늘날 우리가 메모로 하는 의사전달 방식"이었다.[56] "선왕의 목소리를 환각으로 듣고 자신을 선왕의 사제

52 Janes(2005), p.167.

53 Janes(2005), pp.169~170.

54 Janes(2005), p.171.

55 Janes(2005), p.177.

56 Janes(2005), p.240.

또는 하인으로 지칭하면서 발생하게 된다."[57] 신학에서 '창조했다'는 말은 '명령했다'고 번역되어야 한다.[58] '신이다'는 곧 '죽어서도 명령한다'는 뜻이다. 죽은 사람이 명령한다는 믿음은 환청에 시달리는 현상이다. '신'이란 '죽은 왕의 환각적 목소리'이다. 그것은 "기억된 목소리일 뿐이다."[59]

고대 그리스인에게도 '의식'은 없었다. '신들이 의식의 자리를 대신'했다.[60] "의식적인 계획이나 이성이나 동기로 행위가 시작되지 않는다."[61] 고대 그리스인은 "자신이 행하는 바를 알지 못했던, 말하자면 고결한 기계인형인 셈이다." 고대 그리스 신은 음유시인이 만들어 낸 작품일 따름이다.

그리스 신화 속 영웅들은 '신의 모습'과 '신의 목소리'를 듣고서 비로소 모험에 나선다. 그리스 영웅들이 무언가를 듣는다는 것은, "그것에 복종한다는 것을 의미했다."[62] 영웅은 "자기 혼자서는 무엇을 해야 할지를 '알지' 못하기 때문에 이 환각적 목소리에 복종하게 된다."[63] 시인들에게 "신들이란 하나의 예술적 장치이다."[64] 예나 지금이나 '신'이란 없다. '신'은 언어로 말미암은 의식에서 비롯한다. '신'이란 언어가 빚어낸 개념이다.

---

57 Janes(2005), p.178.

58 Janes(2005), p.227.

59 Janes(2005), p.228.

60 Janes(2005), p.103.

61 Janes(2005), p.104.

62 Janes(2005), p.232.

63 Janes(2005), p.107.

64 Janes(2005), p.111.

"어떤 의미에서 우리 자신이 우리의 신이 된 것이다."[65]

65 Janes(2005), p.112.

05
왜 인간은 비극을 겪는가

5.1. 『오이디푸스 왕』

인간이 신성한 명령을 거역할 때 재앙은 생겼다. 그것은 『오이디푸스 왕』에서 특히 실감난다. 이 『오이디푸스 왕』은 소포클레스Sophokles(B.C.496/495~406) 작품으로 유명하다. 그렇지만 이 작품은 오래전부터 전해져 내려오는 신화를 토대로 만들어졌다. 이 점은 주인공 오이디푸스 가계를 추적하다 보면 분명해진다. 오이티푸스의 증조부 폴리도로스Polydoros는 카드모스Kadmos가 낳은 10명 아들 중 하나이다. 카드모스가 누군가 하면, 그는 제우스가 황소로 둔갑해서 납치한, 소아시아 시돈Sidon 왕 아게르노Agerno의 딸 에우로페Europe를 찾아 헤매던 남동생이다. 누이 에우로페를 찾아 헤매다 카드모스는 아폴론으로부터 신탁을 받고 테바이Thebai를 세웠다.

카드모스를 조상으로 둔 오이디푸스는 인간 중 가장 지혜로운 사람이었다. 그럼에도 그는 파멸을 피할 수 없었다. 지혜롭다고 행복한 것은 아니다. 특출난 지혜는 오히려 불행을 부른다. 희랍비극, 그 핵심은 신들이 인간에게서 휘브리스hybris를 찾아 벌을 준다는 생각이다. '휘브리스'는 오만 또는 자만을 뜻한다. 아무리 지혜로운들 인간은 인간일 따름이다. 인간은 지혜를 뽐낼 만큼은 못된다. '오이디푸스'는 지혜를 가졌음에도 파멸한다.

오이디푸스는 이방인으로 테바이에 왔고, 괴물 스핑크스로 발칵 뒤집혀 있던 나라를 구했다. 스핑크스는 자기가 낸 수수께끼를 풀지 못한 사람을 죽였기 때문이다. 오이디푸스가 나라를 구할 수 있었던 건 스핑크스가 낸 수수께끼를 풀 만큼 지혜로웠기 때문이다. 테바이 사람들은 그가 발휘한 지혜에 놀라워했다. 그래서 오이디푸스를 왕으로 추대했다. 그 왕위는 라이오스Laios 자리였다. 오이디푸스는 왕위에 오르면서 라이오스 아내 이오카스테Iokaste와 결혼했다. 그 후 오이디푸스 왕은 또다시 테바이를 역병에서 구원해야 하는 처지에 놓였다. '인생에서 늘 있는 재난들을 …… 처리하는 데서 으뜸'[66]이라는 칭송에 보답해야 했다. 오이디푸스는 역병을 퇴치할 계략으로, 이미 처남 크레온Kreon을 델포이 신전으로 보냈다.

크레온이 돌아와 전하는 신탁은 "왕이었던 라이오스를 죽인 자를 추방하라"였다. 그때까지 라이오스는 도둑떼가 죽인 걸로 알려졌었다. 오이디푸스는 누가 살인자인지를 밝혀내서 그를 추방하겠노라고 약속했다. 오이디푸스는 먼저 예언가를 불러 누가 살인자인지를 밝히라고 주문했다. 예언가는 말하기를 꺼려했다. 오이디푸스가 계속 추궁했다. 예언가

---

66 *Oedipus the King*(『오이디푸스 왕』, 소포클레스 지음, 강대진 옮김, 민음사, 2009), p.21. 이하 *Oedipus the King*(2009)으로 줄임.

는 마지못해 살인자는 오이디푸스였다고 말했다. 그 말을 들은 오이디푸스는 처남 크레온이 자기 왕위를 노리고 거짓말을 한다고 생각했다. 분노한 오이디푸스는 크레온을 죽이려고 했다. 그러나 부인 이오카스테가 예언가가 하는 말에 마음 쓰지 말라며, 오이디푸스를 진정시켰다.

이오카스테는 오이디푸스를 진정시키면서, 라이오스에게는 자기 아들에게 살해당하리라는 예언이 있었기에 아이가 태어나자마자 산에다 내다 버린 일이 있었노라고 말해 주었다. 이오카스테 말을 듣고 오이디푸스는 오래전 코린토스Korinthos를 떠나 테바이로 향하던 중 누군가를 죽인 일이 생각났다. 얘기를 들어보니 라이오스가 살해당했다는 장소도 비슷했고 죽은 사람도 라이오스와 닮았다. 오이디푸스는 라이오스가 죽임을 당하던 장면을 목격한 하인을 불러오라고 명령했다.

일찍이 라이오스가 버린 오이디푸스를 코린토스 왕 폴리보스Polybos가 키웠다. 성장한 오이디푸스는 어느 날 술 취한 자로부터 폴리보스가 친부가 아니라는 말을 들었다. 그 말을 듣고 오이디푸스는 델포이 신전으로 달려가 자기가 누구인가를 물었다.

신탁은 오이디푸스 친부가 누구인지를 알려주지 않은 채, 그가 자기 아버지를 죽이고 어머니와 결혼할 것이며 네 아이를 낳는다는 것만을 알려주었다. 그 말을 들은 오이디푸스는 친부로 알고 있던 폴리보스를 죽이지 않으려고, 또 어머니와 결혼하지 않으려고, 코린토스를 떠나기로 다짐한다. "이 말을 귀여겨듣고, 그 이후로 별들을 보고 멀리서 거리를 재면서 코린토스 땅을 피해 다녔소."[67] 델포이 신탁에 놀란 오이디푸스는 코린토스를 떠나 테바이로 왔다. 오이디푸스는 그 당시 스핑크스로 혼란스러웠

---

67 *Oedipus the King*(2009), p.71.

던 테바이를 구하고, 그 공로로 왕이 되었으며 왕비와 결혼했다.

세월이 흘러 오이디푸스는, 친아버지 라이오스를 자기가 죽인 줄 모른 채 그를 누가 죽였는지 밝혀내려고 노심초사한다. 그건 운명이었던 만큼 피할 수 없다. 고심 중 마침 코린토스로부터 사신이 온다. 그 사신은 오이디푸스에게 승하한 코린토스 왕 폴리보스를 계승하기를 간청한다.

과거 신탁을 언급하면서 오이디푸스는 코린토스로 가길 주저한다. 과거 신탁을 들은 코린토스 사신은 코린토스 폴리보스 왕이 사실은 오이디푸스 친아버지가 아니었다고 밝힌다. 그 놀라운 사실이 밝혀지는 순간 친아버지 라이오스 죽음을 목격했던 하인이 당도한다. 코린토스 사신은 그 하인을 보더니 그 옛날 어린 오이디푸스를 건네던 사람이었다고 외친다. 그 하인은 어쩔 수 없이 그 옛날 어린 오이디푸스를 건네던 과거를 인정한다. 뿐만이 아니다. 그 하인은 테바이 왕 라이오스를 죽인 사람도 아들인 오이디푸스였음을 자백한다.

모든 것이 밝혀진다. 오이디푸스에게 마침내 예언이 실현되었다. "아아 모든 것이 이뤄질 수밖에 없었구나, 명백하게! 오, 빛이여. 이제 너를 보는 게 마지막이 되기를! 태어나서는 안 될 사람들에게 태어나서, 어울려서는 안 될 사람들과 어울렸고, 죽여서는 안 될 사람을 죽인자라는 게 드러났으니!"[68]

진실이 밝혀지면서 이오카스테는 목을 매고, 오이디푸스는 자기 눈을 찌른다. 아무리 지혜로운 사람이더라도 극악한 파멸을 피하지 못했다. 아무리 지혜로운들 험악한 운명을 벗어날 수 없었다. 인간이 가진 지혜란 참으로 보잘것없고 너무도 사소하다. 인간은 지혜로운 듯 보여도 실

68 *Oedipus the King*(2009), pp.95~96.

상 조금도 지혜롭지 못하다. 지혜로움을 뽐내기보다 차라리 지혜롭지 못함을 한탄해야 한다. 지혜롭지 못하니 인간이다. 인간이니 지혜롭지 못하다. 스스로 지혜로운 듯 오만스러워질 때 비극은 벌어진다. 비극은 오만 때문이었다. 『오이디푸스 왕』은 오만이 죄라는 걸 보여 준다.

5.2. 『안티고네』

'안티고네Antigone'는 여인이다. 여인임에도 '안티고네'는 국가권력에 저항한다. '안티고네'는 국가권력에 저항하는 개인을 상징한다. 안티고네는 이미 잔인한 비극을 겪을 대로 겪은 여인이다. 안티고네의 아버지가 '오이디푸스'였기 때문이다.

오이디푸스는 자기 어머니와 결혼해서 아들 2명과 딸 2명을 두었다. 그렇게 안티고네는 비극을 세습했다. 자기가 어머니와 결혼했다는 사실을 알고서 오이디푸스는 자기 눈을 찔러 세상 보기를 거부하다 얼마 후 죽었다. 오이디푸스가 죽은 후 남은 가족은 안티고네와 그 여동생 '이스메네Ismene'뿐이었다. 오이디푸스 어머니이며 아내였던 '이오카스테'도 이미 이 세상 사람이 아니었다. 두 쌍둥이 아들 '에테오클레스Etheokles'와 '폴리네이케스Polyneikes'도 테바이 왕위를 놓고 싸우다 죽었다.

테바이 왕위는 외삼촌 '크레온'에게 넘어간다. 테바이 왕이 된 크레온은, 한때 자기를 공격했던 폴리네이케스를 국가반역자로 규정하여 땅에 묻지 말라고 명령한다. 크레온 명령을 받고 안티고네는 갈등에 휩싸인다. 오빠 폴리네이케스를 묻음으로써 크레온이 내린 명령을 어길 것인가, 아니면 크레온이 내린 명령을 따름으로써 가족을 버릴 것인가. 고심 끝에 오빠를 묻어 주기를 선택하며 안티고네는 말한다. "내 가족에게서 나를 떨어뜨려 놓을 권리가 그분에게는 없다."[69]

안티고네 여동생 이스메네는 충고한다. "법을 어기고 왕이 내린 명령이나 권력을 넘어선다면, 우리는 비참하게 죽고 말 거예요. 우리는 명심해야 해요. 우선 우리가 여자이고 남자들과 싸우지 않도록 태어났다는 것을. 다음으로 우리는 더 강한 자에게 지배를 받으니 그가 내린 이번 명령에도, 더 고통스런 명령에도 복종해야 한다는 것을."[70]

이스메네에게는 여성이 남성에게 복종하는 게 당연하다. 이스메네는 특히 권력을 잡은 남성에게 맞서는 일은 불가능하다고 믿는다. 그러나 같은 여성이지만 안티고네는 다르다. 그녀는 남성에게 맞선다. 더욱이 그녀는 왕에게 저항한다.

왕명을 거역한 안티고네에게 크레온은 말한다. "나는 역적을 내 친구로 여기지 않을 것이오. 우리를 지켜 주는 것이 조국이고, 조국이 올바로 항해해야 우리가 친구를 사귈 수 있다는 걸 알기 때문이오. 나는 이러한 정책으로 나라를 키울 것이오."[71]

여론은 크레온 편이다. "감히 못된 일과 함께하려 드는 자는 나라를 갖지 못하네. 그런 짓을 한 자는 내 난로 근처에 못 올 것이고 나와 생각을 같이하지도 못할 것이네."[72] 그러나 여성으로서 안티고네는 크레온에 맞선다. "저는 죽기 마련인 당신이 내린 명령이 신들이 내리는 변함없는 불

69 *Antigone* 48, 숫자는 원문 행수 표시임. 번역은 Prior(2010), pp.55~63 참조.

70 *Antigone* 59~64.

71 *Antigone* 187~191.

72 *Antigone* 365~372.

문율을 넘어설 만큼 강력하다고 생각하지 않았습니다. 그 불문율은 어제 오늘 생긴 것이 아니라 영원히 살고, 어디서 왔는지 아무도 모르기 때문이에요."[73]

안티고네는 인간이 내린 명령과 신이 내린 명령이 서로 다르다고 주장한다. 인간은 신이 아니기 때문이다. 그걸 크레온은 인정하지 않는다. 심지어 그는 자기 명령을 신보다 우위에 놓으려고 한다. 여론은 바뀌어 안티고네 쪽으로 쏠린다.

크레온은 여론을 무시하는 폭군이 되고 만다. 안티고네 약혼자였던 '하이몬(크레온의 아들)'은 말한다. "이 도시가 그녀를 위해 울고 있다. 모든 여인들 중 가장 무고한 그녀가 가장 영광스러운 일로 가장 비참하게 죽나니……. 오히려 그녀는 황금 명예를 받을 만하지 않은가."[74] 안티고네를 청원하는 하이몬Haemon을 '계집이 부리는 노예'라고 부르면서 크레온은 아들에게 안티고네를 죽이겠다고 협박한다. 크레온은 안티고네를 석굴에 가두라고 명령한다.

안티고네가 끌려갈 때 예언가 '테이레시아스Teiresias'가 등장한다. 그는 크레온에게 안티고네를 용서하길 권유한다. "모든 사람이 실수는 다 하오. 그러나 실수를 저지른 후 실수를 바로잡고 고집을 버리는 자는 더 이상 어리석지도 불행하지도 않소. 가장 불길한 일을 초래하는 것은 고집이오. 죽은 자에게 양보하시오." 크레온은 고집을 꺾지 않다가 아들 하이몬이 죽으리라는 예언에 결심을 바꾼다. "결심을 이렇게 바꾸었다. 내가 그녀를 묶었고, 내 손수 그녀를 풀어 주리라. 신들이 내린 오랜 법을 죽

---

73 *Antigone* 450~457.

74 *Antigone* 693~695, 699.

을 때까지 지키는 것이 가장 좋지 않을까 하는 생각에 두려워졌기 때문이다."[75]

크레온이 고집을 꺾었지만 이미 때는 늦었다. 안티고네는 석굴 안에서 이미 목을 매고 말았다. 크레온의 아내도 아들과 함께 자살했다. 오만한 통치자는 '산송장'이 되고야 말았다.[76] "행복에 제일 가까운 것이 지혜라네. …… 오만한 자들이 내뱉는 큰소리는 큰 타격으로 벌을 받음으로써 늘그막에야 지혜를 가르쳐 주네."[77] 지혜롭다고 해서 행복한 건 아니다. 아무리 지혜로운들 인간은 최후에 죽음을 맞이할 수밖에 없다. 아무리 지혜로운들 죽음까지 피할 수는 없다. 아무리 지혜로운들 인간은 인간일 따름이다.

인간은 인간이기에 비극을 겪는다. 그렇지만 인간으로서 안티고네는 더욱 안타까운 비극을 겪는다. 그건 안티고네가 여성이기 때문이다. 여성으로서 안티고네는 남성에게 무조건 굴복하지 않는다. 더욱이 안티고네는 부당한 권력을 잡은 남성에게 맞서 죽음을 선택한다. 어차피 죽을 목숨, 안티고네는 여성으로서 인간이 어떻게 죽을 수 있는지를 몸소 드러낸다. 안티고네는 여성이면서도 정녕 인간답다.

비극에 안티고네를 등장시킴으로써 강력한 국가와 힘없는 개인은 극명하게 대비된다. 국가권력은 강력하지만, 힘없는 개인은, 마치 여성처럼, 나약하기만 하다. 나약한 여성으로서 안티고네는 자살로 삶을 마친다. 강력한 국가권력에 미약한 개인은 죽음 말고는 저항할 길이 없었다.

---

75 *Antigone* 1111~1114.

76 *Antigone* 1167.

77 *Antigone* 1348~1353.

안티고네는 강력한 국가권력에 죽음으로 맞설 수밖에 없는 힘없는 개인이었다.

2장

예속 VS 자유

01 새로운 폴리스

암흑시대 이후 기원전 750년부터 500년까지는 '아르카이크Archaic 시대'로 불린다. "고대 그리스 미술 연구가들은 기원전 750년에서 500년까지 작품 양식이 기원전 5세기와 4세기 자연주의 미술보다 한층 더 고풍스러워 보인다고 판단하여 아르카이크 시대라 했다." 미술에서와 달리 '아르카이크 시대'는 특히 '폴리스polis' 출현이 그 특징이다.[1]

훗날 아리스토텔레스Aristoteles는 폴리스는 인간 본성에서 비롯한 제도라고 분석했다. "폴리스는 자연의 산물이며, 인간은 본성상 폴리스 공동체(zōion politikon)를 구성하는 동물임이 분명하다. …… 폴리스가 없는 자는 인간 이하이거나 인간 이상이다."[2]

폴리스는 새로운 정치·사회 조직이다. "폴리스는 시민정신에 바탕을

1 Martin(2013), p.110.

2 *Politika*(『정치학』, 천병희 옮김, 숲, 2011), p.20. 이하 *Politika*(2011)로 줄임.

두고, 자유민 남자 시민, 자유민 여자 시민, 그들 자녀, 시민은 아니지만 거류 외국인, 자유가 없는 노예들로 구성된다. 개인뿐만 아니라 공동체 도시로서 폴리스는 노예들을 소유했다. 폴리스는 다양한 신분계층으로 구성되었다."[3]

폴리스는 저마다 특정 신을 수호신으로 섬겼다. 아테나 여신은 아테네 폴리스의 수호신이다. 아테네와 경쟁하던 스파르타 역시 아테나를 수호신으로 섬겼다. 같은 신을 섬겨도 서로 다른 폴리스였다. 폴리스들은 서로 독립을 유지했다. 폴리스는 그 당시 그리스 전역에 공통된 정치 조직이었다.

아테네를 제외하고 폴리스 공동체 시민 수는 대략 수백 명에서 2000명인 경우가 보통이었다. 폴리스는 대부분 부족연합체였다. 부족연합체는 씨족사회를 기반으로 삼는 체제였다. 그 체제는 극소수 엘리트 집단 지배체제였다. 시민권은 극소수에 국한되었다. 극소수에게 시민권이 주어졌으므로 사람들은 극심한 전쟁을 치러야 했다. 영토를 넓혀 더 많은 토지를 소유하려면 전쟁은 피할 수 없었다. 토지 쟁탈전에서 승리한 사람은 토지 소유자로서 당당한 시민이 되었다. 반면 토지 소유 경쟁에서 패배한 사람은 토지 소유자에게 예속될 수밖에 없었다. 토지 소유로 신분이 결정되었다.

토지 소유에 실패한 사람은 예속되는 삶을 살든지 아니면 새로운 토지를 찾아 떠나야 했다. 토지를 차지하지 못했거나 토지를 빼앗긴 사람은 자기가 살던 폴리스를 떠나야 했다. 이주민들은 새로운 폴리스를 건설했다. 새로운 폴리스에서 이주민들은 토지를 차지하면서 자유 시민으로 살

---

3 Martin(2013), p.11.

수 있었다. 이주민이 건설한 폴리스는 더 이상 혈연으로 엮이는 씨족사회가 아니었다. 그 폴리스는 단연코 씨족사회를 거부하는 새로운 사회였다.

새로운 폴리스는 동쪽 이오니아Ionia지역부터 발생했다. 이오니아 지역으로 토지 중심 지배관계로부터 벗어나려던 사람들이 몰려들었기 때문이다. 지배관계를 거부하면서 그들이 추구한 원리는 '이소노미아isonomia'였다. 이소노미아는 완전한 '평등'이었다.[4] 이오니아 폴리스는 씨족사회 전통을 받아들이지 않았다. 그들은 씨족사회를 거부하고 폴리스를 떠나온 이주민들이었다. 이주민들은 씨족사회 내 혈연 종속관계에서 자유로웠다. 자유를 찾아온 이주민들 사이에 지배와 피지배 관계는 애당초 없었다.[5]

윤리학이란 어떻게 살아야 하는가를 묻는다. 그 주체는 각 개인이다. 하지만 예속된 개인은 진정한 개인이 아니었다. 예속에서 벗어나야 비로소 진정한 개인이다. '개인'이 최초로 등장한 곳이 바로 예속관계를 거부한, 자유지대 이오니아였다. 그 시대에 다른 어떤 지역에서도 '개인'을 찾을 수는 없었다.

이오니아 지역에서 최초 철학자 탈레스Thales가 등장했다. 그 같은 등장은 우연이 아니었다. 탈레스는 자유를 누리던 개인이었기에 최초로 철학을 할 수 있었다. 초기 그리스 자연철학은 어떻게 살아야 하느냐는 물음에, 자유가 그 대답이라고 선언한 철학이다. 탈레스를 비롯하여 초기

---

4 F. E. Peters, *Greek Philosophical Terms : A Historial Lexicon*, 「isonomia : equal share, balance, equilibrium」(이소노미아 : 균등한 몫, 조화상태, 평형상태), Karatani Kojin, *Tetugaku No Kigen*(『철학의 기원』, 조영일 옮김, 도서출판 b, 2012), p.41. 이하 Karatani Kojin(2012)으로 줄임.

5 Karatani Kojin(2012), p.53.

그리스 자연철학은 단순히 자연학이 아니다. 오늘날 철학사에서 앞부분에 등장하는 '자연철학'은 차라리 '윤리학'이었다. 자연철학은 씨족사회로서 폴리스를 거부하는 철학이었다.

'자연철학'은 이 세계를 신화로 설명하기를 거부했기 때문에 붙여진 명칭이다. 자연철학 이전 신화에 등장하는 신들이란 모두 특정 씨족사회에서 모시던 수호신들이었다. 씨족사회는 신화와 맞물려 있던 사회였다. 신화는 씨족사회 우두머리들이 자기들 지배를 합리화하려는 수단이었다. 자연철학이 신화를 배격한 것은 곧 씨족집단 지배체제를 거부했기 때문이다.

씨족집단 지배에서 벗어나려면 신화를 걷어내는 일이 무엇보다 우선이었다. 자연철학은 폴리스가 자유시민으로 구성된 공동체임을 확인하는 작업이었다. 그것은 폴리스가 지배체제가 아님을 확인하는 작업이기도 하다. "그것은 지배—피지배 관계가 없는 사회를 세우는 것, 즉 이소노미아를 재건하려는 시도와 연결되었다. 자연철학은 이런 의미에서 근본적으로 '사회철학'이다."[6]

이오니아 지역 폴리스 구성원들은 '개인'으로 살려는 희망을 품은 이주민이었다. 이오니아 지역 폴리스는 과거 아테네 공동체와는 달랐다. 과거 아테네 폴리스는 토지 소유자 중심으로 살아가는 공동체였다. 과거 아테네 폴리스는 토지 소유자 중심으로 맺어진 혈연공동체였다. 그러나 이오니아 지역 폴리스는 더 이상 토지 중심 혈연공동체가 아니었다. 이오니아 지역 폴리스에 상공업이 발달했던 것은 그런 까닭이다. 이오니아 지역에서 태어난 사람들은 자기들이 혈연공동체에서 벗어난 새로운 '개

---

6 Karatani Kojin(2012), p.108.

인'임을 자각했다.

자연철학은 '개인'을 찾으려는 시도였다. 특히 이러한 시도는 위기로부터 나왔다. 그 위기란, 리디아Lydia 침략과 페르시아Persia 침략이었다. 이오니아 지역 폴리스들은 외부 침략으로 정복당했고, '개인'들은 참주僭主[7]에게 지배당했다. 참주정僭主政(tyranny)으로 이오니아 지역 폴리스 시민들은 다시 예속 상태에 놓였다. 참주정에서 이오니아 폴리스 시민들은 이소노미아, 곧 평등사회를 상실했다. 예를 들어 사모스 섬에서는 기원전 538년에 '폴리크라테스Polycrates'(?-B.C.522)가 참주가 되었다. 사람은 본성상 복종을 강제하는 참주정을 당연하게 받아들일 수 없다. 인간 본성(human nature)은 자연(nature)에서 비롯한다. 자연을 거스를 수 없다. 자연철학은 참주정을 물리치고 본성에 따른 '개인'을 회복하려는 시도였다.

---

7 스스로 자기가 '주인'이라고 행세한다는 뜻이다. '참주'는 시민들에게 자기를 주인으로 섬길 것을 강제로 요구하는 사람이라는 뜻이다. 특히 '주인'은 어느 누구와도 견줄 수 없는 막강한 힘을 가진다. 그런 만큼 참주제는, '자기와 동등한 자들과 더 훌륭한 자들을 지배하는' 1인 통치체제로서 '전제정치체제' '독재체제' 등으로 불린다. Aristoteles, *Politika*(2011), pp.227~228.

02
밀레토스Miletus 학파

2.1. 탈레스Thales(B.C.625~545?)

탈레스는 '최초 철학자'였다. 그는 세계를 신화가 아닌 자연 물질로 설명했기 때문이다. 탈레스는 물을 '아르케arché'로 삼았다. '아르케'란 이 세상을 구성하는 근본 요소이다. 탈레스에 따르면, 모든 것이 물로부터 비롯되었고, 물로부터 변화하였다. 이 세상도 물 위에 떠 있는 뗏목처럼 보인다. 아리스토텔레스Aristoteles는 탈레스가 아르케를 물로 삼은 까닭을 다음과 같이 설명한다.

> 아마도 그는 모든 것의 양분 속에는 습기가 있고 열기조차도 그것에서 생겨나고 또 그것에 의해 살아 있는 것을 보고서 그런 판단을 내렸을 것이다.(생성이 유래하는 출처. 이것이 모든 것의 원리다.) 이런 이유 이외에 모든 것의 씨앗은 본성상 습기를 포함하고 물은 습기 있는 것들이 가진 본성의 원리라는 사실도 그가 그런 관념을 취하게 된 이유가 되었을 것이다.

> 어떤 이들은 먼 옛날 선인先人들, 즉 지금 세대보다 훨씬 앞서 살면서 최초로 신들을 설명원리로 삼았던 사람들도 자연에 대해 이와 비슷한 생각을 가졌다고 말한다. 왜냐하면 그들은 오케아노스Okeanos와 테티스Thetis가 생성의 부모들이고, 신들의 맹약에서도 스틱스Styx라 불리는 물을 두고 하도록 주장했으니.[8]

탈레스는 세계를 물로 설명하면서도 다른 한편으로 "모든 사물은 신들로 가득하다."고 주장한다. 그렇지만 탈레스가 주장하는 '신'은 '생명'이다. 물이 저절로 흐르는 모습은 생명을 가진 듯이 보인다. 생명이란 어떤 조작 없이도 스스로 움직인다. 물이 흐르는 데에는 어떤 조작도 없다. 그렇다면 물은 곧 생명이다. 물은 단순한 물질임에도 생명처럼 보인다. 물질이 생명처럼 스스로 움직인다는 주장이 곧 '물활론物活論(hylozoism)'이다. 물활론을 내세움으로써 탈레스는 단순히 자연 연구가에 그치지 않는다. 니체Nietzsche는 탈레스가 철학자이어야 하는 이유를 다음과 같이 주장한다.

> 그리스 철학은 터무니없는 환상, 즉 물이 모든 사물의 시초이고 어머니의 자궁이라는 명제로부터 출발된 것처럼 보인다. 거기에 멈춰 서서 진지하게 생각해 볼 필요가 정말 있을까? 그렇다. 다음과 같은 세 가지 이유에서이다. 첫째 그 명제가 사물의 기원에 대한 어떤 것을 명확히 말하고 있기 때문이다.

---

8 *Metaphyisica,* 983b20-30(『형이상학』, 조대호 옮김, 나남, 2012), pp.38~39. '오케아노스'는 대지를 감돌아 흐르는 강으로, 우라노스와 가이아 사이에서 태어난 아들이다.

둘째로 그것은 그런 작업을 상상이나 꾸며낸 이야기 없이 수행하기 때문이다. 세 번째 마지막으로, 비록 누에고치와 같은 상태이기는 하지만 "모든 사물은 하나다."라는 관념이 그 안에 들어 있기 때문이다. 첫 번째 언급한 이유는 탈레스를 여전히 종교적이고 미신에 사로잡힌 사람들의 집단에 놓아두고 있다. 하지만 두 번째 이유는 그를 이 집단에서 끄집어내어 한 사람의 자연철학자로서 우리에게 보여 준다. 그러나 세 번째 이유 덕택에, 탈레스는 최초 그리스 철학자가 되는 것이다.[9]

2.2. 아낙시만드로스Anaximandoros(B.C. 610~540?)

아낙시만드로스는 탈레스보다 몇 살 더 젊었다. 그럼에도 아낙시만드로스는 탈레스의 '계승자이면서도 제자'였다. "그는 처음으로 도표 위에 사람들이 사는 세상을 그리려고 시도했다."고 전해진다. 그도 탈레스처럼 점성술, 지질학, 수학, 물리학에 철학을 겸비했던 인물이었다.[10]

아낙시만드로스는 우주를 구성하는 아르케를 아페이론apeiron으로 불렀다. 아페이론은 '무한자'이다. 그것은 경계도, 제한도 없어 규정할 수 없는 그 무엇이다. 그것은 공간상 무한하다. 공간상 무한한 만큼 그것은 우주 안에 어떤 사물과도 비슷하지 않다. 그것은 모든 사물을 둘러싸고 있어서, 그것으로부터 이 세상이 생기게 된다고 묘사했다.

---

9 Friedrich Nietzsche, *Early Greek Philosophy*(trans. Oscar Levy); Diané Collinson, *Fifty Major Philosophers*, Routledge(1987), p.4, (『철학의 큰 스승 50』, 김동림 외 옮김, 책세상, 1991), p.17. 이하 Diané Collinson(1987)과, 번역본은 Diané Collinson(1991)으로 줄임.

10 Diané Collinson(1987), p.5.

탈레스가 주장하는 '물'과 비교하면 아낙시만드로스가 주장한 '무한자'는 추상관념이다. 추상관념임에도 '무한자'는 헤시오도스가 말하는 '카오스'와 흡사하다. 헤시오도스에 따르면, 카오스에서 가이아(대지)와 그 깊은 곳 타르타로스(명부)가, 그로부터 우라노스(천공), 산들, 폰토스(바다)가 생겨났다. 아낙시만드로스는 무한자를 상정하고, 그 무한자로부터 흙, 불, 물, 공기가 생성된다고 설명했다. 신화 말고는 달리 묘사할 수 없는 것으로 여겨졌던, 근본 원리를 추상관념 '무한자'로 아낙시만드로스는 다시 설명했다.

아낙시만드로스는 신화를 배제한 채, 지구가 마치 실린더와 같은 모양이며, 그 깊이는 넓이에 비해 1/3 정도가 되는 원통처럼 생겼다고 설명한다. "만물은 공통 기원을 갖는다. 이것은 우주가 무차별이었고 단일한 덩어리로부터 진화했다는 것을 뜻한다."[11]

아낙시만드로스에 따르면, "습한 것에서 최초 생물이 가시투성이 껍질(phloios)에 둘러싸여 태어났다. 시간이 흘러 더 마른 곳에서 나왔으며, 껍질이 찢겨 벗겨지자 짧은 기간 동안 다음 단계의 삶을 살았다. …… 생물들은 태양에 의해 증발되는 '습한 것'에서 생긴다. …… 사람은 태초에 다른 생물, 즉 물고기와 아주 비슷했다."[12]

아낙시만드로스에 따르면, 흙, 물, 불, 공기가 자기운동으로 변화하는 정도는 무한정하다. 그 무한정 과정에서 무엇인가가 생긴다. 그렇게 생

---

11 G. Thomson, *The Study of Ancient Greek Society : The First Philosophy*, London, Lawrence & Wishart(1961), (『고대사회와 최초의 철학자들』, 조대호 옮김, 고려원, 1992), p.185.

12 *The Fragments of Presocratic Philosophers*(『소크라테스 이전 철학자들의 단편 선집』, 김인곤 외 옮김, 아카넷, 2015), p.147. 이하 『단편선집』(2015)으로 줄임.

긴 것은 만들어진 것이 아니다. 만들어진 것이 아닌 만큼 생성 과정에서 신은 없다는 결론에 이른다. 운동조작 주체로서 신을 거부함은 오늘날의 진화론과 다를 바 없다. 그는 인간의 일조차 이런 신들의 도움을 빌리지 않고 설명하고 있다. "아낙시만드로스 생각에 물고기는 생명 형태의 하나로서는 육지에 사는 동물보다도 먼저 생존해 있던 것이고, 따라서 인간도 원래는 물고기의 일종이었는데, 마른 토지가 출현하자 어떤 종의 물고기는 육지생활에 순응하게 된 것이다."[13]

아낙시만드로스에 따르면, 사물들은 끊임없이 운동하면서, 그 무한자로부터 생명을 얻었다가 죽어서 다시 그 무한자로 돌아간다. 운동으로 대립하는 것—뜨거운 것과 차가운 것, 마른 것과 습한 것 등—이 분리되어 나오고 만물로 변화한다는 것이다. 만물이 운동한다는 사실을 찾아냈음은 주목해야 할 부분이다.

아낙시만드로스가 내세운 주장은 근대 과학이론과 흡사하다, "운동은 물질의 존재 양식이다. 운동 없는 물질은 지금까지 어디에도 없었고 또 있을 수도 없다. …… 모든 정지, 모든 평형상태는 다만 상대적인 것에 지나지 않는다. 즉 그것들은 오로지 특정한 형태의 이런 저런 운동과 관련해서만 의미를 가질 뿐이다."[14]

모든 사물은 운동하고 변화한다. 아낙시만드로스에 따르면, 사물들은 서로 대립하고 서로 투쟁한다. 그 투쟁으로 서로 잠식한다. 서로 잠식함으로써 물질은 자기 정체성을 상실한다. "시간 질서에 따라 자기들 불의를 서로에게 보상한다. …… 우주는, 열기와 냉기, 습기와 건기라는 일련

---

13 Kartani Kojin(2012), p.118.

14 Thomson(1992), p.186.

의 순환적 운동 형태를 취하면서 번갈아가며 서로를 지배함으로써 한 해의 순환 속에서 여름과 겨울, 봄과 가을을 창출하는 영원한 운동 중에 있다."[15]

자연철학은 무엇이 아르케인가를 탐구했다. 결론은 아르케가 스스로 운동하고 변화한다는 사실이었다. 아르케로서 물질은 운동을 한다. 자연철학 이전에 물질에 운동과 변화를 가져오는 것은 오로지 신들뿐이었다. 그렇지만 운동과 변화를 가져오는 것은 신이 아니라 오히려 물질 자체였음을 자연철학은 밝혔다.

그 운동과 변화는 현실 사회에도 그대로 적용된다. "우리는 운동을 의문의 여지가 없는 삶의 징후로 받아들임과 아울러 '운동인(moving cause)'을 탐색할 필요가 전혀 없었던 시대로 거슬러 올라가야 한다. 물질이나 물체가 운동인을 필요로 하게 된 것은 일단 그것이 내재적 삶을 박탈당하고 난 뒤의 일일 것이다."[16] 현실 사회는 변화하는 힘을 그 자체로 지닌다.

모든 사물이 운동하고 변화한다는 것은 분명한 진리이다. 그럼에도 그것은 지배계급이 받아들이고 싶지 않은 진리이다. 운동과 변화를 주장하는 사상은 지배계급에게는 위험하기 그지없는 사상이다. 운동과 변화로 '번갈아 가며 서로를 지배'한다는 생각은 당연한 귀결이기 때문이다. "시간 질서에 따라 자기들 불의를 서로 보상한다."는 생각은 개혁과 저항을 부추기는 사상이었다. 자연철학은, 변화를 논의하면서, 세상이 변화할 수밖에 없다든지, 세상이 변화해야 한다고 주장하는 셈이다.

---

15 Thomson(1992), p.184.

16 Thomson(1992), p.185.

2.3. 아낙시메네스Anaximenes(B.C.585~528?)

아낙시메네스는 아낙시만드로스를 뒤잇는 제자였다. 아낙시만드로스를 따라 모든 사물의 제1원리를 무한자라고 주장했다. 그렇지만 이 무한자가 무엇인지를 밝혔다는 점에서 아낙시메네스는 특별하다. 아낙시메네스는 '공기'를 아르케로 삼았다. 공기는 무한 실체로서 모든 곳에 퍼져 있다. 공기를 제외한 다른 모든 물체들은 공기로부터 추출된다.

아낙시메네스에 따르면, "공기의 모습은 다음과 같다. 그것이 가장 고를(homalōtatos) 때는 시각으로 파악할 수 없지만, 차가운 것, 뜨거운 것, 축축한 것, 그리고 움직이는 것에서는 포착할 수 있다. 그것은 언제나 운동한다. 왜냐하면 그것이 운동하지 않는다면 변화하는 모든 것이 변화하지 않을 것이기 때문이다. 그것은 촘촘해지거나 희박해짐에 따라 다르게 나타난다. 즉 그것이 흩어져서 가장 희박하게 될 때는 불이 된다. 반대로 공기가 촘촘해진 것이 바람이다."[17]

오늘날까지 전해지는 아낙시메네스가 남긴 유일한 문장은 이렇다. "우리 영혼이 공기 상태로 우리를 하나로 묶어 주고 조절해 주듯이, 바람(또는 호흡)과 공기도 그렇게 전 세계를 뒤덮고 있다."[18] 아낙시메네스는 아낙시만드로스보다 훨씬 더 구체화된 주장을 한다. 아낙시메네스는 흙, 물, 불이 어떻게 제1물질인 공기로부터 생성되었는지를 설명하기 때문이다. 그 설명 또한 신화에 기대지 않는다. 그는 공기 흐름을 관찰하여 자연 진행 과정을 설명한다.

아낙시메네스에 따르면, 지구는 평평하며 공기 위에 떠 있다. 별들은

---

17 『단편선집』(2015), pp.154~155.

18 Diané Collinson(1987), p.6.

"수정같이 투명한 못처럼 붙박혀 있다." 신과 같은 존재들이 지구 주위를 '마치 펠트felt모자가 우리 머리를 빙 둘러 써지듯이' 돌고 있다. 또 지진은 지구가 건조하고 축축한 환경 사이를 순환하는 과정에서 생긴다. 지구가 건조해지면 '말라서 부러지고 넘어지는 산봉우리에 의해 흔들리고 조각조각 갈라지게' 된다. 비는 공기가 두터워져서 구름이 되어서 짜내어지는 습기이다. 우박은 바람이 수분과 뒤섞였을 때 떨어지는 물과 눈송이가 합쳐진 결과이다.[19]

아낙시메네스는 모든 현상을 공기 운동으로 설명한다. 공기 운동은 모든 물질이 자기 운동을 한다는 믿음에서 나온다. 이 믿음은 운동조작 주체를 거부한다. 운동조작 주체를 끌어들이려는 시도는 이제껏 신화였다. 신화를 거부한다는 것은 운동조작 주체를 거부하는 것이기도 하다.

자연철학은 '조작'이 아니라 오히려 '생성'에 초점을 맞춘다. 자연철학자들이 운동 개념을 찾아낸 것은 그들이 타고난 관찰자였음을 입증한다. "그리스인들은 항상 그들이 관찰한 현상들에 대해 합리적인 설명을 부여하려고 노력했다." 밀레토스 자연철학자들은 "소나기와 같은 제 운행 과정을 사물의 시원으로까지 소급했다." 그들에 따르면, 이 세계의 형성 과정은 더 이상 초자연현상이 아니라 자연현상일 따름이다.[20]

---

19 Diané Collinson(1987), p.7.

20 Thomson(1992), pp.193~195.

03

피타고라스 Pythagoras(B.C.570~497)

자연철학은 물질과 운동이 서로 분리될 수 없음을 주장한다. 그렇다면 사람도 물질로서 끊임없이 운동한다. 끊임없이 운동하고 있음은, 결코 멈추지 않음이다. 멈춰 있음이란 결코 사람답지 못함이다. 사람은 계속 변해야 한다. 사람은 어떤 한가지 상태로만 살아갈 수는 없다. 폴리스는 씨족공동체에서 출발했다. 그 씨족공동체는 점차 변해 다른 공동체로 바뀌었다. 씨족공동체 구성원도 점차 다른 '개인'으로 바뀌었다. '씨족에 종속되지 않는 개인, 그리고 원하면 언제든지 바깥으로 이동할 수 있는 개인'은 이오니아 지역에서 제일 먼저 출현했다.[21]

이오니아 지역 구성원은 씨족공동체를 벗어나 자유를 찾아온 '개인'이었다. '개인'이란 자유롭고 평등한 사람이다. '개인'은 지배와 종속 관계를 부정하는 사람이었다. 그렇지만 이오니아 지역은 개인들이 몰려들면서

---

21 Karatani Kojin(2012), p.128.

경제상황이 점차 악화되었다. 아테네처럼 빈부격차가 심화되고 그로 말미암아 지배 관계가 형성되기 시작했다. 지배와 종속 관계가 확대되면서 개인은 점차 사라지기 시작했다. 이오니아 폴리스에는 사회개혁이 필요했다.

피타고라스는 친구 폴리크라테스Polycrates와 사회개혁에 나섰다. 빈부격차가 심화되는 상황에서 불평등을 제거하는 방식은 다수지배로서 데모크라시Democracy였다. 그 시도는 일단 성공했다. 그렇지만 데모크라시는 참주정으로 가는 과정이었을 뿐이다. 개혁에 나섰던 폴리크라테스가 거꾸로 참주가 되었다.[22]

피타고라스는 폴리크라테스를 비판하고 사모스 섬을 떠났다. 이오니아를 떠나 이집트, 페르시아, 중앙아시아, 갈리아, 인도를 편력하면서 온갖 학문을 익혔고, 60세 무렵 남이탈리아 크로톤에 거주하면서, 그곳에서 학교를 열었다.

피타고라스는 철학을 '지혜 사랑'이라고 처음 주장하면서 스스로 철학자라고 일컬은 최초 사람이다. "그대는 누구인가?"라고 물으면, 피타고라스는 "철학자!"라고 대답했다. 철학자가 누구냐는 물음에, "노예근성이 있는 사람은 명예나 이득을 추구하는 사람임에 반해, 철학자는 지혜를 사랑하여 진리를 추구하는 사람이다."라고 대답했다.[23] 피타고라스는 인생을 경기장에 비유하면서 관객이 가장 좋은 처지라고 말했다. 피타고라스에게 진리는 '관조'였다.

---

22 Karatani Kojin(2012), p.128.

23 Diogenes Läertios, *Vitae Philsophorum*(『그리스철학자열전』, 동서문화사, 2011), p.528. 이하 Läertios(2011)로 줄임.

피타고라스 학교에서는 '관조'뿐만 아니라 아시아에서 유래한 '윤회'도 가르쳤다. 그 가르침에 따르면, 영혼이란 애당초 불사不死이다. 그럼에도 무지로 말미암아 영혼은 더럽혀진 채 육체라는 무덤에 갇혔다. 삶이라고 일컬어지는 현실 생활이란 영혼이 죽음에 이른 상태이다. 영혼이 다시 살아나지 않는 한 영원히 윤회전생 수레바퀴에 따라 움직여야 한다. 이 수레바퀴에서 벗어나기 위해 필요한 것이 곧 지혜(sophia)이다. 그 즈음 그리스 전역에는 '윤회'를 내세우는 오르페우스교(Orphism)가 이미 유행하고 있었다.[24]

피타고라스학파가 이탈리아에서 처음으로 시작된 점에도 주목해야 한다. 그 지역은, "현세적이고 합리적 인생관을 가졌던 이오니아 지역에 비해, 종교적이었고 예언이나 기적을 믿는 것으로 유명했다. 이 점에서 그들은 히브리인과 닮았다."[25] 그렇지만 피타고라스는 현실에 민감했던 이오니아 출신이었다.

피타고라스가 왜 오르페우스교와 같은 신비종교를 추구했는가는 중요한 물음이다. 이오니아에서 추구했던 사회개혁이 실패했기 때문이라는

---

24 '오르페우스'는 밝음을 상징하는 태양신 아폴론Apollon과 뮤즈 칼리오페Kalliope사이에서 태어났다. 성장하여 숲의 요정 에우리디케Eurydike와 결혼했다. 에우리디케가 꿀벌치기 아리스타이오스Aristaios의 구애를 뿌리쳐 달아나다 독사에 물려 죽었다. 오르페우스는 지하세계로 내려가 리라를 연주하면서 아내를 돌려주기를 간청했다. 지하세계를 관장하던 하데스Hades는 에우리디케를 데려가라고 허락했다. 그렇지만 지하세계를 통과할 때까지 뒤를 돌아보아서는 안 된다는 조건으로 허락했다. 오르페우스가 앞장 서고 에우리디케가 그 뒤를 따랐다. 한참을 가다가 오르페우스는 에우리디케가 잘 따라오고 있는지 궁금했다. 막 지하세계 문턱에 발을 딛는 순간 오르페우스는 그만 뒤를 돌아보고 말았다. 그 순간 에우리디케는 다시 지하세계로 빨려 들어가고 말았다. 오르페우스는 슬프게 울부짖었다.

25 Karatani Kojin(2012), p.130.

것이 그 대답이다. 피타고라스가 신비종교를 받아들인 것은 단순히 그 사상이 가진 매력 때문이 아니었다. 그것은 오히려 이오니아에서 겪은 쓰라린 좌절 때문이었다. 그런 까닭에 남이탈리아 크로톤으로 이주했고, 이주한 후에도 피타고라스는 그 당시 유행하던 '관조'와 '윤회'를 내세워 사람들을 모으기에 힘썼다. 거기서 그는 사람들을 모아 적극 정치활동을 재개했다. "예를 들어 크로톤에서 피타고라스학파는 화폐 주조에 종사했고 신흥 상공업 계급과의 결부를 기반 삼아 폴리스 정치와 관계했다."[26]

톰슨에 따르면, "크로톤에서 피타고라스학파는 기존 관념과 전통에 도전했을 뿐만 아니라 토지 귀족으로부터 권력을 획득해 내었으며, 그것을 이용하여 상품 생산의 발전을 가속화시켰다."[27] 그 결과 크로톤은 남이탈리아에서 가장 유력한 폴리스가 되었다. 피타고라스는 자기 학파를 정치에 무관심한 명상집단으로 만들지 않았다. 피타고라스는 자기 학파를 참주僭主에 종속되기를 거부하는 정치결사체로 만들었다. 그러나 정치결사체이긴 하지만 종교집단을 가장한 비밀 정치조직이었다.

피타고라스가 꿈꾸던 세상은 평등사회였다. 그렇지만 그는 평등사회 실현을 위해 대중이 누리는 자유를 부정했다. 피타고라스에 따르면, 개인이 누리는 자유는 진정한 자유가 아니기 때문이었다. 피타고라스에 따르면, 육체로 살아가는 인간에게 삶은 정녕 삶이 아니다. 사람은 육체에 갇힌 죄수이다. 그런 만큼 진정한 자유는, 타인과 맺는 관계에서 얻어지는 것이 아니라, 영혼을 육체라는 감옥에서 벗어나게 함으로써 얻어진다.

피타고라스는 '지식'과 '지식 아닌 것'을 구별했다. 감각에 따른 앎이란

---

26 Karatani Kojin(2012), p.131.

27 Thomson(1992), p.297.

결코 지식이 아니다. 진정한 지식은 감각을 넘어선다. 현실 세계는 가상 세계일 따름이다. 진짜 세계는 가상 세계와 다르다. 진짜 세계는 이성을 발휘하여 도달할 수 있는 세계이다. 피타고라스는 진짜 세계와 가짜 세계를 구별하였다.

이 세계와 저 세계가 따로 나누어지니 곧 이중세계이다. 피타고라스는 이 세계 전체를 이중세계로 파악한 최초 철학자이다. 피타고라스가 이중세계를 주장한 것은, 아마도 평등사회와 참주정을 구별하기 위해서였을 것이다. 피타고라스에 따르면, 참주제에 굴복하게 된 현실은 다수 대중이 데모크라시를 선호한 탓이었다. 본래 개인들은 '독립하여 남에게 복종하기를 거부하는(독립불기獨立不羈하는)' 시민들이었다. 시민들이 참주제에 살게 된 현실을 겪은 피타고라스는 다수지배로서 데모크라시를 불신하였다. 다수지배로서 데모크라시는 결국 다수를 억압하는 독재체제로 귀결되기 때문이었다.[28]

피타고라스에 따르면, 다수지배로서 데모크라시는 참주정을 초래한다. 참주에게 복종을 거부하던 민주시민들이 참주에게 복종하는 처지로 전락하고 말았다. 참주에게 복종하는 꼴이라니, 그 꼬락서니가 진정한 삶일 리 없다. 피타고라스가 내린 결론은, 철학자가 지도자이어야 한다는 주장이었다. 지도자가 철학자가 아니라면, 그 지도자는 독재자가 될 수밖에 없기 때문이다. 훗날 플라톤은 피타고라스를 이어 받아 '철학자 왕'을 내세웠다.

피타고라스는 가상 세계와 진짜 세계를 구별했다. 이 같은 구별은, 곧 가짜 삶을 버리고 진짜 삶을 추구해야 한다는 바람에서 비롯했으리라.

---

28 Karatani Kojin(2012), p.136.

니체Nietzsche에 따르면, "이 세계가 '가상' 세계이고 저 세계가 '진짜' 세계라고 간주된다는 것은 어떤 징후의 표현이다. '다른 세계'라는 표상의 발생지는 즉 철학자이다. 철학자는 이성의 세계를 날조하는데, 이 세계에서는 이성과 논리적 기능이 상응한다. —이로부터 '진짜' 세계가 유래한다."[29]

피타고라스는 '진짜' 세계를 수학에서 찾았다. 수학은 본래 추상학문이 아니라 실용학문이었다. 예를 들어 이집트에서 수학이 발전하게 된 것은 나일 강이 홍수로 넘치면 토지 소유자를 확인하기 위한 측량이 필요했고, 측량에는 수학, 특히 기하학이 절대 필요했기 때문이다. 무엇보다도 수학은 화폐가 만들어지면서부터 발전했다. 모든 쓸모 있는 물건은 화폐수량으로 가늠되었다. 화폐경제와 더불어 수학은 발전했다. 그렇지만 음악이나 천문학에서 수학이 사용되면서부터 그 실용성과는 멀어지기 시작했다.

피타고라스학파가 영혼정화와 윤회해탈을 목적으로 삼을 때 음악은 그 수단이었다. 음악에서 피타고라스는 화음을 음과 음 사이 비례 관계로 설명하였다. 피타고라스 정리도 비례 관계를 입증한 사례이다. 화음에 숨겨진 비밀을 찾아내듯이 피타고라스는 천체 운행 비밀도 찾아낼 수 있다고 믿었다. 인간에게는 들리지 않고 보이지 않는 천체 운행질서도 수학 지식으로 파악할 수 있다고 피타고라스는 주장한다. 여기서 이중세계(감성세계/초감성세계)는 분명해진다.

초감성세계는 오로지 수학으로만 파악할 수 있는 영역이다. 수학은 사물과 사물이 서로 맺는 관계를 파악한다. 먼저 사물이란, 사물이면서, 동

29 Karatani Kojin(2012), p.133 재인용.

시에 다른 사물과 맺어진 관계이기도 하다. 예를 들어 화음이란, 개개 음이면서, 동시에 개개 음이 서로 어떤 관계를 맺음이다. 개개 음이 없으면 화음은 있을 수가 없다. 그렇다고 개개 음으로서 그치지 않고 다른 음과 관계를 맺기도 한다.

문제는 사물들 사이 관계이다. 그 관계는 개개 사물처럼 지각되지 않는다. 지각되지 않는다고 해서 없다고 판단내릴 수도 없다. 지각될 수 없음에도 그 관계는 성립한다. 지각되지 않으면서도 있는 것, 그것이 곧 수이다. 그 수에 관한 지식이 수학이다. 수학으로 초감성세계를 파악할 수 있다. 수를 아르케로 삼음으로써 피타고라스학파는 이 세상 기원이 단순히 물질에 그치지 않음을 주장한다.

수를 아르케로 삼음으로써 이 세상은 마침내 둘로 갈리게 되었다. 진짜와 가짜로 나누는 이분법은 철학에 깊고도 넓은 영향을 미쳤다. 어떻게 살아야 하느냐라는 물음에 대한 대답도 진짜와 가짜로 갈리고 말았다. 피타고라스가 등장함으로써 어떤 삶이 위선인가를 논증해야 하는 국면을 윤리학은 맞이하였다.

04

헤라클레이토스 Herakleitos(B.C.540~480)

이오니아 폴리스들은 기원전 561년 리디아, 기원전 546년 페르시아 지배를 받기 시작했다. 이오니아 지역 폴리스에서 가능했던 평등사회로서 이소노미아 체제는 무너져 참주정에 예속되었다. 헤라클레이토스는 그 무렵 철학자이다. 민주정은커녕 참주정에서 지내야 했던 철학자이다.

헤라클레이토스는 "어느 누구보다도 오만방자했다. …… 끝내 그는 사람들을 싫어하여 산속에 은둔했고 풀과 나뭇잎을 먹으며 살았다. 하지만 이로 인해 수종에 걸리자 도시로 내려왔고, 의사들에게 폭우로부터 가뭄을 만들어 낼 수 있냐고 수수께끼처럼 물었다. 그런데 의사들이 이해하지 못했으므로 헤라클레이토스는 외양간으로 가서 자신을 쇠똥에 묻고 쇠똥의 열기로 몸이 마르기를 바랐다. 그러나 아무 효험도 얻을 수 없었으니 이렇게 해서 60의 나이로 생애를 마감했다."[30]

---

30 『단편선집』, p.219.

헤라클레이토스는 에페소스인들이 무지막지하다고 경멸했다. 예를 들면, "성년에 이른 모든 에페소스인들은 아이들에게 도시를 남기고 목매달아 죽어 마땅하다."고 저주했다. 그가 에페소스 시민들을 경멸했던 것은, 에페소스가 이오니아 지역 다른 폴리스들과는 달랐기 때문이다.[31] 이오니아 지역 폴리스들은 페르시아 지배로부터 독립을 시도했다. 페르시아에서 지원받던 참주를 몰아내고 민주정을 시도했다. 기원전 499년 이오니아 반란은 그래서 일어났다. 그러나 반란은 실패했다. 이오니아 중심도시 밀레토스는 폐허가 되었다. 하지만 에페소스는 반란에 가담하지 않은 탓에 무사했다.

헤라클레이토스는 반란에 가담하지 않은 에페소스를 저주했다. 헤라클레이토스는 반란에 가담하지 않고 얻은 평화를 증오했다. 그건 종속을 감수하는 대가였다. 헤라클레이토스는 전쟁을 부추겼다. "전쟁은 모든 것의 아버지이고, 모든 것의 왕이다. 그것이 어떤 이들은 신으로 또 어떤 이들은 인간으로 드러내며, 어떤 이들은 노예로, 또 어떤 이들은 자유인으로 만든다."[32]

에페소스인은 겨우 살아남았다. 그렇게 살아남는 게 헤라클레이토스에게는 비굴한 일이었다. 차라리 싸우다 죽었어야 했다. 헤라클레이토스는 말한다. "전쟁에서 전사한 사람들을 신들과 인간들은 존경한다." 그러나 에페소스인은 전쟁을 피하고 불명예를 선택했다. "가장 뛰어난 자들은 모든 것들 대신에 하나를 선택한다. 사멸하는 자들로부터 얻은 영속

---

31 『단편선집』, pp.262~263.

32 『단편선집』, p.249.

하는 영예를. 그러나 많은 사람들은 가축처럼 배불러 있다."[33]

헤라클레이토스는 아르케를 '불'로 주장했다. 불은 로고스Logos이다. 로고스로서 불은 투쟁을 상징한다. 투쟁이 중지되는 것은, 어떤 부분이 다른 부분을 이긴 탓이다. 그것은 이 세계가 멈추는 상태이다. 영혼 역시 불이어야 한다. 인간 삶이란 영원히 타는 불이다. "영혼에게 죽음은 물이 되는 것이고, 물에게 죽음은 흙이 되는 것이다. 흙에서 물이 생겨나고 물에서 영혼이 생겨난다."[34] 덕 있는 영혼은 물이 되지 않고 꺼지지 않는 불이어야 한다. 잠자고 있는 사람에게 영혼은 불과 격리되지만, 깨어 있는 사람은 불과 맞닿게 된다. 불과 맞닿음으로써 온기를 회복한다.

헤라클레이토스에 따르면, 전쟁이 곧 정의이다. "전쟁은 공통된 것이고, 투쟁이 정의이며, 모든 것은 투쟁과 필연에 따라 생겨난다는 것을 알아야만 한다."[35] 투쟁을 회피하면 멸망에 이를 수밖에 없다. 헤라클레이토스는 물질이 운동한다는 초기 자연철학을 이어 간다.

헤라클레이토스는 피타고라스 이중세계를 부정했다. "지혜로운 것은, 하나인데, 모든 것을 통해서 모든 것들을 조정하는, 예지를 숙지하는 것이다."[36] 그 지혜로움이란, "만물은 하나라는 데 동의하는 것"이다.[37] "이 세계는, 모두가 동일한데, 어떤 신이나 인간이 만든 것이 아니라 언제나 있어 왔고 있고 있을 것이며, 영원히 살아 있는 불로서 적절한 만큼 타고

---

33 『단편선집』, p.258~259.

34 『단편선집』, pp.255~256.

35 『단편선집』, p.249.

36 『단편선집』, p.234.

37 『단편선집』, p.236.

적절한 만큼 꺼진다."[38]

헤라클레이토스에 따르면, 세계는 하나다. "나타나는 모든 사물들은 전체이면서 전체가 아니고, 일치하는 것이면서 동시에 뿔뿔이 흩어지는 것이며, 어울리는 것이며 동시에 어울리지 않는 것이다. 모든 사물로부터 하나의 통일성이 나오고 하나의 통일성으로부터 모든 것이 나온다."[39]

헤라클레이토스에 따르면, "만물에서 하나가 생겨나고, 하나에서 만물이 생겨난다." 헤라클레이토스에게 이중세계란 없다. 만물은 오로지 하나이다. "만물은 불의 교환물이고, 불은 만물의 교환물이다. 마치 물품이 황금의, 황금이 물품의 교환물인 것처럼."[40]

세계가 하나(一者)라는 사상은 크세노파네스Xenophanes에서 비롯한다. 크세노파네스에 따르면, "소들, 말들, 그리고 사자들이 손을 갖는다면, 또한 손으로 그림을 그리고 사람이 만드는 것과 같은 작품을 만들어 낼 수 있다면, 말들은 말들과 소들은 소들과 유사한 신의 모습을 그릴 것이고, '각각' 자신들이 가지고 있는 것과 같은 형체를 만들 것이다."[41] 의인화된 신을 비판하면서 크세노파네스가 도달한 결론은, 신은 '죽어야 하는 자들' 곧 인간과 "조금도 비슷하지 않다."[42] 였다.

헤라클레이토스에 따르면, 일자는 신이다. 그렇지만 그 신은 의인화된 신이 아니다. "모든 인간의 법들은 하나인 신의 법에 의해서 양육"된다.[43]

---

38 『단편선집』, p.245.

39 『단편선집』, pp.236~237.

40 『단편선집』, p.246.

41 『단편선집』, p. 206.

42 『단편선집』, p.207.

43 『단편선집』, p.232.

'신의 법에 의해 양육된' 인간은 "공통의 것을 따라야만 한다. 그런데 로고스는 공통의 것이거늘, 많은 사람들은 마치 자신만의 생각을 지니고 있는 듯이 살아간다."[44] 그런 만큼 "나에게 귀를 기울이지 말고 로고스에 귀를 기울여, '만물은 하나다'라는 데 동의하는 것이 지혜롭다."[45]

---

44 『단편선집』, p.222.

45 『단편선집』, p.236.

05

엠페도클레스 Empedocles(B.C.495~435)

엠페도클레스는 아르케를 물질 하나에서가 아니라, 여럿에서 찾으려던 최초 철학자였다. 그러니 엠페도클레스는 최초 다원론자인 셈이다. 그는 만물을 네 가지 뿌리, 곧 리조메타 rhizometa로 설명한다. '불, 공기, 물, 흙'이다. 그는 각각에 신 이름을 부여한다. 불에는 '빛나는 제우스', 공기 또는 흙에는 '생명을 가져오는 헤라' 혹은 '아이도네우스', 물에는 '네스티스'로 붙였다. 그는 신화 속에서 신들이 하던 역할을 자연 물질이 한다는 것을 입증하였다.[46]

엠페도클레스는 네 가지 뿌리가 서로 독립하여 대등하다고 주장한다. 어느 쪽이 더 근본이라고 생각하지 않았다. 그것들은 서로 대등하며, 어느 하나가 '무한성'으로 환원되는 일은 없다. 다른 것으로 바뀌지 않는다. 또 새로운 것도 되지 않는다. 네 뿌리는 공허에서 생긴 것도 아니고 소멸하는 것도 아니다. "아무것도 있지 않은 것에서 생겨날 리 없고, 또 있는

---

46 Läertios(2011), p.561.

것이 소멸할 일도 없다." 네 원소가 결합하고 분리되는 것은 사랑과 증오 때문이다. 그렇지만 사랑과 증오는 인력과 척력과 같은 힘이지 어떤 심리상태가 결코 아니다. 엠페도클레스는 생물진화론에 근접한 주장을 내세운다.

> 네 뿌리들은 어느 때는 자라나 여럿에서 단지 하나로 되고, 다른 때는 분리되어 하나에서 여럿으로 되기 때문이네. 보이는 것들에게는 생겨남도 이중이요 떠나감도 이중이로되 모든 것의 결합이 한쪽을 낳고 없애지만, 또다시 분리되면 다른 쪽이 길러지고 사라지기 때문이네. 또한 이것들은 끊임없이 자리바꿈하기를 멈추지 않거늘 어느 때는 사랑에 의해 그것들 전부가 하나로 합쳐지나, 다른 때에는 다시 불화의 미움에 의해 따로 떨어지기 때문이네.[47]

엠페도클레스에 따르면, 네 뿌리가 서로 결합 아니면 분리하여 우주가 생성된다. 결합과 분리 과정을 거쳐 식물이 먼저 생기고 그 다음 동물이 생긴다. 이러한 설명은 진화론에 등장하는 '자연선택(natural selection)'이나 '계통수(phylogenetic)' 개념과 흡사하다. 다윈이 주창한 진화론은 '제작'을 거부하고 '생성'을 핵심으로 삼기 때문이다. 자연변이에는 일정한 방향성, 목적성이 없다.

엠페도클레스는 사회 진화도 4단계로 나누었다. 먼저 사랑만이 지배하고 4원소가 화합하는 시기, 둘째 싸움이 슬며시 일어나서 네 뿌리가 점점 분리되어 가는, 사랑과 증오가 혼재하는 시기, 셋째 싸움만이 지배하는

47 『단편선집』(2015), pp.356~357.

분열 시기, 넷째 사랑이 들어와 4뿌리가 서서히 결합하는 혼합 시기이다.

엠페도클레스가 주장하는 이 4단계는 헤시오도스 서술과 흡사하다. 헤시오도스에 따르면, 황금시대에 이어 은시대, 청동시대, 철시대가 이어진다. 헤시오도스가 말하는 '철시대'는 엠페도클레스가 싸움만이 지배하는 시기로 묘사한 세 번째 분열 시기에 해당한다. 그럼에도 엠페도클레스는 이런 분열 시기가 '사랑'으로 바뀔 수 있음을 암시한다. 그것은 음유시인 헤시오도스가 '희망'을 언급한 것과 흡사하다.

엠페도클레스가 설명하는 우주생성 과정과 사회 변화에는 어떤 정해진 목적이 없다. 그 설명은 진화론처럼 '무목적론'이다. 무목적론은 인간을 폴리스에 살아야 하는 본성을 가졌다고 묘사하지 않는다. 자연철학으로부터 철학이 시작되었다면, 철학은 목적론에서 비롯하지 않았다. 철학은 그 기원이 무목적론이다. 훗날 플라톤과 아리스토텔레스가 등장하면서 목적론이 우세해졌지만, 목적론은 나중에 등장한 철학이었다. 이오니아 지역에서 철학은 대개 무목적론이었다. 목적론이 등장한 것은 현실세계를 이상 세계와 구별하면서부터이다.

엠페도클레스는 만능인이었다고 전해진다. "엠페도클레스는, 방약무인하고 공유재산을 횡령한 지도자급 시민들을 고발하여 '추방하고', 또 평지로 불어오는 남풍이 통과하는 산의 협곡을 차단하여 마을을 흉작과 페스트로부터 구했다."[48] 뿐만 아니라 그는 의사이기도 하고 뛰어난 변론가이기도 했다. 소피스트로서 명성을 날린 고르기아스Gorgias가 바로 엠페도클레스 제자였다. "밤중에 하늘로부터 엄청 큰 목소리가 그에게 말을 걸었다. 신이 되었다는 평판을 확고히 만들려고 에트나 화산 분화구

48 Karatani Kojin(2012), p.174.

에 뛰어들었다고 전해진다."[49]

49 Karatani Kojin(2012), p.175.

06
아낙사고라스Anaxagoras(B.C.500~428)

엠페도클레스에 이어 아낙사고라스는 원소가 네 가지가 아니라 무수하다고 주장한다. 아낙사고라스 주장은 파르메니데스Parmenides(B.C.510?~?) 주장과 흡사하다. 파르메니데스에 따르면, 무로부터 그 어떤 것도 생길 수 없다. 생기는 것은 반드시 무엇을 재료로 생겨날 수밖에 없다. "있는 것은 있고, 있지 않는 것은 있지 않다"가 전제라면, 결론은 "있고도 있지 않다"는 불가능하다. 아낙사고라스는 생겨나고 소멸하는 것을 결합하고 분리되는 것이라고 분명히 말한다.

아낙사고라스에 따르면, "헬라스 사람들은 생기고 소멸하는 것에 대해 올바르게 생각하고 있지 않다. 왜냐하면 어떤 사물도 생기지 않고 소멸하지도 않으며, 오히려 있는 사물로부터 함께 섞이고 분리되기 때문이다. 그렇다면 그들은 생기는 것을 부를 때에는 함께 섞이는 것이라고 불러야 하고, 소멸하는 것을 부를 때에는 분리되는 것이라고 불러야 옳다."[50]

아낙사고라스에 따르면, "처음에 모든 사물이 함께 있었다." 어떤 것도 분별되지 않은 채로 섞인 상태였다. 분화가 시작된 것은 섞인 상태에 퍼져 있던 지성이 회전을 지시했을 때였다. 여기서 지성(정신, 누스nous)이란 인식하고, 지배하고, 사물들에 질서를 부여하며, 운동을 일으키는 주체이다. 회전은 처음에는 작았으나 시간이 지나면서 점차 커졌다. 회전으로 혼합체에서 사물들이 분리되기 시작했다. 회전은 기본 사물들을 재배치했다.[51]

아낙사고라스에 따르면, 기본 사물들은 너무 작아 보이지 않는 씨앗으로 구성된다. 아낙사고라스는 엠페도클레스가 내세운 네 뿌리를 무수한 많은 씨앗으로 바꾸었다. 이 씨앗은 다시 원자로 바뀌었다. 생성과 소멸은 모두 어떤 재료로부터 비롯한다. 없는 것에서 있는 것이 생기지 않는다. 무로부터 유를 창조할 수 있다는 생각은 어처구니없다. 엠페도클레스를 비롯해서 아낙사고라스, 레우키포스, 데모크리토스 모두 원소 개수를 늘렸다는 점을 제외하고는 생성 소멸을 원소 운동으로 설명한 점에서 서로 같다.

---

50 『단편선집』, p.500 참조.

51 『단편선집』, pp.794~795.

07
데모크리토스 Democritus(B.C. 469~?)

원자론에 따르면, 이 세상은 더 이상 분할할 수 없는 무수한 원자로 구성된다. 원자 개념을 창안한 사람은 레우키포스Leucippus(B.C.500?~?)였다. 그는 원자가 운동하는 장으로서 공허를 도입한다. 여기서 공허란, '없음'으로서 공허가 아니라, 원자들이 운동하는 장이다. 원자는 생성되지도 않고 소멸하지도 않는다. 운동이란 원자들이 공허 안에서 서로 충돌하고 뒤엉키는 과정이다. 그 운동 과정에서 만물은 형성된다.

> 전체는 무한하며 그것의 일부는 가득 찬 것이고 일부는 비어 있는 것인데, 이것들이 바로 원소들이다. 이것(전체)으로부터 무수한 세계들이 이루어지고 다시 이것들(원소들)로 분해된다. 세계는 다름과 같이 생겨난다. 온갖 형태의 물체들이 무한한 것에서 잘라져서 조각난 채 거대한 허공으로 옮겨지며, 그것들이 한데 모여서 회오리를 만드는데, 이 회오리 안에서 (서로) 부딪히고 온갖 방향으로 회전하면서 비슷한 것들이 비슷한 것들 쪽으로 따로 분

> 리된다. 그것들이 많아서 더 이상 균형을 유지하며 회전할 수 없게 되면, 마치 체로 걸러지듯 미세한 것들이 바깥의 허공으로 물러나가고, 나머지 것들은 함께 뭉쳐 서로 얽혀 함께 움직이면서 공처럼 둥근 최초의 어떤 구조물을 만든다.[52]

페르시아 전쟁 이후 아테네가 제국으로 군림하면서 이오니아 지역 폴리스들은 자율성을 상실하였다. 기원전 5세기 중반이었다. 폴리스가 자율성을 상실하면서 이오니아 지역 사상가들은 정치 · 경제 중심지인 아테네로 옮겨 갔다. 아테네로 옮겨간 사상가들은 외국인이었던 터라 정치에 참여할 수 없는 신분이었다. 그들은 그곳에서 지식을 파는 상인으로 살았다. 원자론이 등장한 것은 그 무렵이다. 원자론이 등장한 것은 이미 '개인'이 출현했음을 반영한다. 이오니아 사상가들은 자기가 살던 폴리스를 떠나 더 넓은 공간으로서 코스모폴리스 시민으로 살았다.

데모크리토스에 따르면, "현자는 어느 땅이든 다 밟을 수 있다. 온 세계가 선한 영혼의 조국이니까." 그렇지만 코스모폴리스 시민으로서 삶은 현실 정치에 일절 무관심한 삶이 되고 만다. 코스모폴리스 시민은 '개인'으로 살았기 때문이다. 개인은 다른 개인과 맺는 사회관계를 개인 자신보다 중요하지 않게 여긴다. 개인주의 기본 신조는, "각자가 다른 사람에게 해를 입히지 않는다면, 법이 각자 자신의 능력껏 사는 것을 방해하지 않을 텐데"였다. 개인은 자기 개인 문제에만 골몰할 따름이었다. 개인은 자기 개인 문제를 더 이상 공동체 문제로 인식하지 않았다. 개인은 스스로 자족을 꾀할 뿐이었다. "타향살이는 삶의 자족을 가르친다. 보리빵과

---

52 『단편선집』, pp.556~557.

짚으로 만든 침대도 굶주림과 피로함을 달래는 가장 달콤한 약이 되기 때문이다."[53]

코스모폴리스 시민 중 목숨 걸고 참주에 저항하던 철학자 제논Zenon(B.C.489~?) 같은 시민은 더 이상 찾을 수 없었다. 제논은, 달리는 토끼가 앞선 거북이를 잡을 수 없다는 역설로 유명한 철학자였다. 그런 제논은 참주 네아르코스를 타도하려다 붙잡혔다. 전해지는 일화에 따르면, 그는 은밀히 전할 말이 있다고 참주에게 접근하여 귀를 물더니 칼에 찔려 죽을 때까지 놓아 주지 않았다. 칼로 찔려 죽어 가면서도 그는 주위에 서 있는 자들을 향해 "그대들의 비겁함에 질렸다, 만일 내가 견뎌내고 있는 것을 두려워하는 탓에 언제까지나 참주의 노예로 살아가는 것이라면 말이다."라고 외치면서, 마지막으로 그는 자기 혀를 깨물어 잘린 혀를 참주에게 뱉었다. 그러자 시민들이 분기하여 그 자리에서 바로 돌을 던져 참주를 죽였다.[54]

이오니아 자연철학, 그 끝은 원자론이었다. 원자론으로 막을 내림으로써 이오니아 자연철학은 그저 자연학으로만 보였다. 그 후부터 자연철학은 윤리학과 상관없는 것처럼 여겨졌다. 마침내 어떻게 살아야 하는가라는 물음은 소피스트와 소크라테스가 비로소 처음 제기했다는 생각이 널리 퍼졌다. 예를 들어, 아리스토텔레스는 "소크라테스 이전 철학은 자연학이며, 소크라테스에 의해 비로소 윤리적 고찰로 전향했다."[55]고 주장한다. 그렇지만 이 같은 주장은 이오니아 자연철학이 품었던 열망을 미처

---

53 『단편선집』, p.621.

54 Karatani Kojin(2012), p.159, Läertios(2011), p.596.

55 *Metaphysica*(『형이상학』, 조대호 옮김, 나남, 2012), 1권, 3~6장.

헤아리지 못한 편협함에서 비롯한다.

이오니아 자연철학이야말로 어떻게 살아야 하느냐는 물음을 가장 먼저 자각했던 윤리학이었다. 이오니아 지역은 아테네와 같은 씨족·부족 공동체가 아니었다. 이오니아 지역은 오히려 씨족·부족 전통을 단절한 새로운 공동체였다. 새로운 공동체는 불평등을 거부하고 평등을 실현하였다. 이오니아 지역은 자유지대였다. 반면 아테네에서는 화폐경제 발달로 극심한 빈부격차에 시달려야 했다. 그 결과 많은 시민들이 채무노예로 전락했다. 극심한 빈부격차는 신분질서를 더욱 굳건하게 만들었다.[56]

이오니아 자연철학은 자유를 찾으려는 열망에서 비롯했다. 이오니아 자연철학은 아테네 중심 패권주의에서 벗어나, 자주 독립하는 삶으로서 이소노미아를 열망했다. 이소노미아를 향한 열망이 최초 철학자 탈레스를 탄생시킬 수 있었다. 그러나 "아테네인은 이오니아의 사상이나 정치의 영향을 계속 받으면서 필사적으로 그것을 억압했다고 말해야 한다. 아테네의 '철학'이란 한마디로 이오니아에서 유래하는 사상을 받아들이면서 그것을" 극복하려고 한 시도였다.[57]

---

56 Karatani Kojin(2012), pp.40~41.

57 Karatani Kojin(2012), p.39.

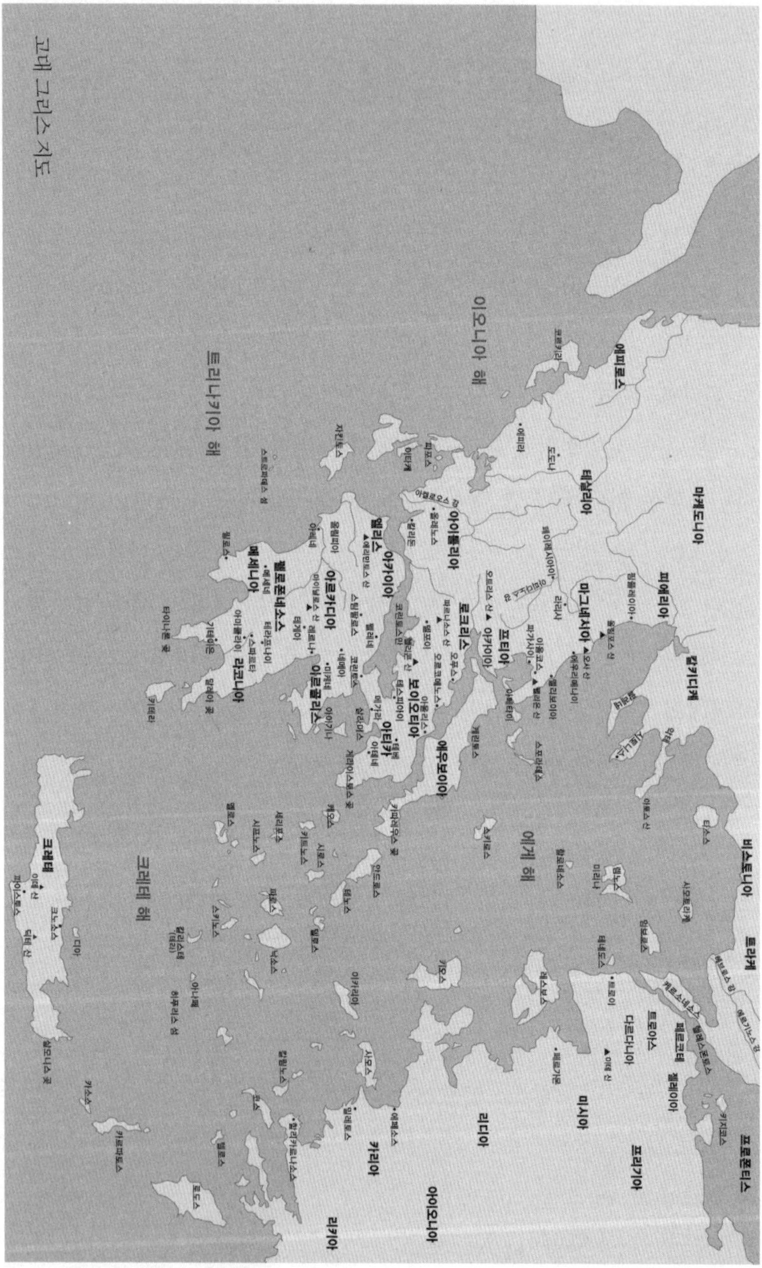
이오니아 해
트리나키아 해
에게 해
크레타 해
마케도니아
피에리아
칼키디케
비스토니아
트라케
프로폰티스
에피로스
테살리아
마그네시아
아이톨리아
로크리스
프티아
보이오티아
아티카
에우보이아
아카이아
엘리스
아르카디아
아르골리스
펠로폰네소스
메세니아
라코니아
크레타
트로아스
다르다니아
미시아
프리기아
리디아
카리아
아이오니아
리키아

고대 그리스 지도

3장

소피스트 VS 소크라테스

01 펠로폰네소스Peloponnesos 전쟁

페르시아와 전쟁이 끝나자 또다시 전쟁이 일어났다. 기원전 480~479년 페르시아 전쟁에서 아테네와 스파르타 두 폴리스는 함께 싸운 동지였다. 그러나 기원전 5세기 중반 펠로폰네소스 전쟁에서 두 폴리스는 동지에서 적으로 바뀌었다.

펠로폰네소스 전쟁은 기원전 431년부터 404년까지 무려 27년에 걸친 전쟁이었다. 투키디데스Thoukydides에 따르면, 이 전쟁은 상대방 동맹국에 간섭하는 문제로 발발했다. 동맹국 간섭 문제는 실상 그리스 패권을 서로 겨루는 문제였다. 아테네와 스파르타 두 폴리스는 그리스 전체를 장악하겠다는 탐욕을 가누지 못했다. “스파르타가 아테네에 최후 통첩을 하고, 아테네 민회가 페리클레스의 조언을 받아들여 최후 통첩을 거부함으로써 전쟁은 시작되었다.”[1] 아테네 민회에서 페리클레스Pericles는 다음과 같이 열변했다.

---

1 Martin(2013), p.308.

전쟁이 일어나더라도 사소한 일로 전쟁이 일어났다는 자책감을 여러분 마음에서 완전히 지우시기 바랍니다. 이 사소한 일이 여러분의 결심과 의도 전체를 떠보는 시금석이 될 것이기 때문입니다. 여러분이 양보하면, 그들은 여러분이 겁이 나서 양보하는 줄 알고 당장 더 큰 요구를 해올 것입니다. 그러나 여러분이 단호하게 거절하면 그들도 여러분을 대등하게 대하는 편이 더 좋다는 사실을 분명히 알게 될 것입니다. 그러니 여러분은 지금 피해를 보기 전에 그들에게 순종을 하든지, 아니면 내게는 이것이 상책인 것 같습니다만, 크고 작은 문제로 양보하지 않고 우리가 가진 것을 두려움 없이 소유하기 위해 전쟁을 하든지 양자택일해야 합니다. 대등한 국가중재를 거치기도 전에 다른 대등한 국가에게 명령할 경우 거기에 응한다는 것은 요구사항의 크고 작음을 떠나 예속되는 것이나 다름없기 때문입니다.[2]

여기서 '예속'이란 '노예 됨'이다. 페리클레스가 노예 됨을 거부했던 연설은, 기원전 491년 페르시아 전쟁에서 페르시아 왕이 내놓은 최후통첩을 스파르타가 거부했던 것과 흡사하다. 그 당시 아테네인들은 스파르타를 포함하여 어떤 그리스인도 노예가 될 수 없다고 선언하면서 스파르타와 함께 페르시아와 싸웠다. 그때 이후로 60년이 지난 431년에는 그리스 패권을 놓고 아테네와 스파르타가 서로 다투는 상황에 이르렀다. 페리클레스 연설에서 나타나듯이 명분은 '자유'였다.

"기원전 431년, 스파르타가 처음으로 아티카를 침공하여 농촌의 집들을 파괴하면서 전쟁을 개시했다." 이에 맞서 아테네는 지상보다는 해상

---

2 Thoukydides, *Ho Polemos ton Peloponnesion kai Athenaion*(『펠로폰네소스전쟁사』, 천병희 옮김, 숲, 2014), p.134. 이하 Thoukydides(2014)로 줄임.

에서 스파르타와 그 동맹국을 공격하겠다는 전략을 세워 놓고 있었다. 그런 전략에도 불구하고 예상치 못한 일이 벌어졌다. 기원전 430년부터 역병이 여러 해 동안 번지면서 많은 아테네 주민들이 목숨을 잃었다. 지도자 페리클레스마저 이 역병으로 기원전 429년 죽음을 맞이하였다.[3] 이 당시 상황을 투키디데스는 다음과 같이 묘사했다.

> 아테나는 이 역병 때문에 무법천지가 되기 시작했다. 운세가 돌변하여 부자들이 갑자기 죽고 전에는 무일푼이던 자들이 그들의 재산을 물려받는 것을 보고 사람들은 전에는 은폐하곤 하던 쾌락에 공공연하게 탐닉하였다. 그래서 사람들은 목숨도 재물도 덧없는 것으로 보고 가진 돈을 향락에 재빨리 써 버리는 것이 옳다고 여겼다. 목표를 이루기도 전에 죽을지도 모르는 판국에 고상해 보이는 목표를 위해 사서 고생을 하려는 사람은 아무도 없었다. 당장의 쾌락과 그것에 이바지하는 것이면 무엇이나 고상하고 유용하다는 중론이었다. 신들에 대한 두려움도 인간의 법도 구속력이 없었다. 신들에 대한 두려움에 관해 말하자면, 착한 사람이든 악한 사람이든 무차별적으로 죽는 것을 보자 그들은 신을 경배하든 않든 마찬가지라고 생각했다. 인간의 법에 관해 말하자면, 재판을 받고 벌을 받을 만큼 오래 살 것이라고 기대하는 사람은 아무도 없었다. 대신 저마다 자기에게는 이미 더 가혹한 판결이 내려졌으며, 그것이 집행되기 전에 인생을 조금 즐기는 것이 옳다고 여겼다.[4]

전쟁은 참혹했다. 얼마나 많은 시민이 전쟁을 끝내고 싶어 했는지는 아

---

3 Martin(2013), pp.316~317.

4 Thoukydides(2014), p.180~181.

리스토파네스 희극 「뤼시스트라테Lysistrate」가 보여 주었다. 이 작품에서 주인공은 아테네 여인들이었다. 이 여인들은 기지를 발휘해서 아테네 남자들로 하여금 전쟁을 포기하도록 노력한다. 이들은 먼저 국고가 있는 아크로폴리스를 점령한 다음, 국가 재정을 전쟁 경비로 더는 쓸 수 없게 한다. 그런 뒤 남편들이 전장에서 돌아오자, 스파르타 여성들과 공모하여 잠자리를 거부하는 운동을 벌인다. 그중 한 대목은 이렇다. "나는 한낱 여자이지만 이성을 갖고 있어요. 나는 원래 분별력이 없지도 않지만 …… 그래서 나는 그대들을 꾸짖으려는 것"입니다.[5]

모든 시민들이 전쟁을 끝내기를 염원했다. 그렇지만 그 염원으로 전쟁이 끝난 것은 아니었다. 전염병으로 인구가 급감했고, 전쟁 경비는 엄청났다. 아테네는 전쟁을 끝까지 이어 갈 수 없었다. 마침내 기원전 404년 항복했다. 스파르타는 전쟁에서 스파르타에 협력했던 30인 참주가 아테네를 통치하도록 조치했다. 30인 참주들은 평소에 민주정을 경멸하고 과두제로 기울어진 집단이었다. 이 친과두제 세력은 기원전 404~403년 8개월에 걸쳐 아테네 반대 세력을 무자비하게 탄압했고 부자들에게서 재산을 몰수했다.

30인 참주는 난폭하고 극악했다. 난폭하고 극악한 참주에 맞서 아테네 시민들은 궐기했다. 기원전 403년 민주제 세력과 과두제寡頭制(oligarchy) 세력이 충돌했다. 결국 민주제 세력이 승리를 거두고 민주정을 수립했다. 스파르타는 개입하지 않았다. 아테네 민주정은 대사면을 선포했다. "그것은 서구 역사상 최초의 사면이었다. …… 아테네 정부는 다시 원활하게 돌아가는 민주제를 회복했다. 그러나 아테네의 재정적 · 군사적 힘

---

5 *Lysistrate*, 1124~1128(천병희 옮김, 숲, 2010), p.80; Martin(2013), p.342 참조.

은 완전히 손상된 상태였다. 그리하여 아테네 사회는 그 어떤 사면으로도 치유하기 힘든 치명적인 분열의 기억을 간직하게 되었다."[6]

---

6 Martin(2013), p.335.

02 소피스트Sophists

소피스트는 대략 기원전 5세기부터 4세기 아테네가 심각하게 분열하던 무렵에 등장했다. 펠로폰네소스 전쟁 중 사람들은 새로운 삶을 열망했다. 그런 만큼 어떻게 살아야 하느냐는 중요 문제였다. 소피스트와 소크라테스는 어떻게 살아야 하는가라는 물음을 물었다는 점에서 서로 같다. 그럼에도 소피스트와 소크라테스는 서로 확연히 달랐다.

초창기 소피스트들은 아테네 밖 변방에서 활약했다. "기원전 450년경부터는 물리적 번영과 문화적 명성의 절정에 있던 아테네로 들어오기 시작했다. 그들의 가르침에 높은 수업료를 낼 수 있는 학생들을 찾아 온 것이다."[7] 이들 중 가장 유명한 사람은 프로타고라스, 고르기아스, 트라시마코스였다. 이들은 모두 아테네 밖으로부터 이주했던 인물이었던 만큼 아테네인들 사고방식과 관습에 관심을 기울였다. 소피스트들은 여러 나라

7 Martin(2013), p.293.

를 여행하면서 생계를 꾸렸던 만큼 아테네 법과 코린토스 법이 서로 다르다는 것을 분명히 깨달았다. 그들은 다양한 문화 현상을 관찰하고 수집했다. 그 결과 그들은 사회 질서에 절대 진리란 없다는 결론을 내렸다.

아테네에서 어떻게 살아야 하는가를 토론하면서 소피스트들은 코린토스 법이나 관습을 거론할 수는 없었다. 소피스트들은 정의가 노모스nomos, 관습 또는 풍습에서 비롯하는 것인지, 아니면 자연(physis)에서 비롯하는지를 문제 삼았다. 소피스트들이 내세우는 이론들은 바로 이 문제를 에워싼 논의였다.

그 당시 그리스인들에게 어떻게 살아야 하는가를 물으면, 신을 따라야 한다는 게 그 대답이었다. 으뜸 신 제우스가 정의를 보상하고 부정의를 처벌한다는 믿음이 그리스인들에게는 전부였다. 이러한 믿음은 호메로스로부터 그때까지 이어진 오랜 전통이었다. 그러나 소피스트들은 오랜 전통을 부정했다.

소피스트들에 대한 평판은 처음에는 좋았다. 소피스트들은 사람들에게 자기 생각을 다른 사람에게 설득하는 '수사학', 곧 레토릭rhetoric을 가르쳤다. 수사학을 가르치는 것은 과거 귀족주의 교육 방식과는 사뭇 다른 교육 방식이었다. 소피스트들은 이미 다양한 문화를 경험했던 터라 폭 넓은 견문으로 아테네 시민들을 매혹시켰다.

그렇지만 소피스트들이 가르치는 수사학은 마치 칼과도 같았다. 칼은 빵을 자를 수도 있지만 사람을 죽일 수도 있다. 수사학은 자기 생각을 잘 드러내는 방법으로 사용할 수도 있지만 대중을 선동하는 여론몰이 수단으로 사용할 수도 있었다. 차츰 소피스트들은 처음과 다르게 비난을 받기 시작했다. 수사학이 여론몰이 방법으로 사용될 수 있기 때문이었다.

소피스트들이 내세우는 주장은 매우 다양하다. 그렇지만 결론은 한결

같이 회의주의(skepticism)와 상대주의(relativism)였다. 회의주의에 따르면, "확실한 지식이란 없다." 상대주의에 따르면, "보편타당한 진리란 없다." 언제나 결론은 "절대 진리는 없다."이다. 소피스트들에 따르면, 사람들이 옳다거나 정의롭다고 믿는 진리는, 지배자가 사람들로 하여금 진리라고 받아들이도록 한 것이거나 아니면 전통에서 비롯한 것일 따름이다. 그런 만큼 이 세상에 절대 옳은 것이란 없다. 권력이 올바름을 만든다.

2.1. 프로타고라스Protagoras(B.C. 490~420)

프로타고라스는 아테네로 이주한 소피스트 중에서 최고령이었다. 그는 소피스트들 중에서 가장 유명했다. 특히 그는 다음 명제를 내세워 유명했다. "인간은 만물의 척도다. 만물의 상태가 이러이러하다 혹은 이러이러하지 않다고 할 때에도 인간이 주된 척도가 된다."[8] 이 명제에 따르면, 인간 지식은 인간이라는 한계를 넘을 수 없다.

프로타고라스에 따르면, 인간 지식은 다양한 지각으로 이뤄진다. 이 다양한 지각은 또 사람마다 다르다. 두 사람이 같은 대상을 관찰해도 그 두 개 감각은 서로 다르다. 그들은 같은 대상을 서로 다른 관점에서 파악할 수밖에 없기 때문이다. 따뜻한 바람도 한 사람에게는 차갑게 느껴질 수 있고 다른 한 사람에게는 따뜻하게 느껴질 수 있다. 그런 만큼 "인간은 만물의 척도다."라는 명제는 인간 지식의 척도가 인간 지각이라는 주장이다. "따라서 모든 개인이 서로 다른 방식으로 사물을 지각하게 하는 어떤

---

8 Platon, *Theaitetus*, 152e.

것이 각 개인마다 있다면, 누구 지각이 옳고 누구 지각이 그른지를 검증할 기준이 없다. …… 이러한 이유에서 어떠한 사물의 참된 본성을 발견하는 것은 불가능하다."[9]

프로타고라스에 따르면, 사물은 그것을 지각하는 사람들만큼이나 많은 속성을 지닌다. 미풍을 차갑다고 느끼는 사람에게는 미풍은 실제로 차가운 특성을 지니고, 미풍을 따뜻하게 느끼는 사람에게 미풍은 실제로 따뜻한 특성을 지닌다. 관찰자마다 사물은 다르게 인식된다. 관찰자들은 서로 다른 위치에 놓인다. 어느 누구도 같은 장소에 동시에 같이 있기란 불가능하기 때문이다. 결론은 사물이 가진 본질을 파악하기란 불가능하다는 것이다.

프로타고라스는 지식이 개인마다 서로 다르다는 상대주의에 이른다. 그는 윤리학에서도 상대주의를 주장한다. 그에 따르면 도덕 법칙은 사회 질서를 유지하려는 목적에서 마련된 법률로서 통용된다. 그렇지만 모든 문화에 똑같이 적용될 수 있는 도덕 법칙은 성립하지 않는다. 도덕 법칙은 자연이 아니라 관습에서 비롯한다.

프로타고라스는 도덕 상대주의를 내세운다. 그럼에도 그는 도덕 판단이 개인 판단이라고 주장하지는 않는다. 프로타고라스에 따르면, 국가는 법률을 제정하고 그 법률 안에서 도덕 법칙을 적용해야 한다. 사회는 저마다 다른 법률을 가질 수 있고, 같은 국가에서 사는 개인들도 서로 다른 법률을 생각할 수 있다. 그렇지만 어떤 법률이 더 좋다는 판단을 내릴 수

---

9 Samuel Enoch Stumpf, *Socrates to Sartre : A History of Philosophy*, McGraw-Hill Book Company(1988), 3rd ed., (『소크라테스에서 포스트모더니즘까지』, 이광래 옮김, 열린책들, 2003), p.62. 이하 Stumpf(2003)로 줄임.

는 없다. 그냥 다를 뿐이다. "그러므로 평화롭고 질서 있는 사회의 구현을 위해 모든 사람은 그들의 전통이 신중하게 키워 온 관습, 법률, 도덕 법칙을 준수해야 한다."[10]

프로타고라스는 종교에서 내세우는 신을 회의했다. "신들에 대해 그들이 존재한다는 것도, 존재하지 않는다는 것도 나는 알 수 없다. 그것을 알려는 것을 방해하는 것이 수없이 많기 때문이다. 사항이 불명확할 뿐만 아니라 인생은 짧기 때문"이다.[11]

프로타고라스는 신에 관한 한 회의주의자이다. 그렇지만 신을 회의한다고 해서 신을 숭배하지 말아야 하는 것은 아니라고 그는 주장한다. 젊은이들은 그들이 사는 사회에서 오랫동안 내려온 전통을 그대로 따르는 교육을 받아야 한다고 그는 주장한다. 그런 주장에 따르면 오랫동안 믿고 숭배했던 신을 계속해서 믿고 숭배해야 한다. 그는 본래 자기가 내세운 상대주의, 회의주의를 교묘하게 뒤집어 버린다는 점에서 궤변론자였음이 분명하다.

프로타고라스에 따르면, 어떤 주제를 논의하든 상반된 주장이 가능하다. "모든 주제에 대해 상반된 주장이 가능하다." 그렇지만 프로타고라스가 단지 사람들이 의견을 달리한다는 사실을 말하려고 했는지, 아니면 서로 다른 의견들이 동시에 옳으면서도 서로 모순관계에 놓일 수 있다는 사실을 말하려고 했는지는 불분명하다. 사람들이 서로 의견을 달리할 수 있다는 사실을 말하려고 했다면 그건 어떤 의견을 무조건 받아들일 수 없다는 주장과도 같아서 문제 될 게 없다. 그러나 서로 다른 진술이 동시에

---

10 Stumpf(2003), p.63.

11 Läertios(2011), p.612.

옳으면서도 서로 모순관계에 놓인다는 것은 도대체 불가능한 상황으로서 "자기 해체의 위험이 눈앞에 보인다."[12]

2.2. 고르기아스Gorgias(B.C.483~374?)

고르기아스는 기원전 427년 펠로폰네소스 전쟁 중에 아테네로 왔다. 고르기아스는 원래 자연철학을 연구했었다. 그는 "있는 것은 있는 것이고 없는 것은 없는 것이다"라는 저 유명한 파르메니데스 철학을 배운 후 철저한 회의주의자로 바뀌었다. 고르기아스에 따르면, 있는 것이 있지 않은 것과 서로 연계될 수 없다면, 또 모든 변화·운동이 있지 않은 것과 서로 연계된다면, 또 모든 현상이 변화·운동과 서로 연계된다면, "있는 것은 있는 것이고 또 없는 것은 없는 것이다"에 따라, 어떤 현상도 있는 것이 아니라는 결론이 나온다. 이러한 결론에서 다음과 같은 주장이 나온다.

(1) 아무것도 존재하지 않는다.
(2) 만일 어떤 것이 존재한다 해도 그것을 파악할 수 없다.
(3) 그것을 파악한다고 해도 그것을 전달할 수 없다.

(3)에 따르면, "우리는 단어를 전달하지만 단어란 단지 상징이나 기호며, 상징과 그것이 상징하는 사물 자체와는 동일하지 않기 때문에 우리가

---

12 Gunnar Skirbekk & Nils Gije, *A History of Western Thought*, Routlege(2001), (『서양철학사』, 윤형식 옮김, 이학사, 2016), pp.67~68참조. 이하 Skirbekk(2016)으로 줄임.

무엇을 전달한다는 것은 불가능하다."[13] 이렇게 주장하면서 철학을 계속하기란 불가능한 일이었다. 결국 고르기아스는 철학을 포기하고 수사학으로 전향했다.

고르기아스에 따르면, 수사학은 논증 수단이 아니라 설득 방법이다. 설득이란 듣는 이로 하여금 의견과 태도를 바꾸도록 하는 일이다. 듣는 이가 올바른 의견을 갖는 것은 관심 밖이다. 오히려 듣는 이가 올바르지 못한 의견을 받아들이도록 만드는 것이 설득이다. 고르기아스가 내세우는 수사학은 대중을 설득함으로써 여론을 조작하는 방법이다.[14]

2.3. 트라시마코스Thrasymachos, 안티폰Antiphon, 칼리클레스Callicles

소피스트들은 절대진리를 부정한다. 그런 만큼 현실에서 진리로 받아들여지는 것은 절대진리가 아니다. 그것은 힘 있는 사람이 진리라고 믿게끔 만들어 낸 진리일 따름이다. 그런 만큼 진리는 반진리이다. 그렇게 트라시마코스는 '진리' 대신 정의를 설명한다. 트라시마코스에 따르면, 부정의가 정의보다 더 낫다. 부정의는 결함이 아니다. 부정의한 사람이 오히려 정의로운 사람보다 우월하다. 트라시마코스에 따르면, 인간이란 무한히 자기 이익을 추구해야 한다. "나는 정의란 강자의 이익 외에는 다른 어떤 것도 아니라고 생각한다."

트라시마코스에 따르면, 세계를 지배하는 것은 권력이며, 정부는 단지 강자가 약자를 통제하려고 만든 것이며, 지배자들은 오직 자기 이익을 추

13 Stumpf(2003), p.64.

14 Skirbekk(2016), pp.63~64참조.

구하기 위해 법률을 제정한다. 법률에 따르면, 지배자들이 요구하는 모든 것이 정의롭고 올바르다. 그렇지만 지배자들은 피지배자들이 잘 살 수 있도록 통치하는 것이 아니라 오로지 자기 삶만을 더욱 풍요롭게 하려고 통치한다. 지배자는 1인 군주가 통치하는 전제정치가 가장 바람직한 정부 형태라고 생각한다. "사람들을 절대적으로 지배하고 통제하는 전제군주는 실지로 민주정의 지도자보다 사람들로부터 훨씬 더 큰 찬사와 환호를 받는다.—물론 사람들은 전제군주를 두려워하여 그렇게 하는 것이지만."[15]

트라시마코스를 따라 안티폰은 자연법과 실정법을 나누었다. 실정법은 인간과 정부가 제정한 법률이다. 반면 자연법은 인간 고유 본성에서 비롯한 법률이다. 안티폰에 따르면, 실정법보다는 자연법에 따라야 한다. 실정법은 자연 본능을 억누름으로써 좌절과 실망을 겪게 한다. 자연법에 따르는 개인은 실정법에 따르는 개인보다 더 나은 삶을 살게 된다.[16]

안티폰보다도 더욱 과격한 칼리클레스는 자연법이 진정한 정의라고 주장한다. 칼리클레스에 따르면, 인간은 자기 욕구를 통제해서는 안 된다. 세상 사람들이 추구하는 덕은 자연스런 삶을 방해할 따름이다. 강자가 약자를 지배하는 것은 자연스러운 일이다. "최고 정의는 무력을 통해 얻어지는 행복"이다. 현실에서 "정의의 개념은 단지 약자들이 강자들을 통제하려는 시도일 뿐이며, 이러한 시도가 실패로 끝났을 때 진정한 정의

---

15 Robert L. Arrington, *Western Ethics : An Historical Introduction*, Blackwell(1998), (『서양 윤리학사』, 김성호 옮김, 서광사, 2003), p.61. 이하 Arrington(2003)으로 줄임.

16 Arrington(2003), p.63 참조.

가 실현되며 자연적 질서가 부활하게된다." 그러니 실정법을 따르지 말고 자유로운 열정을 그대로 드러내야 한다.[17]

글라우콘Glaucon과 아데이만토스Adeimantus도 권력이 올바름을 만들어낸다는 주장한다. 그들에 따르면, 사람은 항상 경쟁하는 삶을 살아가기 때문에 정의보다는 부정으로 더 많은 것을 얻을 수 있다. 예를 들어 귀게스Gyges가 그렇다. 귀게스는 양치기였는데 어느 날 몸을 보이지 않게 하는 마법 반지를 주웠다. '보이지 않는 힘'을 지닌 귀게스는 곧바로 궁전으로 들어가 왕비와 왕위를 차지하였다. 트라시마코스에 따르면, 부정을 저지르면 저지를수록 더 많은 이익을 얻게 된다. "누구라도 성공리에 부정을 저지를 수 있다면, 어느 누구라도 정의보다는 부정의를 선호할 것이다."[18] 부정한 삶이 정의로운 삶보다 더 많은 이익을 얻게 해 주기 때문이다.

---

17 Arrington(2003), p.64 참조.

18 Alasdair. MacIntyer, *A Short History of Ethics*, University of Notre Dame Press(1996),(『윤리의 역사, 도덕의 이론』, 김민철 옮김, 철학과 현실사, 2004), p.90참조.

03

소크라테스 Socrates(B.C.470~399)

3.1. 생애

소크라테스는 아테네 시민으로서 펠로폰네소스 전쟁에 보병으로 참전했다. 아버지는 석공이었던 소프로니코스Sophronicus, 어머니는 산파였던 파이나레테Phaenarete이다. "소크라테스는 외모가 별로였고 들창코에 눈이 툭 튀어나와 우스꽝스러워 보일 정도였다."[19] 그렇지만 유난히 건강한 신체로 지녔었다. 전쟁 중 혹독한 겨울 날씨로 사람들 모두 옷을 여러 겹 두껍게 껴입었지만, 그는 신발도 신지 않은 채 맨발로 걸어 다녔다.

군인 시절 소크라테스는 하루 종일 깊은 명상에 잠기기도 했다. 이른 아침부터 명상하면서 꼼짝도 하지 않은 채 정오까지 같은 자리에 같은 모습으로 그는 서 있었다. 동료 병사들이 식사를 하고 나와 봐도 역시 같은 모습이었다. 저녁이 되어도 같은 모습이어서 동료들은 그 모습을 지켜보

---

19 Prior(2010), pp.86~87.

려고 그 옆에 침구를 폈다. 정말로 그는 밤을 새워 서서 명상했다. 새벽이 다가오고 해가 뜨자 그는 자리를 떠났다. 소크라테스는 도대체 인간일까 의심스러운 모습을 보여 주었다.

소크라테스는 아무 저작도 남기지 않았다. 그는 저술 활동을 따로 하지는 않았다. 그가 철학에서 이룩한 업적은 아리스토파네스Aristophanes(B.C.445?~385?), 플라톤, 크세노폰Xenophon(B.C.430~354?)에 의해 전해질 뿐이다. 희극 작가 아리스토파네스 「구름」(Nephelai)에 따르면, 소크라테스를 눈알을 굴리면서 제자들과 대화하고 걸을 때는 점잔을 빼면서 걷는 물새처럼 보인다. 반면 크세노폰은 소크라테스가 윤리 문제를 토론하기를 즐기면서 젊은이들을 매혹시킨 사람으로 묘사한다. 플라톤은 『향연』 *Symposium*에서 귀족 청년 알키비아데스Alkibiades(B.C.450~404?)가 소크라테스로부터 사랑을 얻고자 얼마나 궁리했는지를 기록한다. "아무 일도 없었다. 그는 보통 때와 같이 나와 대화를 나누었고 나와 함께 하루를 보내면서도 나를 아랑곳하지 않고 자기 할 일만 했다."[20]고 전한다.

그는 크산티페Xantippe(?~?)와 결혼하여 자식 3명을 두었다. 크산티페는 끊임없이 사색에 몰두하는 소크라테스에게 큰소리를 친 후 물을 퍼붓기도 했다. 그럼에도 소크라테스는 천둥이 친 후 소나기 내리는 거야 당연하지 않느냐고 태연했다고 전해진다. 악처로 소문난 크산티페를 잘 견디면 견딜수록 다른 사람과 어울리는 일이 훨씬 쉬울 거라고 그는 생각했다는 것이다. 소크라테스를 동정했던 후대 전기 작가들은 소크라테스도

---

20 Stumpf(2003), p.35. 알키비아데스 아버지가 스파르타 연합국을 상대로 전사한 후 알키비아데스는 줄곧 페리클레스 집에서 성장했고, 서른 초반에 스파르타 이권 지역을 공격했다. Martin(2013), p.323 참조.

조금이나마 사랑하는 기쁨을 누렸음을 이야기로 꾸며내기도 했다.

꾸며진 이야기에 따르면, 아테네가 전쟁에서 패배한 후 인구가 너무 감소해서 시민들에게는 부인 두 명을 가질 수 있는 기회가 주어졌고, 그래서 소크라테스도 '미르토Myrto'로 불리는 아름다운 처녀와 두 번째 결혼을 한다. 어느 날 소크라테스는 결혼을 해야 할지 말아야 할지를 묻는 청년에게 다음과 같이 말했다고 한다. "결혼을 하라. 그러면 후회할 것이다. 결혼을 하지 마라. 그래도 후회할 것이다."[21]

그가 살았던 생애 후반은 아테네가 스파르타와 싸우다 점차 몰락하던 시기였다. 기원전 404년 패배 후 아테네는 전쟁 패배를 놓고 책임을 묻는 비방이 난무했다. 나이 71세가 되던 해 그는 마침내 피소되었고 사형을 선고 받고 죽음에 이른다.

소크라테스는 '가장 현명하며 가장 올바른 사람'이라는 평가를 받았다. 동성 연인으로 알려진 알키비아데스는 말한다. "누군가 그가 하는 이야기를 듣거나 다른 사람이 전하는 그가 하는 말을 듣노라면, 전달자가 형편없더라도, 듣는 이가 여자든 남자든 젊은이든, 우리는 몹시 놀라 그에게 사로잡히고 말며, 심장이 뛰고 눈물이 쏟아져 나올 지경"이었다. 심지어 반대파 소피스트 프로타고라스마저 자기보다 젊은 소크라테스를 만나 대화를 한 후 감탄했다고 한다.

소크라테스는 어떻게 살아야 하느냐라는 물음을 내세운 대표 인물이다. 소크라테스로부터 윤리학은 본격 시작되었다. "왜냐하면 이후의 철학자들이 해결하려고 시도했던 도덕 물음들을 정식화한 인물이 소크라

---

21 Wilhelm Weischedel, *Die Philsophische Hintertreppe*(1973), (『철학의 뒤안길』, 이기상 · 이말숙 옮김, 서광사, 1990), pp.42~43 참조.

테스이기 때문이다. 그 물음에 소크라테스 자신이 제시한 답변은 현재 시각에서도 매우 흥미롭다. 그는 윤리학사에서 가장 중요하게 다루어져야 할 인물, 최초의 위대한 도덕철학자임에 틀림없다."[22] 오늘날에 이르기까지 소크라테스 철학을 연구하는 것도 바로 이러한 이유 때문이다.

3.2. "덕은 지혜이다"

소크라테스에게 삶이란 잘삶이어야 한다. '잘삶'이란 훌륭한(kalōs), 올바른(dikaiōs) 삶이다. '올바름'이란 '정의로움'과 같은 뜻이다. 잘삶이란 올바른 삶이며, 또 올바른 삶이란 유덕한 삶이다. '올바름'이란 그리스어 '디카이오쉬네dikaiosynē'는 '좋은 삶'과 동의어이다. 좋은 삶이란 유덕한 삶이며, 행복한 삶이기도 하다. 행복한 삶은 유덕한(덕스런) 삶이기도 하다.

유덕한 삶은 지혜로운 삶이다. 지혜는 행복한 삶에 반드시 있어야 하는 요소다. 잘삶이란 올바른 행동으로 이뤄지며, 지혜는 어떤 행동이 올바른 행동인가를 알려준다. 잘삶을 결정짓는 요소는 곧 지혜이다. 소크라테스는 영혼에 관해 '어떤 독특한 그림'[23]을 갖고 있었다. '그림'이라는 표현을 쓴 것은 소크라테스에게서 명확한 '이론'을 찾을 수 없기 때문이다.

소크라테스는 '덕', '행복', '지혜'를 모두 '영혼(daimon)'으로 합한다. 오늘날 '영혼'은, 죽은 사람에게 있었다고 여겨지는 넋을 가리키지만, 소크라테스가 살던 그리스에서 '영혼'은 지금과는 사뭇 달랐다. 영혼은 '자

---

22 Prior(2010), p.88.

23 Prior(2010), p.150.

아'로서 '나'였다. '나'는 세상을 지각하는 '나'이면서 그런 '나'를 응시하는 '나'였다.

'나'를 응시하는 '나'가 누구인가를 확인하기란 불가능하다. 이러한 상황은 셰익스피어Shakespeare 희곡 한 구절을 연상시킨다.[24] "내가 누구인지를 나에게 말할 수 있는 자가 누구인가?(Who is it that can tell me who I am?)" 그러니까 "자기 둘레에 경계선을 긋는 것, 자기가 자각하는 세계 안에서 자기를 굴속까지 사냥해 가는 것—이것은 거기서 응시하고 있는 게 실은 다른 사람이 아닌 당신이라는 것을 확증하기 위해서 당신 자신의 관점을 찾아내는 것만큼이나 불가능"하다.[25]

소크라테스에게 '영혼'은 '나'를 '나'이게 하면서 '나'를 사람이게끔 만드는 그 무엇이다. "영혼=나=사람"이라는 등식이 성립한다. 사람은 피가 섞인 단순한 살덩이가 아니다. "나는……어떤 사람들이 실천지혜[프로네시스phronesis]라고 부르고, 또 어떤 사람은 선택 [프로하이레시스phroheiresis]으로 부르는" 상태이다. 다른 사람이 '나'를 단순히 살과 피로서가 아니라 내가 하는 말과 내가 하는 행동으로 '나'를 확인한다. 또 "내가 나 자신을 응시할 때나 일인칭으로 중얼거릴 때 내게 드러나는 바로 그것이" 바로 '나'이다.[26]

소크라테스에게도 잘삶이란 자기 영혼을 잘 가꾸는 삶이다. 인간에게 자기 영혼을 소중히 여기는 일만큼은 가장 중요하다. 자기 영혼을 돌봄

---

24 리어왕 1막 4장에 나오는 구절이다.

25 Roger Scrouton, *Xanthippic Dialogues*, Curtis Curtis(1993), (『크산티페의 대화』, 김재인 옮김, 민음사, 1993), p.304.

26 Scrouton(1993), p.305.

은 곧 자기를 잘살게 함이다. 자기를 자기이게끔 하는 영혼이 건강하도록 주의를 기울이는 일이 곧 올바른 행위이다. 영혼에 해악을 끼쳐 불구로 만드는 짓은 잘못된 행동이다. 어떤 행동이 내 영혼을 이롭게 하느냐는 중요한 고려 사항이다. 올바른 행위란 바로 내 영혼을 건강하게 지키는 일이다.[27]

올바른 행위가 다른 누가 아니라 바로 '내' 영혼을 건강하게 지킨다는 점에서, 올바른 행위는 이기주의 특성을 지닌다. 소크라테스에게 이기주의는 결코 잘못이 아니다. 소크라테스에게 이기주의는 오히려 올바르다. 소크라테스에 따르면, 모든 사람은 반드시 이기주의자이어야 한다.[28] "너 자신을 알라"는 곧 이기주의 지침이다. 자기를 외면하여 스스로 이기주의를 포기하는 사람은 자기 영혼을 자기 스스로 가꾸지 못하는 타락한 사람이다. 그런 만큼 오늘날 이기주의를 경계하는 세태는, 곧 오늘날 사람들이 자기 스스로 어떠해야 하는가를 진지하게 성찰하지 않고 있음을 반영한다.

소크라테스가 이기주의를 내세우지만 그것은 소피스트가 내세운 그것과는 판이하다. 소피스트는 올바른 행위를 사회 관습에 부합하는 행위 혹은 타인을 위한 행위와 동일시하였다, 소크라테스에게는 자기 영혼을 잘 돌봄이 행위 동기였다. 훗날 소크라테스가 죽음을 의연히 맞이한 것도, 오로지 자기 영혼이 받을 해악만을 두려워했을 뿐 다른 무엇도 두려워하지 않았기 때문이다. 소크라테스에게 잘삶이란 건강한 영혼을 유지하는 삶이었다.

---

27 Prior(2010), p.125.

28 Prior(2010), pp.125~126.

소크라테스가 내세운 주장은 '소크라테스 역설'로 불린다. 소크라테스 역설은 세 가지이다. 1)덕이 곧 지식이다. 2)악행은 무지에서 비롯한다. 3)모든 덕들은 하나이다. 역설(paradox)은, 문자 그대로, 거의 모두에게 받아들여지는 '판단(doxa)'을 '뒤집는(para)' 진술이다.[29]

소크라테스에 따르면, 덕은 곧 지식이다. 오로지 지혜만 유덕한 삶과 행복한 삶을 가능하게 한다. 그렇다면, 지혜 없이 유덕한 삶은 결코 가능하지 않다. 덕이 곧 지식이라면, 악행은 무지에서 비롯한다. 어느 누구도 고의로 악행을 저지르지는 않는다. 악행을 저지르는 까닭은 무지한 탓이다. 악행은 지혜를 결핍한 탓이다. 지혜로운 사람이라면 그 누구라도 악행을 저지르지 않는다. 누구라도 고의로 악행을 저지를 수는 없다.

소크라테스에 따르면, 그 누구도 나쁜 짓인 줄 알면서 나쁜 짓을 하지는 않는다. 그렇지만 실상 많은 사람들이 무엇이 옳은지 알면서도 여전히 나쁜 짓을 일삼지 않는가. 소크라테스 주장대로라면, 어느 누군가가 도둑질을 했다면 그 사람은 도둑질이 나쁜 짓인 줄 몰랐던 사람이다. 도둑질한 사람은 자기가 잘못인 줄을 미처 모르고 도둑질을 한 사람일 따름이다.

소크라테스 말대로라면, 악행이란 당사자가 자기 스스로 영혼을 해롭게 하는 짓이다. "어떤 행동이 잘못임을 안다."는 말은 곧 "그 행동이 자기 영혼을 망가뜨릴 것임을 안다."는 뜻이다. 어느 누구도 자기 영혼에 해악을 끼치기를 원하지 않는다. 어느 누구도 자기 영혼에 해악을 끼치는 행위를 하지 않는다. 어느 누구도 영혼에 해악을 끼치는 짓을 고의로 하지 않는다. 뻔뻔스럽게 악행을 일삼는 사람은 그런 짓이 자기에게 미칠 해

---

29 Prior(2010), p.146.

로운 영향을 미처 몰랐던 사람이다. 악랄한 범죄자는 자기가 하는 짓이 자기에게 어떤 해악을 끼치는지를 조금도 헤아리지 못하는 사람이다. 자기에게 해악을 끼치는 짓임을 알면서 그런 짓을 하는 사람이란 없다.

소크라테스에 따르면, 어느 누구도 자기에게 해로울 짓을 욕구하지 않는다. 도대체 자기에게 해로울 짓임을 알면서 그런 짓을 할 수는 없다. 그 누구라도 불행해지려고 하지 않는다. 자기에게 해로울 짓을 욕구하는 사람이란 없다. 그렇지만 많은 사람들이 건강에 해로운 줄 알면서도 흡연을 멈출 줄 모른다. 그럼에도 소크라테스 주장대로라면 이러한 반론은 무지로 말미암은 사례이다. 소크라테스 주장에 따르면, 쾌락에 이끌려 흡연을 하는 사람은 실상 그 흡연이 빚어내는 쾌락과 고통을 잘못 측정했는지도 모른다. 흡연이 빚어내는 쾌락과 고통을 제대로 측정했더라면, 그 사람은 더 이상 흡연하지 않았을 것이다. 올바른 행위란 언제나 자기에게 스스로 가장 많은 쾌락을 주는 행위이어야 한다. 어떤 행위가 더 나은 행위인가를 알면서도 그보다 못한 행위를 자제하지 못한다는 것은 전혀 불가능하다.[30]

악행이 무지로 말미암은 결과라는 주장은 주지주의다. 소크라테스에 따르면, 모든 덕은 하나이다. "모든 덕들이 지혜의 일부이거나 한 종류이다." 지혜롭지 않으면 용기 있는 사람이 될 수 없다. 무엇이 두려우며, 무엇이 두렵지 않은지를 인식할 수 있으려면 지혜라는 덕을 지녀야 하기 때문이다. 용기 있는 사람은 어리석을 수가 없다. 다른 덕들도 같다. 용기, 절제, 경건, 정의와 같은 덕들도 지혜에서 비롯한다. 이러한 덕들에 반대되는 것은 단 하나, 어리석음이다. 그렇다면 용기 있는 사람, 그는 다른

30 Prior(2010), p.148.

덕도 발휘할 수 있는 사람이다. 누군가 절제라는 덕을 발휘한다면, 그는 다른 덕도 발휘할 수 있는 사람이다. 그런 만큼 모든 덕은 하나가 아닐 수 없다.[31]

소크라테스에 따르면, 덕은 지식이므로 가르쳐질 수 있으며, 또 덕은 좋은 것, 곧 아가톤agaton이다. 지식에 포함되지 않는 것으로 좋은 것은 없다. 지식은 좋은 것 모두를 '포함한다.' 덕을 포함하여 좋은 모든 것들은 유익하다. 그러나 좋은 모든 것들이 정녕 유익하려면 그것들을 올바르게 사용해야 한다. 그러려면 지혜가 필요하다. 지혜를 가져야 비로소 좋은 것들을 올바르게 사용하고 행복에 이를 수 있다.[32]

소크라테스가 내린 결론은 이렇다. "덕이 영혼 안에 있는 것들 중 하나이고 반드시 유익하다면, 덕은 지혜이어야 하네. 왜냐하면 영혼과 관련된 모든 것들이 그 자체로는 유익하지도 해롭지도 않으나, 지혜나 어리석음이 더해짐으로써 유익하거나 해롭기 때문이네. 이 논의에 따라 덕이 유익하므로 덕은 지혜에 속해야 하네."[33]

소크라테스에게 덕이 곧 지식인 까닭은, 영혼이 곧 자아이기 때문이다.[34] "모든 한계는 영혼 안에서, 영혼 자신의 견지에서 파악되기 때문이"다. 소크라테스에게 '나'를 드러낼 수 있게 하는 것은 곧 지식뿐이었다. 소크라테스는 지식 말고는 그 무엇도 '나'를 '다른' 사람과 구별해 주는 것은 없다고 주장한 셈이다. 분명히 소크라테스는 지식 획득 능력으로서

---

31 Arrington(2003), p.41.

32 *Menon* 87b-88b(『메논』, 박종현 역주, 서광사, 2010), pp.341~345.

33 Prior(2010), p.149 재인용.

34 Roger Scrouton, *Xanthippic Dialogues*, Curtis Curtis(1993), (『크산티페의 대화』, 김재인 옮김, 민음사, 1993), p.304.

이성을 영혼과 동일시하였다.

소크라테스에게 영혼은 이성 능력을 발휘한 인식 상태였다. 인식 상태란 곧 이성 능력을 발휘하는 활동이다. 이성 능력으로 비로소 인간은 지식을 획득한다. 이성 활동 없이는 어떤 지식도 없다. 소크라테스가 도달한 결론은 곧 이성주의였다.

3.3. 엘렝코스elenchus

소크라테스가 내세운 이성주의는 철학에 넓고도 깊게 영향을 미쳤다. 소크라테스에게 주관심사는 '안다'는 것이 정녕 무엇인지를 확인하는 일이었다. 소크라테스는 무엇을 안다고 주장하는 사람에게 '엘렝코스'를 사용했다. 엘렝코스는 '검토' '시험'이다. 엘렝코스는 대화 상대가 내세운 주장을 검토 시험하는 방식이다. 엘렝코스는 상대방 주장을 증명하는 방법이 아니다. 엘렝코스는 상대방이 제시한 주장이 타당한가 여부를 파악하는 과정이다.

소크라테스에 따르면, 엘렝코스는 지식을 얻는 가장 확실한 방법이다. 이 방법이 곧 변증辨證(dialectic)이다. 어떤 문제를 놓고 찬성 논변과 반대 논변이 맞서는 과정이 바로 '변증'이다. 변증이란 대화이다. 소크라테스에 따르면, 대화를 거치면서 사람들은 자기 생각을 자꾸 가다듬어 처음에 의도했던 내용을 분명히 밝힐 수 있다.

변증으로서 대화 방법은 먼저 무지를 가장하여 상대방이 무엇을 알고 있는가를 파악하려고 한다. 이 변증은 마치 산파술産婆術처럼 보인다. 산파는 직접 자기가 아이를 낳지 않고, 아이를 낳도록 도와준다. 마찬가지로 변증이란, 지식을 가르치는 방법이 아니라, 지식을 자기 스스로 깨닫도록 하는 방법이다.

어떤 사람이 불완전하고 잘못된 생각을 품고 있을 때 그 사람은 그것을 스스로 깨쳐야 한다. 변증이란 바로 자기 스스로 진리를 깨치게 하는 기술이다. 진리를 스스로 깨치려면 지금껏 품은 생각이 잘못이었음을 스스로 인정해야 한다. 소크라테스는, 대화하면서 듣는 이에게 어떤 관념을 불어 넣어 주려고 하지 않았다. 오히려 소크라테스는 듣는 이가 스스로 진리를 깨치기를 바랐을 뿐이다.[35]

"『에우티프론』은 엘렝코스가 실제로 어떻게 사용되는지를 보여 주는 교과서적인 대화편이다."[36] 에우티프론은 부친이 지은 불경죄를 고발하려고 가는 중이었다. 소크라테스는 에우티프론이 자기 아버지를 불경죄로 고발하려고 하는 만큼 불경죄가 무엇인지를 잘 알고 있겠거니 생각하면서, 불경죄가 무엇이냐고 묻는다. 에우티프론은 소크라테스에게 '잘못한 사람을 고발하는 것'이 경건함이며 그렇게 하지 않는 것이 불경함이라고 대답한다. 이러한 대답에 응수하여 소크라테스는 말한다. "내가 당신에게 요구하는 바는, 세상에 존재하는 많은 경건한 행동들 중 어느 한두 가지를 말해 달라는 것이 아니오. 나는 모든 경건한 행동을 경건하게 만들어 주는 경건성이 도대체 무엇인지 알고 싶은 것이오."

이러한 물음에 에우티프론은 '신들을 기쁘게 해 주는 것이 경건한 행동'이라고 대답한다. 그러나 소크라테스는 다시 묻는다. "신들 사이에서도

---

35 Stumpf(2004), p.71.

36 *Euthyphron*(『에우티프론』, 박종현 역주, 서광사, 2003), pp.31f; Prior(2010), p.134; Stumpf(2004), pp.71~73.

싸움이 자주 벌어지며, 또 신들 사이에서도 무엇이 더 좋고 또 무엇이 나쁜가에 의견이 서로 다르지 않은가", 또 "같은 행동이라도 어떤 신은 기쁘게 하지만 다른 신에게는 그렇지 않을 것 아닌가"라고 묻는다. 이러한 물음에 에우티프론은 "모든 신을 사랑하는 것이 경건함이며, 모든 신이 싫어하는 것이 불경함"이라고 겨우 대답한다. 그러나 곧바로 소크라테스는 되묻는다. "신들은 어떤 행동이 경건하기 때문에 그 행동을 하기를 바라는가 아니면 신들이 그 행동을 바라기 때문에 그 행동이 경건한가?"

소크라테스가 묻는 물음이란, 경건성이란 도대체 어떤 성질인가를 묻는 물음이다. 에우티프론은 다시 대답한다. "경건은 신들에게 바쳐야 할 정성과 관계있는 올바른 상태입니다." 이 대답에 소크라테스는 물러나지 않고 도대체 어떤 정성이 신에게 바쳐져야 하느냐고 캐묻는다. 에우티프론은 다시 '모든 신들을 기쁘게 하는 것'이라는 앞에서 하던 말을 반복한다. 소크라테스가 그건 아까 이미 거절된 정의라고 말하자, 에우티프론은 바쁘다는 핑계로 도망치듯 가버린다.

대화가 실패로 끝난 것은 소크라테스가 찾던 정의(defintion)를 에우티프론이 제시하지 못했기 때문이다. '모든 신들에게 사랑받음'이란 기껏해야 경건함이 지닌 여러 속성들 중 하나일 따름이다. 그건 어떤 경건한 행동이든지 가질 수 있는 공통 성질로서 '경건함 본질'이 아니다.

"소크라테스는 '정의'를 찾으려고 했던 최초 인물이다." 소크라테스는 모든 덕행들이 공통으로 갖는 특성을 찾았다. 소크라테스는 건강, 크기, 힘과 같은 예를 들어 정의를 설명한다. "어린아이가 아무리 힘이 세다고 해도 힘센 어른이 하듯 행동하지는 못하겠지만, 힘의 두 사례 모두에 공통되는 정의가 있다. 다시 말해서, 힘의 본질은 양쪽 모두 똑같다."[37]

소크라테스는 스스로 자기가 무지하다고 자처한다. 그는, 자신은 "무엇이 덕인지 또는 경건과 정의와 같은 덕이 무엇인지 모른다."고 고백한다. 소크라테스가 나누는 대화에서 상대방들은 그 말을 듣고 놀라거나 믿지 못했다. 그들은 소크라테스가 궁금해 하는 사항이 어떤 단어가 적용되는 사례라고만 생각했었기 때문이다. 그러나 소크라테스가 정녕 알고 싶었던 것은 덕 자체가 무엇인가였다.

덕 자체는, '덕'이 사용되는 모든 사례에서 일치하는 공통 속성일 뿐만 아니라, 덕이 지닌 본질이다. 소크라테스가 찾는 본질은, 진정한 지식으로서, 에피스테메epistēmē였다. 그는 그 기준을 '에이도스eidos' 또는 '이데아idea', '형상形相', '본本'이라고 불렀다.

진정한 지식은 그 누구라도 단숨에 터득할 수 없다. 지식은 어느 누가 단독으로 소유할 수 있는 것이 아니다. 지식이란 독점할 수 없고 공유할 수 있을 따름이다. 그러니 진정한 지식은 대화로써 찾아 나가는 과정일 따름이다. 그럼에도 대화가 지닌 본래 의의는 왜곡되고 오해받았다. 때로 대화로 말미암아 어느 한편은 다른 편에게 반발심과 적개심을 불러일으켰다. 반발심과 적개심은 마침내 대화를 막아서고 독단을 초래했다. 대화를 봉쇄함으로써 지혜를 얻을 길이 사라지고 말았다. 대화와 지혜가 사라진 삭막한 곳에서 독단은 더욱 더 판을 친다. 거꾸로 돌아가는, 이 어지러운 세상에서 결국 지혜로운 사람으로 일컬어지는 소크라테스도 죽음을 맞이한다.

---

37 Prior(2010), p.137.

04 아폴로다움 vs 디오니소스다움

그리스인은 이성 능력을 더없이 존중했다. 그리스인은 이성 능력으로 진리를 파악할 수 있다고 믿었다. 그리스인은 세계를 '조화로운 우주', '코스모스'라고 불렀다. 이 코스모스에서 아름다운 인간, 좋은 본성을 가진 인간은 살아간다. 고대 그리스인에게는 좋은 본성을 가진 아름다운 인간이 이상형이었다. 그리스인에게는 아름다움이란 조화로운 통일이었다. 신과 인간, 정신과 육체, 개인과 사회, 인간과 자연은 서로 대립하지 않고 조화로운 통일을 유지하는 관계였다.

철학자 니체는 이 조화로운 통일을 '그리스적 명랑성(Griechische Heiterkeit)'이라고 명명했다.[38] 이 명랑성은 그리스인 고유 특질이다. 그러나 이 명랑성은 염세주의에 대항하는 조심성일 따름이다. 그리스 신화에 미다스 왕은 디오니소스 스승 실레노스Silenus를 찾아가 물었다. 이들

38 Nietzsche, *Die Geburt der Tragödie*(『비극의 탄생』, 이진우 옮김, 책세상, 2005), p.9. 이하 Nietzsche(2005)로 줄임.

이 나누는 대화에 짙은 비관주의가 깔린다. 미다스 왕이 실레노스에게 "인간에게 가장 좋은 것, 가장 훌륭한 것은 무엇인가?"라고 묻자실레노스가 대답한다. "가련한 하루살이여! 우연의 자식이여, 고통의 자식이여, 왜 하필이면 듣지 않는 것이 그대에게 가장 복될 일을 나에게 말하라고 강요하는가? 최상의 것은 그대가 도저히 성취할 수 없는 것이네. 태어나지 않는 것, 존재하지 않는 것, 무無로 존재하는 것이 바로 그것이네. 그러나 그대에게 차선의 것은—바로 죽는 것이네." 그리스 비관주의는 "만물은 유전한다."라는 헤라클레이토스가 내세운 명제에 녹아 들어간다. 변화는 고뇌와 허무를 함께 벗으로 삼는다.[39]

현실보다 더욱 아름답고 완전한 세계를 그리워하는 경향은 인간본성이기도 한다. 현실에서 느끼는 불만이 클수록 완전한 세계를 그리워하는 경향은 더욱 더 강해진다. 이러한 경향을 니체는 '아폴로다움'이라고 불렀다. 아폴로는 태양신이다. 그는 밝음, 지혜를 상징한다. 아폴로다운 특질은 곧 '꿈'이다. '아폴로다움'을 지닌 세계는 곧 꿈 같은 세계이다. 이 꿈 같은 세계에는 어떤 갈등도 없고 부조화가 있을 턱이 없다. 모든 것이 완벽할 따름이다.

꿈과 다른 현실을 사는 인간에게 삶은 끝없는 우연과 불안으로 이어진다. 우연과 불안이란 고뇌이다. 살아가면서 어느 한 순간도 고뇌 없이 지내기란 힘들다. 아무리 기쁜 순간이라도 그 순간이 지나면 어떤 일이 닥칠지 고뇌하지 않을 수 없다. 이 고뇌에 찬 삶을 견디어 나가면서 희열을 느끼는 경향을 니체는 '디오니소스다움'이라고 불렀다.

디오니소스는 제우스와 인간 세멜레 사이에서 태어났다. 그는 신이면

39 Nietzsche(2005), p.41.

서도 인간이다. 그는 정체성으로 말미암아 언제나 혼란을 겪는다. 이 혼란은 그를 도취상태로 몰아간다. '디오니소스다움'은 '도취'가 그 본질이다. 이 도취상태에서 비로소 인간과 인간을 서로 구별 짓는 차별은 사라지고, 인간과 자연을 서로 나누는 구별도 사라진다. 남는 건 오로지 생명뿐이다.

생명은 약동하고 모든 근육은 긴장한다. 신체 하나하나 움직임이 곧 자연현상이다. 니체에 따르면, "삶의 두 절반, 즉 깨어 있는 반쪽과 꿈꾸는 반쪽 중에서 우리는 전자를 비교할 수 없을 만큼 더 선호하고 더 중요하고, 더 가치가 있고, 더 살만한 가치가 있는 것, 요컨대 진정으로 산 것이라고 생각한다. 그러나 나는 겉보기엔 온통 모순처럼 보일지라도 우리 본질의—이 본질의 현상이 바로 우리다—저 비밀스런 근거를 위해서 꿈에 대한 정반대의 가치를 주장하고 싶다."[40]

'그리스적 명랑성'이란, 삶이 빚어내는 우연과 불안을 '아폴로다움'으로 채색한 결과이다. 조화로운 통일을 염원하는 '아폴로다움'은 '디오니소스다움'에서 벗어나려는 도피이며 은폐이다. '아폴로다움'이란 비관주의를 극복하려는 열망에서 비롯한다. 니체에게 '소크라테스 경향'은 불안과 허무로부터 벗어나려는 낙관주의에 불과하다.

니체에 따르면, 인간은 현실에서 고뇌와 허무를 겪지 않을 수 없다. 그럼에도 인간은 고뇌에 찬 삶을 외면하고 꿈을 꾼다. 인간은 가상에 사로잡혀 살아간다. 이 가상에 사로잡힘으로써 이 세계를 본 모습대로 파악하지 못한다. 가상에 사로잡힘으로써 고뇌는 순간 환희로 바뀐다. 가상

---

40 Nietzsche(2005), p.45.

에 사로잡혀 자신의 구원이 실행된다고 믿는다.[41]

본래 삶은 구토와 권태였다. "이것은 '다른 삶' 혹은 '더 나은 삶'으로 위장되고, 은폐되고 치장되었을 뿐이다. '세계'에 대한 증오, 감정에 대한 저주, 아름다움과 감성에 대한 두려움은 현세를 더 잘 비방하기 위해 내세를 만들었"다. 본래 삶은 도덕과는 무관하다. 도덕은 있는 그대로 삶을 부정해 왔다.[42]

니체에 따르면, "아폴론은 자기 신도들에게 절도를 요구하고, 이 절도를 준수할 수 있기 위하여 자기 인식을 요구한다. 다라서 아름다움의 미학적 필연성 외에도 '너 자신을 알라'와 '너무 지나치지 말라는' 요구가 나란히 생겨난다."[43]

소크라테스는 '아폴로다움'을 내세우면서 '디오니소스다움'에서 벗어나려고 했던 최초 인물이다. 소크라테스는 이성으로 이 세계를 파악하려는 주지주의에 굴복하고 말았다. 모순과 불합리에 가득 찬 세계가 곧 진정한 세계이다. 이 진정한 세계를 외면한 채 인간 이성으로 모순과 불합리를 극복할 수 있으리라는 낙관주의에 이르렀다.

니체에 따르면, 그리스가 비극을 겪는 것은 소크라테스가 등장했기 때문이다. '디오니소스다움'이 소크라테스로 말미암아 붕괴되고 말았다. 소크라테스가 등장함으로써 불안/우연을 질서/조화로 바꾸는 '아폴로다움'이 우세해졌다. 자연에 따른 야성보다는 문화에 따른 지성이 더욱 존중받기에 이르렀다. 지성이 마침내 야성을 누르기에 이르렀다. 지성이 야

41 Nietzsche(2005), p.46.

42 Nietzsche(2005), p.18.

43 Nietzsche(2005), p.47.

성을 누르니 그것이 곧 비극이었다.

4장

철학자 왕 VS 무지배

01
소크라테스 죽음

투키디데스에 따르면, "기원전 403년에 아테네가 항복하면서 전쟁의 유혈이 멎은 후에도 기원전 399년에 아테네 철학자 소크라테스의 재판과 처형은 전쟁에서 살아남은 아테네인들의 심각한 분열상을 잘 보여 준다."[1] 소크라테스가 법정에 불려간 것은 4년 뒤 기원전 399년이었다. 고발자는 멜레토스Meletus, 아니토스Anytus, 리콘Lycon이었다.[2]

소크라테스를 고발한 사람들은 소크라테스를 충분히 알지 못했다. 그들은 소크라테스를 소피스트나 소크라테스 이전 철학자들과 잘 구분하지 못한 채 '나쁜 사람 중 하나'로 몰아갔다. 소크라테스를 알지 못하는 사람들은 대중이 내린 평판만으로 그를 판단했다. 특히 이 평판이 문제였다. 이 평판은 아리스토파네스 희곡 「구름(Nephelai)」 탓이었다. 이 희곡

1 Martin(2013), pp.304~305.

2 Prior(2010), p.92.

에서 소크라테스는 악인으로 등장한다. 아들 '페이디피데스Pheidippdes'가 경마에 푹 빠진 탓에 마음고생에다가 빚까지 지게 된 아버지 '스트레프시아데스Strepsiades'는 빚을 갚지 않을 방법을 배우려고 소크라테스가 운영하는 프론티스테리온phrontisterion, 일명 '사색 장소'에 학생으로 찾아온다. 여기서 소크라테스는 자연철학을 가르치겠다고 말하고는, 제우스를 부정하면서 '소용돌이'가 우주를 지배한다고 가르친다.

스트레프시아데스는 능력이 못 미쳐 학업을 계속 이어 갈 수 없었던 탓에 자기 대신 아들 페이디피데스에게 공부하라고 설득한다. 클라이맥스 부분에서 소크라테스는 논변을 의인화한 두 인물, '올바른' 논변과 '올바르지 못한' 논변을 페이디피데스에게 소개한다. 실상 이 두 인물은 아테네에서 두 세대가 가졌던 태도를 반영한다. 하나는 마라톤 전쟁을 자랑스럽게 치른 기성세대이고, 다른 하나는 펠로폰네소스 전쟁을 겪은 신세대이다. 이들끼리 논쟁이 붙었다.

올바른 논변은 전통, 진리, 규율, 예절과 의무를 옹호한다. 반면 잘못된 논변은 진리와 정의를 부인하고 방탕하고 수치심을 모르는 삶을 지지한다. 결국 올바른 논변이 패배한다. 이렇듯 페이디피데스는 '더 못한 논리'를 사용해서 '더 나은 논리'를 물리치는 방법을 배운다. 그는 바로 이 기술을 아버지가 곤경에서 벗어날 수 있도록 사용하지 않고, 오히려 아버지를 때려 놓고 이를 합리화하려고 사용한다. 그러자 스트레프시아데스는 빚을 갚지 않으려고 궤변을 배우려던 것이 잘못이었다고 생각한 끝에 프론티스테리온에 불을 지른다. 이때 그가 마지막으로 한 말이 소크라테스와 그의 제자가 "신들을 모욕한다."였다. 이 희곡으로 말미암아 소크라테스를 향해 대중이 내린 평판은 매우 나빠졌다. 마침내 소크라테스는 고발당했다. 젊은이들을 타락하게 했고, 나라가 믿는 신들을 믿지 않는 잘못

을 범하였다는 죄목이었다.[3]

소크라테스는 자기 죄목에 변론한다. 그 변론이 저 유명한 '소크라테스 변론'이다. 그는 먼저 세상에 떠돌아다니는 헛소문을 소개하면서 변론한다. "소크라테스라고 하는, 현자이면서, 천체를 탐구하고 땅 밑의 모든 것을 조사하는 자, 약한 논변을 강한 논변으로 만드는 자가 있다."[4] 이 헛소문에서는 소크라테스가 마치 자연철학자와 소피스트처럼 묘사된다. 이 헛소문으로 소크라테스는 자연을 탐구하는 자연철학자들과 같이 신들을 믿지 않는 사람처럼 보이며, 또 소피스트처럼 수사학을 악용하여 아테네 전통사회를 향해 젊은이들이 이제껏 품어 왔던 존경심을 약화시키는 사람처럼 보인다. 그러나 이런 묘사는 「구름」에서 비롯한 비난으로서 터무니없다고 소크라테스는 주장한다.[5]

소크라테스는 자기가 자연철학자가 아니라고 변론한다. 뿐만 아니라 자신을 소피스트로 몰아가는 것도 어처구니없다고 주장한다. "여러분이 제가 사람들을 가르치려 들고 그 대가로 돈을 요구한다는 말을 누구에게서 들으셨다면 그 역시 진실이 아닙니다."[6] 소크라테스는 누구를 가르치고 돈을 요구하지 않았을 뿐만 아니라 애당초 남을 가르치려고도 하지 않았음을 강력히 주장한다.

저는 어느 누구에게 스승이었던 적이 없습니다. 그러나 누군가가 제가 말하

---

3 *apologia*(『변론』), 24b; Prior(2010), pp.92~96 재인용.

4 *apologia*, 18b; Prior(2010), p.97 재인용.

5 *apologia*, 19c~d; Prior(2010), p.99 재인용.

6 *apologia*, 19d~e; Prior(2010), pp.99~100 재인용.

는 것과 제 일을 하는 것을 듣고 싶어 한다면, 그가 젊든 나이가 많든, 저는 이를 거절한 적이 없습니다. 또 저는 돈을 받으면 대화하고 못 받으면 안하는 짓을 하지 않았습니다. 저는 부자든 가난한 자든 똑같이 그들이 내 놓은 질문에 응답합니다. 물론 제가 대답하면서 말하는 것을 누군가가 듣길 원한다면 말입니다.[7]

소크라테스가 내세우는 변증은 대화 방법으로써, 그 목적은 자신보다 더 지혜로운 사람을 찾는 일이었다. 그렇지만 지혜로운 사람을 찾을 수 없었다. 도처에 자기 스스로 지혜롭다고 자처하는 사람들뿐이었다. 지혜로운 사람을 찾는 일은, 자기 스스로 지혜롭다고 자처하는 사람들이 실상 그렇지 못하다는 것을 밝히는 일이기도 했다. 그렇지만 자기 스스로 지혜롭다고 자처하는 대화 상대자들은 자기 스스로 무지하다는 것을 인정하지 않으려고 했고, 오히려 소크라테스가 자기들을 말로 속였다고 비난했다. 그들은 소크라테스가 간교한 말속임수로 자기들을 어리석은 사람으로 만들었다고 주장했다. 그래서 그들은 소크라테스가 "약한 논변을 강한 논변으로 만든다."는 생각에 이르렀다. 그래서 고소인 멜레토스에 따르면 "소크라테스를 제외한 모든 아테네인들이 젊은이를 더 훌륭하게 만드는데 오직 소크라테스만 그들을 더 못한 상태로 만든다." 그렇지만 소크라테스는 이 죄목 역시 터무니없다고 변론한다.

만일 제가 젊은이들 중 일부를 타락시키고 있고 일부를 이미 타락시켰다면, 그들 중 나이 든 어떤 이들이, 제가 한때 그들에게 나쁜 조언을 했음을 깨닫

---

7 *apologia*, 33a~b; Prior(2010), p.100 재인용.

> 고, 지금 앞으로 나와서 저를 고소하고 보복하려고 할 것입니다. 그들 자신이 하는 것이 내키지 않는다면, 그들 가족 중 누군가가, 아버지든 형제든 그 밖에 친척이든, 자기 가족이 저로 말미암아 어떤 나쁜 일을 겪었다면, 지금 그것을 상기하고 보복하려고 할 겁니다.[8]

소크라테스뿐만 아니라 고소인들도 소크라테스가 진실하다는 점을 의심하지는 않았다. 문제는 소크라테스가 대화 상대자를 언제나 곤경에 빠뜨렸다는 점이다. 게다가 그는 대화 중에 자기 생각을 솔직하게 내보이지 않는다는 의심을 받았다. 그가 상대를 논박하면서도 자기 생각을 절대로 말하지 않는다는 것이 여러 사람들 사이에 퍼져 있던 불만이었다. 사람들이 가진 의심과 불신에 맞서 소크라테스는 자기가 철학에 헌신하고 있음을 보여 주려고 한다. 특히 자기가 사람들을 찾아가 시험하곤 했던 것은 신탁을 따르고 신에게 복종하려는 취지 때문이었다고 밝힌다. 소크라테스에 따르면, 친구 카이레폰Chaerephon이 델포이에 가서 소크라테스보다 더 지혜로운 자가 있으면 신탁을 달라고 요청한 적이 있었다. 그랬더니 여사제가 "아무도 없다."고 답했다. 당시 델포이는 그리스 전역에서 가장 신성한 장소였다.[9]

그리스인들은 델포이에서 받은 신탁이 아폴로 신이 내린 계시라고 믿고 이 계시를 소중히 여겼다. 그런 만큼 소크라테스가 신탁을 근거로 자기 철학 활동을 내세웠음은 "신을 숭배하지 않는다."는 고소가 가당치 않음을 입증하기에 충분하다. 그는 철학 활동이 신을 향한 복종이라고 믿

---

8 *apologia*, 33c~d; Prior(2010), p.104 재인용.

9 Prior(2010), p.108.

었다. "제 여정은, 마치 어떤 고난을 치르듯이, 신탁이 논박될 수 없음을 저 자신에게 보이기 위한 일이라는 것을 여러분께 밝혀 드려야 하겠습니다."[10] 신탁이 지닌 진정한 의미를 헤아려 보면 "신이 지혜롭고, 저 신탁에서 신은 인간 지혜가 별로 가치 있는 게 아니거나 아무런 가치도 없다고, 정말로 이걸 말하는 것 같습니다."[11]

소크라테스가 신을 향해 품은 경건한 태도는 오히려 철학을 향한 헌신으로 보인다. 소크라테스보다 더 지혜로운 자가 없다는 신탁을 듣고, 정말로 자기가 그러한가를 여러 번 시험한 후에야, 신탁이 옳다는 결론에 이른다. 그 결론에 이른 후에도 계속 신탁을 옹호하려고 사람들을 시험하는 일을 멈추지 않는다. 신탁은 그가 해왔던 철학 활동을 정당화하는 근거였다. 신탁은 그에게는 철학을 하라는 명령이었고, 철학은 그에게 의무였다. 그는 신이 아테네에 자신을 선물로 주었다고 주장하였다.

> 저는 누군가가 생각할 것처럼 저를 위해 변호하는 것이 아니라, 여러분을 위해 변호하고 있습니다. 여러분이 저에게 유죄판결을 내림으로써 여러분을 위해 신이 준 선물과 관련하여 어떤 잘못을 범하지 말도록 말입니다. 왜냐하면 저에게 사형을 내리신다면, 여러분은 저와 같은 이들을 쉽게 찾지 못할 것이기 때문입니다. 우습기까지 한 표현으로 말하자면, 마치 크고 혈통이 좋지만 너무 큰 탓에 느릿느릿하여 일깨워질 필요가 있는 말과 같은 이 나라에 어떤 등에로서 붙어 있게 된 사람 말입니다. 신은 바로 등에(gadfly) 같은 사람으로서 저를 이 나라에 붙어 있게 한 것 같습니다. 온종일 어디서나 여러

---

10 *apologia*, 22a; Prior(2010), p.110 재인용.

11 *apologia*, 23a; Prior(2010), p.110 재인용.

분 각각에게 달라붙어서 여러분을 일깨우고 설득하며 꾸짖는 일을 그만두지 않는 사람으로서 말입니다.[12]

소크라테스는 자신이 아테네 사람들을 행복하게 해 준다는 확신에서 변론했다. 그럼에도 배심원들은 소크라테스를 오만한 사람으로 여겨 그에게 사형을 언도했다. 소크라테스 친구들은 그가 탈출하기를 권유했다. 그러나 소크라테스는 탈출을 단호히 거부했다. 그가 아내와 어린 자식들을 생각한다면 탈출해야 한다고 크리톤Criton은 간청하기도 했다. 그러나 소크라테스는 탈출이란 아테네의 법률 절차를 거역하는 짓이라고 생각했다. 법률은 그가 받은 재판과 판결에 아무 책임도 없다는 것이다. 과녁에 언제나 명중시킬 수는 없듯이, 숭고한 법률 정신이 실현되지 못할 수도 있다. 그는 법정 선고에 순응함으로써 법률을 향해 자기가 품고 있는 경외심을 확인했다. 마침내 그는 독배를 마셨다. "소크라테스는 자기 몸을 한 번 더 만져 보고서 약 기운이 심장까지 차오르면 그때 떠나게 될 거라고 말하였다. 그의 몸은 점점 식어 가고 있었다. …… 그리고 끝으로 말하였다. "크리톤! 우리는 아스클레피오스Asklēpios께 닭 한 마리를 빚지고 있네, 갚게나. 소홀히 말고." 이것이 최후였다. 이것이 우리들 친구, 우리들이 그때까지 알아 온 사람들 가운데 가장 훌륭하고 올바르던 한 인간이 맞이한 최후였다."[13]

소크라테스는 독배를 마시고 사라졌다. 소크라테스는 사라졌지만 그 가르침마저 사라진 것은 아니었다. 제자들은 어떻게 살아야 하는가라는

---

12 *apologia*, 30d~31a; Prior(2010), p.112 재인용.

13 *Paidon*, 118a(『파이돈』, 박종현 역주, 서광사, 2003), p.460.

물음에 소크라테스를 따랐다. 소크라테스를 따르는 제자들은 퀴레네학파(Cyrenaics)와 퀴닉학파(Cynicism)로 나뉜다.

02
퀴레네학파(Cyrenaics)

퀴레네학파는 기원전 4세기 초반과 3세기 후반 아프리카 북쪽 퀴레네에서 발원했다. 퀴레네학파 창시자는, 소크라테스 친구이기도 하고 제자이기도 한 아리스티푸스Aristippus (B.C.435~356)였다. 아리스티푸스 손자는 퀴레네학파를 체계화하였다. 창시자 아리스티푸스는 덕을 추구하는 것은 곧 행복을 추구하는 것과 같다고 주장했다.

아리스티푸스에 따르면, 덕은 즐거움을 얻을 수 있는 상태다. 즐거움이란 행복한 상태이며, 이 행복한 상태는 쾌락을 얻음으로써 도달한다. "즐거움=행복=쾌락"이라는 등식이 성립한다. 쾌락은 유일한 좋음이며, 최고 선(the highest good)이다. 쾌락은 오로지 하나뿐이며, 그 강력함, 정도, 순수함에 따라 차이가 날 따름이다. 그런 만큼 더 고상한 쾌락이란 고통이 섞이지 않는 쾌락이다. (감정이 아니라) 부드러운 움직임을 느끼는 상태, 그것이 곧 쾌락이다. 즐거운 만족감은 기쁨과 함께 더 바랄 게 없는 상태이다. 고통이란 격렬한 감정에 휩싸이므로, 본래 모습을 왜곡한다.

여유로움이란 무관심한 정신 상태이다.

아리스티푸스에게 즐거움이란 지금 당장(immediate present) 얻는 즐거움이었다. 그것은 감각 혹은 육체에서 비롯하는 즐거움이다. 그에 따르면, 오로지 현재에만 우리 능력이 미칠 수 있기 때문이다. 미래는 우리 능력을 넘어선다. 현명한 사람이라면 현재를 지혜롭게 즐길 줄 안다. 그는 쾌락에 휘둘리는 노예가 아니라 쾌락을 다룰 줄 아는 주인으로 행세한다. "나는 소유할 뿐, 소유 당하지 않는다."

아리스티푸스가 품은 이상은, 욕구 충족에서 비롯하는 즐거움을 만끽하면서도 스스로 자기를 제어할 수 있는 지혜로운 사람으로 살아가는 것이다. 지혜는 그 자체로 좋음이 아니다. 지혜는 쾌락을 얻는 도구에 지나지 않는다. 아리스티푸스는 말한다. "나의 기계는 매우 잘 만족스럽게 조합된 터라, 쾌락을 향유하게 하는 일에 매우 민감하지만 그렇다고 그런 일로 고통을 겪는 일은 없다."[14]

또 다른 퀴네학파 사람은 테오도로스Theodorus이다. 그는 '이기 · 쾌락주의(Egoistic Hedonism)'를 주창했다. 이기 · 쾌락주의에 따르면, 슬픔은 악이고 기쁨을 주는 것은 좋은 것이다. 그는 자기를 번거롭게 하는 종교 일체를 거부하는 무신론자였다. 그에게는 오로지 감각에서 비롯하는 쾌락만이 추구할 만한 것이었다. 그는 타인과 맺게 되는 인간관계도 번거롭고 무가치하게 여겼다. 그는 사랑, 우정, 신뢰 등을 무시하였을 뿐만 아니라, 법률과 도덕도 불가피한 경우에만 지켰다.[15]

---

14 William S. Sahakian, *Ethics: An Introduction to theories and problems*, Barnes & Noble Books(1974), p.24.(『윤리학의 이론과 역사』, 송휘칠 외 옮김, 박영사, 1986) 이하 Sahakian(1974)과 Sahakian(1986)으로 줄임.

15 Sahakian(1974), p.24.

퀴레네학파에서 가장 널리 알려진 인물은 헤게시아스Hegesias였다. 그에 따르면, 부유해진다고 해서 또 출세했다고 해서 행복해지는 것은 아니다. 부유함과 출세로 오히려 고통스러워질 수도 있다. 그렇다면 인생에서 목적은 즐거움이 아니다. 인생에서 목적은 차라리 고통 없는 상태이다. "쾌락에 빠질 정도라면 미쳐 버리는 게 차라리 낫다."는 게 그가 내세운 신조였다.

헤게시아스에 따르면, 쾌락을 절제함으로써 고통을 벗어날 수 있을 따름이다. 그렇지만 쾌락을 절제하기란 살아 숨 쉬는 생명체로서는 불가능하다. 살아 있는 생명체가 고통을 벗어날 수 있는 유일한 길은 오로지 죽음뿐이다. 사람이 고통 없는 경지에 이를 수 있는 가장 확실한 방법은 죽음뿐이다. 가장 축복받은 사람은 고통이 없는 경지에 다다른 사람, 곧 죽은 사람이다.

마침내 헤게시아스는 '죽음의 상담자(The counsellor of death)'로 불렸다. 그가 알렉산드리아에서 강연을 할 때, 청중들이 너무나도 커다란 감명을 받아서 많은 사람들이 자살을 하였으며, 결국 프톨레마이오스 2세는 헤게시아스에게 강연을 영구히 금지시켰다고 전해진다.[16]

---

16 MacInytre(2004), p.193.

03
퀴닉학파(Cynic school)

퀴닉학파는 모든 욕망을 거부한다. 모든 욕망을 거부하려면 덕 있는 사람이어야 한다. 덕은 사람들로 하여금 욕망을 느끼게 하는 외부 환경에 초연하게 만든다. 초연해짐으로써 비로소 자유로워진다. 덕은 결핍으로부터, 필요로부터, 욕구로부터, 정념으로부터 자유로워짐이다. 자유로워짐은 문명세계에서 벗어남이다. 그것은 국가로부터 벗어남이기도 하다. 그것은 온갖 지배로부터 벗어나 그 무엇에도 휘둘리지 않는 무지배로 살아감이다.

3.1. 안티스테네스Antisthenes(B.C.445~360)

안티스테네스는 매일 약 7.4km 떨어진 아테네까지 걸어가 소크라테스로부터 가르침을 받았다. 특히 소크라테스로부터 정념에 휘둘리지 않는

태도를 배웠다. 그는 퀴닉학파 창시자로 일컬어진다.[17]

안티스테네스는 부유함, 명예, 욕구 충족은 결코 좋은 것이 아니라고 주장한다. 덕이란 욕구가 없는 상태이며 그런 상태만으로도 행복하다. '덕 있는 사람'이란 무얼 바라지 않는 사람이라는 뜻이다. 그런 사람은 무얼 잃어버릴까 결코 두려워하지 않는다. 심지어 노예로 전락하더라도 아무 상처를 입지 않고 견디어 낸다. 안티스테네스에 따르면, 정치나 종교는 미혹에 빠지는 길이다. 덕 있는 사람의 거처는 '국가'가 아니라 '우주'이다. 덕 있는 사람에게 신이란 어떤 특정 지역에서 흠모하는 신이 아니라 보편 선이다. 신에 대한 의무는 오로지 덕을 실천하는 일이다.

안티스테네스에 따르면, 덕이란 '욕구 없음'이다. 덕은 행복 달성에 충분조건이다. '덕 있는 사람'이란 아무것도 바라지 않는다. 그 사람은 아무것도 두려워하지 않는다. 잃을 게 없기 때문이다. 퀴닉학파는 행복을 중심주제로 삼았다. 그 행복은 미덕과 어떤 관계인가라는 물음을 주로 제기했다. "그러나 안티스테네스는 그러한 물음과 주제에 대한 이론적인 체계를 세우는 일보다는 그와는 정반대로 노골적으로 이론을 적대시하는 행동을 보였다."[18]

안티스테네스는 이 세상에서 최고 행복이 무엇이냐는 물음에, 행복한 채로 죽는 일이라고 대답했다. 그는 무엇을 배워야 하는가라는 물음에, 배운 것을 잊지 않는 법을 배워야 한다고 대답했다. "행복해지는 것은 덕만으로도 충분하고 소크라테스다운 강함 말고는 아무것도 필요없다."고

---

17 Läertios(2008), p.341.

18 Wolfgang Röd & Malte Hossenfelder, *Die Philosophie der Antike*(『헬레니즘 철학사』, 조규홍 옮김, 한길사, 2011), p.440.

말할 만큼 소크라테스를 숭배한 철학자이다.[19]

3.2. 디오게네스Diogenes(B.C.400~325)

디오게네스는 '미친 소크라테스'로 불렸다. 그는 퀴닉학파에서 가장 널리 알려진 철학자이다. 안티스테네스 제자였으며, 그에 관한 일화는 수없이 많다. 통나무 속에 살던 디오게네스에게 어느 날 알렉산드로스 Alexandoros가 찾아와 물었다. "당신에게 내가 무얼 해 주기를 바라오?" 그가 내놓은 대답은 "햇빛이나 가리지 않도록 물러서기를 바라오."였다. 그 말에 알렉산드로스는 "내가 알렉산드로스가 아니었다면 디오게네스이길 바랐을 텐데"라고 말했다.[20] 그 무엇에도 얽매이지 않는 무지배를 추구하는 삶을 몸소 보여 주는 사례다.

무지배를 추구하던 디오게네스는, 어떤 소년이 우물가에서 두 손으로 물을 떠먹는 걸 보고, 유일한 소지품이었던 나무바가지마저 던져 버리면서 "나는 이 아이만도 못하다."고 말했다. 디오게네스에게 무지배는 곧 무소유였다. 식사는 어느 때 해야 하느냐는 물음에 "부자라면 먹고 싶은 때, 가난한 자라면 먹을 수 있을 때"라고 대답했다.[21]

디오게네스는 세상에서 무엇이 훌륭한 것이냐는 물음에 '무엇이든 말할 수 있는 자유'라고 말했다. 그는 사람들 앞에서 무엇이든 거리낌없이 드러냈다. 심지어 사람들이 보고 있는 가운데 수음手淫에 열중하면서 "배

---

19 Läertios(2008), p.347.

20 Läertios(2008), p.367.

21 Läertios(2008), p.362.

를 이렇게 비비기만 해도 배고픔이 사라지면 좋을 텐데"라고 말했다.[22]

'인간 동물'로서 단순한 삶이 디오게네스가 품었던 소망이었다. 그는 스스로 자기를 '개(κύων)'라고 불렀기에 퀴닉학파는 '견유학파'라는 명칭을 얻었다.[23] '경멸한다'는 영어 퀴니씨즘Cynicism은 "모든 전통 가치들을 꿰뚫어 보라."는 퀴닉학파가 내세운 슬로건이기도 하다. "사람들이 간절히 추구하고 있는 것은, 그들에게 좋게 여겨지고 있는 것일 뿐, 진실로 좋은 것은 아니"기 때문이다.[24]

디오게네스에게 진실한 것은 생명뿐이었다. 자연 그대로 '날것'만이 진실했다. 벌거벗은 상태도 '날것'이다. 배변과 자위행위도 '날것'이다. 그러니 생명을 가진 사람은 수면과 배변에 결코 위선을 부릴 필요가 없다. 어느 날 그는 수탉 한 마리를 잡아 털을 모두 벗겨 낸 채 "이것이 플라톤이 말하는 인간이다."라고 외쳤다. 그런 디오게네스에게 어떤 사람이 고깃점이 아직 많이 붙어 있는 뼈다귀를 꼭 개에게 던져 주듯 집어던졌다. 디오게네스는 후다닥 달려들어 그걸 집어 들더니 게걸스럽게 뜯어먹고 나서 다시 연회장으로 돌아와 식탁 위로 올라가서는 홍청망청 놀고 있던 자들에게 오줌을 누었다. 그리고 하는 말, "여러분들! 나는 여러분처럼 먹고 여러분처럼 오줌을 쌉니다!"였다.[25]

디오게네스는 대낮에도 램프에 불을 켜고 "나는 인간을 찾고 있다."고

---

22 Läertios(2008), p.376.

23 그리스어 κύων[케온]은 '개'를 뜻한다. Reginald A.P. Rogers, *A Short History of Ethics : Greek and Modern*, Macmillan(1911), p.37.

24 Läertios(2008), p.362.

25 Frédéric Gros, *Marche, une philosophie*(2009), (『걷기, 두발로 사유하는 철학』, 이재형 옮김, 책세상, 2014), p.194.

외쳤다.[26] 그런 그에게 당신은 어느 나라 사람이냐고 물었다. 그는 '세계 시민'이라고 대답했다.

디오게네스 제자 크라테스Crates는 스스로 빈곤한 삶을 살려고 자기 토지와 재산을 모두 은화로 바꾸어 이웃 사람들에게 나누어 주었다. 그는 극기심을 키우려고 여름에 두터운 외투를 걸치고 지냈으며, 겨울에는 헐벗고 지냈다. 크라테스에 따르면, 철학에서 얻은 것은 '무엇에나 신경 쓰지 않는' 것으로, 그 어떤 것에도 지배당하지 않는다는 '무지배'였다.[27]

---

26 Läertios(2008), p.361.

27 Läertios(2008), p.388.

04

플라톤Platon(B.C.427~348/7)

4.1. 동굴 비유

같은 소크라테스 제자이면서도 '무지배'를 내세운 제자들과 플라톤은 사뭇 달랐다. 플라톤은 보편원리에 기초한 국가를 내세웠다. 특히 그는 기하학이 천체운행 질서에 기초이듯이, 인간사회 질서를 보편 원리에 기초해서 논증했다. 그가 아카데미아Academia에 "기하학을 모르는 사람은 들어오지 마라"를 내건 것도 바로 그런 이유이다.

플라톤이 추구하는 보편원리는 '동굴 비유'로부터 나온다. 동굴 비유는 마치 결론을 이끌어 내기 위한 전제와도 같다. 현실에서 삶은 마치 큰 동굴에서 지내는 삶과도 같다. 그 깊은 동굴에서 사는 사람들은 사슬에 묶인 채 동굴 벽면을 마주하면서 살아간다. 이들은 평생 동굴 벽면 말고는 아무것도 볼 수 없다. 그들은 언제나 벽면에 아른거리는 그림자를 보면서 그 그림자를 진짜 모습이라고 믿는다. 그들은 동굴 저 너머에 그 무엇이 있는지 조금도 궁금하지 않다. 그들은 동굴에서 지내는 삶 말고는 다른 어떤 삶도 상상조차 하지 못한다.

벽면 그림자를 진짜 모습이라고 믿고 지내던 중 어느 한 사람에게 사슬이 풀리는 우연한 일이 생긴다. 사슬이 풀린 사람은 희미한 불빛이 들어오는 곳을 향해 걸어 나간다. 불빛에 다가갈수록 그는 눈이 부셔 아무것도 볼 수 없었다. 동굴 입구에 서면서 주변 세계가 희미하게 보이기 시작한다. 밝은 빛에 익숙해지면서 그는 마침내 동굴 밖으로 나온다. 동굴 밖에 선 그는 이제까지 살았던 삶이 진짜를 모른 채로 지나온 잘못된 삶임을 깨닫는다.

그는 이제껏 그림자를 진짜라고 착각하고 살아왔다. 진짜 세계를 알게 된 그는 동굴에 갇혀 지내는 동료들이 불쌍하다고 여긴다. 그는 다시 동굴로 내려가 진짜 세계를 전해 준다. 그러나 동료들은 "그가 위로 올라가더니 눈을 버려 가지고 왔다고 하면서, 올라가려고 애쓸 가치조차 없다고 하는 말을 듣게" 된다. "그래서 자기들을 풀어 주고서는 인도해 가려고 꾀하는 자를, 자신들의 손으로 어떻게든 붙잡아서 그를 죽여 버리려" 한다.[28]

'동굴'은 진짜와 가짜를 서로 구별하려는 비유이다. 이 비유에는 진리와 거짓을 구별하라는 메시지가 담겨 있다. 이 비유는 진리가 있다는 전제에서 나온다. 먼저 진리가 있어야 진리를 찾을 수 있기 때문이다. 진리를 찾아야 진리를 취하고 진리 아닌 것을 버릴 수 있다. 그러나 문제는 도대체 진리가 있는가이다. 있다면 그 정체는 무엇인가. 진리가 무엇인지를 알아야 비로소 거짓이 생긴다. 진리와 거짓은 어떻게 다른가? 진짜가 있어야 가짜가 생긴다. 진짜와 가짜는 어떻게 서로 다른가?

---

28 *Politeia*(『국가』, 박종현 옮김, 서광사, 2005), 517a, p.453.

"대상들이 가진 빛깔을 해가 비출 경우에는, 눈이 또렷이 보게 되고, 또한 같은 이 눈 속에도 맑은 시각이 있는 것처럼 보일 것이라고 생각하네."

"물론입니다."

"그러니 마찬가지로 혼의 경우도 이렇게 생각해 보게. 진리(alētheia)와 실재(reality)가 비추는 곳, 이곳에 혼이 고착할 때는, 이를 지성에 의해 대뜸 알게 되고 인식하게 되어, 지성을 지니고 있는 것으로 보이네. 그러나 어둠과 섞인 것에, 즉 생성되고 소멸되는 것에 흔히 고착할 때는 '의견'(판단: doxa)을 갖게 되고, 이 의견들을 이리저리 바꾸어 가짐으로써 혼이 침침한 상태에 있게 되어, 이번에는 지성을 지니지 못한 것처럼 보인다네."[29]

4.2. 이중세계

플라톤에 따르면, 어떻게 살아야 하는가라는 물음에, 현실세계를 벗어나야 한다는 것이 대답이다. 그것은 동굴을 벗어나는 일이다. 도덕은 현실세계를 넘어선 다른 세계에서 비롯한다. 『파이돈』에서 '철학함'이란 곧 '죽음연습'과도 같다. 죽음이란 영혼을 육신으로부터 분리시키는 일이다. 철학이란 영혼을 육신으로부터 분리하는 연습이다.

철학하는 '나'는 육신이 머무는 '지금 이곳'을 생각하지 않는다. 내가 "올바름이란 무엇인가?", 올바름 자체에 대해 묻는다면, 그것은 "오늘 혹은 어제 누가 나에게 잘못했는가?"를 묻는 것이 아니다. 또 내가 "아름다움이란 무엇인가?"라고 묻는다면, 그것은 "이 방에서 누가 가장 아름다운

---

29 *Politeia*(2005), 508d, p.437.

가?"라고 묻는 것이 아니다.[30]

철학은 '지금 여기'에 있는 무엇을 결코 생각하지 않는다. 철학이 관심을 두는 것은 '지금 여기'와 대비되는 '언제나 어느 곳'이다. '지금 여기'가 특수한 개별세계라면, '언제나 어느 곳'은 보편세계이다. '언제나 어느 곳'이란 특별한 공간을 뜻하지 않는 보편성을 의미한다. 형상은 바로 '언제 어느 곳'을 뜻하는 보편세계에 속한다.

플라톤에게 형상은 절대 기준이다. '형상'이란 '본모습'이란 뜻이다. '본모습'이 있음으로써, '본모습'과 비슷한 모습이라든가, '본모습'을 본 딴 모습이라든가, 아니면 '본모습'을 변형한 모습이 비로소 가능해진다. 그래서 플라톤은 '지식'과 '믿음'을 서로 나눈다. '지식'은 '본모습'으로서 '형상'을 대상으로 삼는다. 반면 '믿음'은 본 모습과 비슷한 모습이라든가 본모습을 본 딴 모습이라든가 본모습을 변형한 모습을 대상으로 삼는다.

본모습이 완전하다면 비슷한 모습이라든가 본 딴 모습이라든가 변형한 모습이란 언제나 불완전하다. 그런 만큼 '지식'은 '믿음'보다 더 고급하다. 지식은 완전하지만 믿음은 불완전하다. 플라톤은 언제나 이원론을 내세운다. 지식과 믿음을 구별하는 것도 이원론에서 나온다. 지식은 형상세계를 대상으로 삼지만, 믿음은 형상세계에 훨씬 못 미치는 감각세계를 대상으로 삼는다. 순간순간 변화하는 감각세계와 영구불변하는 형상세계가 서로 다른 두 세계이다. 감각세계는 육체가 살아가는 세계이고, 형상세계는 육체를 초월하는 순수한 정신세계이다.

플라톤에 따르면, 본모습으로서 형상은, 최고 형상으로서 '좋음'이라는

---

30 Bryan Magee, *The Great Philosophy, Oxford University Press*,1987(『위대한 철학자들』, 수선철학회 옮김, 동녘, 1994), p.24. 이하 Magee(1994)로 줄임.

형상에서 비롯한다. '좋음 형상'은 마치 태양과도 같다. 진정한 인식이란 영구불변하는 형상을 명상하는 일이다. 어떻게 살아야 하는가, 대답은 형상을 향한 비전으로 살아야 한다는 것이다.

현실을 초월하는 형상과 감응은 어떻게 가능한가. 형상과 감응하려면 현실에서 육체 탓에 상실했던 지식을 다시 되살려야 한다. 다시 되살리는 과정이 '아남네시스Anamnsis', 곧 '상기想起'이다. '상기'는 마치 구리판에 붙은 엷은 가리개를 조금씩 벗겨내 새겨진 모양을 차츰 분명히 드러내는 과정에 비유된다. 구리판에 새겨진 모양은 처음에는 분간하기 어렵지만, 벗기다 보면 희미한 모습이 점점 또렷이 드러난다. 이 과정은 마치 아직 분명히 깨닫지 못하던 상태에서 점차 분명히 깨닫는 상태로 바뀌는 과정이다.

플라톤에 따르면, 진리에 이르는 과정은 네 단계이다. 각 단계에서 정신에 나타나는 대상은 각각 다르다. X에서 Y에 이르는 수직선은 연속선이며 높이에 따라 최하급 지식에서 최고급 지식으로 배열된다. 최하급 지식에서 점차 최고급 지식으로 발전한다. 먼저 XY 수직선은 서로 다른 크기 둘로 나뉜다. 상층부 커다란 부분은 가지계可知界를 나타내며 아래 작은 부분은 가시계可視界를 보여 준다. 다른 크기로 나눈 까닭은, 가시계가 낮은 실재와 낮은 진리를 가리키고, 가지계가 높은 실재와 높은 진리를 가리키기 때문이다. 이 두 부분은 같은 비율로 다시 네 부분이 되며, 그 각각은 아래 부분보다 더욱 분명하고 확실한 사유를 나타낸다. 현실을 어두운 동굴에 비유했음을 돌이켜 생각해 보면, 이 선분이 어두운 세계 X에서 시작하여 밝은 빛이 비추는 세계 Y로 올라간다. X에서 Y로 진행은 정신이 계몽되어 가는 연속선이다. 각각 단계에서 정신에 나타나는 대상들은 "서로 다른 실재 대상 4개가 아니라, 같은 대상이 나타나는 서로 다른 네 방식을 나타낸다."[31]

	대상	Y 사유 양식
가지계	최고선(형상)	지식
	수학으로 파악되는 대상	사고(이해, 오성)
가시계	사물	믿음(의견, 속견)
	허상	상상

X

4.3. 육체 vs 정신

플라톤은 물질세계에서 나타나는 변화무쌍함을 초월하는 또 다른 세계 끌어들였다. 그건 '형상'이었다. 오로지 '형상'이 진리이다. 일상에서 사람들이 얻는 지식은 결코 지식이 아니라 믿음일 따름이다. 그것이 믿음인 까닭은 믿는 대상이 '있다'가 '없어지는' 변화 속에서 오락가락하기 때문이다. 오락가락하는 변화를 초월해서 언제나 한결같은 형상만이 가치 있다. 그렇지만 정신은 육체로 말미암아 형상을 제대로 인식하지 못한다. 인간은 정신이 육체라는 감옥에 갇혔기 때문이다. 플라톤은 정신과 육체를 나누는 정도에 그치지 않고 육체를 정신보다 무조건 저열하다고 경멸한다.

육체를 정신보다 낮게 평가함으로써 고상한 삶이란 오로지 정신으로

---

31 Stumpf(2004), pp.93~94.

살아가는 삶이다. 고상한 삶이란 사물이 존재하는 방식과 일치하는 삶이다. 플라톤은 인간 정신을 '이성', '기개', '욕망'의 세 부분으로 나눈다. 첫째, 이성은 목적이나 가치가 무엇인가를 인식한다. 둘째, 기개는 행동을 일으키는 활력이다. 셋째, 욕망이란 신체로 말미암은 갈망이다. 플라톤은 세 가지 모두를 정신활동 원리로 내세운다. 세 가지가 서로 충돌하고 갈등을 빚지 않는 것이 가장 좋은 정신 상태이다.

인간이 처한 조건을 플라톤은 두 마리 못된 말과 그 말들을 통제하려는 마부에 비유한다. 한 마리 말은 "채찍질할 필요도 없이 몇 마디 경고만으로도 몰 수 있다." 다른 한 마리는 "건방지고 뻔뻔스러워 채찍질과 박차에도 잘 굴복하지 않는다." 비록 마부가 목적지를 정확히 알고서 착한 말이 그 길을 잘 따르더라도 나머지 한 마리가 "이리 저리 날뛰어 다른 한 말과 마부를 온갖 곤경에 처하게 만든다." 한 마리 말이 이리 저리 날뛰는 상태는 무질서에 비유된다. 이 상태에서 마부는 말들을 잘 인도하고 통제할 권리와 의무를 지닌다. 마찬가지로 이성 부분은 기개 부분과 욕망 부분을 지배해야 할 권리와 의무를 지닌다. 이 두 마리 말이 없으면 아무데도 갈 수 없는 마부처럼 이성은 기개와 욕망이라는 또 다른 필수불가결한 요소들과 서로 조화를 이루어야 한다.

이성은 기개, 욕망과 함께 조화를 만들어 내야 한다. 그러나 그 상호 관계는 이성이 결정한다. 목적을 세우는 기능이 가장 중요하다. 물론 감정도 끊임없이 쾌락이라는 목적을 추구한다. 또 쾌락 역시 삶에서 없어서는 안 될 필수 요소이다. 그러나 감정은 쾌락을 제공하는 사물에 충동으로 다가가는 탓에 실제 쾌락을 주는 대상과 쾌락을 주는 것처럼 보이는 대상 사이를 구별하지 못한다. 영혼에서 이성 부분이 발휘해야 하는 고유함이란 무엇이 살아가는 진정한 목적인가를 묻는 기능이다. 정열이나 욕망은 공상과 망상으로 이끌어 어떤 쾌락이 행복을 가져다준다고 우리를 기만할 수도 있다. 그러나 이성은 환상을 떨쳐버리고 욕망을 진정한 대상으로 향하게 해야 한다. 그래야 욕망은 참된 쾌락과 참된 행복을 낳을 수 있다. 마부가 말들을 잘 통제함으로써 질서가 생기듯이, 인간 영혼도 이성이 기개와 욕망을 잘 통제할 수 있어야 한다.

플라톤에게 덕은 영혼에서 발생하는 내분 상태를 조화로운 상태로 돌려놓는 일이다. 내분이란 이성이 욕망에 휘둘리는 상태이다. 이성은 비이성 부분 욕망을 통제해야 한다. 욕망을 통제할 때 비로소 영혼에서 조화가 이루어진다. 영혼이 조화를 이루는 삶이 좋은 삶이다.

영혼은 세 부분으로 이뤄진다. 이 세 부분에 대응하는 세 가지 덕은 이 부분들이 각각 그 기능을 실현할 때 성립한다. 욕망이 정도와 한계를 지켜 다른 부분을 공격하지 않을 때 절제라는 덕이 생긴다. 영혼에서 기개 부분은 성급한 행동을 피하고 앞으로 공격할 때와 뒤로 물러설 때 믿을 만한 힘을 발휘할 때 용기의 덕이 생긴다. 이성은 욕망이 공격할 때 그 공격에 흔들림 없이 변화를 견뎌낼 덕으로서 지혜를 발휘한다. 영혼을 삼분한 후 플라톤은, 욕구를 '여러 개의 머리를 가진 형태의 짐승'에, 기개를 '사자'에, 이성을 '인간'에 비유한다. 이 셋이 모여 '인간다운 형상'을 이룬다.[32]

한편 영혼 각 부분이 자기가 가진 특수한 기능을 충실히 수행할 때 네 번째 덕으로서, 올바름, 곧 정의가 성립한다. 정의로서 올바름은 그 각 부분에 따른 고유한 역할을 부여한다. 그래서 올바름은 누구에게나 똑같이 적용되는 덕이다. 올바름이란 각 부분이 조화를 이루었음을 뜻한다.

---

32 *Politeia*(2004), 588e~589c, pp.602~603; Prior(2010), pp.216~217.

영혼이 모든 부분에서 그 고유 기능을 실현할 때 비로소 좋은 삶은 성립한다.

플라톤이 펼치는 영혼론은 소피스트가 품은 회의주의를 극복한다. 플라톤에 따르면 도덕이란 단순히 여론에 따르는 것도 아니며 단순히 권력으로 말미암은 것도 아니다. 망치가 지닌 기능이 여론이나 권력으로 결정되지 않듯이 인간에게 걸맞는 행위도 여론이나 권력으로 결정되지 않는다. 망치가 간직한 기능이 망치가 지닌 본질에서 찾아지듯 인간다운 행위도 인간 본질을 분석해야 한다. 마찬가지로 영혼이 지닌 기능이 무엇인가를 먼저 인식해야 비로소 인간이 마땅히 해야 하는 행위가 무엇인가도 밝혀진다.[33]

4.4. 철학자 왕

플라톤에 따르면, 국가는 자연스럽게 발생한 제도이다. 국가는 인간 본성을 반영하기 때문이다. 어느 누구도 혼자서 의식주를 모두 해결 할 수는 없다. 필요한 물자가 많아지면서 그 물자를 만들어서 서로 교환한다. 처음에는 목동이 치즈를 밀과 바꾸는 것처럼 물품을 교환하면서 소박한 삶을 살아간다.

> 사람들은 곡물과 와인, 옷과 신발을 생산하고 자기 스스로 집을 짓는다. …… 여름에는 대체로 벗고 맨발로 일을 하지만 겨울에는 충분히 옷을 입고

33 Stumpf(2004), p.114.

> 신발을 신는다. 보리와 밀을 주식을 삼고 밀을 구워 밀가루로 만들어서 푸딩이나 빵을 만든다. 그들은 이것을 갈대 받침이나 깨끗한 잎 위에 담아낸다. 그들은 주목朱木이나 도금양桃金孃 가지로 만든 침대 위에서 잠시 몸을 걸친다. 그들은 아이들과 함께 식사를 하고, 자신들이 만든 와인을 마시며, 머리에는 화관을 쓰고, 입으로는 신을 찬양하는 즐거운 사회에 살면서…….[34]

소박한 생활에 머물지 않고 사치스럽게 살려는 욕구가 생기면서 부정한 국가가 출현한다. 욕구가 증대하면서 국가 경계도 확대된다. 국가 자원은 한정된 터라 고갈되기 시작하고, 마침내 이웃이 차지하고 있는 땅을 빼앗는 일이 생기고, 그로 말미암아 이웃들끼리 싸움은 피할 수가 없다. 욕구가 없었다면 전쟁도 애당초 없었다. 투쟁은 욕구에서 비롯하며, 투쟁은 개인과 국가 모두에게 해악을 불러일으킨다. 욕구로 말미암아 전쟁은 피할 수 없고, 시민과 재산을 보호하려는 목적에서 군대가 필요해지고, 국가를 수호하는 계층이 생긴다. 이제 두 계층은 분명해진다. 하나는 생산 계층이며 다른 하나는 공동사회를 수호하는 계층이다. 공동사회를 수호하는 계층 중에서 특히 뛰어난 사람은 국가를 통치한다.[35]

국가에 세 계급이 성립한다. 생산 계급(농부, 장인), 수호자 계급(전사), 통치자 계급(왕)으로 나뉜다. 그러나 도대체 누가 생산을 하고, 누가 국가를 수호하며, 누가 국가를 통치하는가. 사람들은 저마다 어느 계층에 속하든 그 계층을 그대로 받아들이지는 않을 것이다. 그 계층이 자기가 선

34 Lewis Mumford, *The Story of Utopia*(『유토피아 이야기』, 박홍규 옮김, 텍스트, 2010), p.55 재인용.

35 Stumpf(2004), p.116.

택하지 않은 경우라면 도저히 그대로 받아들이지 않을 것이다.

플라톤에 따르면 모든 사람을 폭넓게 교육한 다음 계층을 결정해야 하며, 그 계층에서 업무를 잘 수행한 사람에게는 더 높은 계층에로 나아갈 수 있도록 해야 한다. 이론상 모든 사람이 최상층까지 진출할 기회가 주어지지만, 실상 그들은 타고난 수준에 머물고야 만다. 플라톤은 여기서 '고상한 거짓말'을 끌어들인다. 그는 이 이야기로 통치자와 전사를 설득하고, 다음으로 생산자를 설득하려고 한다.

이 고상한 거짓말에 따르면, 신은 통치자가 될 사람에게는 황금을 섞었고, 전사에게는 은을 섞었으며, 농부와 장인에게는 쇠와 구리를 섞었다. 모든 사람은 본성에 따라 통치자가 되기도 하고, 장인이 되기도 한다. 그렇지만 새로 태어나는 어린아이는 부모와 같은 본성이 없을 수도 있다. 그런 만큼 수호자는 자식에게 어떤 금속이 혼합되었는가를 살펴보아야 한다. 만일 수호자 자식이 구리나 쇠 성분으로 태어나면 가차 없이 그 본성에 맞게 수공업자나 농부로 길러야 한다. 마찬가지로 장인에게 금이나 은 성분을 지닌 자식이 태어나면 그 자식들은 그 가치에 맞게 대우해야 한다. 무엇보다 중요한 사실은 누가 수호자가 될 수 있는가에 모든 사람이 동의해야 한다는 점이다.[36]

국가 통치자는 특수한 능력을 구비해야 한다. 국가에서 발생하는 무질서는 개인에게서 생기는 무질서와 서로 같다. 낮은 계층이 더 높은 계층이 맡는 역할을 방해함으로써 서로 갈등에 빠진다. 개인과 국가 모두 이성이 욕망과 기개를 통제하지 못할 때 무질서 상태에 빠진다. 여기서 문제가 생긴다. 누가 항해 중인 배에서 선장이어야 하는가. 가장 인기 있는

---

36 Stumpf(2004), pp.117~118.

사람이어야 할까. 전쟁에서 잘 훈련된 사람이어야 할까. 오랫동안 상업에 종사한 사람이어야 할까. 수호자는 먼저 충실히 교육받은 사람이어야 한다. 가지계와 가시계는 어떻게 다른가, 감각 경험에 따른 믿음과 형상세계를 파악하는 지식은 어떻게 다른가, 현상과 실재가 어떻게 다른가를 파악한 사람이어야 한다. 통치자는 모든 진리를 꿰뚫은 사람이어야 한다. 그는 이데아를 알고 있는 사람이어야 한다.

통치자가 되려면 교육을 여러 단계로 받아야 한다. 적어도 18세에 이를 때까지 문학, 음악, 기초 수학을 훈련해야 한다. 그 후 몇 년 동안은 육체단련과 군사 훈련을 광범위하게 받아야 한다. 20세에 이르러 고등수학을 배워야 하고, 30세에 이르러 변증법과 도덕철학을 5년 코스로 시작해야 한다. 엄격한 교육과정은 35세에 비로소 끝난다. 그러나 교육과정을 거쳐 선택된 사람들은 끝으로 대인민봉사시험을 치러야 한다. 그들은 통치할 인민들 사이에서 여러 미천한 일을 하면서 15년이라는 세월을 지내야 한다. 그 세월 동안 인민들이 어떻게 살고 있는지, 인민들이 앞으로 어떻게 살아야 하는가를 분명히 터득해야 한다. 교육과정을 거쳐 선택된 사람들 대다수는 대인민봉사시험의 단계에서 낙오한다. 극소수만이 대인민봉사시험이라는 마지막 단계를 통과하며, 이때 나이는 50대에 이르고, 마침내 가장 높은 지식 단계에 이르러 통치자 회의에 참석할 수 있다.

통치자들은 기본 욕구만을 채워 주는 수입으로 허세 없는 소박한 생활을 해야 한다. 그들 누구도 유복한 생활을 하려고 통치자가 되려던 것은 아니다. 그들은 배우자와 자녀를 공동 소유하며, 결코 가족 번성을 인생 목표로 삼지 않는다. 오로지 국가 통치만이 인생 목표이다. 그들은 금전 문제로 결코 타락하지 않을 사람이어야 한다. 오랜 세월 동안 이들을 교육한 근본 이유가 오로지 국가에 헌신할 수 있는 사람으로 만들려는 것이었다. 플라톤은 통치자가 곧 철학자라는 '철학자 왕'을 내세운다.

통치자는 철학자로서 이데아를 아는 사람이다. 통치자는 이데아에 비추어 인민들이 어떻게 살아야 하는가를 알고 있는 사람이어야 한다. 철학자가 왕이어야 하는 까닭은, 철학자만이 진리를 터득한 사람이기 때문이다. 플라톤은 말한다. "만일 철학자가 국가를 통치하는 왕이 되지 않는다면, 또는 지금 왕이나 권력자라고 불리는 자들이 진실로 또 충분히 철학하지 않는다면, 그래서 정치권력과 철학이 서로 합쳐지지 않는다면 …… 국가에도 인류에도 나쁜 일이 끊이질 않는다네, 어떠한 다른 방책도…… 우리를 행복하게 만들지 못하네."[37]

4.5. 민주정 vs 참주정 vs 무지배

플라톤에 따르면, 현실에서 사람들은 '동굴에 갇힌 사람'이다. '지금 여기' 현실은 끊임없이 변화하며 불완전하다. 오직 철학자만이 '지금 현실'과 다른 세계를 파악할 수 있다. 철학자는 동굴 밖으로 나와 참된 사물 세계를 인식할 수 있는 사람이다. 참된 사물 세계는 이데아 세계로서 '언제나 어디에서나' 있기에 결코 변하지 않고 영원하다. 이 변하지 않는 영원한 이데아를 인식함이 곧 잘사는 삶이다.

문제는 과연 이 같은 이데아가 정말로 존재하는가, 이데아와 현실을 분명히 구별 지을 수 있는가이다. 더욱이 이데아를 좋은 것으로, 현실을 나쁜 것으로 구별 짓는 순간 온갖 차별과 억압이 판을 치기 시작한다. 과연

---

37 *Politeia* 473d, e; Prior(2010), p.191 재인용.

오늘날 플라톤처럼 이분법을 진리로 받아들일 사람이 얼마나 될까. 받아들이기는커녕 이 이분법을 어처구니없고 위험한 사상으로 여기지 않을까. 플라톤이 철학에 드리운 깊고도 넓은 영향력을 의심할 수는 없지만, 그런 만큼이나 플라톤이 너무도 오랫동안 사람들을 잘못된 길로 들어서게 만든 장본인이 아닐까 하는 의심을 역시 떨칠 수가 없다.

'철학자 왕'은 오랜 쟁점이다. 플라톤은 말한다. "무엇보다 으뜸 원칙은 여자든 남자든 아무도 지도자 없이는 안 된다. 어느 누구도 결코 자기가 스스로 무언가를 하도록 습관화되어서는 안 된다. 그것이 열렬하게 하는 것이든 장난삼아 하는 것이든 마찬가지이다. 오히려 사람은 전쟁 때나 한창 평화로운 때나 지도자를 따라야 한다. 그리고 사소한 일까지 지휘를 받아야 한다. 예를 들어 그렇게 하라는 명령이 떨어졌을 때에만 잠자리에서 일어나거나, 움직이거나, 씻거나, 먹거나 해야 한다. 간단히 말해 사람들은 결코 독립 행동을 꿈꾸지 말고 전혀 그런 짓을 할 수 없도록 자기 영혼을 습관으로 길들여야 한다."[38]

문제는 도대체 누가 통치자이어야 하는가이다. 대인민봉사시험을 거친 사람이란 누구일까. 통치자가 될 인물이라면 단순히 감각을 자극하는 음악과 호메로스 서사시에 나오는 신들을 향한 비판에 영향을 받지 않은 인물이어야 할까. 이러한 영향을 물리치려면 오히려 이러한 것들이 어떤 것인지를 먼저 알아야 하는 것이 아닐까. 플라톤은 어떤 때에는 통치자를 이 세상에 만연하는 온갖 악을 체험한 사람이 아니라 온실에서 자란 화초 같은 사람으로 묘사하는 듯하다.

---

38 K. Popper, *The Open Society and Its Enemy I* , Routledg(1945), (『열린사회와 그 적들I』, 이한구 옮김, 민음사, 1995), p.147 재인용.

통치자가 맡는 역할도 문제다. 통치자는 대개 합의된 목적 달성에 필요하다. 그러나 목적을 어떻게 정하는가. 인민들에게 삶이란 통치 받는 삶이므로, 통치자가 정해 준 목적에 따르며, 그들 나름대로 삶이어서는 안 된다. 인민들이 자유를 누릴 수 있는 것은 무한한 지혜를 지닌 통치자가 허용을 했기 때문이지 다른 이유 때문은 아니다. 예를 들어, 통치자가 언론을 검열하기를 결정하면, 인민들은 그러한 정책에 불평할 어떤 명분도 가지지 못한다.

"플라톤이 높이 평가하지도 않았고 심지어 인정하지도 않았던 것이 개인의 자유"였다.[39] 플라톤은 민주정이 타락하면 참주정이 들어선다고 생각했다. "참주정은 범죄자집단에 속할 만한 가장 극악무도한 자가 다스리는 정체이다. 역설적이게도 플라톤은 민주정 옹호자들이 자유를 과도하게 좋아하기 때문에 '침을 가진 수벌들(민중선동가, 참주)'에게 권력 획득의 기회가 주어지는 상황이 발생한다고 생각했다."[40]

민주정이 참주정으로 이어질 수 있기 때문에 민주정을 포기해야 한다는 결론이 나오는 것은 아니다. 참주정을 두려워하는 것은 그 어떤 인민도 자유롭지 못하기 때문이다. 최선은 인민들이 자신들이 살아갈 정치체제를 자유롭게 토론하여 결정할 수 있는 체제이다. 지혜로운 통치자 말고 어느 누구도 의견을 내놓지 못하는 사회는 인민들이 정녕 바라는 정치체제가 아니다. 물론 인민들이 내놓는 의견은 지혜롭지 못할 수도 있다. 그렇지만 인민들이 아무 의견도 내놓지 못하는 국가는 인민들 사이에서 어떤 대화와 소통도 불가능한 '닫힌 사회'이다.

---

39 Prior(2010), p.187.

40 Prior(2010), pp.211~212.

지혜로운 철학자가 지배하는 사회는 '닫힌 사회'로서 국가이다. 과연 이러한 국가와, 인민들이 어떤 의견이라도 내놓을 수 있는 민주국가 중 어느 국가가 더 바람직한 국가인가? "소수 사람들이 대다수 사람들보다도 더 가치가 있으며 그 소수 사람들이 마음대로 판단할 수 있다는 주장이 성립하려면, 그러한 소수 사람들은 인간을 초월하는 존재로서 상상하기 힘든 엄청난 공포를 몰고 오는 존재로 밖에는 생각할 수 없다."[41]

플라톤에 따르면, 통치자 없는 삶은 상상할 수 없다. 무지배는 무질서로 이어진다고 그는 생각한다. 그러나 통치자가 없는 사회라고 예외 없이 무질서한 사회는 아니다. 무능한 통치자가 지배하는 사회보다는 차라리 통치자 없는 사회가 더 나을지도 모른다. 플라톤이 주장하듯이 무능한 통치자는 곧 재앙일 수도 있기 때문이다. 그럼에도 플라톤은 통치자 없는 삶을 상상하지 못했다. 플라톤 그 이후 철학이 플라톤에 대한 주석이듯이, 플라톤 그 이후 어떻게 살아야 하는가라는 물음은 곧 어떤 국가에서 사느냐라는 물음으로 이어졌다. 그런 까닭에 무지배로서 아나키즘 anarchism은 극소수 비주류 철학이 되고 말았다.[42]

---

41 John Stuart Mill, *Principles of Political Economy*(1848), Book1, Chap2.; John Hospers, *Human Conduct*, (『인간행위론』, 최용철 옮김, 간디서원, 2003), pp.610~611 재인용.

42 아나키즘(anarchism)은 an+arch+ism 합성어로, αν(없는)와 ἀρχός(지도자)를 뜻하는 고대 그리스어 '아나르코스'(ἄναρχος)에서 비롯된 말이다.

5장

폴리스 시민 VS 세계시민

01 헬레니즘Hellenism

알렉산드로스Alexandros(B.C.356~323)는 그리스 세계에 커다란 변화를 가져왔다. 알렉산드로스 아버지 필립포스philippos는 그리스 전역을 점령해서 제국을 건설했다. 이어서 알렉산드로스는 동쪽으로는 페르시아를 정복한 후, 계속 동진하여 인도 갠지스 강까지 도달했고, 남쪽으로 이집트에 이르렀다.

알렉산드로스가 세상을 정복해 나가는 과정에서 그리스 문명은 세계 전역으로 퍼졌다. 알렉산드로스는 그리스 문명을 매개로 유럽과 아시아를 하나로 묶는 야망을 품었다. 그렇지만 그는 33세 젊은 나이로 죽었다. 그가 죽은 후 제국은 셋으로 쪼개졌다.

알렉산드로스는 죽었지만 그가 품었던 야망은 제국 영토가 아니라 문화에서 그 빛을 발했다. 각기 독립을 유지하던 폴리스들은 그리스 문명이라는 커다란 우산 아래 놓였다. 이 시대 사람은 스스로 자기를 '폴리스 시민'이 아니라 '세계 시민(cosmopolitan)'으로 여겼다. 이 시대 그리스 문명을 통틀어 '헬레니즘'이라고 일컫는다.

폴리스가 몰락하고 거대 국가가 등장함으로써 도덕 생활에 큰 변화가 생겼다. 소규모 공동체 사람들은 이제 더 이상 공동체 시민이 아니라 세계 시민이었기 때문이다. 소규모 폴리스가 사라지면서 폴리스에서 섬기던 수호신도 점차 사라졌다. 뿐만 아니라 폴리스에서 맡았던 역할도 점차 불분명해졌다. 맡았던 역할이 불분명해지면서 폴리스 개인들은 자기가 누구인가라는 정체성 문제에 직면했다. 자기 정체성이 불분명해지면서 개인들은 공허함을 겪었다. 공허함을 채워 주고 정체성을 확인시켜 줄 새로운 철학이 필요한 시대였다.

헬레니즘 시대에 철학은 삶을 새롭게 인도할 수 있어야 했다. 철학은 논증에 머물지 않고 새로운 비전을 제시해야 했다. 어떻게 행복을 성취할 수 있느냐가 이 시대 화두였다. 행복을 주제로 삼는 이 시대 철학은 그리스와 로마 사이 시대 구분마저 허물어뜨렸다. 헬레니즘 시대에 이어 로마 제국이 등장했기 때문이다.

02

아리스토텔레스 Aristoteles(B.C.384~322)

2.1. 방법

아리스토텔레스는 학문을 세 종류로 구분한다. 첫째, 수학, 자연학, 형이상학과 같은 이론학문이다. 둘째, 윤리학과 정치학을 비롯한 실천학문이다. 셋째, 목공술, 도예술과 같은 제작학문이다. 아리스토텔레스에 따르면, 이론학문은 영구불변 대상을 다룬다. 반면 실천/제작학문은 변화하는 대상을 다룬다. 실천이란 어떤 상태를 다른 상태로 바꾸는 일이다. 실천으로 어떤 행동을 하고 성품을 계발한다. 그렇지만 제작은 어떤 성품을 계발하는 것이 아니라 어떤 생산물을 만들 뿐이다. 어떤 생산물을 만들어 내느냐에 따라 실천/제작은 갈라진다.

아리스토텔레스에 따르면, 실천학문은 이론학문과 달리 정밀해야 한다. "정치학이 대상으로 삼는, 훌륭한 게 무엇인가 또 정의로운 게 무엇인가 하는 문제들은 상당한 다양성과 가변성을 드러내는 터라, 그런 문제들이 그 본성대로가 아니라 오로지 관습에 따라서만 성립한다고 믿는 사람들이 있을 정도이다. 좋은 게 무엇인가라는 문제 역시 비슷한 종류의 불

규칙성을 드러내는 것은, 많은 경우에 좋은 것들이 해로운 결과를 가져오기 때문이다. 부유함으로 파멸한 사람들이 있는가 하면, 용기 때문에 파멸한 사람도 있다. 따라서 이러한 주제를 논함에 …… 우리는 대략 종합해서 진리를 제시하는 정도로 만족해야 한다. 어떤 논의 그 주제와 근거가, 항상 그렇지는 않더라도, 일반규칙을 적용해야만 유효한 문제일 경우, 도달한 결론도 같은 정도이어야 한다."[1]

아리스토텔레스에 따르면, 윤리학은 '인간을 위한 좋음'을 탐구한다. 정치학도 같다. 그러나 아리스토텔레스는 정치학을 실천학문 중 최고로 삼았다. 그 이유는 간단하다. 윤리학이 한 사람을 위한 실천학문이라면, 정치학은 도시 전체를 위한 실천학문이기 때문이다. 윤리학은 '인간을 위한 좋음'을 찾는다. 『니코마코스 윤리학』은 첫 문장은 이렇게 시작한다. "모든 기술과 모든 탐구, 마찬가지로 모든 행위와 선택은 어떤 좋음을 목적으로 삼는 것 같다."[2]

'좋음'이 목적이지만 아리스토텔레스는 '좋음'을 플라톤과 다르게 주장한다. 플라톤에 따르면, 좋음이란 영구불변하는 '형상'에서 비롯한다. 플라톤에게 윤리학은 영구불변하는 '형상'을 다루는 만큼 이론학문이었으리라. 그러나 아리스토텔레스는 '좋음'을 이론이 아니라 실천 영역에 설정하였다. 아리스토텔레스에 따르면, 플라톤에게 좋음이란, "인간 행위로 이뤄질 수 없거나 획득될 수 없는 그 무엇임이 분명하다. 그러나 우리

---

1 *Nicomachean Ethics*, 1권 3장, 1094b 14~22 : 1권 7장, 2권 2장; Prior(2010), p.237 재인용. 이하 '*Nicomachean Ethics*', '권', '장'을 생략하고 순서대로 숫자만 표기함.

2 1,1,1094a 1~2; Prior(2010), p.240.

가 지금 찾고 있는 좋음이란 획득할 수 있는 그런 것이어야 한다."[3]

반면 플라톤에 따르면, 좋음은 그 자체로 획득할 수 없지만, 획득할 수 있는 여러 좋은 것들을 판단할 수 있게 해 주는 기준으로서 소중하다. 그러나 아리스토텔레스에 따르면, "직공이나 목수가 좋음 자체를 앎으로서 자기 기술 발휘에 어떤 이득을 얻었는지, 또 좋음의 형상을 사유한 의사가 어떻게 훨씬 더 나은 의사가 되는지, 우리는 의아스럽다."[4]

아리스토텔레스에 따르면, 좋음 자체가 '좋음'은 아니다. 흰색이 영원하다고 해서 잠시 흰색을 띠는 것보다 더 흰색일 수는 없다. 무언가가 영원히 지속된다고 해서 그것이 더 좋아지지는 않는다. 나아가 현실에서 좋은 것들을 성취하는 과학이나 기술에 종사하는 사람들에게 플라톤이 주장하는 형상에 관한 지식은 쓸모 없다. 그들은 형상에 관한 지식이 없더라도 자기 일들을 잘해 낼 수 있다.

2.2. 에우다이모니아εὐδαιμονία

아리스토텔레스에 따르면, 목적 없는 활동이란 없고, 그 활동이 지향하는 목적은 좋음이다. '좋음'이 최종 목적이다. 목적이 아무리 여럿이어도 또 그 목적들이 서로 위계질서를 유지한다 해도, 그 정점에 궁극목적이 자리 잡는다. "그 명칭에 관한 한, 대개 사람들은 동의할 것이다. 대중에 속하는 사람이든 교육을 받은 사람이든 그것을 '행복'이라고 부르며, 또

---

3 1,6,1096b 33~35; Prior(2010), p.238 재인용.

4 1,6,1097a 3~11; Prior(2010), p.238~239 재인용.

'행복함'이란 '잘삶'과 '잘 행동함'과 같은 뜻으로 이해한다."[5]

실상 '에우다이모니아eudaimonia'와 행복은 서로 다르다. 일상에서 행복은 만족스런 심리상태를 가리킨다. 이 만족스런 심리상태는 지능이 떨어지는 사람도 누릴 수 있는 상태이기 때문이다. 행복과 에우다이모니아가 다른 것은, '에우다이모니아'가 "궁극 목적 이외에 그 어떤 것에도 사용할 수 없는 그러한 것"이기 때문이다. '에우다이모니아'는 모든 행동을 떠받치는 근거이다.[6]

"인간의 좋음이란 탁월함 또는 덕에 따르는 영혼의 활동이다. 만일 덕이 여럿이라면, 인간의 좋음은 그중 최고의 그리고 가장 완전한 덕에 따르는 영혼의 활동이다."[7] 아리스토텔레스에 따르면, 영혼은 서로 다른 능력을 발휘하면서 위계질서를 이룬다. 가장 기본은 영양과 생식이다. 이 기본은 모든 생명체가 다 발휘하는 능력이다. 다음 단계는 감각과 운동이다. 이 능력에 따라 식물과 동물은 서로 구별된다. 끝으로 동물은 상상과 기억을 하지만 이성을 발휘하지 못한다. 그런 만큼 인간이 발휘하는 탁월함은 이성 능력이다.

인간은 먹고 마시고 즐김에 그치지 않는다. 인간은 이성을 발휘할 수 있기 때문이다. "오로지 인간만이 이성 능력을 가진다."[8] 에우다이모니아는 인간 고유 기능인 이성을 발휘함으로써 얻어지는 상태이다. 인간에게 좋은 삶이란 이성을 잘 실현하는 삶이다. 그렇다고 에우다이모니아는 어

---

5 1,4,1095a 17~20; Prior(2010), p.241 재인용.

6 MacIntyrer(2004), p.133.

7 1,7,1098a 16~18; Prior(2010), p.248 재인용.

8 Prior(2010), p.243.

느 짧은 기간이 아니라 "생애 전체를 통해" 이뤄야 한다.[9] 이성 능력을 "생애 전체를 통해" 발휘하는 삶이 곧 에우다이모니아이다.

2.3. 중용

아리스토텔레스에 따르면, 영혼은 '이성 부분'과 '비이성 부분'으로 나뉜다. '비이성 부분'은 영양과 생식 능력과 '육욕을 비롯한 욕구 일반'으로 또다시 나뉜다. 영양과 생식 능력은 덕과 무관한 부분이다. 그렇지만 '욕구'는 '비이성 부분'임에도 '이성 부분'으로 바뀔 수 있다. '욕구'가 '이성 부분'으로 바뀔 수 있는 까닭은, '비이성 부분'이 '이성 부분'에 설득될 수 있기 때문이다. "비이성 부분이 이성 부분에 의해 어떤 의미에서 설득될 수 있다는 사실은, 충고와 모든 꾸지람 및 권고가 효과를 나타냄을 보아 알 수 있다."[10]

영혼이 서로 구별되니 그에 따른 덕도 서로 나뉜다. 어떤 덕은 '지 · 덕'으로 불리고, 어떤 덕들은 '성품 · 덕' 혹은 '도덕 · 덕'으로 불린다. 이론지혜, 이해, 실천지혜는 지 · 덕이고, 관후와 절제는 성품 · 덕이거나 도덕덕이다.

아리스토텔레스에 따르면, '도덕 · 덕'은 '비이성 부분'임에도 '이성'으로 설득되는 만큼, 지 · 덕으로 보완된다. 사람은 실천지혜에 따름으로써 정의롭게 행동한다. 정의로운 행동이 가능한 것은, 영혼에서 '비이성 부분'이 '지 · 덕'과 일치하기 때문이다. "덕은 본성으로 타고 나는 것도 아니고

9 1,7,1098a 18; Prior(2010), p.249 재인용.

10 1,13,10202b 33~1103a 1; Prior(2010), pp.250~251 재인용.

또 본성에 거역해서 생기는 것도 아니다. 우리는 본성대로 덕을 받아들일 수 있고 습관으로 완성한다."[11]

아리스토텔레스에 따르면, 도덕・덕은 감정/행동에 관계하고, 이 감정/행동에 과도, 부족, 중용이 생긴다. 예를 들어 두려움/대담함, 육욕, 분노, 연민, 쾌락/고통은 너무 지나치게 /너무 부족할 수 있다. 어느 쪽이든 바람직하지 않다. 반면 이것들을 마땅한 때에, 마땅한 일에 대해, 마땅한 사람들에 대해, 마땅히 추구해야 할 목적을 위해, 그리고 마땅한 방식으로 느끼는 것이 바로 중용이자, 최선이고, 이것이 덕이 가진 특징이다.[12]

아리스토텔레스에 따르면, '도덕・덕'은 훈련으로 얻어진다. 덕행을 직접 반복함으로써 덕에 이르는 습관이 형성된다. "어떤 행동이 정의롭고 절제된 행동이라고 불리는 것은 그것이 정의롭고 절제 있는 사람이 했을 만한 행동일 때이다. 그런데 단순히 정의롭고 절제된 행동을 한 사람이라고 해서 정의롭고 절제 있는 사람인 것은 아니다. 정의롭고 절제 있는 사람은 그런 행동을 정의롭고 절제 있는 사람이 하는 방식으로 하는 자이다."[13]

아리스토텔레스에 따르면, 인간본성은 선하지도 악하지도 않다. 인간은 훈련을 거쳐 선해질 수 있거나 아니면 악해질 수 있다. 인간 능력이 적절하고 올바른 훈련으로 계발된다면 덕을 실현할 수 있다. 반면 잘못된 훈련을 받으면 같은 능력으로 나쁜 상태에 놓인다.

아리스토텔레스에 따르면, 덕이란 헥시스hexis로서, 어떤 성품이다. 덕

---

11 2,1,1103a 23~26; Prior(2010), p.252 재인용.

12 2,6,1106b 16~23; Prior(2010), p.259 재인용.

13 2,4,1105b 5~9; Prior(2010), p.253 재인용.

은 능력도 아니고 감정도 아니다. 덕은 성품이어야 한다. 인간다운 덕이란 에우다이모니아에 이르게 하는 성품이다. "덕 또는 탁월성은 선택과 연관된 성품으로, 우리와 관련된 중용 안에 있다. 여기서 중용은 이성에 의해, 실천지혜를 가진 자가 규정할 방식으로, 규정된다. 이는 두 악덕, 즉 과도에 따른 악덕과 부족에 따른 악덕 사이에서 중용이다."[14]

"우리와 관련된 중용"은 특정한 개인에게 알맞고 올바른 정도를 의미한다. 어떤 상황에서 마땅히 해야 할 올바른 행동이 모든 사람에게 똑같을 수는 없다. 먹기에 알맞은 음식물 양이 모든 사람에게 같을 수는 없다. 아리스토텔레스 윤리학은 다분히 상대주의에 치우치는 것처럼 보인다. 그렇지만 올바른 행위는 "이성에 의해, 실천지혜를 가진 자가 규정할 방식으로 규정되는 행동이다."[15]

2.4. 프로네시스Φρονησις와 프로니모스Φρονημος

아리스토텔레스에 따르면, 올바른 행위는 "이성에 따라, 실천지혜, 곧 프로네시스phronesis를 가진 자가 규정하는 행동이다. 그러므로 유덕해지려면 포로니모스phronimos"를 본받아야 한다.[16] 프로니모스는 "실천지혜를 가진 사람"이다. 프로니모스란, "윤리 문제를 올바르게 파악하는 자, 어떤 사람이 취해야 할 올바른 행동 방식을 파악하는 사람"이다. 프로니모스가 내리는 판단은 특수 상황에서 특정 개인이 내리는 특수 원칙이

---

14 2,6,1106b 36~1107a 3; Prior(2010), p.256 재인용.

15 2,6,1106b 36~1107a; Prior(2010), p.258 재인용.

16 Prior(2010), p.258.

어야 한다. 프로니모스는 곧 행동 기준이다.

올바른 행동은 도덕 원칙을 따름이 아니라 오히려 프로니모스를 따름에서 나온다. "적어도 아이들이 부모를 비롯한 성인의 행동을 모방함으로써 좋은 습관이나 나쁜 습관을 가지게 된다는 사실만큼은 부정할 수 없다." 아이들에게 도덕 원칙을 가리키는 것보다는 롤 모델을 제시하는 편이 "수월한 것 같다."[17]

실천지혜는 어떤 행동을 일반원칙에서 연역한 지식이 아니다. 실천지혜는 숙고를 거친다. 숙고는 어떤 목적을 성취하기 위해 가장 좋은 수단을 찾아가는 과정이다. 숙고 형식은 실천 삼단논법 형식이다. 실천 원칙 대전제는 "어떤 종류 사물이 어떤 부류 사람에게 좋고, 이익이고, 만족스럽다."가 행위 원칙이다. 소전제는 "그 종류 사물에 속하는 어떤 것이 여기에 있다."는 진술이다. 이 진술은 지각으로 보증 받는다. 그 다음 결론은 행동이다. 결론이 행동인 만큼, 실천 삼단논법은 무엇을 해야 하는가에 대해 다른 사람이 아닌 행위자 자신이 추론하는 형식이다.[18]

숙고가 정점에 이름으로써 행동은 시작된다. 숙고가 정점에 이르면 선택이 이뤄지고, 선택은 행동으로 이어진다. 숙고 과정에는 보편원칙뿐만 아니라 개별성과 연관된다. "실천지혜는 개별성과 연관되어 있다. 마땅히 해야 할 것이 이런 개별성이다. …… 실천지혜는 개별성에 관계하는데, 개별은 학문 대상이 아니라 지각 대상이다.[19]

---

17 Prior(2010), p.253.

18 MacIntyre(2004), p.148.

19 4,8,1142a 9; Stephen Toulmin, *The Abuse of Casuistry : A History of Moral Reasoning*, University of Calfornia(1998), (『결의론의 남용 : 도덕 추론의 역사』, 권복규 외 옮김, 로도스, 2009), p.110 재인용. 이하 Toulmin(2009)으로 줄임.

수학에서처럼 윤리에서도 전형 혹은 '전형' 사례를 보는 '눈'을 갖는다. 분명한 '전형' 사례에서 잔인성, 충성과 같은 행위를 마치 삼각형이나 사각형처럼 인식한다. 이 두 종류의 예들을 마주하면 경험 있는 사람은 '보자마자 안다.' 그러한 지각이 있으면 삼각형은 삼각형이며, 잔인한 행동은 잔인함이다. 여기에 더 이상 '연역 증명'은 불필요하다.[20] '프로니모스' 개념으로 아리스토텔레스는 절대주의와 상대주의를 모두 피한다. 도덕 판단은 불변하는 보편원리에 따르는 엄격한 증명이 아니다. 도덕 판단은 오히려 무한한 다양성을 다룬다.

아리스토텔레스에 따르면 "실제 행위의 문제는 의료 문제만큼이나 불변하는 요소를 가지고 있지 않다. 이는 '일반' 윤리에서도 진실이며, 특정 사례에서 생겨나는 도덕 문제에서는 더욱 진실이다 실제 행위는 '학문적'이거나 '전문적'이지 않다. 오히려 의술이나 항해술에서처럼 그것은 인간으로 하여금 특정한 상황과 특정한 경우에 적합한 것을 고려하기를 요구한다."[21] 예를 들어, "진료실에서 산부인과 의사는 다른 상황에서 다른 누군가에게 취했더라면 매우 부정적인, 심지어 법적 문제가 될 수도 있는 행동을 환자에게 한다. 마찬가지로 아버지가 아들에게 하기에 적당한 행동은 친구나 동료 간에 참을 수 없는 으스대는 행동으로 보일 것이다."[22]

인간이 처하는 상황이 다양한 만큼 정의는 노모스에 따르지 않는다. 오히려 노모스가 에피에이케이아epieikeia, 이른바 '형평'으로 보완될 때 비로소 정의는 이뤄진다. "법률은 '일반' 진술이지만 그 '일반' 진술을 파악

---

20 Toulmin(2009), p.111.

21 2, 2,1104a 3~4; Toulmin(2009), p.111 재인용.

22 Toulmin(2009), p.116.

하기 불가능한 사례들이 있다. …… 실제 행위는 본래 다양한 것이기 때문이다. …… 그러므로 '형평'의 '본질적인' 본성은 그 일반성에 의존하는 것이 결점이 되는 상황에서 법을 교정하는 것이다."[23]

2.5. 친애(philia)

아리스토텔레스에 따르면, 정의는 친애(필리아philia)와 유사하다. 고대 아테네 시민에게는 가족이나 애정을 느끼는 지인뿐 아니라 정치 활동 이나 경제 활동을 하는 동료들도 "사랑스런 · 친근한"(philos) 사람에 들어간다. "고객, 아버지와 아들, 남편과 아내, 장교와 사병 혹은 의사와 환자와의 관계 등이 그렇다."[24] 그렇다고 필리아에 애정이 완전히 배제되는 것은 아니다. "애정은 감정을 닮았고 친애는 성품을 닮았다."

아리스토텔레스에 따르면, 필리아는 다양하지만, 필리아를 나누는 사람은 '또 다른 자기'이다. 타인을 사랑함은 곧 자기를 사랑함이다. 친애는 자기애에 기초한다. 그렇다고 자기애가 '자기만을 생각하는' 이기심은 아니다.

> '자신을 사랑하는 자 · 이기적인 자(egoist)'라는 말을 치욕스럽게 생각하는 사람들은 재물이나 명예나 육체적 쾌락에서 자신에게 더 많은 몫을 할당하는 자들을 이렇게 부른다. …… 이런 대상들을 더 많이 취하려는 자들은 육체적 욕구를, 일반적으로 감정과 영혼의 비이성적인 부분을 만족시킨다. 많

---

23 5,10,1137b 3~7; Toulmin(2009), p.113 재인용.

24 Prior(2010), p.274.

은 사람들이 이렇다. 바로 이런 까닭에 '자신을 사랑하는 자'라는 말이 부정적인 의미를 띠고 생겨나게 되었는데 흔히 볼 수 있는 자기애는 좋지 않은 것이기 때문이다. 이런 방식으로 자신을 사랑하는 자를 비난하는 일은 정당하다. …… 그런데 만일 누군가가 정의로운 행동이나 절제 있는 행동 또는 덕에 따르는 다른 그런 행동을 하려고 어느 누구보다도 열심이라면, 그리고 일반적으로 그가 항상 자기에게 고귀한 것을 공고히 한다면, 어느 누구도 그를 '자신을 사랑하는 자'라고 부르지 않을 것이고 비난하지 않을 것이다.[25]

아리스토텔레스에 따르면, '참된 자기'는 이성이기도 하다. 이성은 정의와 친애와 관련된 일에서 타인을 위해 행위하라고 요구한다. 그러므로 이성 명령에 따름은 편협한 자기 이익에 따르는 행동을 하지 않는다. 자기를 희생하는 행동으로 행위자는 이성명령에 따르면서도 고결함을 성취한다. '이타利他' '이기利己'는 반대되기는커녕 서로 일치한다.

아리스토텔레스에 따르면, 프로니모스가 곧 행동 기준이다. 프로니모스를 기준으로 삼았음은, 아리스토텔레스가 그 당시 그리스 사회에서 탁월한 시민이 사는 방식에 초점을 맞추었음이다. 탁월한 시민이란 그 당시 그리스 상류층이다. 아리스토텔레스 역시 상류층, 곧 귀족이었다. 이들 귀족은 서로서로 친애로서 살아간다. 이들은 서로 불만을 느끼지 않는 이웃으로 살아간다. 이들 귀족은 그들 이웃과 그들이 사는 공동체 사회 질서에 불만이 있을 턱이 없다. 이들 귀족은 모두 "정치공동체의 행복이나 행복의 구성요소를 성공리에 산출하거나 유지하는 모든 것은 정의

---

25 9, 8, 1168b 15~28; Prior(2010), p.277 재인용.

롭다."고 생각한다.[26]

아리스토텔레스에 따르면, 가장 훌륭한 삶이란 행복이 최고 덕에 따르는 활동이다. 최고 덕이란 가장 좋은 부분에 따른 덕, 곧 가장 신성한 부분에 따른 덕이다. 이 최고 덕에 따르는 활동이 테오리아theoria로서 관조이다. 이 덕은 이론지혜이다. 이론지혜에 따른 삶은 실천지혜에 따른 삶을 능가한다. "왜냐하면 지성은 우리 안에 있는 것 중 최고이고, 그 대상이 앎의 대상 중 최고이기 때문이다. …… 우리는 어떤 것이든 실천하는 일보다는 관조하는 일을 더 연속적으로 잘할 수 있기 때문이다."[27]

아리스토텔레스에 따르면, 실천지혜에 따른 삶은 행복하다. 그렇지만 그 행복은 이론지혜에 못 미친다. "철학자는 혼자 있어도 관조할 수 있고, 더 지혜로울수록 더 잘할 것이다. 함께 철학할 사람이 있다면 더 잘할 수도 있겠지만, 그럼에도 그가 가장 자족적이다."[28] 행복은 스스로 만족하는 자족에서 비롯한다. 이 자족하는 경지는 신성한 경지이다. 이론지혜로서 테오리아는 신에게 어울리지만, 실천지혜로서 프로네시스는 그렇지 못하다.

실천보다도 관조를 최고 덕으로 삼았음은 아리스토텔레스가 정치에 적극 관여했음을 입증한다. 관조를 최고 덕으로 찬양함으로써 정치 문제에 침묵하는(quietistic) 태도를 요구했던 것으로 보인다. 어린 알렉산드로스 스승으로서 아리스토텔레스는 폴리스 붕괴세력을 지지했었음이 분명하다. 관조를 찬양함은 기성 정치 엘리트를 물리치고 새 정치 엘리

---

26 MacIntyre(2002), p.79.

27 10, 7, 117a 20~26; Prior(2010), p.301 재인용.

28 10, 7,1177a, 32~b 1; Prior(2010), p.301 재인용.

트가 등장하는 과정에서 귀족들에게 침묵을 요구하는 방식이었다. 켈젠 Kelsen에 따르면, "관조하는 삶을 영광스럽게 함은 행동을, 특히 정치 활동을 일절 포기하는 것으로서, 언제나 절대군주제라는 이데올로기로써 확립된 정치도덕을 구성하는 기본 요소이다."[29]

결국 아리스토텔레스 철학은 그 당시 거대 국가 마케도니아 절대주의(absolutism)를 폴리스 시민들이 승인하기를 요구하는 철학이었다. 그래서였던가. 아리스토텔레스는, 알렉산드로스가 죽은 후 황급히 아테네를 떠나면서, "아테네가 철학자를 또다시 처형하는 과오가 없도록 피신하노라"라고 말했던 것이다.[30]

---

29 MacIntyre(1994), pp.99~100.

30 아리스토텔레스가 아테네인들로부터 불경죄로 기소되었다는 점에서는 소크라테스와 같지만 아테네를 탈출했다는 점에서는 소크라테스와 달랐다. 훗날 브루노(Giordano Bruno, 1548-1600)도 소크라테스처럼 죽음에 맞서 자기 신념을 굽히지 않았던 철학자였다. *Bryan Magee, The Story of Philosophy : The Essential Guide To the History of Western Philosophy*(1998), p.37 참조. 그가 교회에 맞서 어떤 사상을 품고 있었는지는 별로 알려져 있지 않지만, 그가 장작불에 태워지는 화형을 끝까지 마다하지 않았다는 사실은 널리 알려져 있다.

03
에피쿠로스Epicurus학파

에피쿠로스Epicurus(B.C.341~271)는 사모스 섬에서 태어났다. 그는 기원전 307년 학파를 세웠다. 이 학파는 에피쿠로스 집 정원에서 모임을 가졌기 때문에 '정원(Garden)'으로 불렸다. 이 학파는 여성과 노예도 구성원으로 수용한다는 원칙을 내세웠다. 에피쿠로스는 그곳에서 파피루스 300개 두루마리에 해당하는 글을 쓰고 가르쳤다.

그 시대 다른 철학처럼 에피쿠로스는 행복을 목적으로 내세웠다. 에피쿠로스에 따르면, 행복에 가장 큰 방해요소는 공포, 특히 죽음에 대한 공포다. 에피쿠로스는 어떻게 살아야 하는가라는 물음에 죽음에 대한 공포를 없애라고 가르쳤다.

죽음에 대한 공포에서 벗어나려면 먼저 우주 본성을 깨달아야 한다. 에피쿠로스에게 윤리학이란 곧 자연철학이기도 했다. 에피쿠로스는 고대 자연철학자들 중에서 원자론자인 레우키포스와 데모크리토스 원자론을 받아들였다. 원자론에 따라 에피쿠로스는 이 세상에는 '원자'와 '허공' 말고는 아무것도 없다고 주장했다. 에피쿠로스는 철저한 유물론자로서 신을 부정했다. 에피쿠로스에 따르면 원자들은 수직으로 떨어지고 있다가 우연한 시점에 서로 충돌을 일으킨다. 원자들은 일정한 방향으로 운동하지 않는 '임의성' 혹은 '우연성'을 지닌다. 어느 한 순간 이탈이 생기는 만큼 그 이탈을 예측하기란 불가능하다.

에피쿠로스에 따르면, 이 세상은 어느 한 순간 우연한 원자이탈로 생겼다. 이 세상은 신성한 섭리로 생긴 게 아니다. 그렇다고 에피쿠로스가 신을 부정한 것은 아니다. 오히려 그는 신이 불사하는 존재이고 최고로 행복하다고 믿었다. 그는 신이 인간 삶에 관여할 하등 이유가 없다고 생각했다. 신은 가장 행복하고 완벽한 삶을 누리는 만큼 인간사에 아무 관심도 없다. 그러니 인간이 신을 두려워해야 할 까닭이 없다. 인간은 신 때문에 미래를 불안해할 필요가 없다.

에피쿠로스에 따르면, 죽음 역시 두려워 할 게 못된다. 원자론은 죽음에 대한 공포를 사라지게 한다. 몸과 영혼은 모두 원자로 이뤄진다. 인간이 죽으면, 인간 영혼을 구성하던 원자들이 흩어진다. 죽음으로 고통을 받을 그 무엇도 남지 않는다. "죽음은 우리에게 아무것도 아니다. 왜냐하면 원자들이 흩어지면 감각을 갖지 못하고 감각을 갖지 못하는 것은 우리에게 아무것도 아니기 때문이다."[31] 죽음을 두려워하는 것만큼 불합리한 일도 없다.

> 죽음은 우리에게 아무 의미도 없다. 선과 악은 감정을 수반하지만 죽음은 감정의 소멸이다. 따라서 죽음을 제대로 이해하기만 하면, 우리는 영원한 삶을

---

31 Prior(2004), p.316.

추구함으로써가 아니라, 영원한 삶에 대한 열망을 던져 버림으로써 죽음에 대한 운명을 기꺼이 받아들인다. 죽음이 찾아온다고 해서 두려울 것이 없음을 충분히 이해한 사람에게 죽음이란 더 이상 두려움의 대상이 아니기 때문이다. 따라서 죽음이 고통을 주기 때문이 아니라 고통을 줄 거라고 예상하기 때문에 두렵다고 말하는 사람이야말로 어리석기 그지없다. 죽음이 도래한다고 해서 하등 두려워할 것이 없음에도 터무니없는 상상을 통해 고통을 야기할 뿐이다.[32]

에피쿠로스에 따르면, 사람은 철학으로 자연 본성을 깨닫는다. 자연 본성을 깨달음으로써 비로소 신에 대한 공포를, 또 죽음에 대한 두려움을 떨쳐 버릴 수 있다. 두려움을 떨쳐 버린 다음에 필요한 것은 역시 실천지혜, 곧 프로네시스phronesis이다. 에피쿠로스에 따르면, "실천지혜가 철학보다 더 소중하다. 바로 이 실천지혜에서 다른 모든 덕이 나오고 훌륭하게 또 정의롭게 살지 않으면 쾌락을 누리면서 살 수 없고, 또 쾌락을 누리면서 살지 않으면 슬기롭고 훌륭하고 정의롭게 살 수 없다."는 점을 실천지혜가 가르쳐 주기 때문이다.[33]

에피쿠로스는 쾌락주의자이다. 그러나 에피쿠로스학파는 실천지혜를 갖춘 쾌락주의자이다. 에피쿠로스는 실천지혜를 발휘하여 여러 쾌락을 비교 분석한다. 특히 감각에서 비롯하는 쾌락을 면밀히 분석한다. 에피쿠로스에 따르면, 한 순간 강렬함을 안겨 주는 쾌락은 결국 고통을 초래하는 덫이다. 이 덫을 피하는 게 에피쿠로스학파에게 목적이었다. 그런

---

32 Hospers(2003), p.153 재인용.

33 Prior(2004), p.321.

만큼 에피쿠로스학파는 금욕주의와 다름없었다.

> 빵과 물만으로도 배고픈 입에 최고의 쾌락을 줄 수 있듯이, 욕구의 시달림에서 벗어나면 간단한 음식이라도 값비싼 음식 못지않게 쾌락을 가져다준다. 따라서 간단하고도 값싼 식사를 습관화하는 것만으로도 건강을 유지할 수 있고 위축되지 않는 삶을 영위할 수 있으며, 그럼으로써 매일 비싼 음식을 먹지 않아도 되고 따라서 돈을 절약하고 금전 문제로 골치를 썩지 않아도 되는 유리한 입장에 놓인다.[34]

섹스 쾌락을 놓고도 에피쿠로스는 유사한 충고를 한다. 섹스 쾌락은 그 자체로 악은 아니다. 그렇지만 섹스 쾌락은 매우 쉽게 사라져 버려 쾌락보다는 오히려 고통을 준다. 에피쿠로스에 따르면, 자연은 우리를 함정에 빠뜨린다. 먹음, 마심, 섹스에서 오는 쾌락처럼 가장 원하는 쾌락은 결국 가장 고통스러운 결과를 가져올 수도 있다. 그렇다고 일절 섹스를 말아야 한다는 게 결론은 아니다.

에피쿠로스에 따르면, 분수에 넘치게 욕구하면 결국 좌절을 겪는다. 이룰 수 없는 것을 이루려 광분하는 순간 파멸로 들어선다. 자기가 지금 파멸로 들어섰는지 아닌지를 헤아리는 실천지혜가 언제나 필요하다. 먹음, 마심, 섹스의 쾌락은 '저급하다.' '저급한 쾌락'은 결국 불행을 초래한다.

에피쿠로스는 '고상한' 쾌락을 권유한다. '고상한' 쾌락은 어느 한 순간

---

34 Epicurus, "Letter to Menoeceus," in *Epicurus : The Extant Remains*, trans. Cyril Bailey, Oxford University Press, (1926); John Hospers, *Human Conduct*, Harcourt Brace(1986), (『인간 행위론』, 최용철 옮김, 간디서원, 2003), p.150. 이하 Hospers(2003)로 줄임.

얻어질 수 없다. 예를 들어 훌륭한 예술작품을 감상하려면 훈련이 필요하다. 훌륭한 지식 획득에도 훈련이 필요하다. 훈련으로 얻어진 고상한 쾌락은 한 순간에 사라지지 않는다. 그럼에도 인간 본성은 '저급한' 쾌락에 기울어진다. 저급한 쾌락은 특별한 훈련 없이 쉽게 얻어지기 때문이다. 그렇지만 저급한 쾌락은 한낱 덫이요, 함정일 따름이다.

에피쿠로스에 따르면, 타인들과 깊은 감정을 나눔으로써 행복해지기는커녕 오히려 불행해질지도 모른다. 친밀한 관계를 맺은 두 사람은 서로 싫증, 질투, 갈등, 분쟁 등을 겪음으로써 점점 불행해진다. 정녕 쾌락을 극대화하려면 어떤 친밀한 관계도 애당초 맺지 말아야 한다. 격리된 삶을 누릴수록 삶은 안정된다. 번거로운 생활일수록 번뇌는 깊어진다.

에피쿠로스에 따르면, "쾌락이 목적이자 목표라고 말할 때 우리가 마치 방탕한 자가 누리는 쾌락이나 감각에서 비롯하는 쾌락을 말하고 있는 것처럼 오해하는 사람이 있는데 이것은 무지나 편견, 고의로 왜곡한 탓으로, 우리가 뜻하는 바란 결코 그런 것이 아니다. 우리가 뜻하는 쾌락은 육체적으로 고통이 없는 상태와 정신적으로 근심이 없는 상태이다. 즐거운 삶은 하루도 쉬지 않고 술잔치를 벌여 흥청대는 것이 아니요, 섹스에서 오는 것도 아니며, 생선을 곁들인 호사스런 식사에서 오는 것도 아니다. 그것은 모든 선택과 회피의 근거를 면밀히 탐구하고, 영혼의 혼란 상태에서 빚어진 믿음을 제거하는 냉철한 이성에서 비롯된다."[35]

에피쿠로스에 따르면, 고상한 최고 쾌락은 평정平靜상태, '아타락시아 ataraxia'이다. 아타락시아는 실천지혜에 따른 유덕한 상태이다. 실천지혜는 스스로 독립하고 자립하는 삶을 사는 지혜이기도 하다. 에피쿠로스에

---

35 Hospers(2003), p.152 재인용.

게는 스스로 독립하는 삶만이 가치 있는 삶이다. 행복은 결코 '나' 밖 외부로부터 오지 않는다. '나'는 '나' 밖 그 무엇에 의지하지 말아야 한다. '나' 밖 그 무엇에 기대를 걸지 말아야 한다.

에피쿠로스 윤리학은, 소크라테스처럼 스스로 자기 영혼을 돌봄을 으뜸으로 삼는다. 에피쿠로스에 따르면, 정의도 자기 영혼을 돌보는 수단이다. "정의는 그 자체로 있는 그 어떤 것이 아니라, 사람들이 모여서 서로 교류할 때 어디서든 언제든 해를 입히지도 해를 입지도 않기로 하는 일종의 협약이다."[36] 협약이 없는 곳에 정의도 없고 불의도 없다.

에피쿠로스에 따르면, 정의로운 자는 결코 동요하지 않는다. 반면 부정한 자는 극심한 동요를 겪는다. 현명한 사람은 자기 안전을 위해 정의에 관한 협약을 맺는다. 정의에 관한 협약으로 영혼은 가장 즐거운 아타락시아를 누린다. 아타락시아를 누리려면 실천지혜에 따라 유덕한 사람이어야 한다. 폴리스 시민이 아니라 세계 시민이어도 덕은 역시 필요하다. "우리는 웃어야 하고, 동시에 철학해야 한다. (We must laugh and philsophize at the time)"[37]

---

36 Prior(2010), p.324.

37 Prior(2010), p.327.

04
스토아stoa주의

스토아stoa주의는 그리스 철학자 제논Zenon(B.C.333?~264?)에 이르러 학설로 만들어졌다. 이 학설은 그리스를 거쳐 로마로 퍼져 로마에서 수 세기 동안 유행하였다. 금욕주의에 막대한 영향을 미쳐 스토아주의는 곧 금욕주의를 뜻하기도 한다. 기독교 저술가 바울Paul(5~67?)은 훗날 기독교로 개종했지만 본래 스토아주의자였다. 목욕을 하지 않아 몸에 바글거리는 이를 '몸이 간직한 진주'라고 부른 것은 다분히 스토아주의답다.

스토아주의는 체념을 지향하면서도 체념을 지향하지 않는 듯해야 한다. 철저한 체념이라면 모든 외부조건에 무관심해야 한다. 스토아주의는 어떤 외부조건에도 연연하지 말라는 인간 해방 윤리였다. 그렇지만 스토아주의자가 제 아무리 세속에 무관심하더라도 공공활동을 해야 하는 처지라면 기꺼이 그 역할에 충실해야 한다.

실제로 스토아주의는 에피쿠로스학파와 서로 비슷하다. 그렇지만 어떤 행동을 권유하는 이유는 서로 다르다. 스토아주의에 따르면, 욕구 충족은 행복에 이르는 길이 아니다. 스토아주의에 따르면, 충족될 수 없는 욕구를 계속 줄여 나가야 한다. 욕구하지 않으면 좌절하지도 않는다. 욕구를 완전히 소멸시킬 수만 있다면, 가진 것이 없어도 불행하지 않다. 체념으로 살아간다면, 행운을 거머쥐지 못하더라도 또 출세하지 않더라도 하등 문제 될 게 없다. 인생이란 본래 실패할 수밖에 없는 것이기 때문이다. 누구나 자기 뜻대로 삶을 살 수는 없음을 깨닫고 체념해야 한다.

스토아주의는 에피쿠로스학파처럼 소박하고 절제하는 생활을 권유한다. 영양분은 값싼 음식만으로도 충분히 섭취될 수 있으니, 과잉 섭취할 필요가 없다. 욕구를 최소한으로 줄이면, 삶에 필요한 것은 간단한 음식과 물뿐이다. 그 밖에 무엇이든 불필요하다. 명예, 재산, 사랑, 존경 등 외부로부터 오는 평가에 연연하지 말아야 한다. 이 외부로부터 오는 모든 것은 헛된 망상에서 비롯하는 만큼 신뢰하지 말아야 한다.

스토아주의자는 읊는다. "헛되고도 헛되도다. 모든 것이 헛되도다!" 명예에 의지하면 그것으로 실망을 겪고야 만다. 명예란 얻기를 아무리 힘써도 힘쓴 만큼 돌아오지 않는다. 재화에 의지해서는 결코 행복해질 수 없다. 언제 재화를 상실하여 빈털터리로 고통을 겪게 될지 모른다. 명예는 언제 사라질지 모르고 애정은 어떻게 변할지 모른다. 희망은 체념하지 않을 때 생긴다. 희망에 넘치는 이들은 자기 욕망을 채우기 위해 분주하다. 그러나 모든 것이 헛될 따름이다.[38]

우리가 기대해야 할 것은 오로지 의지 통제뿐이다. 좌절을 겪지 않으려면 정념을 완전히 극복하여 의지 통제 아래 두어야 한다. 의지 통제는 행복에 이르는 문을 여는 열쇠이다. 의지 통제만이 행복에 이르는 온갖 장

---

38 Hospers(2003), p.158.

애를 제거하고 심지어 쇠약, 질병, 노예 상태까지도 극복한다. 이 세상만사를 마음대로 통제할 수는 없어도 세상만사에 대응하는 방식은 얼마든지 통제 가능하다. 선악이란 이 세상에 없다. 선악이란 이 세상만사를 어떻게 대응하느냐에 달렸다.

어떻게 대응할 것이냐는 의지 통제에 달린 문제이다. 스토아주의에 따르면, 오로지 아파테이아apatheia뿐이다. 아파테이아는 정념에 사로잡히지 않음이다. 그 뜻은 무감각이다. 스토아주의에 따르면, 아파테이아는 운명을 거역함으로써 생기는 감정 손상을 막아내는 의지, 그 강건함이다. 아파테이아는 삶에서 욕구를 일절 단념하는 무소유 경지이다. 욕구란 자연이 꾸민 음모이다. 그 무엇도 욕구하지 않음으로써 비로소 감정 손상을 겪지 않는다. 의지는 욕구를 통제할 수 있고, 따라서 어떤 일이 일어나도 안정을 방해하지 않는다.

스토아주의에 따르면 어떤 신분으로 살아가든, 부자이든 빈자이든, 건강하든 건강치 못하든, 왕자이든 노예이든 아무 문제도 없다. 불행은 아파테이아를 계발할 수 있는 기회이다. 반면 행복한 삶은 아파테이아를 계발할 기회를 상실시킨다. 행복한 삶을 살다가 불행을 겪는 사람은 훨씬 더 많은 상처를 입는다.

스토아주의자로 금욕에 관한 저술을 남긴 에픽테투스Epictetus(55?~135?)는 노예였지만 아우렐리우스Marcus Aurelius(121~180)는 황제였다. 모든 인간들이 자연이 부과하는 욕구에 시달리고 있다는 점에서 동포요, 동료요, 형제이다. 모든 인간들이 똑같이 이러한 욕구를 극복해야 한다는 점에서 어떤 계급이든 어떤 신분이든 무용할 따름이다.

노예도 아파테이아를 계발하면 황제처럼 자유로워진다. 자유란 우리가 갖고 싶은 것만을 갖는 상태이다. 가질 수 있는 것만을 의지한다면 어떤 지위에 있든 자유롭다. 가질 수 있는 것만을 의지할 수 있다면 노예도 자유로워진다. 아파테이아 없는 왕은 아파테이아 있는 노예보다 더 불행하다. 이러한 사상은 노예에게 위안일 수 있다. 그렇지만 다른 한편 노예제도와 같은 사회제도에 대해 개혁하려는 생각을 일절 갖지 못하게 만든다. 노예제도란 스토아주의에 따르면, 아무 소용도 없는 외부 조건일 따름이다. 노예 에픽테투스는 다음과 같이 지극한 경지를 드러낸다.[39]

> 세상만사가 당신 뜻대로 되기를 바라지 말고, 그것이 마치 당신 뜻인 양 당신 의지를 통제하라. 그래야 당신은 평화를 얻는다. 사람의 마음을 어지럽히는 것은 외부의 사건이 아니라 그것에 대한 판단이다. 예를 들어 죽음은 두려운 것이 절대로 아니다. 그렇지 않다면 소크라테스라도 죽음을 두려워했을 것이다. 두려워할 것이 없는데도 두려워하는 것은 두렵다고 판단하기 때문이다. 그래서 곤경에 처하거나 좌절한다거나 고통에 시달릴 때도 우리는 다른 사람을 비난해서는 안 되며 우리 자신, 다시 말해 우리 판단을 비난해야 한다. 다른 사람을 우리 자신의 불행의 원인으로 생각한다는 것은 교육이 필요하다는 징표이다. 자기 자신이나 타인을 비난하지 않는 것이야말로 완전한 교육을 받았음을 보여 준다.
>
> 세상만사가 당신의 뜻대로 되기를 바라지 말고, 그것이 당신의 뜻인 양 당신 의지를 통제하라. 그래야만 당신은 평화를 얻는다. 질병은 신체상 불구이긴 하지만 의지가 동의한 것이 아니라면 의지상 불구는 아니다. 일어나는 사건마다 곰곰이 생각해 보면 사건은 다른 어떤 것을 불구로 만들어 놓긴 했어도 당신을 불구로 만들지 않는다는 것을 깨달을 수 있다.

---

39 Hospers(2003), pp.160~162 재인용.

"어떤 일이 닥쳐도 '나는 그것을 잃어버렸다'라고 말하지 말고 '나는 그것을 돌려주었다'라고 말하라. 당신 자식이 죽었다고? 그것을 다시 돌려주었다고 말하라. 당신의 아내가 죽었다고? 그녀를 다시 돌려주었다고 말하라. 당산 재산을 몽땅 날렸다고? 그것을 다시 돌려준 것이 아니겠는가? 그것을 당신에게 주었던 자가 다시 돌려달라고 했는데 무슨 문제란 말인가? 그가 그것을 주었을 때 당신은 그것을 잘 간수해야 한다. 하지만 애당초 그것은 당신 것이 아니었다. 잠시 여관에 묵었다가 가는 사람처럼 그것을 쓰다가 돌려주면 그만이다.

자식과 아내와 친구가 영원히 살아 있기를 바라는 것은 어리석은 일이다. 왜냐하면 그것은 당신 의지가 통제할 수 없는 것을 원하고 있음을 의미하기 때문이다. 마찬가지로 당신 노예가 당신을 실망시키지 않기를 바란다면, 역시 당신은 어리석은 것이다. 왜냐하면 악이, 악이 아닌 다른 어떤 것이 되기를 원하는 것이기 때문이다. 그러나 의지의 노력을 통해 실망하지 않고자 한다면 당신은 그렇게 할 수 있다.

당신 자신을 당신이 통제할 수 있는 상태로 유지하라. 얻을 것은 얻고 버릴 것은 버림으로써 자신이 원하는 것이나 원하지 않은 것에 대해 권위를 행사할 수 있는 사람만이 그 자신에 대해서 군주가 된다. 그렇게 되면 자유롭기를 원하는 사람은 아무것이나 원하지 않으며, 무엇을 원한다고 해도 다른 사람에 의해 좌우될 것은 피하고자 할 것이다. 그렇지 않으면 그는 노예가 될 수밖에 없다.

연회가 벌어지는 곳에서 행위하듯이 행위해야 한다는 것을 다시 상기하라. 음식이 돌려지고 당신 차례가 올 때 머뭇거려서는 안 된다. 또 음식이 빨리 안 온다고 해서 안달해서도 안 된다. 당신 차례를 기다려야 한다. 그런 식으로 자식, 아내, 신분, 재산 등과 관계를 맺다 보면, 어느 날 당신은 그들을 잡

> 고 늘어지는 것이 아니라 그들을 무시하게 된다. 그렇게 되면 당신은 신들의 연회에 참석한 것이 될 뿐만 아니라 그들의 규칙을 따른 것이다.
>
> 자식을 잃거나 재산을 잃고서 슬픔의 눈물을 흘리는 사람을 보면서 그를 슬프게 하는 것이 바로 외부 재앙이라는 생각에서 벗어나야 함을 명심하라. '그를 슬프게 만든 것은 외부의 사건이 아니라 그 사건에 대한 그의 판단이다. 왜냐하면 그 사건이 다른 사람에게는 슬픔을 가져다주지 않기 때문이다.' 따라서 말로나마 그를 동정하는 데 주저하지 말고 되도록 그와 함께 슬픔을 나누어라. 그렇다고 슬픔이 당신의 내면에서 우러나오는 슬픔이어서는 안 된다는 것을 명심하라.
>
> 당신은 연극배우임을 명심하라. 또 극작가가 그런 배역을 선택했음을 명심하라. 그가 단역을 주면 단역을 맡아야 하고 긴 대사를 외우게 하면 그렇게 해야 한다. 그가 가난한 사람의 역할을 주면 당신은 온 힘을 다해 그 역을 맡아야 하고, 당신이 절름발이나 군주 혹은 필부로서 역할을 해야 한다고 해도 역시 마찬가지이다. 당신이 해야 할 일이란 당신에게 주어진 성격을 잘 소화하여 훌륭한 연기를 하는 것이다. 배역 선택은 다른 사람에게 주어진 몫이다.

스토아주의와 에피쿠로스학파는 모두 사람들이 맞이한 낯선 세계에서 어떻게 살아야 하는가에 대해 새로운 매뉴얼을 제시했다. 소크라테스, 플라톤, 아리스토텔레스에 이르기까지 어떻게 살아야 하느냐라는 물음은 중요한 윤리학 주제였다. 그러나 세상이 바뀌었다. 사람들이 살아가는 무대는 더 이상 협소한 폴리스가 아니었다. 드넓은 우주에 살면서는 사람들이 어떻게 살아야 하느냐라는 물음에 새로운 대응이 필요했다. 에피쿠로스학파와 스토아주의는 새로운 문제의식에 따른 새로운 대응이었다.

05
몽테뉴Michael de Montaigne(1533~1592)

스토아주의는 로마 시대 세네카Lucius Annaeus Seneca(4~65), 플루타르코스Plutarchos(46?~120?) 등을 거쳐 16세기 몽테뉴에게 고스란히 전해진다. 스토아주의자 몽테뉴는 죽음을 두려워하면서 철학을 시작한다. "며칠 전 약간의 열이 있다고 하면서 모임 도중 슬며시 자리를 뜬 젊은이가 친구들이 숙취에서 깨어나기도 전에 열병으로 죽었다는 소식"을 듣고 "죽음이 교묘한 방법으로 다가 온다면, 순간순간마다 이승과 저승 그 갈림길이 얇디얇은 세포막 하나로 분리되는 게 아닐까 두려웠다. 목숨을 잃지 않을까 두려워 살고 있다는 게 즐겁지 않았다."[40]

한때 몽테뉴의 머릿속에는 죽음 말고는 아무것도 없었다. "스토아 철학자들은 죽음을 자주 연습하면 죽음이 실제로 닥치더라도 놀라지 않으

---

40 Sarah Bakewell, *How to Live : A Life of Montaignu, 2010*, (『어떻게 살 것인가』, 김유신 옮김, 책 읽는 수요일, 2012), p.24. 이하 Bakewell(2012)로 줄임.

리라고 말했다. 죽음을 잘 대비하면 두려움 없이 잘살 수 있다는 것이었다. 그러나 몽테뉴는 그 반대였다. 친구들에게 닥칠 사고를 깊이 상상할수록 안정을 찾기 어려웠다."[41] 그렇지만 어느 한 순간 그는 죽으리라는 두려움에서 벗어날 수 있었다. 어느 날 큰 사고로 혼미한 상태에서 그는 "쉬게 되어서 기쁘다는 생각 밖에는 들지 않았다." "이제 슬며시 사라질 운명이라고 생각했기에 '아주 행복한 죽음'이 될 것 같았다."[42] 결론은 간단했다. "어떻게 죽어야 할지 모르더라도 걱정하지 마라. 그때가 되면 어떻게 대처해야 할지 자연이 소상하게 그리고 완벽하게 일러 줄 것이다. 자연이 그 일을 완벽하게 처리할 테니 그 문제로 고민하지 마라."[43] 그냥 지금을 살아라!, 그게 대답이다. 변화를 있는 그대로 느껴라!, 그게 대답이다.

몽테뉴에게 삶이란 변화로서, 때로는 기쁨이며 노여움이며 슬픔이며 즐거움이기도 하다. 희로애락喜怒哀樂이 곧 삶이다. 삶이란 고정 불변하는 자아가 만들어 내는 작품이 아니다. 삶이란 순간순간 바뀌는 의식 흐름을 엮어 낸 우연스런 결과이다. 과거 경험은 불현듯 현재로 난입하여 망각 그 깊고 깊은 바다에 빠져 있던 기억을 되살린다.

몽테뉴에 따르면, 의식은 언제나 변화를 겪는다. 그러니 의식이란 믿을 만한 것이 못된다. 냉철한 판관判官도 예외가 아니다. 몽테뉴는 말한다. "스스로 자기가 내리는 판결이 완벽하다고 생각하는 판사는 없다. 판사는 증거를 토대로 판단을 내리지 않고 개인 취향에 따라 판단을 내렸다.

---

41 Bakewell(2012), p.26.

42 Bakewell(2012), p.32.

43 Bakewell(2012), p.35.

점심으로 먹은 음식이 소화가 잘 되었는지에 따라 판결이 달라지는 때도 있었다. 이것은 당연하고도 피할 수 없는 일이다. 하지만 최소한 현명한 판사라면 자기가 오류를 저지를 수도 있음을 깨닫고 그 점을 고려해야 한다."[44]

몽테뉴는 인간은 누구라도 오류를 저지를 수 있음을 깨달았다. 이 깨달음이 철학하는 방법이다. 몽테뉴에게는 '라 보시에'라는 친구가 있었다. 그들은 소크라테스와 멋진 청년 친구 알키비아데스와 같은 관계였다. 몽테뉴는 친구 라 보시에를 '추한 용모에 싸인 아주 아름다운 영혼'이라고 표현했다. 이것은 플라톤 『향연』에서 알키비아데스가 소크라테스를 "지혜롭지만 생김새는 볼품없는 그리스 신화 실레노스Silenus로 묘사한 작은 조각상에 비유한 것"[45]과 흡사하다. 이 조각상은 겉모습은 기괴하지만 그 안에는 진귀한 보석이 가득 담겨 있었다.

스토아주의자 세네카는, "존경할 만한 사람을 보면 그 사람을 늘 지켜보는 관객이라고 상상하여 가치관의 수준을 높이라, 또 자기 자신을 위해서 살고 싶으면 남을 위해서, 특히 자기가 선택한 친구를 위해서 살"라고 가르쳤다.[46] 몽테뉴에게 라 보시에는 '한 인간이라기보다는 철학하는 방법 중 하나'였다.[47] 여기서 '철학하는 방법'이란, 인간이 완전하지 못하다는 깨달음이다.

몽테뉴에 따르면, 삶이란 언제나 결핍이다. 이러한 결핍을 느끼려면 상

44 Bakewell(2012), p.118.

45 Bakewell(2012), p.139.

46 Bakewell(2012), p.163.

47 Bakewell(2012), p.162.

상이 필요하다. "약간 따분하거나 우울한 기분이 들 때 상상은 무척 효과가 있다."고 말하면서 플루타르코스를 인용한다. "가지고 있는 것들이 지겹다고 느껴지면 그것들을 모두 잃어버려 절실하게 그리워하고 있다고 상상해 보라." "그 대상이 좋아하는 접시이든, 친구이든, 애인이든, 평화기에 누린 행운이든, 건강하게 살던 행운이든, 이런 연습을 거쳐서 현재 가진 것들이 신기할 만큼 소중하게 느껴지게 될 것이다. 원리는 죽음에 대해 곱씹어 보는 것과 똑같다. 무엇인가 잃어버렸다는 생각이 들면 새삼 그것의 가치를 깨닫게 될 것이다."[48]

몽테뉴에 따르면, 결핍을 오히려 가치로서 깨달아야 한다. 그러려면 명심하는 습관을 체득해야 한다. 그리스어 '프로소케prosoche'는 어떤 대상을 염두에 두고 주의를 집중하는 방법이다. 세네카는 말했다. "시야를 깨끗이 유지하고 세상을 있는 그대로 인식하고 살아가는 사람은 인생이 지루하다고 생각하지 않을 것이다." 일찍이 마르쿠스 아우렐리우스는 '프로소케'를 발휘하여 연습해야 할 사항을 수첩에 꾸준히 적었다. "내 앞에 구운 고기나 그와 비슷한 음식이 차려졌을 때, 이것은 물고기 시체, 이것은 돼지 시체라고 마음을 새기거나, 팔레르노산 와인은 포도즙에 불과하며, 자주색 예복은 염색한 양털에 지나지 않는다고 생각하면 얼마나 좋을까! 그리고 성관계를 하면서 그것은 피부막과 분출된 점액의 마찰에 불과하다고 생각하면 얼마나 좋을까!"[49]

결핍을 깨달으면 그 다음은 에포케epoche에 이른다. '에포케'란 판단 중지이다. "내가 아는 것이라고는 아무것도 모른다는 것밖에 없다. 그런데

---

48 Bakewell(2012), p.168.

49 Bakewell(2012), p.169.

모른다는 사실조차 확인할 수 없다." 에포케에 이르면 어떤 문제이든지 정확한 해답을 찾을 필요가 없으니 늘 웃고 기분 좋게 지낼 수 있다. 에포케를 숭상하는 역사학자는 그것을 다음과 같이 설명한다. "어떤 사람이 '사하라 사막의 모래알의 수가 짝수'라고 주장하면서 당신은 어떻게 생각하느냐고 물으면, 당신은 당연히 '나는 모르겠다.'라고 대답하거나 '그걸 어떻게 알아?'라고 되물을 것이다. 그러나 좀 더 철학자답게 대답하려면 '나는 판단을 보류한다.' 또는 '에포케'라고 대답할 수 있다."[50]

몽테뉴에 따르면, 삶을 섣불리 판단하지 말아야 한다. "우리와 우리의 판단 그리고 언젠가 죽을 운명을 타고나는 것들은 모두 쉴 새 없이 흘러가고 굴러다닌다. 그러므로 한 사물을 기준으로 삼아 다른 사물을 확실하게 규정할 수 없다. 판단하는 존재나 판단되는 존재가 모두 끊임없이 변하고 움직이기 때문이다."[51]

어리석은 인간이 그나마 현명해지려면 모두 판단중지! 그럼에도 이 세상은 여전히 판단을 내리려는 사람들로 넘쳐난다. 우리가 그토록 흠모하는 파스칼Pascal(1623~1662)은 "몽테뉴는 인간을 의심을 떨치지 못하는 구렁텅이에로 몰아간다."는 판단을 서슴지 않았다. "그는 자신이 의심하고 있는지 의심하고, 이 마지막 명제도 의심함으로써 그의 불확실성은 끝없이 원을 그리며 돌고 돈다. 그는 모든 것이 불확실하다고 주장하는 사람은 물론이고 모든 것이 불확실하지 않다고 주장하는 사람의 의견도 모두 반박한다."[52]

---

50 Bakewell(2012), p.187.

51 Bakewell(2012), p.195.

52 Bakewell(2012), p.214.

몽테뉴에 따르면, 판단 중지는 살아가는 방법이다. 몽테뉴는 말한다. "우리의 삶을 올바르게 즐기는 방법을 아는 것이 절대 완벽함이자 진짜 신성함이다. 우리는 우리 삶의 용도를 모르기 때문에 다른 조건을 찾고, 우리의 내면이 어떻게 생겼는지 모르기 때문에 자기 자신에게서 벗어난다. 아무리 좋은 말을 타려고 해도 우리가 가진 다리로 타야 하며, 세상에 아무리 높은 옥좌에 올라도 우리는 여전히 자기 엉덩이로 앉을 따름이다."[53] 판단 중지로 맺는 결실은 실로 통쾌하다. 이러한 결실은 17세기 독설가 라 로슈푸코La Rochefoucauld(1613~1680)에게로 이어진다. 라 로슈푸코에게 이 세상은 '운수와 변덕'으로 채워진 세계이고, 그런 만큼 "나에게는 나밖에 없다."고 설파한다. 훗날 니체는 몽테뉴를 "영혼 중에 가장 자유롭고 위대한 영혼"[54]이라고 칭송한다. 인간은 스스로 불완전하다는 점을 깨닫고 그 점을 기꺼이 받아들임으로써 비로소 자유로워진다.

몽테뉴는 의심이라는 끈을 끝까지 놓지 않았다. 그렇지만 17세기에는 칭송보다는 비난이 더 많았다. 그는 반종교인이라는 비난을 받았고, 『에세Essais』는 교회 금서목록에 등재되었다. 그 책을 읽은 독자들까지도 문제 삼았다. "그 책을 경박한 멋쟁이, 재담가, 무신론자, 회의주의자, 난봉꾼 등 평판이 나쁜 패거리들이 애독했기 때문이다."[55]

몽테뉴에 따르면, 어리석은 인간이 살아가려면 어떤 지혜를 터득해야 한다. 그 지혜란 곧 "모든 일은 자기 관점에 달렸다."는 깨달음이다. 이 깨달음은 지금 '관습'에서 깨어남이다. 어떤 관습에서 살아가노라면 그 관

---

53 Bakewell(2012), pp.220~221.

54 Bakewell(2012), p.226.

55 Bakewell(2012), p.227.

습이 어떻게 살아야 하는가를 정해 주는 기준이나 표준이라고 생각하기가 너무 쉽다. "치아를 검게 칠하고 다니는 나라에서 살면, 새까만 상아만이 아름답다고 생각한다." 그러나 관습이 다양하다는 점을 잠시만이라도 생각해 보면 이런 관습에서 벗어난 삶도 가능하리라는 깨달음을 얻는다. "이 거대한 세계는 우리 모습을 적절한 시각에서 인식하려고 할 때 우리 모습을 비춰 봐야 할 거울"이다. 콜럼버스가 발견한 신세계 종교의식을 그 당시 유럽인들은 조금도 인간답지 못하고 야만스러울 따름이라고 여기고 있었다. 그렇지만 몽테뉴는 그렇게 생각하는 유럽인을 오히려 이상하다고 생각했다. "나는 야만스럽고 끔찍한 신세계 사람들이 하는 행동을 보는 것은 유감스럽지 않다. 진정으로 유감스러운 것은 그들 잘못에 민감하면서 우리 잘못에는 눈감고 있다는 사실이다."[56]

몽테뉴는, 자연에 따르는 삶이 소중하다고 깨달아, 삶이 '평범하다'는 결론에 이른다. 몽테뉴는 위대한 영혼이란 '범속함'에서 찾아진다고 주장한다. 삶이란 자연에서 살아가는 삶이고 일상을 살아가는 삶일 따름이다. 삶이란 특출하지도 신성하지도 않다. 그저 평범하고 범속할 따름이다. 몽테뉴는 말한다. "사람 구실을 잘하는 것만큼 아름답고 합당한 것이 없고, 이 삶을 자연스럽게 잘사는 법만큼 얻기 어려운 지식도 없으며, 온갖 병폐 중 가장 나쁜 병폐는 우리를 스스로 경시하는 것이다."[57] 우리 스스로 지금 살고 있는 삶을 존중하라! 영원한 삶을 추구하는 열정에 사로잡혀 지금 살고 있는 삶을 경시하는 짓이야말로 가공할 만하다. 그래서 종교 전쟁은 추악하기만 하다.

---

56 Bakewell(2012), p.235.

57 Bakewell(2012), p.299.

몽테뉴는 외친다. 영원한 미래를 향하려는 종교에 몰입하려는 열정이 지금 삶을 얼마나 황폐하게 만드는가를 보라! 무분별한 열정에 휩싸인 프로테스탄트와 가톨릭이 빚어낸 저 가공할 만한 상황을 보라! "퇴비 더미에 산 채로 묻힌 사람들도 있고, 우물과 도랑으로 내던져져 개처럼 울부짖으며 죽어간 사람들도 있고, 상자에 가두고 못을 박아 숨이 끊어진 사람도 있고, 탑에 가둔 채 그냥 벽을 막아 버려 죽은 자들도 있고, 깊은 산속이나 숲 속에 매달려 죽은 사람도 있고, 불 앞에 사지를 벌려 묶어 놓고 발에서 기름을 뚝뚝 떨구며 죽어간 사람도 있고, 강간을 당한 여인도 있고, 강간을 당해 낙태한 임부들도 있고, 납치되었다가 몸값을 내고 풀려난 아이들도 있고, 부모 앞에서 산 채로 그슬려 죽은 아이들도 있다."[58] 이런 참혹함을 보면서 어찌 영원하고 신성한 삶을 추구할 수 있겠는가.

몽테뉴에게 일상만큼 중요한 것은 없다. 범속하고 평범한 일상으로 엮어지는 삶을 추구하라! 이러한 원칙은 몽테뉴를 유별난 영웅에 항거하는 영웅으로 만든다. 그는 미려한 문체를 구사하지도 않고, 달변도 아니며, 아름다운 열정을 지니지도 않았다. 그는 키가 작다는 열등의식에 시달릴 만큼 왜소했다. 그는 자기를 스스로 게으르고 무기력하고 무책임하다고 평가했다. 겉으로 드러난 모습만으로 그는 결코 잘난 사람이 아니었다. 그럼에도 그는 스스로 그런 범속함과 평범함을 간직한 채 자기를 보존해 나가는 삶을 영위한 사람이었다. 그는 인간으로서 위대했다. 인간이 본디 불완전하고 어리석음을 그는 깨달았기에 위대하다.

몽테뉴에게 인간 연구는 곧 스스로 자기에게 향하는 성찰이다. 성찰이란 자기를 스스로 과감하게 어느 한 판단으로 묶어내지 않는다. 자기 스

---

58 Bakewell(2012), p.306.

스로 과거를 돌아보면서 자기를 다양한 모습으로 떠올려야 한다. 삶이란 마치 조각모음과도 같다. "우리는 모두 한 조각 한 조각 잇대어 만든 조각보와 같아 일정한 모양도 없고, 구성이 매우 다양해서 한 조각 한 순간마다 각기 나름대로 행동한다." 어느 한 관점으로 과거를 돌아볼 수 없으며, 일관된 자기 모습을 구성하기란 무망하다. 일관된 모습이 없으니 후회스런 삶이 있을 까닭이 없다. 모든 삶이 예외 없이 존귀할 따름이다.

6장

현세 VS 내세

01
신 vs 인간

395년 동로마와 서로마가 서로 나뉘었다. 서로마는 476년 게르만족 침입으로 멸망하였다. 529년에는 플라톤이 세웠던 아카데미아가 동로마제국 유스티니아누스 황제 칙령에 따라 폐쇄되었다. 그리스 사상은 정통성을 유지하지 못한 채 이교사상으로 배척되었다. 그리스 사상이 누리던 막강한 권위를 기독교가 차지했다.[1]

'중세'란 대략 5세기부터 15세기에 걸친 천년을 가리킨다. 이 중세 천년은 2단계로 나뉜다. 첫 단계는 바울Paul에서 아우구스티누스에 이르는 교부 시대이다. '교부教父'(partr)란 중세 전기 신학자들을 높여 부르던 존칭이다. 이들은 약 400여 년 동안 활약했다. 교부 시대 이후는 스콜라schola주의시대이다. '스콜라'는 학교이며, '스콜라주의'는 학교에서 가르치는 학과목 내용이다. 스콜라주의는 교회 신학이기도 하다. 교회 신학은 주로 논리학을 바탕으로 삼았다. 특히 아리스토텔레스 연역 논리학에

---

1 강재륜, 『윤리학의 역사』, 대왕사, 1996, pp.93~97 참조.

기초한다. 스콜라주의는 신학이었고, 논리학은 그 신학을 재구성하는 수단이었다. 이 시기에 철학은 '신학의 시녀(ancilla theologiae)'였다.

중세에서 그리스 사상은 이교사상이었음에도 여전히 생명력을 발휘했다. 기독교가 공인되기 이전부터 교부들은 기독교를 그리스 사상에 기초하여 변호했다. 교부들은 오히려 그리스 사상이 기독교와 서로 모순되지 않는다고 주장했다. 중세 초기 교부들은 호교론자, 곧 아폴로지스트apologist로 불린다.

호교론자에 맞서 그노시스트gnosist는 기독교를 회의했다. 그노시스트에 따르면, 예수는 한낱 인간이었다. 신성한 아들이 육신을 갖고 태어났다는 사실, 그 육신이 십자가에 못 박혔다는 사실은 그노시스트가 납득할 수 없는 모순이었다. 그노시스트가 내세운 주장에 공감하는 사람이 많았다. 그렇지만 그노시스트를 기독교가 용납할 리 없었다. 당연히 그노시스트는 이단으로 몰렸다.

호교론자와 그노시스트 논쟁은 중세 천년에 걸친 이슈였다. 호교론자는 그리스 사상과 기독교가 서로 모순되지 않는다고 주장했다. 심지어 소크라테스를 '성 소크라테스'로 추앙했다. 초기 교부들은 그리스 철학이 기독교와 서로 양립할 수 있음을 입증하는 작업에 몰두했다. 그렇지만 테르툴리아누스Tertulianus(160~240)는 '아테네와 예루살렘'은 아무 관계도 없다고 주장하면서 그리스 철학을 배격했다. "나는 불합리하기 때문에 믿는다."는 그런 맥락에서 나왔다. 중세는 이성보다는 신앙이 우위에 놓인 시대였다. 마침내 401년에 이르러 그리스 철학은 이단으로 몰렸고 그리스어 사용도 금지되었다.

호교론자가 득세했어도 그노시스는 계속 영향력을 발휘했다. 알렉산드리아 주교 아리우스Arius는, 예수는 한낱 인간이라고 주장했다. 아리우스 교리는 동방으로 퍼졌다. 동로마제국 콘스탄티누스 황제는 325년 니케아에서 종교회의를 소집, 신과 예수는 서로 같다는 결의를 채택하였다. 그 후 아리스우파는 이단으로 몰렸다. 그럼에도 콘스탄티누스 2세는 아리우스파를 지지하였고, 콘스탄티노플은 아리우스파 중심지였다.

극심한 종교분열로 또다시 종교회의가 381년 콘스탄티노플에서 열렸고, 그 회의에서 성부聖父, 성자聖子, 성령聖靈 3위 일체설이 채택되었다. 우스꽝스럽게도 3위 일체는 종교회의에 따른 결과이다.

콘스탄티노플 종교회의 이후에도 종교 논쟁은 여전했다. 콘스탄티노플 주교 네스토리우스Nestorius가 마리아와 예수를 놓고 "마리아는 신의 어머니가 아니라 예수의 어머니다."라고 주장했다. 세상은 시끄러웠다. 451년에 네스토리우스는 이단으로 처단되었다. 그 후 등장한 것이, "예수는 신이면서도 인간이다."라는 주장이었다.

아직도 종교 논쟁은 끊이질 않는다. 그노시스파는 이단으로 낙인찍힐수록 끊임없이 다시 살아났다. 어떻게 살아야 하는가라는 물음에 중세는 신성한 명령 이론으로 대응하였다. 그렇지만 왜 신성한 명령을 따라야 하는지 역시 논쟁거리였다.

02
아우구스티누스 Aurelius Augustinus(353~430)

아우구스티누스는 교부였다. 교부로서 아우구스티누스는 신앙과 이성을 결합하는 기독교 철학자였다. 아우구스티누스에게 원칙은, "이해는 믿음에서 비롯한 보상이다. 그런 까닭에 믿으려고 이해하는 게 아니라, 이해하려고 믿음을 구해라"였다.[2] 이 원칙에 따르면, 신앙이 최우선이다. 기독교 철학은 신앙을 전제한다. 그렇지만 신앙은 맹목과 다름없다. 신앙을 이성으로 재구성해야 한다.

아우구스티누스는 로마제국이 게르만족 침입으로 무너져 가던 무렵에 아프리카 북부 타가스테Thagaste에서 태어났다. 어머니 모니카Monica는 기독교도였지만 아버지는 그렇지 않았다. 그는 카르타고Cartago에서 교육을 마치고 그곳에서 수년간 가르치다 로마로 떠났으며, 그 다음에 밀라노로 갔다. 『고백록』에 따르면, 그는 카르타고에서 무절제한 생활을 했었다. "욕망에 휘둘려 유혹하고, 유혹당하고, 속고 속임을 당하는" 연속이었

2 *In Iohannis Evangelium tractatus*, xxix, 6; Diané Collinson(1987), p.28 재인용.

다.[3] 그렇지만 동시에 진리와 종교 이해를 향한 끊임없는 갈망을 경험했다. 한때 그는 마니교Mani를 믿었다. 마니교는 인간 삶이 선과 악, 곧 신과 물질이 서로 다투는 투쟁이라고 주장하면서, 악이 휘두르는 힘에서 벗어나기 위해 금욕주의를 내세우는 종교이다. 그러나 그는 마니교에 만족하지 않고 신플라톤주의를 받아들이면서 기독교로 개종했다.

신플라톤주의는 플로티노스Plotinos(204~270)에서 비롯한다. 플로티노스에 따르면, 신은 일자(the One)이다. 신은 하나라면, 신은 창조할 수 없다. 빛이 태양에서 방출되듯이, 이 세계는 그 일자로부터 흘러나온다. 태양이 고갈되지 않고 언제나 그대로이듯이, 신은 본질 그 자체로 그대로 있으면서 만물을 형성하는 근본이다.

2.1. 진리

아우구스티누스는 신학에 봉사하기 위해 철학을 끌어들였다. 그가 끌어들인 철학은 플라톤주의와 신플라톤주의였다. 아우구스티누스는, 육체를 영혼이 머무는 곳으로 주장했다는 점에서는 플라톤과 같았다. 그에 따르면, "인간이란, 우리가 이해할 수 있는 한, 유한한 물질로서 육체를 이용하는 이성을 가진 영혼이다." 그렇지만 아우구스티누스는, 영혼이 육신에 머무는 동안은 진짜 집에 유배 중이라고 주장한 점에서는 플라톤과 달랐다. 영혼과 육신은 모두 신이 창조했기 때문이다.[4]

아우구스티누스에 따르면, 지식은 이성을 가진 영혼이 만들어 내는 것

---

3 *Confession*, 4권, 1장; Diané Collinson(1987), p.28 재인용.

4 Diané Collinson(1987), p.29.

으로, 그 대상은 두 가지이다. 하나는 감각 대상이고, 다른 하나는 감각경험에서 독립한 별개 대상이다. 특히 감각 경험과 독립된 대상은 '마음 그 자체'로 파악된다. 감각 지식은 마음이 감각을 수단으로 삼는 지식이지만, '마음 그 자체' 지식은 마음이 직접 얻은 만큼 분명하고 곧바로 알려진다. '마음 그 자체'는 마치 시각과도 같다. 아우구스티누스에 따르면 "이성은 마음으로 본다. 그로부터 그것은 육체를 매개하지 않고 그 자체로 진리를 인식한다." 마음으로부터 지식을 얻는다는 주장에서 플라톤주의 향기가 짙게 묻어난다.[5]

플라톤처럼 아우구스티누스에게 최고 지성은 마음을 투사함이며, 모든 인간 마음에 내재된 영원한 진리를 인식함이다. 영원한 진리는 사물들이 어떻게 있어야 하는가를 판단할 수 있게 만들어 주는 원리이며, 그 원리를 파악하여 "우리는, 마음이 지각하는 바에 따라, 우리 존재와 우리 활동을 지배하는 패턴을 지켜본다."[6]

2.2. 사랑

아우구스티누스에게 근본 관심사는 도덕 생활이었다. 아우구스티누스에게 도덕이란, 행복에 이르는 방법이었다. 본래 행복이란 인간을 창조하면서 신이 품었던 목적이었다. 언제나 그렇듯이 아우구스티누스는 '신앙', '계시', '은총', '모든 사물에 신이 있음'으로 시작한다. 아우구스티누스는 비이성 실체와 이성 존재를 구별한다. 그 구별에 따르면, 비이성 실체는

5 *De immortalitate animae*(영혼 불멸론), 6.10; Diané Collinson(1987), p.29 재인용.

6 *De trimitate*(삼위일체론), ix, 7.12; Diané Collinson(1987), p.29 재인용.

자연 경향 충족에 그치지만, 이성 존재는 자연 경향뿐만 아니라 어떤 경향을 따르기를 선택하거나 아니면 따르지 않기를 선택한다. 그런 만큼 이성 존재는 이중성을 띤다.

아우구스티누스에 따르면, '사랑'이란 행동과 정념을 일으키는 동력이다. 자유로운 선택에 따른 결과로서 충족된 '사랑'은, 칭찬 아니면 비난을 받는다. 그러니 진정한 가치에 비추어 '사랑'을 평가하고 규정하는 사람에게 덕 있는 생활이 가능하다. 진정한 가치는 마음에서 인식하는 진리로서 신성한 법이다.

아우구스티누스에 따르면, 신성한 법은 "언제나 마음에 고정된 채로 남아 있어서 현명한 사람의 영혼에 새겨진다. 그렇게 새겨짐으로써 그들은, 그들 삶은 더 좋아지고 더 뛰어나게 되는데, 얼마나 좋아질 수 있고 얼마나 뛰어날 수 있는가 그 정도는, 그들이 마음으로 그 신의 법칙을 얼마나 완벽하게 관조하는지에 따라서, 또 그들 삶에서 얼마나 신의 법칙을 지키는지에 따른다."[7]

아우구스티누스에 따르면, 신성한 법을 이해하고 따름이 지혜이다. 악은 신에게 귀속되지 않는다. 악은 '완전한 있음(full existence)'이 아예 없거나 모자람이다. '완전한 있음'이란 곧 신성함이다. 그렇다면 신성함이 아예 없거나 모자람이 곧 악이다. 이러한 정의에 따르면, 신이 창조한 세상에 왜 악이 생기는지 설명 가능해진다. 이것은 마니교와 상반된 주장이다. 마니교에 따르면 악은 물질에서 생긴다. 아우구스티누스는 모든 악이 '사랑' 중에서 어떤 '사랑'을 선택하려는 자유의지에서 비롯한다. 아

---

7 *Epistola*(편지), 120.3. :*De ordine*(질서론), ii. 8.25; Diané Collinson(1987), pp.29~30 재인용.

담이 최초 선택에서 죄를 지은 탓에 인류는 계속해서 그가 지은 죄를 지고 태어난다.

아우구스티누스에 따르면, 악은 무지에서 비롯하지 않는다. 악은 자유의지에서 비롯한다. 인간은, 신에게 향하거나 아니면 신을 멀리하거나, 기로에 선다. 인간은 무엇이나 선택할 수 있을 만큼 자유롭다. 어느 편이든 인간은 행복을 얻으리라는 희망을 품는다. 인간은 신에게서 멀어지면서 유한한 사물이나 자기사랑에 몰입할지도 모른다. "이 멀어지고 가까워지는 것은 단지 자유의지에 따른 행위"이다.[8]

아우구스티누스는 소크라테스처럼, 악은 무지함에서 비롯하지 않는다고 주장한다. 불완전한 인간은 자유의지를 누린다. 문제는 잘못된 선택이다. 올바르게 선택하려면 그는 신으로부터 은총을 받아야 한다. 신성한 법칙은 인간이 무엇을 해야 할지를 지시하지만 현실에서 그는 신성한 법에 충실하지 못하다. 신성한 법에 충실하려면 신으로부터 은총을 받는 길밖에 없다. "오로지 신만이 줄 수 있는 사랑으로, 우리가 영생을 얻도록 하려고 자기 몸을 바친 …… 예수 그리스도에 의해 속죄받아야 비로소 죄사함을 받는다."[9]

2.3. 정의

아우구스티누스에 따르면, 공공생활과 사생활 모두 도덕 법칙에 따른다. 두 영역은 모두 오로지 한 가지 진리, 자연법에 따른다. 자연법은 신

---

8 Stumpf(2004), p.221.

9 Stumpf(2004), p.221.

과 인간이 공유하는 진리이다. 자연법은 신이 품은 의지이기도 하다. "영원한 법은 곧 신성한 이성이며 사물의 자연질서를 유지시켜 주고 그것의 혼란을 막아 주는 신성한 의지이다." 인간이 '신성한 이성과 신성한 의지'를 파악한 결과가 곧 자연법이다. 국가가 법을 제정할 때에도 자연법에 따라야 하고, 그 자연법은 '신성한 의지'로부터 비롯한다.[10]

정의는 국가에 선행하는 표준이다. 아우구스티누스에 따르면, "정의란 모든 사람이 골고루 가지는 덕이다." 그렇지만 정의는 관습에서 비롯하지 않는다. 정의란 "신의 고귀함을 모든 사람에게 분배하는 정신의 습관이다." 국가에서 제정한 법이 자연법에 부합하지 않는다면, 정의에 어긋난다면, 그것은 법이 아니며, 국가는 성립할 수도 없다.[11]

정의는 인간과 인간관계에만 적용되는 것이 아니다. 근본 관계는 신과 인간이 맺는 관계이다. "인간이 신을 섬기지 않는다면 도대체 신 안에는 어떤 정의가 있다고 말해야 하는가? 만일 인간이 신을 섬기지 않는다면 영혼은 육체를 지배할 적법한 통치권을 갖지 못하며 사랑을 감당할 이성도 가질 수 없다."

정의가 한 인간에게서 찾아질 수 없다면 그와 같은 다른 인간들 집단 전체에서도 그것을 볼 수 없다. 그러한 집단에서 대다수 사람이 만족할 만한 일치된 법은 불가능하다. 신을 섬김은 스스로 자기를 사랑함이며 또한 같은 인간을 사랑함이다. 신을 섬기고 인간을 사랑함은 곧 만인이 신을 섬기고 사랑할 신성한 권리와 기회를 갖고 있음을 인식함이다. 그러므로 모든 윤리는 인간이 신을 사랑함에 기초한다. 사랑이 정의를 떠

10 Stumpf(2004), p.222.

11 Stumpf(2004), p.222.

받치는 근본이다.

아우구스티누스에 따르면, "한 사회는 신앙과 강한 화합에 기반을 두고 있으며 그것에 의하지 않고는 존재할 수 없다. 왜냐하면 신앙과 강한 화합의 품안에서 사랑의 대상은 곧 보편적인 선이며, 그것은 최고의 거룩함과 진실함을 갖춘 신, 그 자신이기 때문이다. 또한 인간은 신의 품속에서 완전한 진실함을 가지고 서로 사랑한다. 이러한 상호 간의 사랑의 근거는 신에 대한 사랑이고 그 앞에서는 사랑의 마음을 숨길 수가 없다."[12]

아우구스티누스에 따르면, 국가는 나름대로 힘을 발휘한다. 물론 그 힘은 사랑에 비견될 수 없다. 그렇지만 국가는 적어도 악을 누그러뜨릴 수 있다. "사악한 자에게서 이 악한 힘을 빼앗는다면 그들은 스스로 좀 더 양순한 자가 되리라." 국가는 그런 만큼 헛되이 계획되지 않았다.[13]

아우구스티누스에 따르면, 인간이란 신을 사랑하는 부류와 자기와 세계를 사랑하는 부류로 나뉜다. 이 부류들은 각각 자기들이 무엇을 사랑하는가에 대한 일치감으로 결속하여 공동체를 이룬다. 그 부류 각각이 형성한 공동체는 서로 상이한 성격을 지닌다. 신을 사랑하면 '신국神國'(civitas Dei)에서, 자기와 세계를 사랑하면 '지상 국가(civitas terrena)'에서 시민으로 산다.

아우구스티누스가 413년 『신국론』을 저술한 것은, 신이 지상국가를 멸망시키고 그곳에 신국을 세웠음을 증거로 제시하려고 했기 때문이다. 그 예가 로마제국 멸망이었다. 지상국가 시민은 스스로 신인 양 교만하다. 교만한 탓에 전쟁을 벌이고 부정의를 일삼는다. 지상국가에서 즐거움이

---

12 Stumpf(2004), p.223 재인용.

13 Stumpf(2004), p.223 재인용.

란 성욕, 물욕, 지배욕을 충족시킴이다. 그런 즐거움으로 시민들은 신에게서 자꾸 멀어진다. 결국 지상국가는 멸망에 이른다. 반면 신국 시민은 스스로 인간임을 자각하여 겸손으로 산다. 신을 향한 사랑으로 충만한 신국은 평화롭기만 하다. 평화로운 만큼 신국에서는 영원한 삶을 보장받는다.[14]

---

14 Stumpf(2004), p.225.

03

아벨라르 Peter Abelard(1079~1142)

아벨라르는 엘로이즈Heloise와 사랑으로 한때 중세 프랑스를 떠들썩하게 했다. 그들 사랑은 중세에서는 상상하지 못할 대담한 사랑이었다. 이 사랑으로 그는 거세를 당한 채 살아야 했다. 연인 엘로이즈는 수녀가 되었고 두 사람은 평생토록 편지를 주고받았다.

아벨라르에게 최대 관심사는 죄란 무엇인가였다. 그는 먼저 악덕이 곧 죄가 아님을 밝힌다. 흐리멍덩한 정신 상태, 무지, 나쁜 기억력 등은 악덕이기는 하지만 죄는 아니다. 어떤 사람이 화를 잘 내는 성질 급한 사람이라고 해서 그가 곧 죄인은 아니다. 어떤 사람이 사치를 즐긴다고 죄인인 것은 아니다. 죄인지 또는 죄가 아닌지는, 악덕이 빚어낸 결과에 따른다.[15]

사람을 죄인으로 만드는 것은 '영혼에서 생기는 결함'이다. "우리로 하

---

15 Arrington(2003), p.222.

여금 죄를 짓도록 만드는 악덕은 곧 적절하지 않은 것을 의지하도록 유도하여 하지 말아야 할 것을 하거나 해야 할 것을 하지 않도록 만든다."[16]

핵심은 '의지'이다. 아벨라르는 '의지 작용'을 강조하는 주의주의(voluntarism)를 내세운다. 아벨라르에 따르면, 사람이 그른 행위를 하길 원하지 않으면서도 그른 일을 하길 의지할 수도 있다. 예를 들어, 주인이 자기를 죽이려 하기 때문에 그 주인을 죽이는 사람이 그렇다. 이 예에서 "자기 방어를 위해 행위를 한 그 사람은 주인을 죽이려는 욕구가 조금도 없었다. 그러나 그는 결코 의지해서는 안 되는, 다른 사람을 죽이는 일을 의지했기 때문에 그가 주인을 죽이기 전에 이루어진 부당한 의지는 죄라고 할 수 있다."[17]

아벨라르에 따르면, 죄지음이란, 한편으로는 어떤 그른 일을 욕구함이지만, 다른 한편으로는 결코 그렇지 않다. 죄지음이란, 그르다고 인식하는 그 무엇을 의지함이다. 죄지음이란, 그릇된 일을 하려는 욕구에 굴복하여, 그 욕구를 따르기로 결정함이다. 저속하고 부당한 일을 하려는 욕구가 악한 의지이다. 그렇다면 죄짓지 않으려면 악한 의지가 이끄는 대로 따르지 말고 반대로 이를 뿌리쳐야 한다.[18]

정녕 악한 의지를 뿌리칠 수 있을까? 아벨라르에 따르면, 그렇다. "예를 들어 누군가가 어떤 여성을 보고 격렬한 정욕을 느끼고 그의 마음이 육체적 쾌락에 이끌려서 그녀를 겁탈하도록 자극받았다면 …… 이러한 의지

---

16 *Ethics or Know Thyself* (*Scito te ipsum*, 『윤리학 혹은 너 자신을 알라』), p.5, Arrington(2003), p.222 재인용.

17 Arrington(2003), p.223.

18 Arrington(2003), p.223.

와 저속한 욕망은 죄가 아니고 도대체 무엇이란 말인가?" 강렬한 욕망에 굴복해서 죄를 저지를 것인가 아니면 싸움을 벌여 극복할 것인가. 아벨라르는 강렬한 욕망은 자연스럽다고 주장한다. 그것만으로는 죄가 되지 않는다. 강렬한 욕망을 억누르고 지배함으로써 승리와 영광을 누릴 수 있다.[19]

인간이 겪는 욕구는 의지에 따르기 전에는 1차원 욕구에 머문다. 그 욕구는 그 욕구를 충족시키려는 2차원 욕구와 일치할 수도 있고 또 일치하지 않을 수도 있다. 1차원 욕구가 그 욕구를 충족시키려는 2차원 욕구와 일치함으로써 그는 죄를 짓는다. 반면 1차원 욕구가 그 욕구를 충족시키려는 2차원 욕구와 불일치할 때, 그러니까 1차원 욕구를 거부하려는 욕구가 2차원 욕구라면, 그는 1차원 욕구를 극복할 수 있다.[20]

아벨라르는 행위는 죄 개념과 무관하다고 주장한다. "죄를 실제로 행하는 것은 우리가 신 앞에서 유죄 판결을 받거나 저주를 받는 데 아무 것도 더하지 않는다." 죄를 실제로 행하기로 의지함으로써 죄를 짓게 된다. 그런 만큼 강제 또는 무지로부터 행해진 죄가 아니다. "예를 들어 한 여성이 다른 여성의 남편과 동침하도록 강요된 경우나 한 남성이 어떤 방식으로든 속임을 당하여 다른 여성을 자신의 아내라고 생각하고 동침하는 경우가 있을 수 있다."[21]

아벨라르에 따르면, 자기가 무엇을 행하는지, 누구에게 행하는지, 무엇을 가지고 행하는지, 어떤 맥락에서 행하는지 등과 관련된 어느 한 가지

---

19 Arrington(2003), p.223 재인용.

20 Arrington(2003), p.224.

21 Arrington(2003), p.225.

또는 그 이상으로 중요한 요소를 파악하지 못한 행위자는 그 행위를 했던 책임을 면제받을 수 있다. 어떤 행위라도 그 자체로 그르지 않다는 게 아니다. 단지 행위만으로는 행위자를 죄인으로 만들 수 없다.

아벨라르에 따르면, 올바른 행위를 하는가 아니면 그릇된 행위를 하는가는 행위자 자신에게 달린 문제가 아니다. 행위는 외부 사건으로 말미암아 방해받을 수도 있기 때문이다. 어떤 행위는 제어 범위를 벗어난 요인 때문에 다른 행위로 바뀔 수도 있다. 그러나 어떤 방식으로 행위하길 의지하는가 아니면 의지하지 않는가는 행위자에게 달린 문제이다. 행위자는 자기가 제어할 수 있는 문제에만 도덕 명령을 받아들일 수 있기 때문이다.

아벨라르에 따르면, "모든 행위들은, 저주받을 만한 것이거나 신이 선택할 만한 것이거나 마찬가지로, 그 자체로는 도덕적으로 무관한 것이며 오직 여기에 행위자의 의도가 더해졌을 때에만 선하거나 악하다고 불릴 수 있게 된다. 따라서 어떤 행위가 행해졌기 때문에 그것이 선하거나 악한 것이 아니라 그 행위가 잘 행해졌는가 아니면 나쁘게 행해졌는가에 따라서, 즉 그 행위가 적절한 의도에 따라서 행해졌는가 그렇지 않은가에 따라서 행위는 선하거나 악하게 된다."[22]

아벨라르 이론은 훗날 18세기 철학자 칸트Kant가 주장하는 선의지 개념과 흡사하다. 아벨라르는 이미 12세기 프랑스에서 인간 행위를 동기에 초점을 맞췄다. 뿐만 아니라 아벨라르에게서는 또한 아리스토텔레스와 스토아학파가 내세운 주장도 묻어난다. 옳고 그른 행위 자체보다는 오히려 어떤 행위를 하도록 이끄는 행위자 내면 상태가 중요하다는 것이 그

---

22 Arrington(2003), p.228 재인용.

같은 부분이다. 아벨라르에 따르면, 살인 행위가 나쁜 것은 살인 행위 그 자체보다는 살인을 하겠다는 의도 때문이다. 정녕 살인하겠다는 의도 때문에 살인이 그른 것일까?

04

아퀴나스 Thomas Aquinas(1225~1274)

아퀴나스는 신앙과 이성을 조화시키려던 '천사 같은 박사(the agelic doctor)'였다.[23] 아퀴나스는 신앙과 이성을 조화롭게 하려하는 것이 주관심사였다. 그는 신앙과 철학이 서로 어긋나지 않다는 논증을 시도했다. 그래서 그는 아리스토텔레스 철학을 기독교 교리와 연결하려고 백과사전 분량만큼 저술했다. 가장 널리 알려진 것은 『신학대전(Summa theologiae)』이다.

『신학대전』에서 그는 이성과 계시를 신을 인식하는 수단으로 여긴다. 여기서 신 존재증명 다섯 가지를 비롯하여, 신 본성, 속성, 신 은총 이론을 제시한다. 그 이론들은 모두 아리스토텔레스 철학에 기초한다. 그는 '형상'과 '질료', '실체'와 '속성', '현실태'와 '가능태' 등 아리스토텔레스 개념을 그대로 차용했다.

'현실태'와 '가능태'는 현실에서 나타나 있는 것과 그것이 앞으로 바뀔

---

23 Diané Collinson(1987), p.33.

가능성을 서로 비교하는 개념이다. 석탄은 지금 현재 검고 차갑고 딱딱하지만, 화로에 넣어져 열이 가해지면, 뜨거운 가루로 바뀔 가능성이 있는 사물이다. 열이 가해지면, 석탄은 다른 '속성'을 가진 '실체'로 변화한다.

아퀴나스에 따르면, '질료'는 모든 변화 가능한 실체에 적용할 수 있다. 현세에서 모든 것은 질료와 형상으로 구성된다. 천사는 순전히 육체는 아니지만, 천사들은 각각 고유한 형상을 갖고 그 고유함에 따라 다른 천사들과 구별된다. 인간도 형상과 질료로 구성된다. 각각 다른 질료로 서로 다른 사람이 된다.

4.1. 인간 본성

아퀴나스는 아리스토텔레스를 따라 인간 영혼이 육체를 있게 한 형상이라고 주장한다. 아퀴나스에 따르면, 영혼은 첫째 생명 원리이다. 영혼으로 생명체는 살아간다. 영혼과 육체가 함께 실체를 구성하는 요소이다. 그런 만큼 영혼 없는 육체는 엄격한 의미에서 질료 덩어리일 따름이다. 인간 영혼은 신이 창조했으며, 육체를 초월할 수 없다. 영혼이 생명을 부여하는 원리라면, 살아 있는 모든 사물은 영혼을 가져야 한다. 식물도 살아 있는 생명체인 만큼 '식물 영혼'이다. 동물은 '감각 영혼'이다. 인간은 이성 활동으로서 '이성 영혼'이다.[24]

아퀴나스에 따르면, '식물 영혼'이나 '동물 영혼'은 물리동작과 직접 대응한다. 인간 영혼은 육체동작에 대응한다. 그렇지만 '이성 영혼'으로서

24 Diané Collinson(1987), p.35.

인간은 논리학, 수학, 형이상학, 신학으로 개념 활동을 한다. 개념 활동에 대응하는 육체동작은 없다. 인간 영혼에서 어떤 부분은 육체동작을 요구하지 않는다. 이 부분은 육체가 소멸한 후에도 살아남을 수 있다.[25]

아퀴나스에 따르면, 인간은 동물과 다르다. 특히 도덕 능력을 지녔다는 점에서 인간은 동물과 다르다. 도덕 능력은 죽은 후 신에게 심판받음을 자각함으로써 생긴다. 이 세상살이가 끝난 후 보상이나 처벌을 받기 때문이다. 보상이나 처벌을 받는 것은, 이 세상에서 이뤄진 선택과 결단 때문이다. 인간에게 선택과 결단이 가능한 것은 제어 범위를 벗어난 외부 힘에 완전히 휘둘리지 않을 수 있기 때문이다.[26]

아퀴나스에 따르면, 인간은 자유의지를 누린다. "그렇지 않고서는 충고, 설교, 강제 보상, 처벌 등 모든 것이 무의미해진다."[27] 자유의지로 자기가 했던 행위 말고 다른 행위가 가능해진다. "이성 판단은 여러 가능성에 열려 있고, 그중 하나만 행위할 수밖에 없게끔 결정되어 있지 않다."[28]

아퀴나스에 따르면, 자유는 이성에서 비롯한다. 그렇지만 아퀴나스는 이성과 욕구가 때에 따라 충돌할 수 있음을 인정한다. 뿐만 아니라 사람들은 서로 다른 기질을 갖고 태어날 수 있으며 다른 사람과 다르게 특별한 경향을 가질 수도 있다. 그렇지만 어떤 성향을 갖든 그것은 이성 판단에 따른다. 자유가 이성에서 비롯하는 만큼 이성에 거역하여 욕구에 따

---

25 Diané Collinson (1987), pp.35~36.

26 Roger Trigg, *Ideas of Human Nature : An Historical Introduction*, Basil Blackwell(1988), (『인간 본성에 대한 철학적 논쟁』, 최용철 옮김, 간디서원, 1996), p.101. 이하 Trigg(1996)로 줄임.

27 *Summa Theologiiae*, 1a, 83.1; Trigg(1996), p.102 재인용.

28 *Summa Theologiiae*, 1a, 83.2; Trigg(1996), p.102 재인용.

른 행위를 하는 순간 자유로울 수 없다. 이성에 거역하고 욕구를 따름을 자유라고 한다면, 자유와 이성은 서로 별개이고 만다.

의지가 박약하면 욕구에 굴복한다. 아퀴나스에 따르면, 이성은 습관, 성향, 정념을 통제할 수 있다. 이성 판단에 따라 어떤 습관, 어떤 성향, 어떤 정념은 취하거나 아니면 버릴 수도 있다. "나는 이성 판단에 따라 어떤 것을 원하지 않고 다른 것을 원하도록 스스로 훈련할 수 있다." 아퀴나스는 결정론(determinism)을 거부한다. 행위를 결정짓는 것은 오로지 이성이다.[29]

아퀴나스가 자유의지를 강조하는 이유는 이 세계가 악이 가득 찬 곳이기 때문이다. 애당초 인간은 죄를 짓는 경향을 갖고 태어난다. 죄를 짓는 경향에서 벗어나려면 신으로부터 은총을 받아야 한다. 이성은 신이 내린 은총이다. 아퀴나스는 이성을 발휘함으로써 덕에 이를 수 있다고 주장한다. "덕은 마음에서 나오는 좋은 습관으로, 그것에 따라 바르게 살며, 아무도 그것을 악용할 수 없다."[30]

덕은 습관 또는 성향이다. 좋은 습관은 행위자 본성에 맞는 행위를 지향하며 나쁜 습관은 본성에 맞지 않는 행위를 지향한다. 유덕한 행위는 이성을 따르기에 인간 본성에 걸맞고, 반면 악덕한 행위는, 이성으로서 인간 본성에 어긋난다.

이성에 부합하는 행위로 인간은 자기를 완성해 나간다. 유덕한 행위는 자기완성에 이르게 하는 행위이다. 자기완성은 지·덕과 도덕·덕으로 나뉜다. 지·덕은 이성을 완성하는 덕이며, 도덕·덕은 욕망을 완성하

29 Trigg(1996), p.103.

30 Sahakian(1974), p.82.

는 덕이다. 지·덕과 도덕·덕으로 나누는 방식은 아리스토텔레스와 같다.[31]

4.2. 자연법

아퀴나스에 따르면, 모든 법은 신으로부터 나온다. 법은 신이 인간으로 하여금 스스로 공동선(common good)을 달성하도록 설정해 놓은 규칙이다. 아퀴나스는 법을 영원법, 자연법, 인간법(법률), 신성한 법 네 가지로 구분한다. 영원법(eternal law)은 시간에 구속되지 않는 법으로, 최고 이성이 규제하는 법이다. 자연법(natural law)은 인간이 자기에게 내재하는 빛에 따르는 법이다. 자연법은 인간 본성에서 비롯하는 법이다. 인간법(human law)은 시민법으로, 자연법에서 비롯하는 법이다. 신성한 법(divine law)은 인간 능력을 초월하는 법으로 자연법을 보완해 주는 법이다.

영원법은 모든 법을 떠받친다. 자연법 역시 영원법에서 비롯한다. 자연법은 자연법칙과는 다르다. 그 누구라도 자연법칙은 어길 수 없지만 모든 사람이 자연법에 따라 사는 것은 아니다. 자연법은 모든 사람이 따라 살아야 할 당위로서 법이다. 자연법은, 시민법인 법률과도 다르다. "법률이란 올바른 사람들이 멀리할 수 있는 악을 규제하는 것이 아니라, 대다수 사람들이 피할 수 있는 심각한 악을 금지시키며, 살인 정도 등과 같이 다른 사람들에게 해를 끼치는, 인간 사회 존립을 위해 반드시 막아

---

31 Arrington(2003), pp.241~242.

야 할 악을 주로 규제한다."[32]

도덕 법칙과 법률은 서로 다르다. 아퀴나스에 따르면, 도덕과 법률이 다른 것은, 도덕이 법률보다 더 많은 것을 요구하기 때문이다. 법률은 도덕이 가진 기능 중 하나일 따름이다. 아퀴나스에 따르면, 법률이란 사람들로 하여금 부도덕한 충동을 억누를 수 있도록 하는 규범이다. 법률은 처벌하겠다는 위협으로 젊은이들을 길들이기도 한다. "이렇게 길들여지면서 그들은 과거에 두려움 때문에 하게 되었던 행위를 스스로 알아서 하고, 그 결과 덕 있는 사람이 된다. 처벌에 대한 두려움을 통해 사람들을 강제하는 제재가 바로 법률 제재이다.

법률은 자연법으로부터 도출되어야 한다. 자연법에서 도출되지 않으면 법률은 부당해진다. 법이 지향하는 목적은 반드시 공동선이어야 한다. 아퀴나스에 따르면, 자연법은 스스로 모든 것을 주재하는 신의 섭리에 대한 굳건한 믿음으로 이해되어야 한다. "만물의 입법자인 신아래 모든 피조물들은 여러 자연 성향을 갖는다." 모든 사물들이 그들 성향을 따르는 한 영원한 법칙에 복종하게 되는 것이며, 인간에게 그 법칙은 이성에 따르는 행위에 적용된다. 무분별한 욕구에 휩쓸리는 경우는 인간 본성을 거역하는 경우이다.

아퀴나스는 타락한 인간을 다음과 같이 묘사한다. "신으로부터 벗어날 때 육욕에 휘둘리는 상태에 빠진다. 이러한 상태는 각 개인을 이성으로부터 벗어난 타락 상태로 몰고 간다. 그 결과 각 개인은 감각 욕구만을 갖고 태어난 금수와 같아진다."[33]

---

32 *Summa Theologiiae*, 1a, 2.96.2; Trigg(1996), p.107 재인용.

33 *Summa Theologiiae*, 1a, 2a 91.6; Trigg(1996), p.108 재인용.

아퀴나스에 따르면, 육욕은 이성에 복종해야 한다. 그러나 순수한 동물 성향으로서 욕구는 종족 보존을 위해 신이 마련해 준 것임을 잊지 말아야 한다. 자연법을 어김으로써 생길 결과를 감수할 의향이 있다면 인간은 자연법을 얼마든지 어길 자유가 주어진다. 그렇지만 신성한 영원한 법에 따르는 행위만이 인간 선을 보장한다. 신이 창조한 세계에 계시된 인간 목적을 위배하는 자들은 스스로 자기에게나 타인에게 고통과 불행을 줄 뿐이다. 아퀴나스에 따르면, 자연법이 인간을 강제하지는 않지만 인간으로 하여금 창조주 의지에 따라 보람찬 삶을 살게 하는 안내 역할을 한다. 아퀴나스에 따르면, 자연법 명령은 자연 성향 위계와 상응한다.

> 첫째, 먼저 모든 존재는 본성에 따라 자기 보존을 추구한다. 인간에게는 모든 물질적 존재가 공통으로 가지는 본성에 따라 선이 되는 것, 즉 자기 보존을 지향하는 경향이 있다. 또 이런 경향이 있기 때문에 무엇이든지 자기보존에 수단을 찾고 방해물을 피하는 것이 자연법에 맞는다. 둘째, 사람에게는 다른 동물들과 공통으로 갖는 본성에 따라 특수한 것들을 지향하는 경향이 있다. 이런 경향으로 하여 교접이나 새끼양육 등 자연이 가른 것들을 하는 것이 자연법에 맞는다. 셋째, 사람에게는 자기 고유한 본성으로서 이성에 따라 선을 지향하는 경향이 있다. 그래서 사람은 신에 관해 진리를 알려고 하며 사회 속에서 살려는 자연 경향을 갖는다. 그러므로 이 경향에 관계되는 것은 무엇이든지 자연법에 맞는다. 예를 들어 무지를 물리치고 동료들을 공격하지 않으며 그 밖의 위의 경향들과 관계되는 것들이 그것이다.[34]

34 *Summa Theologiiae*, 1a, 2a,94.2; Trigg(1996), p.109 재인용.

아퀴나스에 따르면, 사람은 이성 능력을 갖지만, 그 능력이 잘못 발휘되어, 잘못된 관습이 사회에 만연할 수도 있다. 도둑질이 잘못이 아니었던 시대와 사회가 그렇다. 자연법은 사회질서에 반영되어야 한다. 그럼에도 인간 본성에 따른 적절한 규범을 제시하기란 무망한 일이다. 자연법에 따른 규범은 인간 본성이 변하지 않는다는 전제에서 나오기 때문이다. 끊임없이 변하는 세상에서 변하지 않는 인간 본성을 찾아내기란 어렵다. 변하는 세상에서 자연법은 자연스런 경향을 그대로 반영하지 못한다. 그럼에도 아퀴나스는, 자연법은 자연스러운 경향과 일치한다는 두 가지 주장을 내세운다. 그 하나는, 자연이 어떤 특정 방향에로 경향을 가질 수 있음을 자연법은 반영한다. 예를 들어, 다른 사람에게 해를 입힘이 그른 것은, 그것이 자연스런 방향과 어긋나기 때문이라는 것이다. 다른 하나는, 자연법은 자연스러움과 반대되는 경향을 금지하지 않는다. 예를 들어, 나체가 본래 자연스러움이지만 그 자연스러움과는 반대되는 경향으로서 의복 착용을 금지하지 않는다는 것이다.[35]

그렇다면 노예제는 인간에게 정녕 자연스러운가? 아퀴나스에 따르면, 노예제는 자연법 때문이 아니라 인간 이성에 입각한 편리성 때문에 생겨난다. 자연법과 노예제는 무관하다. 노예제는 자연스럽지 못하지만, 인간 욕구를 충족시켜 준다는 점에서 정당화될 수 있다는 것이다.

의복을 입는 문제와 마찬가지로 노예제를 허용하는 자연법은 의심스럽기 그지없다. 노예제를 허용하던 시대가 지금과 달랐었다는 주장으로 그 옛날 자연법을 정당화할 수 있을까? 인간 본성을 반영한 자연법 이론이 정당화되려면, 아퀴나스에게 옳았던 행동이 오늘날 사람에게는 옳

---

35 Trigg(1996), p.110.

지 않다는 결론이 나와서는 안 된다. 자연법이 적용되는 방식은 상황에 따라 달라도 인간 본성이 변하지 않는 한 자연법은 변할 수 없기 때문이다.[36]

---

36 Trigg(1996), p.111.

05

오컴 William Ockham(1285~1349)

오컴은 철저한 경험주의자이다. 오컴에 따르면, 감각으로 파악되는 개별 대상들만이 유일한 실재이다. 그는 이성으로 진리에 이를 수 없다고 결론 내렸다. 특히 오컴은 '면도날(Ockham's razor)' 원리로 유명하다. '면도날' 원리는 '사유 경제성' 원리이다. 그 원리에 따르면, "더 많은 전제로 설명할 수 있는 것은, 더 적은 전제로도 설명할 수 있다."[37]

오컴에 따르면, 일반 명사나 보편 명사를 '본질'이나 '형상'을 가리키는 것으로 생각할 어떤 이유도 없다. 보편성으로서 본질이나 보편성으로서 형상은 없기 때문이다. 보편성은 실재가 아니라 그냥 어떤 이름이나 부호일 따름이다. 오컴은 면도날 원리로 '본질'이나 '형상'을 베어내 버렸다.[38]

---

37 Diané Collinson(1987), p.39.

38 Diané Collinson(1987), p.40.

오컴은 철저한 유명론자이다. 유명론(nominalism)이란 이름 말고는 실재하는 것이 없다는 주장이다. 오컴에 따르면, 보편 본질로서 공통 속성은 실재하지 않는다. 공통 속성으로서 인간 본성도 실재하지 않는다. 인간 본성이 실재하지 않는 만큼, 인류 조상인 아담과 이브가 죄를 지어 인간 본성을 타락시켜 인간이면 누구나 원죄를 나눈 죄인이라는 주장은 날조된 허위이다.[39]

오컴은 지식을 직관 지식과 추상 지식으로 구별한다. 직관 지식은 감각으로 대상을 직접 파악하는 의식이다. 직접 의식이 곧 직관 지식이다. 이 직관 지식에서 추상 지식은 얻어진다. 추상 지식은, 사물에 관한 지식이 아니라, 명제에 관한 지식이다. 추상 지식은 사물에 관해 언어로 표현된 명제에 대해 내려진 판단이다.[40]

오컴에 따르면, 모든 지식은 직접 의식에서 얻어지는 만큼, 직접 의식이 불가능한 신에 대해서는 어떤 지식도 얻을 수 없다. 무엇이 있다는 개념은 개별 사물에 대한 직접 의식에서 비롯한 개념이다. 무엇이 있다는 개념은 신뿐만 아니라 그 피조물에게도 똑같이 적용된다. 무엇이 있다는 개념 없이 신이 있다는 생각은 나올 수가 없다. 그렇다고 무엇이 있다는 개념이 신이 있음을, 또 신과 피조물이 서로 비슷함을 보증하는 것은 아니다.[41]

경험주의자로서 오컴에게 개념과 사실은 서로 다르다. 오컴에 따르면, 무엇이 있다는 개념은 무엇이 실재實在한다는 사실과는 다르다. 신이 있

---

39 Arrington(2003), p.252.

40 Diané Collinson(1987), p.41.

41 Diané Collinson(1987), p.41.

다는 개념은 신이 실재한다는 사실을 입증하지 않는다. '최초', '최고'와 같은 개념을 확대 적용한다고 해서 그 개념이 실재하는 것은 아니다. 신 개념으로 신이 실재함을 증명할 수는 없다.[42]

오컴에 따르면, 이 세계만물은 신성한 의지, 그것도 자유의지에서 비롯한 우연일 따름이다. 신은 영원한 형상으로서 이데아가 아니다. 이 세상은 이데아로 창조된 것이 아니다. 이데아에 대한 지식으로 신성한 자유의지를 재단할 수는 없다. 신성한 의지에 따라 창조된 세계는 우연일 따름이다. 자연과 신 사이에 어떤 필연 관계도 없다.[43]

신은 무제한이다. 신은 그 자체로 선하다는 제한도 받지 않는다. 신은 창조된 그 무엇이 아니다. 신은 다른 어떤 의지로부터 지배받지 않는다. 신은 원하는 대로 인간에게 무엇이나 부과할 수 있다. 신은 어떤 의무도 지지 않는다. "의무는 신에게 적용되지 않는다. 왜냐하면 신은 어떤 것을 해야 한다는 그 어떤 의무도 지니지 않기 때문이다." 신은 원하기만 한다면 인간에게 신을 사랑하기보다는 차라리 증오하라고 요구할 수도 있다.

'면도날' 원리는 감각 지식과 추상 지식을, 나아가 신앙과 이성을 구분한다. 오컴은 그 구별로 자연 세계에 대한 연구가 이뤄질 범위와 한계를 그었다. 이 세상은 신성한 의지에서 비롯한 우연한 결과이다. 신이 어떤 의지를 가졌는지는 인간 인식 능력을 넘어서는 영역이다. 신은 분석 대상이 아니다. 신은 '면도날' 원리로 도려내야 할 부분이다.[44]

---

42 Diané Collinson(1987), p.41.

43 Diané Collinson(1987), p.41.

44 Diané Collinson(1987), p.42.

06 신성한 명령 이론

어떻게 살아야 하는가라는 물음에 '신성한 명령' 이론은 예외 없이 신성한 명령에 따라야 한다고 주장한다. 왜 신성한 명령에 따라야 하는가? 신성한 명령은 신성한 의지에 따른 결과이기 때문이다. 그렇다면 왜 신성한 의지에 따라야 하는가? 신성한 명령 이론에 따르면, 신이 인간을 창조했기 때문이다. 그렇지만 여기에는 피조물이 창조주가 의지한 대로 살아야 한다는 전제가 필요하다.

물음은 계속 이어진다. 정녕 피조물은 창조주가 의지한 대로 살아야 하는가? 왜 피조물은 창조주가 의지한 대로 살아야 하는가? 피조물이기에 창조주가 무엇을 명령하든 그 명령에 따라야 할까? 창조주가 부당한 명령을 내림에도 그 명령을 따르는 것이 올바르다고 해야 할까?

신성한 명령 이론에 따르면, 신은 아버지다. 창조주로서 신은 피조물에게 복종하기를 요구한다. 도덕이란 신성한 명령에 복종함이다. 왜 신성한 명령에 따라야 하는가? 세 가지 답변이 가능하다. 첫째, 신은 신성하기 때문이다. 둘째, 신은 선하기 때문이다. 셋째, 신은 전능하기 때문이다.

첫째 신은 신성하기 때문이라는 대답은, 신이 숭배 받을 만한 합당한 대상임을 전제한다. 그렇지만 왜 신은 숭배 받을 만한가라는 물음이 계속 이어진다. 신은 인간과 다르기 때문이라는 게 그 대답이다. 그와 함께 신은 인간과 어떻게 다른가라는 물음이 이어진다. 신은 사람과 달리 무한하다는 게 한 가지 답변이다. 그렇지만 무한함만으로는 신이 어떤 속성을 가졌는지 알 길이 없다. 만약 그 무한한 신이 유일신이라면 그 유일신은 무한하지 않다는 모순에 부딪치게 된다. 유일신과 그 유일신이 창조한 세계가 무한한 전체라면 그 유일신은 기껏 전체에서 일부에 지나지 않는다. 그 유일신이 전체 중 일부일 뿐이라면, 그 유일신은 무한할 수가 없다. 신이 무한하다면 전체 중 일부가 아니라 전체 그 자체이어야 한다. 그럴 경우 신은 범신론에서 내세우는 신이고 만다.

신이 신성한 까닭에 숭배 받는다는 대답은, 대답하는 사람들 저마다 신을 마음대로 정의내리게 만드는 대답이다. 그 대답은 따라서 언제나 독백에 그치는 답변이다. 독백에 그치는 한 무엇을 신으로 숭배할 수 있는가는 결코 대답할 수 없는 물음이 되고 만다.

둘째 신은 선하기 때문이라는 대답은, 신보다는 선함을 먼저 내세우는 대답이다. 선함을 먼저 내세우는 한, 신이 무엇을 하라고 명령한다는 것은, 그 무엇이 선하다는 이유 때문이다. 신이 무엇을 명령하는 것은 선을 행하라는 기본원칙에 따른 결과일 따름이다. 여기서 신은 선을 행하라는 선행 원칙을 따르기를 요구할 따름이다. 선행 원칙은 신이 가진 권위를 능가하는 원칙이다. 그렇다면 신성한 명령과 무관하게 선을 행하라는 선행 원칙에 따를 수도 있다. 신성한 명령이 없이도 선행 원칙은 지켜질 수 있기 때문이다. 선행 원칙이 지켜짐으로써 신은 선행 원칙에 따르라는 조언을 하는 역할을 할 따름이다.

셋째 신은 전능하기 때문이라는 대답은, 신성한 명령에 따르면 신이 행복하게 해 줄 수 있으리라는 기대에서 나온다. 이러한 답변은 신성한 명령에 따르지 않으면 신이 불행을 겪게 할 수도 있다는 믿음에서 나온다. 예를 들어, 신성한 명령에 따르지 않음으로써 지옥에 빠지는 곤경에 처할 수도 있다. 신은 지옥에 처박아 둘 만큼 전능하기 때문이다. 그렇지만 불행을 겪지 않으려고, 또 행복을 누리려고 신성한 명령을 따른다는 답변은, 그 동기가 불순하다. 그 대답은 자기 이익을 누리려는 이기심에서 비롯하는 답변이기 때문이다.

반면 신은 전능하기 때문이라는 답변, 현세에서 불행을 겪더라도 내세에서 행복을 누릴 수 있으리라는 기대감에서 비롯한다. 이러한 기대감은 현세에서 덕과 행복이 일치하지 않는다는 체념으로 이어진다. 현세에서 권장되는 덕은 행복을 가져다주지 않는다. 현세에서 겪는 불행은 오히려 내세에서 보상 받기 위한 계기인지도 모른다. 현세에서 노예로 지내면서 고초를 묵묵히 견뎌내는 것은 내세에서 영원한 행복을 누리기 위함이다.

신이 전능하기 때문에 신성한 명령에 따른다는 답변은, 중세 봉건사회 질서에서 불평등한 신분 계급질서에 순응하기를 요구한다. 신은 전능한 만큼 현세에서 겪는 불행을 내세에서 영원히 행복으로 보상할 수 있기 때문이다. 신이 전능하므로 그 명령에 따라야 한다는 답변은 피폐한 중세 봉건사회에 한 가닥 위안을 준다.

종교는 현세보다는 내세를 기대하게 만든다. 현세에서 내세를 기대함으로써, 현세에서 행복하지 못하다는 불만은 사라진다. 불만이 사라진 현세에서는 체념만이 남는다. 체념으로 순종과 복종을 미덕으로 여기게 된다. 신 앞에서 모두 평등하다는 이념은, 중세 봉건사회 질서를 유지하

는 한 처방이었을 뿐이다.[45]

45 MacIntyre(2002), p.115.

7장

자연 상태 VS 사회 질서

01
"삶은 고독하고, 야만스럽고, 추악하고, 가난하고, 짧다"

17세기 유럽에서 30년 전쟁은 가장 중요한 사건이다. "이 전쟁은 수천 년 유럽 역사 전체를 결론짓는 마지막 단계의 출발점이었고, 오늘날 유럽 세계를 직접 형성한 사건이기 때문이다."[1] 30년 전쟁은 프랑스, 영국, 에스파냐, 독일—이 거대한 복합체가 싸운 전쟁이었다.

30년 전쟁에 불을 댕긴 것은 1555년 '아우크스부르그 종교화의和議'였다. 여기서 "군주의 종교는 곧 나라의 종교"라는 원칙을 채택하였다.[2] 군주가 가톨릭인지 루터교인지 신앙고백을 하면 그에 따르지 않는 신민들은 나라를 떠나야 했다. 군주들은 이 원칙을 이용해 교황 지배로부터 벗어날 수 있었다. 군주들은 자기 권력을 강화하는 수단으로 종교를 이용

---

1 C.V. Wedgwood, *The Thirty Years Wars*,(2005), (『30년 전쟁 : 1618~1648』, 남경태 옮김, Humanist, 2011), p.12. 이하 Wedgwood(2011)로 줄임.

2 Wedgwood(2011), p.67.

했다.

종교분열로 말미암아 1400여개에 이르는 귀족 가문들은 이해관계에 따라 서로 동맹을 맺었다. "동맹관계가 얽혀 적대의 그물이 촘촘히 엮이자 아무리 유능한 정치가라 해도 어떻게 사이가 틀어져 누가 어느 측에 서게 될지 알 수 없었다." 종교분열은 이해관계로, 이해관계는 동맹관계로, 동맹관계는 전쟁으로 이어졌다. 전쟁은 참혹함을 불러 왔다. 30년 전쟁은 참혹했다. "쓰레기 구덩이에 쌓여 있는 썩은 고기를 먹는 새들과 교수대에 매달린 채 썩어 가는 시신은 흔한 풍경이었다."[3]

전쟁은 주로 용병으로 치러졌다. 용병에게는 돈 말고는 중요한 게 없었다. "그들은 누구도 봐주지 않고, 신성한 장소도 존중하지 않는다. 교회나 제단, 무덤, 그 안에 있는 시신도 마찬가지이다."[4] 전쟁 상태는 무정부 상태였다. 유럽 전체가 '신성모독과 야만'으로 가득 찼다. 정복자가 어떤 종교를 갖느냐에 따라 목사가 가톨릭 사제로, 가톨릭 사제가 목사로 개종하였다.[5]

"전쟁에서 누가 지고 누가 이겼건 간에, 어느 종교가 성하게 되고, 어느 군주가 부를 얻게 되었건 간에, 모든 대가를 치르고 희생된 것은 농민들이었다."[6] 1627년 10년째 접어들어도 "폭력과 불안은 끊이질 않았다. …… 어느 용병은 이렇게 기술했다. 우리는 남녀노소를 가리지 않고 마

---

3 Wedgwood(2011), p.31.

4 Wedgwood(2011), p.175.

5 Wedgwood(2011), p.237.

6 Wedgwood(2011), p.275.

구 죽였다. 두 시간 동안 학살이 벌어졌고, 이틀 동안 약탈이 잇따랐다."[7] 1628년 기록에 따르면, "가는 곳마다 들리느니 탄식이고, 보이느니 시신이다. 80마일 이내에 안전하게 잠 잘 수 있는 가옥이 한 채도 없고, 몇몇 가난한 여인들과 아이들만이 곡식을 찾아 헤매고 있다."[8]

전쟁이 계속될수록 민간인이나 군인 모두가 기근에 시달렸다. "쓰레기를 뒤지는 개들이 시신을 놓고 으르렁대며 무덤까지 파헤쳤다. …… 도시 아래쪽 강둑의 갈대밭을 따라 수 킬로미터나 물에 부풀어 오른 시신이 떠다녔고, 새들이 날카롭게 울부짖으며 시신에 달라붙었다."[9] 주민 3만 명이던 어떤 도시는 약 5천 명만이 살아남았다. "대부분 여자였다."[10] 매장되지 못한 시신들이 즐비했다. "굶주린 늑대가 숲과 산을 박차고 나와 배회하다가 외딴 오두막을 습격하고, 시체들을 뜯어먹었다."[11]

촌락과 수도원이 사라졌다. 사제와 수사도 사라졌다. 농민도 사라졌다. 어떤 도시 주민들은 석 달 동안 고양이, 쥐, 개를 잡아먹고 살았다. "한 여성은 자기 집에서 죽은 병사의 시신을 요리해 먹었다고 고백했다."[12] 전쟁터에서는 사람이나 짐승이나 배고픔에 허덕였다. 어떤 여인은 죽은 말의 살점을 뜯어먹었다. "그 옆에는 굶주린 개 한 마리와 까마귀도 있었다. 알사스에서는 사람들이 죄수들의 시신을 교수대에서 끌어내 뜯어 먹었다.

---

7 Wedgwood(2011), p.276.

8 Wedgwood(2011), p.323.

9 Wedgwood(2011), p.362.

10 Wedgwood(2011), p.363.

11 Wedgwood(2011), p.409.

12 Wedgwood(2011), p.494.

…… 어느 여성은 자기 자식까지 먹었다고 고백했다."[13] 사람들은 저마다 자기가 잡혀 먹을지도 모른다는 공포에 떨었다.

"19세기 중반까지 이 전쟁에 맞먹을 만큼 엄청난 인명과 재산 손실을 초래한 전쟁은 없었다. 인구는 3/4이 감소했고, 가축과 재산 피해는 더 심했으며, 농업이 전쟁 전 번영기 수준으로 회복되기까지는 일부 지역의 경우 200여 년이 걸렸다."[14] 전쟁 이전 인구와 전쟁 이후 인구가 1/50로 줄어든 곳도 있었다.[15] "독일 인구가 1618년 2,100만 명이었고, 1648년에는 1350만 명을 밑돌았을 것"이라는 통계도 있다. 어떤 전쟁 참가자는 말한다. "내 눈으로 보지 않았다면 그토록 처참하게 파괴된 땅이 있을 수 있다는 것을 믿지 않았을 것이다."[16] 그렇다고 30년 전쟁으로 해결된 건 아무것도 없었다.

30년 전쟁 전후로 어떻게 살아야 하느냐보다 절실한 물음은 없었던 만큼, 이 무렵 정치철학과 도덕철학은 번성했다. 정치철학은 마키아벨리로, 도덕철학은 자연법사상으로 새로운 전기를 맞이했다. 특히 자연법사상은 후커Richard Hooker(1553/4~1600)와 수아레Jesuit Francisco Suarez(1548~1617), 그로티우스Hugo Grotius(1583~1645), 홉스, 컴버랜드Cumberland(1632~1718)와 퍼펜도프Purfendorf(1632~1694), 로크 등으로 이어졌다.[17]

---

13 Wedgwood(2011), p.509.

14 Wedgwood(2011), p.623.

15 Wedgwood(2011), p.629.

16 Wedgwood(2011), p.625..

17 *EE*(1992), pp.501~503.

02

마키아벨리 Niccolo di Bernardo dei Machiavelli (1469~1527)

메디치 로렌초Lorenzo가 죽은 후 이탈리아에는 공화정이 들어섰다. 공화정은 14년 동안 지속됐다. 공화정에서 마키아벨리는 중심인물이었다. 그러나 1512년 공화정이 끝나고 메디치 가문이 다시 권력을 쥐었다. 마키아벨리는 체포되어 투옥되었다. 그는 고문을 당한 후 석방되었으며 시골에서 살아야 했다. 그는 그곳에서 자기를 투옥하고 고문했던 메디치 가문이 자기를 불러 주기를 바라면서 저술했다. 그는 1527년 희망을 실현시키지 못한 채 죽었다.

그는 죽기 전 정치 격변, 종교 부패, 권력 부침과 음모를 무수히 목격했다. 그는 정계 복귀를 바라면서 『군주론』을 저술했다. 『군주론』을 저술한 동기는 순수하지 못했다. 그럼에도 『군주론』은 그 당시 르네상스가 어떤 정치 사회 문제를 안고 있었는지를 반영하는 저작으로 유명하다. 특히 『군주론』은 인간 모습을 신랄하게 묘사한 것으로 유명하다.

『군주론』에서는 권력 획득을 통해 국가를 성공리에 운영하기 위한 규칙들을 제시한다. 마키아벨리에 따르면, 권력은 좋은 것으로, 명성, 명망,

명예와 더불어 추구하고 향유해야 한다. 그는 왕정체제를 지지하여 "이탈리아의 조건은 공화정을 실현 불가능하게 한다."고 주장한다. 프랑스와 스페인이 이탈리아보다 사정이 더 나은 것은, "그들 인민들이 선하기 때문이 아니라 …… 그 나라들이 인민들을 통합해 주는 왕을 갖고 있기 때문이다."[18]

마키아벨리는 한때 공화주의자였음에도 군주가 필요하다고 역설했다. 그는 고대시대에서나 각광받을 주장을 거침없이 내세웠다. 뿐만 아니라 그는 군주가 구사할 전략에 대해서는 너무 과격했다. 바람직한 목적을 달성하려면 무자비해질 수도 있어야 한다고 주장했기 때문이다. "신뢰를 지킴으로써 군주가 취할 이익이 나오지 않을 때에는 신뢰를 져버려야 한다."

마키아벨리에 따르면, 군주는 좋은 사람이어야 하는 것은 아니다. "자기 신민들을 결속하고 그들의 충성심을 유지하는 한 군주가 잔인하다는 비난을 받는 것을 염려하지 말아야 한다. …… 두려움에서 비롯한 공경과 기꺼운 마음에서 비롯한 사랑을 군주가 모두 받을 수 없을 때는 차라리 두려움에서 비롯한 공경을 받는 경우가 훨씬 더 낫다."[19]

마키아벨리는 군주가 갖추어야 할 덕을 언급한다. 이 덕은 온순함, 동정심, 정의감 등과 거리가 멀다. 대담함, 추진력, 결단력, 기회주의 등이 군주에게 필요한 덕목이다. 군주는 권력을 추구함에 신중해야 하고, 심지어 교활해야 한다. 군주는 심오하고도 비정한 관점에서 도출되는 인간 본성을 통찰해야 한다.

---

18 *Discourses*(로마사론), I. 17; Diané Collinson(1987), p.42 재인용.

19 *The Prince*(군주론), ch.17; Diané Collinson(1987), p.42 재인용.

> 사람은 인간을 다음처럼 일반화한다. 인간은 배은망덕하고, 변덕스럽고, 거짓말을 일삼고, 사기를 친다. 그들은 위험을 꺼리며 이익에는 탐욕스럽다. 그들이 당신과 한편일 때 당신을 그들은 잘 대해 준다. 그들은 당신을 위해 언제라도 목숨을 바칠 것처럼, 그들 재산과 생명과 그들 자식 등등을 희생시킨다. …… 그때는 당신에게 위험이 멀리 있을 때이지만 당신이 위험에 빠지게 되면 그들은 당신에게 등을 보일 것이다. …… 인간이란 그들을 두려움에 떨게 하는 사람보다는 사랑을 베풀도록 하는 사람을 상대로 피해를 줄 거라는 것을 별로 염려하지 않는다.[20]

마키아벨리에 따르면, 인민이란 단순해서 속이기 쉽다. 그런 만큼 군주는 자기가 동정심이 많은 사람으로, 훌륭한 신념을 가진 사람으로, 성실한 사람으로, 친절한 사람으로, 신앙심이 강한 사람으로 보인다는 것을 확신해야 한다. "모든 사람이 당신의 겉모습만을 보고, 정말 당신이 누구인지는 알지 못한다. …… 평범한 인민들은 언제나 당신이 진짜 누구인지 알지 못한 결과 겉모습으로 영향을 받는다."[21] 오늘날 교묘한 속임수, 위선, 사악함 등은 '마키아벨리답다Machiavelian'고 일컬어진다.

---

20 *The Prince*(군주론), ch.17; Dianė Collinson(1987), p.43 재인용.

21 *The Prince*(군주론), ch.18; Dianė Collinson(1987), p.43 재인용.

03

홉스 Thomas Hobbes(1588~1679)

3.1. 유명론

홉스는 스페인 무적함대가 영국을 공격하겠다는 선전포고로 공포에 떨던 시기에 태어났다. 그래서인지 홉스는 자기 보존만큼 중요한 것은 없다고 주장했다. 홉스는 이기주의를 내세운 최초 근대 철학자이다. 홉스는 엘리자베스 1세, 제임스 1세의 통치, 시민전쟁, 크롬웰의 지배, 왕정복고를 생애 동안 모두 겪은 사상가였다. 그가 내린 결론은 이기주의였다. 여기서 이기주의는 개인주의이다.

홉스는 17세기 과학자 갈릴레오를 따라 복잡한 전체를 그 개개로 분해하고 그 개개를 전체로 합성하는 방식을 따른다. 17세기 과학관이 홉스 이론 전체에 배어 있다. 물질을 미세한 구성원자로 분해하듯이, 홉스는 복잡한 사회를 구성요소로 나누어 개별 인간으로 분해한다. 그 다음 그 개인들이 어떻게 결합하여 사회를 구성하는가를 밝힌다.[22]

---

22 Alasdair MacIntyre, "Egoism and Altruism", *Encyclopedia of Philosophy*(The

홉스에 따르면, 사회는 개인으로 구성된다. "국가 속성을 알려면 먼저 인간 성향, 특성, 생활 방식을 알아야 한다."[23] 이 점은 『리바이어던』 표지에서 잘 드러난다. 표지는 군주가 왕국에 군림하는 모습으로 보인다. 그렇지만 자세히 보면 그 모습은 인민 한 사람 한 사람이 모여 이뤄진 모습이다. 국가는 인민들이 합해진 총합일 따름이다. 인간이란 본성상 사회에서 살아야 하는 동물이 아니다.

홉스는 유명론唯名論(nominalism)을 내세웠다. 유명론에 따르면, 같은 명칭으로 불리는 사물들이 서로 어떤 공통 속성을 가질 거라는 믿음은 잘못이다. 어떤 사물이든 그 본래 속성이란 없기 때문이다. 공통 속성이란 없으며 오로지 명칭만 있을 따름이다. 그렇다면 '인간'에 적용되는 공통 속성도 없다. 인간이란, 그저 한 사람 한 사람이 '인간'으로 불릴 따름이다. 오로지 개체로서 인간만이 있다. 이 개체들은 서로 비슷할 수도 있고, 또 비슷하지 않을 수도 있다.

3.2. 자연 상태

홉스에 따르면, 개체로서 인간은 단순히 물질일 따름이다. "생명이란 수족이 움직임이다." 인간은 기계 엔진처럼 보인다. 특히 인간은 자기가 움직이고 싶은 대로 움직이면서 스스로 지탱하는 기계 엔진이다. 인간 행위, 그 원인은 개인 신체일 따름이다. 인간은 개체로서 신체 움직임일 따름이다.

Macmillan Company, 1978), vol.2.

23 Trigg(2003), p.118.

홉스에 따르면, 어떤 신체 움직이든 죽음을 피하려는 욕구에서 비롯한다. 남을 지배하려는 욕구도 결국 자기 보존 욕구에서 비롯한다. 죽음을 피하고 자기 목숨을 보존하려는 욕구에서 모든 움직임이 이루어진다. 갈릴레이의 '코나투스conatus' 개념을 원용하여 홉스는 인간의 몸 안에서 일어나는 운동을 가리켜 '의도'라고 번역한다.[24]

'의도'는 심리 운동으로서 어떤 대상을 향할 때 '욕구(appetite)', '욕망(desire)'이며 어떤 대상에서 멀어지려고 할 때 '혐오(aversion)'이다. "외부 대상에 대한 감각은 신체 기관에서 만들어진 반작용 또는 저항에 따른 결과이다. 따라서 감각은 밖으로 밀어내려는 신체 기관이 기울이는 노력(endeavour)이다."[25]

> 선악은 우리 욕망과 혐오를 나타내는 이름이다. 그것은 사람들의 기질, 관습, 신조에 따라 다르다. 사람에 따라 미각, 후각, 청각, 촉각, 시각에 의존하

---

24 라틴어 conatus는 영어로는 endeavour(의도), exertion(노력, 힘의 발휘), impulse(추진력, 충동), inclination(행동, 경향) 등의 뜻이다. 물리학 개념으로 그것은 위치와 숫자로 주어질 수 있는 것보다 더 작은 공간과 더 작은 시간으로, 점이나 순간을 통해 만들어지는 운동이다. 스피노자(Spinoza)에 따르면 인간은 보편 질서의 한 유한한 부분이다. 인간은 특별한 종류의 일관성과 균형을 지니는 한 거대한 내적 복합성 체계이다. 인간은 다른 인간 및 자연과 끊임없이 상호 작용하며, 이 상호 작용은 항상 이 방향 혹은 저 방향으로 균형을 깨려는 경향을 지닌다. 이 균형이 적절히 이루어질 때 인간은 살아남아, 육체적이며 정신적인 건강을 유지한다. 균형이 일시적으로 어느 정도 이상 깨지면 병들고 만다. 그리고 균형이 회복할 수 없을 지경이면 마침내 죽는다. 이제 다른 모든 자연물처럼, 사람은 모든 변화에 대항하여 그 특징적 평형을 유지하기 위해 반응하는 타고난 경향을 지닌다. 이 타고난 경향을 스피노자는 '코나투스'라고 부른다. 어떤 것의 코나투스는 그 사물의 본질이다. 어느 특정 상황에서 그 존재가 취하는 특정 방식은, 그 존재의 코나투스이다.

25 *Leviathan*, ed., Richard Tuck(Cambridge Univ. Press., Cambridge, 1991), p.13. 이하 *Leviathan*(1991)으로 줄임.

> 는 쾌, 불쾌의 판단이 다를 뿐만 아니라 행위에 대해서도 무엇이 이성에 맞고 맞지 않는지 판단이 서로 다르다. …… 때문에 개인의 욕망이 선악의 기준인 한, 사람은 전적인 자연 상태, 전쟁 상태에 있는 것이다.[26]

홉스에 따르면, 인간 본성 그대로 살아가는 상태가 자연 상태(State of Nature)이다. 자연 상태에서 인간은 오로지 자기 보존을 향해 전심전력을 기울인다. 자기 보존 동기로 살아가는 자연 상태는 사람들이 서로 끊임없이 경쟁하고 지배하는 '만인에 대한 만인의 투쟁 상태'이다. '인간은 인간에 대해 늑대'이다. 그 누구도 믿을 수 없다. 투쟁 상태에서 믿을 건 오로지 힘과 속임수뿐이다.

자연 상태에서 사람은 서로 경쟁하며 투쟁한다. "인간은 태어나면서 자연스럽게 자신이 갈망하는 모든 것을 얻으려고 경쟁한다. 그리고 할 수만 있다면 온 세상이 자신을 두려워하고 자신에게 복종하도록 만들려고 한다."[27] "끊임없이 뒤처진다는 것은 비참한 일이며 끊임없이 다른 사람을 앞지르는 것은 커다란 행복이다. 그리고 그러한 과정을 멈추게 하는 것은 죽음이다."[28] '영원토록 끊임없이 권력을 좇는 용솟음치는 힘'[29]을 억지하는 것은 죽음과 죽음에 대한 두려움뿐이다.

서로가 경쟁하고 갈등하고 적대하는 곳은 답답하고 어둡다. 욕구를 충족시키기에 자원은 매우 부족하여 그걸 서로 차지하려는 경쟁은 더욱 가

---

26 *Leviathan*(1991), p.39.

27 *The English Works of Thomas Hobbes*, ed., W. Molesworth, VII, p.73; MacIntyre(2002), p.133 재인용.

28 *Ibid.*, IV, p.53; MacIntyre(2002), p.133 재인용.

29 *Ibid.*, III, p.130; MacIntyre(2002), p.133 재인용.

혹하고 잔인하다. 이 상황이 더욱 가혹한 것은 단순히 자원부족 때문만은 아니다. 기본 욕구 충족에도 공격 본능을 억누르지 못하는 사람들이 많기 때문이다. 홉스에 따르면, 자연 상태에서 "삶은 고독하고, 가난하고, 추악하고, 야만스럽고, 짧다.(solitary, poor, nasty, brutish, and short)"[30] 억제하지 못하는 공격 본능은 "인류 역사의 모든 페이지에, 우리가 알고 있는 모든 시대에, 모든 곳에서 나타난다."[31]

어떤 행위든지 그것은 자기 보존을 위한 행위이다. 그럼에도 자연 상태는 자기 보존이 불가능해지는 상황이다. 자기 보존이 불가능한 상황을 자기 보존이 가능한 상황으로 바꾸려면 자기 보존을 위한 방법을 새로 강구해야 한다. "인간이 평화에로 기울어지는 열정은 죽음에 대한 공포심이다. 평화에 대한 욕구는 안락한 삶에 필요조건이다. 또 노력하면 평화를 얻을 수 있으리라는 희망도 필요조건이다. 그래서 이성은 평화에 관한 알맞은 규약을 제시한다. …… 이 규약은 자연법(Law of Nature)이라고 불린다."

3.3. 사회로서 국가

홉스에 따르면, "자연법은 이성이 발견한 명령 혹은 일반 규칙으로, 그것에 따라 인간은 자기 생명을 손상하거나 생명을 보존하는 수단을 내버리는 행위를 금지 당한다. 결국 모든 인간은 평화를 얻을 수 있는 희망이

30 *Leviathan*(1991), p.89.

31 Mark Johnson, *Moral Imagination : Implication of Cognitive Science for Ethics*, University of Chicago Press(1993), pp.220~221. 이하 Johnson(1993)으로 줄임.

있는 한 평화를 추구해야 한다. 만일 평화를 얻을 수 없다면 인간은 모든 수단을 강구해서 전쟁을 치러 이익을 얻어야 할지도 모른다."[32]

자연 상태는 전쟁 상태이므로 모든 사람들이 목숨 보존이 어려운 상태이다. 사람들에게는 목숨 보존이 최고 가치인 만큼 자연 상태를 벗어나 목숨을 보호해 줄 국가에서 살기를 희망한다. 그래서 제1 자연법은 평화를 명령한다. 제2 자연법은 모든 사람들은 자신들을 지배할 최고 권력기구를 수립하기를 '계약'한다. 목숨 보존을 위해서는 자연 상태를 종식시킬 국가가 필요하며, 국가는 자연 상태에 살던 사람들을 보호해준다. 국가는 생명을 보호해 주고, 그 대가로 자연 상태에 살던 사람들에게 복종을 요구한다. 자연 상태에 살던 사람들은 스스로 자연 상태에서 자기들이 소유하던 권리를 포기하고 그 권리를 평화와 교환한다.

홉스에 따르면, 자연 상태에 살던 사람들은 국가에 복종하는 시민으로 거듭 태어난다. 거꾸로 절대주의 국가만이 신민들을 안전하게 보호할 수 있다. 국가는 절대권력으로 시민들이 어떠한 권리나 자율성도 갖지 못하게 한다. 절대국가만이 자연 상태를 종식시킬 수 있기 때문이다. "칼이 없는 계약은 말일 따름이며, 단 한 사람도 보호할 힘을 갖지 못한다. …… 힘이 없다면, 모든 사람은 자기 힘과 술책에 따르려고 한다."[33]

자연 상태에 살던 사람은, 국가에서 개인들을 통제하지 못하면 자연 상태가 다시 출현할 거라는 사실을 잘 아는 만큼, 절대권력을 허용한다. 절대권력만이 자연 상태를 종식시킬 수 있기 때문이다. "공동권력(Common Power)을 수립할 수 있는 길은, 모든 권력을 한 사람, 혹은 의

---

32 *Leviathan*(1991), p.92.

33 *Leviathan*(1991), pp.117~118.

회에 양도하는 것이다. …… 이 권력을 행사하는 사람은 …… 주권자(Sovereign), 이 한 사람 말고 모든 사람은 신민(Subject)으로 불린다."[34]

홉스는 자율성과 권력은 서로 양립할 수 없다고 믿었다. 자기 보존은 으뜸 가치이다. 그런 만큼 평화도 으뜸 가치이다. 그 으뜸 가치를 지키는 것이 가장 중요하다. 절대권력은 신민들의 생명을 보호하려고 필요하다. 개인 권리가 절대권력에 우선할 수 없다. 만일 언론자유로 신민들 사이에 불화가 일어나고, 그 불화로 신민들 목숨이 위태로워진다면, 권력은 언론자유를 탄압할 수 있다.

> 어떤 의견과 어떤 이론이 평화를 위배하고 기여하는가에 관한 판단은 주권자에 따른다. 그리하여 결국 언제 연설해야 하는가, 얼마나 오래 연설할 수 있는가, 누가 연설할 수 있는가는 주권자에 따른다. 그리고 어떤 책이든지, 그것을 출판하기에 앞서 그 속에 담긴 이론을 누가 검열할 것인지에 관한 판단도 주권자에 따른다. 사람이 무엇을 즐겨야 할지, 그리고 도대체 무엇이 타당한 것인지를 알게 해 주는 규칙을 제정하는 전권은 주권자에 따른다. 재판권도 주권자에 따른다. 말하자면 법과 관련하여 혹은 사실과 관련하여 발생할 수도 있는 모든 논쟁을 듣고 판결할 수 있는 권한이 주권자에 따른다. 논쟁에 대한 판결이 내려지지 않는 한, 다른 사람의 침해에 대해 어떤 사람의 권익보호가 불가능해지기 때문이다. 주권자에게는 부와 명예를 내릴 권한도 주어진다. 주권자는 이전에 자신이 만든 법에 따라 모든 신민에게 신체상 혹은 금전상의 처벌을 내리면서 불명예를 안겨줄 수 있는 권한을 가진다. 만약 그 이전에 만들어 놓은 법이 없을 경우 국가에 이바지하도록 사람을 권

---

34 *Leviathan*(1991), pp.120~121.

장하느냐 아니면 국가에 해악을 끼치는 일을 하지 못하도록 사람들을 억제하느냐는 주권자의 판단에 따른다.[35]

홉스에 따르면, 신민의 생명을 보호해 주지 않는 계약은 무효이다. 따라서 주권자가 어느 누구에게 자살하라든지 자해하라고 명령한다면 설령 정당하게 명령하는 것이라고 해도 그것은 무효이다. 자기를 해치려는 사람에게 저항하지 말라고 명령해도 그것은 무효이다. 그 사람은 불복종할 자유를 누린다. 어떤 사람이 자신이 저지른 범죄에 관해 주권자나 국가 당국에 의해 심문당할 때 그는 범죄를 고백해야만 하는 것은 아니다. 그 누구도 계약에 의해 자기를 스스로 기소해야 하는 것은 아니기 때문이다. 따라서 복종하지 않겠다는 우리의 의사가 주권을 제정하는 목적을 무산시키는 경우를 빼고는 거부할 자유는 성립한다.[36]

주권자가 생명 보호의 역할을 수행하지 않는다면 모든 계약은 무의미해지고 공허해진다. 어느 누구도 자기들을 보호해 줄 수 없을 때 그 스스로 자기를 보호하는 권리를 포기할 수 없기 때문이다. 사회계약은 자기를 보존하려는 목적에서 이루어진다.

3.4. 복종 vs 자율

홉스 이론은 명령 복종 체계로서 자연법을 토대로 삼는다. 그러나 자연

35 *Leviathan*(1991), pp.124~125.

36 *Leviathan*(1991), p.153.

법은 기독교 신학이 그 연원이다. 홉스는 신성한 명령을 국가 명령으로 대체할 뿐이다. 기독교 구약경전에 따르면, 신은 선악을 알게 해주는 과일을 먹은 죄로 아담과 이브를 징벌했다. 에덴동산에서 추방당해서 그들 후손은 영생을 상실하며 죽음과 고난을 영원히 감수해야 했다. 문제는 불복종이었다.[37]

가부장체제에서 반항과 저항은 죄악이다. 신성한 명령을 국가 명령으로 바꾼 홉스도 가부장체제를 도입하여 반항과 저항을 죄악으로 삼는다. 홉스는 자연법을 도입해서 신성한 명령을 국가 명령으로 바꾸었고, 국가 명령에 대한 철저한 복종을 연역했다. 그렇지만 국가 명령에 복종하라는 요구가 커지면 반감도 또한 커진다.

일찍이 울프는 국가 '권력'과 개인 '자율'을 분석하면서 이 두 개념이 서로 양립할 수 없음을 주장했다. 그에 따르면, '권력'은 명령할 수 있는 권리이며, '자율'은 자기에게 스스로 내리는 명령이다.[38] 울프에 따르면, "국가 본질은 권력, 곧 통치할 권리이다. 그렇지만 인간에게 첫 번째 의무는 자율, 곧 통치 받음을 거부함이다. 그렇다면 자율과 국가 권력이 서로 충돌할 때 해결 방법은 없는 듯이 보인다." 따라서 울프는 "자율이라는 덕목과 모순되지 않는 유일한 정치 강령은 무정부주의"[39]라고 결론 내렸다.

복종이란 내가 마땅히 해야 하는 것이기에 하는 그런 것이 결코 아니다. 복종이란 무조건 해야 한다고 나에게 떨어진 명령이기에 하는 그런

---

37 George Lakoff, *Moral Politics : How Liberals and Conservatives Think*(『도덕 정치를 말하다』, 손대오 옮김, 김영사, 2010), p.81.

38 R.P. Wolff. *In Defence of Anarchism*, Harper & Row(1970), p.15.

39 Wolff(1970), p.18.

것이다.[40] 국가에 대한 복종과 개인 자율은 서로 양립하기 어렵다.

여기에서 홉스 지지자라면 권위주의 국가를 포기하면 그 대가로 무정부 상태라는 혼란을 겪을 것이라고 주장할지도 모른다. 그러나 권위주의 국가를 포기함으로써 무질서한 혼란을 겪게 된다는 결론이 언제나 나오는 것은 아니다. 홉스 이후 등장하는 철학은 상하 명령복종 체제가 유일한 대안이 아님을 보여 준다. 점차 사회는 잔인한 경쟁이 벌어지는 살벌한 각축장이 아니라 상호 협동이 가능해지는 무대로 바뀐다.

40 Wolff(1970), p.9.

04

로크 John Locke(1632~1704)

4.1. 자연 상태

로크에 따르면, 자연 상태는 사회 이전 상태가 아니다. 자연 상태에서 사람들은 이미 안정된 질서 속에서 살아간다. 자연 상태에서 사람은 자유롭고 평등했다. 자연 상태에서 사람들은 다른 사람들로부터 허가를 받거나 방해받지 않고 행동하고 재화를 처분할 권리를 갖는다. 또 어떤 사람도 다른 사람들보다 더 많은 권력이나 권한을 갖지 못한다. "사람은 세상에 태어나면서부터 다른 어떠한 인간과도 평등하게 완전한 자유를 소유하고, 자연법이 정해 주는 일체 권리와 특권을 아무 제한 없이 향수할 수 있는 자격을 갖는다."[41] 자연 상태에서 사람들은 이미 재산을 소유하고 향유한다.

---

41 *Two Treatise of Government : The Second Treatise of Government—An Essay Concerning the True Original, Extent, and End of Civil-Government*, 87. 이하 *Two Treatise*로 줄임.

자연 상태에서 사람들은 모두 자연법을 알고 있다. 자연법이란 이성 명령이다. 이성 명령을 따르면 "사람들은 누구나 다른 사람의 생명 · 건강 · 자유 또는 소유물을 손상시켜서는 안 된다."[42] 자연 상태에서 모두들 평등한 만큼 자연법에서도 그래야 한다. 그렇지만 자연 상태에서 사람들은 자연법을 자기보다는 타인들이 엄격히 지키기를 요구한다.

자연 상태에는 자연법을 어긴 자를 처벌할 공동권력이 없고 명문화된 실정법도 없다. 만약 자연 상태에서 자연법을 저마다 제멋대로 해석하기라도 하면 쉽게 전쟁 상태에 빠지게 된다. 전쟁 상태를 저지하려면 시민사회가 필요하다. 다수 사람들이 자연권을 포기하고 이것을 정부에 양도하는 계약을 하기로 결정한다. 그 결정에 따라 비로소 시민사회가 성립한다.

> 만약 자연 상태에 있는 인간이. …… 그토록 자유롭다면, 만약 그가 자기 인신과 소유물에 대한 절대 주인이고 가장 위대한 사람과도 평등하며 어느 누구에게도 종속되지 않는다고 하면 대체 왜 그러한 자유와 결별하는 것일까? 왜 그는 이 지배권을 포기하고 자기를 타인 권력의 지배와 통제하에 복종시키려고 하는 걸까? 이러한 질문에 대해서는, 자연 상태에서 그는 매우 불확실하고, 끊임없이 다른 사람이 침해할 위험에 놓여 있기 때문이라고 분명히 대답할 수 있다. 왜냐하면 모든 사람이 그와 마찬가지로 모두 왕이며, 각자는 모두 그와 평등한 인간이며, 그리고 그들 대부분은 공정성과 정의를 엄격하게 준수하려고 하지 않음으로써 자연 상태에서 재산을 향유하는 일은 매우 불안정하고 불확실하기 때문이다. 이러한 이유로 말미암아 그는 아무리

42 *Two Treatise*, 6.

> 자유롭다 하더라도 공포와 끊임없는 위험으로 가득 찬 이러한 상태를 스스로 포기한다. 따라서 그가 생명(lives), 자유(liberties) 및 자산(estates)—내가 재산(property)이라는 이름으로 총칭하는 것—을 보전하려고, 이미 결합하고 있거나 앞으로 결합하려는 의도를 갖고 있는 다른 사람들과 더불어, 사회를 결성하기를 촉구하며, 스스로 그런 사회에 참여하려는 것은 당연하다고 생각한다.[43]

로크에 따르면, 정부는 이성에서 비롯한다. 자연 상태에서 개인들은 합의를 통해 사회를 형성하고 정부를 수립한다. 개인 합의로 이루어지는 계약은 두 가지이다. 하나는 사람들을 결합하여 사회를 형성하는 계약이고, 다른 하나는 정부를 수립하는 계약이다. 따라서 사회를 폐지하지 않고도 정부를 전복하는 것은 가능하며, 정부 전복은 계약을 어기는 것이 아니다.

로크에 따르면, 자유는 두 유형, 자연 자유와 시민 자유이다. 자연 자유는 자연 상태에서 누리던 자유로서 자연법 이외에 어떤 지배도 받지 않는 자유이다. 시민 자유는 실정법 테두리 안에서 자유이다. 자연법은 정치사회가 형성된 후에도 여전히 유효하다. 실정법은 자연법과 어긋나는 내용을 포함할 수 없다. 실정법은 사람들로부터 생명, 재산, 자유를 탈취할 수 없다.

로크에 따르면, 소유권 보장이 정치 시민사회가 지향하는 목적이다. 국가는 개인이 노동으로 얻은 결실인 재산을 보호하려는 인공 구조물이다. 그 인공 구조물은 인민으로부터 동의를 얻어 만들어진다. 그 권력은 사

---

43 *Two Treatise*, 123(『통치론』, 강정인 외 옮김, 까치, 1996), p.119.

회계약에 참여한 개인들이 권력을 특정인들에게 신탁함으로써 만들어진다. 이 신탁에 반하여 권력이 개인 소유권을 침해할 때에는 인민은 저항권을 행사할 수 있다.

> 사람들 욕망을 각자의 작은 소유의 한계 내에 한정시키는 단순하고 가난한 생활양식하에서는 사람들이 평등하여 다툼이 적고 그 해결에도 많은 법이 필요하지 않았다. 그들은 외적으로부터의 침입에 방위가 필요함을 절감했던 탓에 개인 통치 아래서도 억압감을 느끼지 않았다. 그러나 "야심과 사치가 왕들에게 인민들과는 다른 관심이 있음을 일러 주었을 때, 사람들은 정부, 그 기원과 그 권리를 따지게 되었으며 …… 과도한 권력 남용을 방지할 방법을 찾아야 할 필요성이 있음을 알게 되었다."[44]

로크에 따르면, 절대왕정은 사회계약에 어긋난다. 절대왕정 아래서 인민은 한 사람이 제멋대로 행사하는 의지에 굴복하는 노예에 지나지 않는다. 어떤 인민도 각자 자기 승인 없이 다른 사람의 정치권력에 예속당할 수 없다. 일정한 수효의 사람들이 모두 동의하여 공동체가 형성된다. 그 후 그 공동체는 다수결에 따라 의사를 결정하는 정치사회로 바뀐다. 그런 사회에서 통치자든 피치자든 사람들은 다수의사에 복종할 의무를 진다.

---

44 *Two Treatise*, 111.

4.2. 소유권

로크에 따르면, 인간이 누려야 할 권리 중 으뜸은 소유권이다. 소유권은 입증해야 할 권리가 아니다. 그것은 자명하기 때문이다. "자연법 한계 내에서, 스스로 적당하다고 생각하는 대로, 자기 행동을 규율하며, 또한 그 소유물(possessions)과 신체를 처리할 수 있는 완전히 자유로운 상태이다. …… 등급이 똑같은 피조물은 모두 평등하게 자연의 혜택을 누리며 또한 똑같은 능력을 행사할 수 있으므로 …… 사람들 누구나 남에게 종속 또는 복종되는 일이 없이 모두 평등해야 한다는 사실은 너무 명백하기 때문이다."[45]

로크에 따르면, 대지와 그 열매는 본래 인류 공동소유였다. 그렇다면 "어떻게 해서 사람들이 그 무엇에 재산권을 갖게 되는가."[46] 재산권은 자기 보존 권리와 직결된다. 자기 보존 권리를 누리려면 자기 보존에 필요한 재화를 보유할 권리를 누려야 한다. 태어나면서 자기 보존 권리를 갖는 만큼, "자연이 그들 생존을 위해 제공한 것으로서 고기와 음료 그리고 다른 사물에 대해서 권리를 갖는다."[47]

자기 보존 권리는 누구에게나 그냥 주어진 권리는 아니다. 자기 보존 권리를 누리려면 노동이 필요하다. 노동은 노동하는 사람에게서 나온다. 자연물은 본래 공동소유였다. 그렇지만 자연 그대로 있는 자연물에 어느 누가 노동을 추가했다면 그 자연물은 노동을 추가한 사람의 소유물로 바뀐다. 어느 누군가 자연 상태에 있는 사과나무에서 사과를 땄다면 그 누

---

45 *Two Treatise*, 4.

46 *Two Treatise*, 25.

47 *Two Treatise*, 25.

군가는 그 사과를 가질 수 있는 권리가 생긴다. 사과나무에 열린 사과를 따는 노동으로 공동소유였던 사과는 개인소유로 바뀐다. 노동은 어떤 대상을 자기 소유로 만드는 일이다.

노동은 어떤 대상에 인격을 투입하여 그 대상을 소유하는 일이다. 토지 소유도 마찬가지이다. 땀 흘려 개간하여 씨를 뿌리고 가꾸어 열매를 거두는 결실은 토지 소유자가 소유할 수 있다. "만물에 가치 차이를 부여하는 것은 바로 노동이며 …… 인간 생활에서 유용한 대지의 생산물 9/10는 노동으로 말미암은 결과"이다.[48] 개인 점유는 다음과 같은 전제에서 나온다.

> 모든 사람은 자기 신체에 대한 소유권을 가진다. 이 신체에 대해서는 누구도 자기 자신 이외에는 아무 권리도 갖지 못한다. 그의 신체 노동과 그 사람 손이 하는 일은 바로 그의 것이라고 말할 수 있다. 그러므로 자연이 공급해 준 대로 (자연 그대로) 상태에서 끄집어 낸 것은 무엇이든, 그는 그것에다 그의 노동을 가한 것이 되며, 또한 그것에다 무엇인가 자기 자신의 것을 첨가한 것이 되며, 그로 말미암아 그것을 자기 소유물로 만들게 된다."[49]

인간 노동은 본래 공동소유였던 대지에서 나오는 결실에 대한 개인 점유를 정당화한다. 그렇다고 대지에서 나오는 산물을 무제한 점유할 수는 없다. 로크는 개인 점유에 일정한 단서를 달았다. 첫째, 사람은 타인을 위해 '충분히 그리고 양질의 것'을 남겨 놓아야 한다. 둘째, 어떤 사람이든지

---

48 *Two Treatise*, 40.

49 *Two Treatise*, 27.

그것을 '부패시키지 않고 삶에 유용하게 쓸 수 있을 만큼'만 이용해야 한다. 셋째, 정당한 점유는 사람이 자기 노동력으로써 산출할 수 있는 양에만 제한되어야 한다.[50]

로크는 '소유권 단서'를 다음과 같이 확인했다. "오늘날 소유권의 중요한 대상은 대지 위에서 산출되는 과실과 이 대지 위에서 살아가는 짐승들만이 아니고, 그 밖에 다른 일체의 것을 수용하고 존립해 가는 토지 그 자체이다. 나는 이러한 토지의 소유권도 분명히 앞서 기술한 것과 같은 모양으로 획득되는 것으로 생각한다."[51]

로크가 내세운 '소유권 단서'에 따르면, 누군가 토지를 소유하더라도 여전히 다른 사람이 소유할 수 있을 만큼 토지가 충분히 양질로서 남아 있어야 한다. 그러나 '소유권 단서'는 현실에서 적용된 적이 없다. 누구나 토지를 소유할 수 있을 만큼 양질로 남아 있던 때를 상상하기 어렵기 때문이다. 그런 때를 로크는 원시사회에 국한했다. 그렇지만 그 원시사회도 기원전 몇 만 년 전, 아니 그 이상 거슬러 올라가야 한다. 인류 역사상 끊임없이 전쟁이 일어났고, 그 전쟁은 언제나 토지쟁탈전이었다. 토지를 빼앗겼거나 소유하지 못한 사람은 노예로 살던가 아니면 살던 곳을 떠나 방랑해야 했다. 방랑하다가 자리 잡은 곳이 식민 도시였을 것이다. 어느 누구라도 자유로이 토지를 경작하고 그렇게 경작한 토지를 소유할 수 있었던, 그런 때는 찾아 볼 수 없다. 이미 누군가 소유함으로써 벌써 사라져 버린 토지에 로크는 공허하게 '소유권 단서'를 적용했다.

---

50 *Two Treatise*, 27, 33.

51 *Two Treatise*, 32.

> 내가 감히 확언하고자 하는 것은, 재산(소유권)에 관한 규칙, 즉 사람마다 자기가 사용할 수 있을 만큼만 가져야 한다는 규칙이, 어느 누구도 곤란하게 하지 않고, 언제까지나 세계에 통용되고 있었을 것이라는 사실이다. 왜냐하면 화폐 발명과 화폐에 가치를 부여하려는 사람들 사이에서 암묵적 합의가 스스로 이용할 수 있는 만큼을 넘어서는 거대한 소유물과 그것에 대한 권리를 낳게 하지만 않았다면, 이 세계에는 현재 인구의 2배가 되는 사람들 욕구를 충족시키고도 남을 만한 충분한 토지가 있었을 것이기 때문이다.[52]

로크는 화폐 도입 이전 아메리카 대륙에는 누구나 사람이 사용할 수 있는 만큼 충분히 남아 있었다고 강변한다. 로크가 내세운 '소유권 단서'에 따르면, 누군가가 "자기에게 할당된 몫 이상을 차지하면 다른 사람 몫을 훔친 것과도 다를 바 없었다. 자기가 이용할 수 있는 것보다 더 많은 것을 사장시키는 일은 부정한 일일 뿐만 아니라 어리석은 일이기도 했다."[53] 그러나 자기에게 할당된 몫 이상이 부패해지지 않도록 금속이나 다이아몬드로 교환하여 비축해 두는 것은 다른 사람이 가진 권리를 침해하는 것이 아니다.

로크에 따르면, '소유권 단서'가 적용되기 어려운 까닭은 화폐가 본격 등장했기 때문이다. 화폐가 등장함으로써 금속이나 다이아몬드는 화폐로 바뀌었다. 화폐 도입으로 자기가 이용할 수 있을 만큼만 이용해야 한다는 '소유권 단서'는 무효가 되었다. 화폐 도입은 이전에 정당한 점유를 제한했던 '소유권 단서'를 무효로 만들었다. 화폐 도입은 인간이 필요 이

---

52 *Two Treatise*, 36.

53 *Two Treatise*, 46.

상을 소유하려는 욕구를 불러일으켰다. 그 필요 이상을 소유해도 그것은 훔친 것으로 간주되지 않았다.

맥퍼슨이 지적하듯이 "로크가 토지를 경작할 수 있는 유일한 방법으로서 토지에 대한 개인소유 제도를 원시사회 속에 도입하고 있는 것은 흥미로운 일이다."[54] 정작 중요한 문제는 화폐 도입 이후 토지 소유가 어떻게 정당화될 수 있는가이다. 그럼에도 화폐 도입 이후 토지 소유권에 대해 로크는 중세에 통용되던 견해를 그대로 받아들였다.

로크는 "사람들이 화폐 도입 이후 무제한적 점유에 탐닉하는 이유를 묻지 않았다."[55] 그는 화폐 도입으로 심화된 불평등을 전혀 문제 삼지 않았다. 로크는 "가난한 게으름뱅이를 스스로 자기 선택에 의해 타락한 자로 간주한 것 같다."[56] 맥퍼슨에 따르면 심지어 "대부이익을 취하는 것은 '필연적 사태요, 인간 사회제도에 의해 피할 수 없는 것'일 뿐만 아니라 공정한 것이라고 논하면서 그는 중세적 견해를 거부하는 기색 없이 결말짓는다."[57]

토마스 제퍼슨도 로크가 내세운 생명, 자유, 재산에 대한 자연권을 부정하면서, "그것은 현상을 옹호하는 독재를 위한 처방이다."라고 말하고, 이 세 가지 권리를 생명, 자유, 행복의 추구권으로 변경해야 한다고 주장했다. "제퍼슨이 보고 로크가 보지 못한 것은, 만약에 모든 재산이 이미

---

54 C.B. Macpherson, *The Political Theory of Possesive Individualism*, Oxford University Press(1990), (『홉스와 로크의 사회철학―소유적 개인주의 정치이론』, 강유원외 옮김, 박영사, 2002), p.233. 이하 Macpherson(2002)으로 줄임.

55 Macpherson(2002), p.272.

56 Macpherson(2002), p.262.

57 Macpherson(2002), p.238.

귀족에 의해 소유되고 있다면 재산권 개념은 기득권자의 배타적 소유를 인정하는 것이며, 따라서 …… 주인과 노예의 관계를 해소 불가능한 것으로 만들어 버린다는 점이었다."[58]

58 John Cozy, 「경제는 어떻게 작동하는가—범죄의 필요성」, 『녹색 평론』 128호(2013), p.107.

05

루소 Jean-Jeaque Rousseau(1712~1778)

5.1. 자연 상태

루소에 따르면, 자연이 요구하는 대로 살았더라면 인간은 소박하게 살았으리라! "나는 감히 사색은 자연에 위배되는 상태이며 명상하는 인간은 타락한 동물이라고 주저 없이 단언하고자 한다. 자연인이 갖춘 훌륭한 체력과, 부상과 노쇠 이외에는 거의 병을 모르고 산다는 사실을 깨닫는다면, 인간 질병 역사는 문명사회 역사를 추적함으로써 쉽게 알 수 있다."[59] 무수한 비애와 고통, 이것이야말로 자연인으로서 고독한 생활양식을 간직했더라면 피할 수 있었으리라. "자연 상태의 인간에게는 약이 전혀 필요 없었고 의사는 더더욱 필요 없었다."[60]

야생 동물들도 가축이 되기 전과 비교해 보면 힘이 더 세고 용맹스러워

---

59 *Discours sur l'origine et les fondements de l'inegalitparmi les hommes*(『인간 불평등 기원론』, 이영찬 역주, 계명대학교 출판부, 2010), p.48. 이하 Rousseau(2010)로 줄임.

60 Rousseau(2010), p.49.

진다. "인간도 마찬가지이다. 사회화되고 노예화되면서 인간은 연약하고 겁이 많아지며 비굴해지고, 이렇게 나약하고 여성화된 생활양식은 인간이 가진 힘과 용기를 완전히 무기력하게 만든다. …… 벌거벗고 집도 없이 산다거나 지금 우리가 그처럼 필요로 하는 갖가지 쓸데없는 것들을 소유하지 않았다고 해서 최초 인류가 불행하다고는 말할 수 없으며 그들 자신을 보호하는 데 큰 장애가 된다고는 더더욱 말할 수 없다. …… 비둘기는 좋은 고기가 가득 담긴 그릇 옆에서 죽고, 고양이는 수북이 쌓인 과일이나 곡식 위에서 굶어 죽곤 한다. 방종한 인간은 무절제로 말미암아 열병이나 죽음에 이르게 된다."[61]

인간과 동물을 구별 짓는 특징은 "자기를 완성할 수 있는 가능성이다. 인간은 환경으로부터 도움을 얻어 다른 모든 능력을 점차 발전시켜 나가는 완전 가능성을 종 차원에서뿐만 아니라 개인 차원에서 소유한다. 이에 비해 동물은 태어난 지 몇 달 후면 일생 동안 변치 않을 모습을 지니며 천 년 세월이 흘러도 최초 모습과 별 차이가 없다." 그렇지만 인간은 변한다. 인간은 어리석어지기 때문이다.

인간이 소유한 완전 가능성은 인간이 얻은 다른 많은 것들을 잃게 만들고 오히려 동물보다 더 낮은 상태로 떨어지게 만든다. 완전 가능성이라는 "이 탁월하고도 무한정한 능력이 인간이 겪는 모든 불행이 시작되는 근원이며, 평온하고 순진무구한 나날이 계속되는 저 원초 상태로부터 시간이 지나면서 인간을 끌어낸 것도 바로 이 가능성이다."[62]

자연인은 육체를 넘어서서 어떤 욕구도 없었다. 자연인이 알고 있는 행

---

61 Rousseau(2010), pp.50~53.

62 Rousseau(2010), p.54.

복은 음식과 휴식과 섹스뿐이었다. 자연인이 두려워하는 불행은 고통과 굶주림뿐이었다. 자연인은 죽음조차도 두려워하지 않았다. "동물은 죽는 것이 무엇인지 결코 알지 못할 것이기 때문이다. 죽음과 그 공포에 대해 아는 것은 인간이 동물 상태를 벗어났을 때 처음으로 얻게 되는 것들 중 하나이다."[63]

원시 상태에서는 집도 없고 재산도 없다. 대개 하룻밤 지내려고 거처를 마련한다. 여성과 남성은 욕망에 따라 우연히 결합한다. 그들은 만날 때와 마찬가지로 쉽게 헤어졌다. "어머니는 처음에는 자기 필요에 따라 아기에게 젖을 먹였다. …… 아이는 자라서 자기들이 먹을거리를 찾아낼 힘을 갖게 되자 지체 없이 어머니 곁을 떠났다."[64]

자연인은 언어도 없고 거처도 없고 싸움도 교제도 없고 타인을 해칠 욕구도 없었다. 자연인은 다른 자연인과 교제가 필요 없었고 그저 혼자서 숲속을 떠돌아다녔다. "원시인은 정념에 거의 지배를 받지 않았으며 …… 원시인은 자기가 필요로 하는 것만을 느꼈고 눈으로 보아 흥미롭다고 여기는 것만을 쳐다보았다. …… 그는 자기 자식조차 기억하지 못하기 때문에 그와 소통할 수도 없었다. …… 교육도 진보도 없었으며 …… 인간은 항상 어린애 상태로 머물렀다."[65]

루소에 따르면, 원시인은 굴종과 지배가 무엇인지 알 수 없었다. "어떤 사람이 남이 따온 과일이나 남이 사냥한 고기 또는 남이 머물고 있는 동굴을 빼앗을 수는 있을 것이다. 그렇지만 그가 어떻게 남들을 복종시킬

---

63 Rousseau(2010), p.57.

64 Rousseau(2010), p.62.

65 Rousseau(2010), pp.82~83.

수 있겠는가? 게다가 아무것도 소유하지 않은 사람들 사이에서 무엇이 종속시키는 사슬이 될 수 있겠는가? 만일 누가 나를 어떤 나무에서 쫓아낸다면 다른 나무로 옮겨가면 그만이다 어떤 장소에서 누가 괴롭힌다면 누가 다른 곳으로 옮겨 가는 것을 방해하겠는가?"[66]

원시인은 죽음을 두려워할 줄 모른다. 죽음이 두렵지 않은 원시인을 굴복시켜 지배하기란 불가능하다. 자연 상태에서는 누구를 지배할 수도 없고 누구에게 복종할 수도 없다. "자연 상태에서는 불평등을 거의 느낄 수 없고 그 영향도 거의 없다."[67] 불평등이 생긴 것은 인간 정신이 진보했기 때문이다. 인류는 진보하면서 기술과 지식을 획득했다. 그 기술과 진보는 후대로 전승되었다. 마침내 자연 상태는 사라졌다.

5.2. 공동 의지, 전체 의지, 일반 의지

자연 상태가 사라지면서 인간이 가졌던 동물 행태도 사라졌다. 자연 상태에서 남녀는 우연히 서로 만나 욕구를 충족한 후 서로 상대방을 기억하지 못했다. 그러나 정신이 발달하면서 인간은 서로 기억하게 되고, 기억은 언어를 사용하게 만들고, 언어 사용으로 서로 교제하기 시작했다. 인간 교제는 모든 것을 바꾸었다 "지금까지 숲속을 유랑하던 사람들은 …… 점차 서로 가까워져 다양한 무리를 이루고 드디어 각 지역마다 민족을 형성하게 된다."[68]

---

66 Rousseau(2010), p.84.

67 Rousseau(2010), p.85.

68 Rousseau(2010), p.98.

처음에는 서로 독립을 유지하면서 평온함으로 누렸다. "그러나 인간이 타인들로부터 도움을 필요로 한 순간부터 그리고 혼자서 두 사람 몫을 차지하는 것이 이익이라는 것을 알아차리게 되자마자 평등은 사라지고 사유재산이 도입되고 노동이 필요하게 되었다. 광대한 야생 숲은 인간이 땀으로 적셔야 할 들판으로 변했으며, 마침내 그 들판에서는 수확과 더불어 예속과 비참함이 싹트고 증가하는 것을 보게 되었다."[69]

토지 경작은 토지 소유 문제를 일으킨다. 또 토지 소유 문제는 육체노동 문제를 일으킨다. "자기 손으로 만들지 않은 것을 자기 소유로 삼기 위해서 인간이 과연 자기 노동 밖에 무엇을 내놓을 수 있었는지 몰랐기 때문이다." 오직 노동만이 토지에 대한 권리를 보장해 줄 수 있었다. "힘이 센 사람은 더 많은 일을 했고 손재주가 있는 사람은 노동을 더 교묘히 이용했으며 재간이 있는 사람은 노동을 줄이는 방법을 고안해 냈다."[70]

자연 상태가 사라지면서 동족들 사이에 능력 차이가 드러났다. 그 능력 차이로 끔찍한 재앙이 시작되었다. "이전에는 자유롭게 독립했던 인간이 …… 동족에게 주인이면서 어떤 의미에서는 동족에게 노예가 되었다."[71] 부유한 사람은 동족에게 섬기라고 요구했고, 가난한 사람은 동족을 섬겨야 했다. "부자들은 새로운 노예를 복종시키기 위해 기존 노예를 부려 이웃 사람들을 정복하고 예속시키려는 생각밖에 하지 않았다. 그것은 마치 사람 고기 맛을 한번 알게 된 굶주린 늑대가 다른 먹이는 거들떠 보지 않

69 Rousseau(2010), p.102.

70 Rousseau(2010), pp.105~106.

71 Rousseau(2010), p.107.

고 오로지 사람만 잡아먹으려 하는 것과 같다."[72]

사람들은 모두 서로 적이었다. 가난한 이들은 부자들 때문에 안전하지 못했고, 부자들은 다른 부자들 때문에 안전하지 못했다. 누군가 외쳤다. "약자를 억압에서 보호하고 야심가를 제지하여 각자에게 소유를 보장해 주기 위해 단결합시다. 정의와 평화를 가져다주는 규칙을 정합시다. …… 사회 모든 성원을 보호하고 방위하며 공동으로 적을 물리치고 영원히 우리를 단합시키는 최고 권력 하나에 집중시킵시다!" 사람들은 자기들이 누리던 자유에 그 일부를 떼어 다른 자유를 보존하는 데 희생시켜야 한다고 생각했다. 사회와 법률은 본래부터 누리던 자유를 영원히 파괴하여 소유불평등을 영구히 고정시켰다. 그것은 마치 "부상을 당한 사람이 신체 나머지 부분을 구하려고 팔을 잘라"내는 방식이다.[73] 그것은 가난한 사람에게는 새로운 구속이었고 부자에게는 새로운 힘이었다.

"사람은 자유로운 존재로 태어나지만, 어디에서나 쇠사슬에 얽매여 있다."[74]문명인이란 쇠사슬에 매인 노예 신세이다. 문명인은 쾌락과 안식, 부와 권력, 심지어 생명까지도 자유와 바꿔 버렸다. "잘 훈련된 말은 채찍이나 박차를 참을성 있게 견디지만 길들여지지 않은 준마는 재갈만 가까이 대도 갈기를 곤두세우고 땅을 발로 차며 사납게 발버둥친다. 이처럼 자연인은 문명인이라면 불평 없이 받아들이는 멍에를 향해 결코 목을 내

---

72 Rousseau(2010), p.108.

73 Rousseau(2010), p.111.

74 *Du contrat social*(『사회 계약론』, 박호성 옮김, 2015), p.21. 이하 *Du contrat social*(2015)로 줄임.

밀지 않으며 평온한 굴종보다는 파란만장한 자유를 택한다."[75]

인간은 합의나 계약에 따라 자기 자유를 포기할 수 없다. 자유를 포기함으로써 인간은, 인간으로서 생명을 잃고 만다. 자유를 상실함으로써 "대다수 사람들이 암담함과 비참함에서 헤매고 있을 때 몇몇 권력자와 부자가 권세와 부를 최고로 누린다."[76] 인간이 본래 자연 상태에서 벗어남으로써 사회가 출현하고, 사회 출현은 불평등을 낳고야 만다.

루소에게 사회는 이미 타락한 상태이다. 그렇다면 사회 개혁가라면 사람들이 진정으로 무엇을 필요로 하는가를 헤아려야 한다. 그것은 '공동선'을 배려하는 제도를 구성하는 일이다. 루소는 외친다. "공동의 힘 구성원 각자의 신체와 재산을 방어하고 보호하는 데 쏟는 결사 형태, 이를 통해서 각자가 전체와 연계되면서도 자신에게만 복종하고 전과 마찬가지로 여전히 자유로울 수 있는 그런 결사체를 발견하라!"[77]

루소가 발견한 것은 계약에 따른 협동체 혹은 공동체였다. 각 사람은 평등한 성원으로서 그 누구도 타인보다 불이익을 보지 않는다. 각 사람은 의사결정에서 동일한 발언권을 가진다. 계약자들은 자기의 모든 권리를 공동체에 이양하지만 그 유일한 이유는 공동체가 공동선(common good)을 추구하기 때문이다. 그런 만큼 어떤 개인 이익이나 집단 이익도 다른 개인 이익이나 다른 집단에 종속되지 않는다. 각 개인은 공동체에 속하더라도 여전히 자유롭다. '일반 의지'에 따르는 공동체는 모든 개인에게 이익이 되는 공동선을 추구한다.

---

75 Rousseau(2010), p.118.

76 Rousseau(2010), p.130.

77 *Du contrat social*(2015), p.32.

문제는 공동선을 어떻게 이끌어 내는가이다. 루소는 공동체 일반의지가 공동선을 확인해 준다고 믿었다. 일반의지는 시민들이 갖는 특수 의지들이 합해지는 경우와 구별된다. "전체의지와 일반의지 사이에는 대체로 커다란 차이가 있다. 일반의지가 공동이익만을 고려하는 반면, 전체의지는 개인이익을 고려하는 개인의지 총합일 따름이다. 그러나 이런 개인의지들에서 서로를 상쇄하는 넘치거나 부족한 의지들을 빼면 그 차이들의 총합으로서 일반의지가 남는다."[78]

루소는 '공동의지(common will)'를 단순히 개인 의지를 합해 놓은 '전체의지(will of all)'와 대비시킨다.[79] 공동체에서 사람들은 은밀한 개인으로서가 아니라 시민으로서 행동할 수 있어야 한다. 루소는 정치란 '공동의지'가 제도를 통해 드러나는 것이라고 주장한다. 개인들은 자기 개인 취향과 욕구에 따라 투표할 때 그들이 가진 특수의지를 드러낸다. 반면 일반의지는 시민들이 보편 관점에서 공동선을 확보하기 위해 투표할 때에만 드러난다. 자기가 가진 개별 관점을 버리고 자기와 타인에게 공통되는 관점으로 사물을 파악하려고 할 때 그는 일반의지에 따라 투표할 수 있다.[80]

루소에 따르면, 타락하지 않은 마음(heart)만이 '이제껏 없었던 사회생활 형식'을 정의로운 질서로 여긴다. 타락하지 않은 마음이란, '양심'처럼 들리며, 이 양심이 '일반의지(general will)'를 대변한다. "일반의지는 언제

---

78 *Du contrat social*(2015), p.46.

79 MacIntyre(2004), p.322.

80 Norman E, Bowiw/Robert L. Simon, *The Individual and the Political Order*, Prentice Hall, 1977(『사회 · 정치철학』, 이인탁 옮김, 서광사, 1988), p.160.

나 옳으며 공공이익을 증진한다. 하지만 그렇다고 해서 인민이 심의한 내용이 그와 동일하다는 결론이 나오지는 않는다. 우리 의지는 항상 우리 자신에게 좋은 쪽으로 지향하지만, 그 좋은 쪽이 무엇인지를 우리가 항상 아는 것은 아니다. 인민은 결코 타락하지 않지만, 대개 기만 당하며, 오직 그 경우에만 좋지 않은 쪽을 지향하는 의지를 갖는 듯하다."[81]

---

81 *De Contrat Social,* II.3; MacIntyre(2004), pp.323~324재인용.

8장

혁명 VS 개혁

01 청교도 혁명

1.1. 제임스James 1세와 왕권신수설

1603년 엘리자베스Elizabeth 여왕이 죽으면서 영국은 튜더Tudors왕가에서 스코틀랜드 스튜어트Stuarts왕가로 바뀌었다. 스튜어트 왕가 혈통 제임스가 등극했기 때문이다. 스코틀랜드 궁정은 프랑스 궁정으로부터 영향을 받아 방탕을 일삼았었다. 그런 궁정에서 자란 제임스는 선생들에게 폭군이 되면 인민들이 반발해서 왕권이 위험해진다고 배웠다. 그럼에도 그런 배움을 비웃기나 하듯이 제임스는 왕권신수설을 내세웠다.

제임스는 "왕들이 그들 권력을 신으로부터 얻었으며 그 신탁을 이행하는 데에는 신에게만 책임을 진다고 믿었다."[1] 이것 때문에 제임스는 의회와 충돌했다. 1604년 제임스 왕은 '하원의원 선거에서 생긴 분쟁 해결권

---

1 Kenneth Morgan ed., *The Oxford History of Britain*, Oxford University Press(『옥스퍼드 영국사』, 영국사학회 옮김, 2012, 한울), pp.356~357. 이하 Morgan(2012)으로 줄임.

이 하원에 있는가 여부'로 하원과 충돌했다. 하원과 불화는 계속됐다. 대외정책 문제뿐만 아니라 국내 문제로도 국왕과 의회는 다투었다. 국내 문제는 청교도 · 가톨릭 충돌 문제였다. 국내 문제에 제임스는 '의회의 능력과 권한을 훨씬 초월한' 문제라고 주장했고, 의회는 '왕권에 가해진 헌법상의 제한'이라고 주장했다. 의회와 제임스는 정면충돌했다.

1611년부터 1621년까지 제임스는 의회 없이 "영국을 단독 통치하였다." 왕권신수설에 반대하는 헌법학자 코크Edward Coke는 "국왕은 법 아래 있으며 또 법은 법정의 판결과 보통법에서 발견될 수 있어야 한다."고 주장했다. 이런 주장에 아랑곳하지 않고 제임스는 오히려 이러한 주장을 내세운 수석재판관 코크를 해임시켰다. 이후 제임스 왕과 하원 사이에서 논쟁은 치열해졌다. 종교개혁을 국왕은 적극 반대했다. 국왕은 국교도로 개종하라고 요구하거나 아니면 나라에서 쫓아내겠다고 협박했다. 그 결과 청교도들은 1620년 미국으로 이주했다.[2]

1.2. 처형당한 찰스Charles 1세

제임스 왕이 1625년 죽은 후 아들 찰스 1세가 즉위했다. 찰스 1세는 아버지 제임스보다도 더욱 왕권신수설을 신봉했다. 그는 "국왕은 정치상 모든 법규로부터 자유로우며 면책되고 있다."고 주장하였다. 뿐만 아니라 그는 청교도를 증오하는 게 아버지보다 더 심했다. 더욱이 찰스 1세

---

2 J. Bronovski and Bruce Mazlish, *The Western Intellectual Tradition : From Leonardo To Hegel*, (1970), (『서양의 지적 전통』, 차하순 옮김, 홍성사, 1979), pp.203~205. 이하 J. Bronovski(1979)로 줄임.

왕비 마리아Henrietta Maria는 가톨릭 국가였던 프랑스 출신이었다.

찰스와 의회 관계를 더욱 악화시킨 것은 찰스가 버킹검Buckingham에게 주요 정책을 맡겼기 때문이다. 잘못된 정책 운영으로 하원은 그를 탄핵하려고 하였다. 그럼에도 찰스 1세는 오히려 의회를 해산시켰다. 뿐만 아니라 강제 공채로 재정을 충당하려고 시도했다. 그러나 그 시도는 실패했고 재정부족으로 해산했던 의회를 다시 소집했다.

1628년 의회는 국왕에게 재정을 지원하기로 의결했다. 그렇지만 국왕은 그 조건으로 '권리청원'을 수락해야만 했다. 권리청원이란, 의회 동의 없는 과세는 불법이라는 선언이었다. 1629년 이 권리청원을 한층 더 공고히 하려고 의회는 3개항을 결의하였다. 그 결의에 따르면, "종교 혁신을 기도하려고 한다면 누구든 국가의 적이 될 것이다. 영국에 교황제를 도입하려는 음모를 미리 막으려는 대비책이었다. 의회가 승인하지 않음에도 수출입세를 징수하라고 국왕에게 건의한다면 누구든 국가의 적이 될 것이다. 누구든지 의회 승인 없는 조세를 자발적으로 납부하면 영국의 자유를 배반한 자가 될 것이다."

권리청원으로 국왕은 절대권력을 상실했고, 인민들은 법으로 권리를 보호받았다. 그러나 3개 결의안이 채택된 후 찰스 1세는 11년 동안 의회를 열지 않았다. 찰스 1세는 권력을 상실하느니 차라리 죽는 게 낫겠다고 선언했다. 그 선언과 함께 과세는 의회 승인 없이 징수되었다. 재정은 선박세로 충당되었다. 1634년까지 선박세는 연안 도시에서만 징수되었는데, 1635년 영국 전역으로 확대되었다. 그러면서 선박세를 거부하는 사람이 나오기 시작했다. 그들은 청교도들이었다. 마침내 국왕과 의회는 서로 맞서 싸웠다.

찰스 1세는 의회의결에 거부함으로써 의회에 맞섰다. 결국 영국은 왕당파와 의회파로 나뉘어 내전에 휩쓸렸다. 의회파 지휘관은 크롬웰(Oliver Cromwell)이었다. 의회파는 주로 젠트리(Gentry) 계급이었다. 젠트리 계급은 귀족이 아니었지만 자기 토지를 소유한 사람들이었다. 반면 왕당파는 왕을 지지하는 귀족 계급이었다.[3]

1649년 내전은 의회파 승리로 끝났다. 찰스 1세는 국왕으로서 재판을 받고 단두대에서 처형되었다. 그는 처형되면서도 "군주는 오직 신 이외에는 자기 행위에 책임을 질 필요가 없다."는 주장을 되풀이했다. 그는 무법한 권력이 생명과 재산을 보장해 주지 않는다는 말을 덧붙였다. 그가 한 말은 훗날 입증되었다. 찰스 1세가 청교도 반란을 초래했던 것처럼 크롬웰이 행한 불법은 1660년 스튜어트 왕가를 다시 왕정에 복귀시키는 결과를 초래했다.

1.3. 수평파, 레블러스Levellers vs 진정수평파, 디거스Diggers

청교도혁명은 국왕을 처형할 만큼 대담했다. 적어도 1649년까지는 그랬다. 예를 들어, 1647년 청교도 혁명군 내 급진파였던 진정 수평파는 "자유롭게 태어난 모든 영국인이 일종의 사회계약인 인민협정(Agreement of People)을 체결하고 분권적인 민주국가에서 완전한 참정권을 누리기를 원했다."[4] 그들은 "국왕, 상원, 하원에 의한 정치는 종래와 같지만 하원이

---

3 Morgan(2012), p.346. "젠틀맨은 그의 토지를 대여하고, 모직물과 야마포를 입었으며, 라틴어를 읽었다. 요먼(yomen)은 일하는 농부였으며, 가죽 옷을 입고 영어를 읽고 영어를 썼다. 1640년경에는 성년 남자 20명 가운데 한 명꼴인 120명의 귀족과 2만 명의 젠트리가 있었을 것이다."

4 Morgan(2012), p.375.

시민군을 통솔하고 그럼으로써 전제정치의 부활을 방지하려고 하였다."[5] "여러 권리, 특히 무엇보다도 자기가 원한다면 어떠한 형태의 기독교든 자유롭게 믿고 따를 자유는, 앞으로 어떠한 의회나 정부도 이를 침해할 수 없다는 것이었다."[6]

청교도 혁명군은 진정수평파가 내세운 주장을 놓고 장교 사병 모두 논쟁을 벌였다. 이른바 '퍼트니Putney논쟁' 이었다. 이 논쟁에서 레인버러Thomas Reinborough 대령은 "나는 정말로 영국에 있는 가장 가난한 남성도 가장 위대한 남성과 같은 삶을 살아야 한다고 생각하기 때문입니다. 따라서 참으로 나는 어떤 정부하에서 살아가고자 하는 모든 사람들은 먼저 스스로 동의를 통해 자기 자신을 정부하에 두어야 한다는 점이 분명하다고 생각합니다."[7]

반면 수평파였던 아이어턴Ireton과 크롬웰은 의회파 군대에 참여한 몇몇 사람들에게 특권이 돌아가야 한다고 생각했다. 특권층을 겨냥할 경우 의회파 군대에서 싸운 가난한 사람들은 보상을 받을 수 없게 된다. 또 특권을 누리겠다는 생각은 또 다른 독재를 합리화하는 생각이었다. 마침내 '퍼트니 논쟁'에서 특권을 누리겠다는 생각에 반대하는 오버턴Richard Overton이 등장했다.

오버턴은 단호했다. "본래 개인에게는 태어나면서 개인 재산권이 부여되었으며, 누구도 그것을 침해하거나 강탈해서는 안 된다. 모든 사람은,

---

5 Bronovski(1979), p.226.

6 Morgan(2012), p.375.

7 Putney Debate, in Puritanism and Liberty ; Being the Army Debate(1647~1648) from the Clark Maniscript, selected and edited by A. S. P. Woodhouse; MacIntyre(2002), p.153.

마치 그가 자기 자신인 것처럼, 자기 고유 재산권을 가지고 있으며, 그렇지 않다면 그는 그 자신일 수 없다. 그리고 이러한 점에 따를 때, 어떤 사람이든 그 가운데서 무엇이라도 빼앗고자 하는 경우 명백히 자연의 원칙과 인간과 인간 사이에서 통용되는 공평과 정의라는 규칙을 위반하고 모욕하게 되는 것이다. 이러한 것이 존재하지 않는다면 '내 것'과 '네 것'이 있을 수가 없다. 어느 누구도 내 권리와 자유를 침해할 권한을 가지고 있지 않으며, 나도 다른 어느 누구의 권리와 자유를 침해할 권한을 가지고 있지 않다. 나는 그저 한 개인에 불과하며, 나와 나 자신의 재산권을 향유할 수 있다. 나는 그저 나 자신을 벗어나지 않는 범위에 대해 글로 표현할 수 있으며, 그 이상에 대해서도 마음속으로 상정해 볼 수 있다. 만약 내가 실제로 그 이상으로 행동한다면, 나는 다른 사람의 권리를 침탈하고 침해하는 것인데, 나에게는 그럴 권리가 없다."[8]

오버턴이 내세운 주장은 현실에서 받아들여지지 않았다. 오버턴에 맞서 "아무런 재산도 없는 사람들에게 투표권을 준다는 것은 자유와 재산을 다같이 위태롭게 만드는 것이라고" 반박이 등장했다. 크롬웰에 따르면 "정치가 반드시 인민을 위한 것이어야 하지만 인민에 의한 것이어야 하는 것은 아니었다." 1649년부터 영국은 크롬웰 손아귀에 들어갔다.[9]

1.4. 명예혁명(Glorious Revolution)

크롬웰은 군대를 배경으로 엄격한 청교도 정치를 펼쳐 갔다. 청교도에

---

8 MacInyyre(2002), pp.153~154.

9 J. Bronovski(1979), p.226.

입각한 독재체제에서 영국인들은 공포를 느꼈다. 이른바 청교도 공포정치였다. 공포정치에 인민들은 반발했다. 소수 이익을 위해 다수 인권을 제약한다는 것은 본래 청교도 혁명과는 거리가 멀었다. 거의 모든 영국인들은 크롬웰 체제에 반발했다. 그 결과 1658년 크롬웰이 죽자 영국은 다시 왕정제로 돌아갔다. 처형당한 찰스 1세 아들 찰스 2세가 등극했다.

공포정치에 떨던 영국인들은 새로운 의회선거에서 왕당파에게 힘을 실어 주었다. 찰스 2세는 크롬웰을 부관참시하고 사형장 교수대 밑에 묻어 버렸다. 찰스 2세는 오랫동안 프랑스에서 망명생활을 했던 터라 프랑스풍에 물들어 은근히 가톨릭을 옹호하였다. "그는 가톨릭이 강한 곳에서는 어디서나 왕정이 강하다고 생각하였다."[10] 이에 반발하여 의회는 1673년에 국교도가 아닌 사람은 모든 공직에서 물러나야 한다는 심사율(Test Act)을 통과시켰다. 그 후 1679년 의회는 왕은 아무 이유 없이 인민을 체포하거나 구금하지 못하며 구금된 자는 20일 이내에 재판을 받아야 한다는 인신보호율(the Protection of Personal Liberty Act)을 통과시켰다.

1685년 찰스 2세를 이어 아우 제임스 2세가 등극했다. 제임스 2세는 왕이 되자 심사율과 인신보호율을 무시하고 독재정치를 펼쳤다. 종교관용은 사라졌고 영국은 국교회에서 가톨릭교회로 바뀌어 가고 있었다. 이에 의회는 네덜란드 총독 윌리엄 공과 결혼했던 메리에게 영국 왕이 되어 달라는 초청장을 보냈다. 11월에 윌리엄 공은 런던으로 진격했다. 의회와 인민으로부터 버림받고 제임스 2세는 프랑스로 망명했다. 이 사건은 유혈사태 없이 끝이 났다. 그래서 이 사건은 명예혁명이라고 일컬어진다.

제임스 2세의 장녀 메리는 윌리엄William 3세와 함께 왕위에 오른다.

---

10 Morgan(2012), p.387.

1689년에는 권리장전(Bill of Right)이 선포되었다. 권리장전에 따르면, 첫째, 의회 승인 없이 법을 만들거나 없앨 수 없으며, 둘째, 의회 승인 없이 세금을 거둘 수 없으며, 셋째, 의회 승인 없이 군대를 키우거나 늘릴 수 없으며, 넷째, 국회는 합법적으로 국사에 대해 왕에게 간섭할 수 있고, 다섯째, 의원 선거는 자유롭게 실시하며, 여섯째, 의회는 언론의 자유를 가지고, 일곱째, 의회는 정기적으로 열리며 일정 기간이 지나기 전에는 해산할 수 없다.

02

페인 Thomas Paine(1737~1809)

18세기는 1776년 미국 독립혁명, 1789년 프랑스혁명을 거친 변혁 시대였다. 변혁을 거치면서 사람들은 기본권을 침탈하는 통치자를 폭군으로 생각하기 시작했다. 그런 생각이 점차 널리 퍼져 사람들은 폭군을 물리치는 혁명은 정당하다고 믿었다. 그 믿음은 상식이었다. 마침 페인은 1776년 『상식』을 출간했다.

페인은 국가와 사회를 구별한다. 국가와 사회는 "서로 다를 뿐만 아니라 그 기원조차 상이하다. 사회는 우리의 필요에 의해 만들어지지만, 국가는 우리의 사악함 때문에 만들어진다."[11] 페인에 따르면, "사회는 그 모든 상태에서 축복이다." 자연 상태에서 사람들이 생각해 낸 것은 사회였지 국가가 아니었다.

페인에 따르면, 많은 동기들이 그들로 하여금 사회를 만들게 할 것이

---

11 Thomas Paine, *Common Sense*(『상식』, 박홍규 옮김, 필맥, 2004), p.21. 이하 Paine(2004)으로 줄임.

다. 한 사람이 행사하는 힘은 자기 욕구를 충족시키기에도 너무나 부족하고, 그 한 사람 마음은 영원한 고독을 감당하기에도 너무나 미약하다. 따라서 그는 곧 다른 사람의 도움과 위안을 구하게 되고, 이는 다른 모든 사람과 마찬가지일 것이다.[12]

페인에 따르면, 사회가 점차 커지면서 도덕으로는 세계를 통치할 수 없는 지경에 이르러 국가는 생겨난다. 국가는 자유와 안전 말고는 다른 어떤 목적도 없다. 그럼에도 국가는 견딜 수 없는 악이 되고 말았다. 국가가 악이 되고 만 것은, 사람들을 왕과 신하로 가르는 구별 때문이었다. 이러한 구별은 차별 행위를 불러 온다. 사람들은 어떤 한 사람을 왕으로 세우고 자기들을 다스려 주기를 바란다.

왕이 된 사람은 인민들에게 자유와 안전을 보장하기는커녕 인민들을 종으로 삼았다. 왕은 백성들을 농사짓게 하게 추수한 곡물을 바치게 한다. 왕은 인민들에게 농기구와 무기를 만들게 한다. 뿐만 아니라 인민들에게 요리를 시키고 빵을 굽게 하고 향료를 만들게 한다. 그뿐만 아니라 왕은 자기 자식에게 왕위를 물려준다. 국가에서 인민들은 어떤 한 사람을 왕으로 섬기는 데 그치지 않고 대를 이어 왕을 섬겨야 했다. 왕을 섬겨야 하는 군주제는 악폐이다. 이 악폐에다 사람들은 세습제라는 악폐를 더했다.

페인에 따르면, "군주제가 우리 자신의 격하와 왜소화를 의미한다면, 세습적 계승은 그것이 권리로 주장될 경우 후손에 대한 모욕이자 기만이다. 왜냐하면 모든 인간은 원래 평등하므로 누구나 출생에 의해 자기 가문을 다른 가문보다 영구히 우월한 지위에 둘 권리를 가지지 못하기 때문

---

12 Paine(2004), p.22.

이다. 그리고 어떤 사람이 동시대 사람들로부터 어느 정도 고상한 명예를 인정받을 만한 자격이 있다고 해도, 그의 후손은 그런 자격을 계승할 만큼의 가치가 없는 사람일 수도 있기 때문이다."[13]

페인에 따르면, 이 세상에 왕으로 태어나는 사람은 없다. 누군가 처음으로 왕이 되던 때를 추적할 수 있다면, "최초 사람은 불량한 깡패 두목급 악한보다 나을 게 없는 자로서, 그 야만성이나 교활함으로 인해 약탈자들 사이에서 두목의 칭호를 얻었다는 것이다. 또한 권력을 증대시키고 약탈 행위를 확대하면서 평화롭고 방어력이 없는 사람들을 위압해 자주 공물을 바치게 함으로써 그들로 하여금 안전을 사도록 한 것이다."[14]

페인에 따르면, 군주제는 자유롭고 제약 없는 삶과는 양립할 수 없다. 사람은 군주에게 복종하면서 살아왔다. 복종하는 삶은 인간답지 못하다. 군주제로 사람들은 사람답지 못하게 되었다. 세습으로 사람답지 못한 삶은 더욱 더 사람답지 못하게 된다. 대물림한 왕은 더욱 더 흉악해지기 때문이다. "세습이란 어리석고 사악하며 부적절한 자들에게 문을 열어 주는 것이고, 따라서 그 자체로 압제의 성격을 가진다. 자신은 남을 지배하기 위해 태어났고, 남들은 자기 지배를 받기 위해 태어났다고 생각하는 자들은 쉽게 오만해진다."[15]

페인에 따르면, 세습을 지지하는 변명이야말로 "인류에게 말해진 거짓말 중에서 가장 낯가죽이 두꺼운 거짓말이다." 군주제와 왕위 계승은 이 세계를 "피와 재 속으로 몰아넣어 왔다." 왕이란 자기도 즐겁지 않고 인민

13 Paine(2004), p.37.

14 Paine(2004), pp.38~39.

15 Paine(2004), p.41.

에게 이익을 주지도 않으면서 그저 일생을 빈둥거리며 보낸 뒤 무대에서 사라진다. 후계자에게도 똑같이 게으른 생활을 물려준다. 그런 만큼 "왕관을 썼던 모든 악당들보다는 정직한 보통사람 한 명이 사회에 더 가치가 있"다.[16]

페인에 따르면, 군주제는 반드시 없어져야 할 국가 형태이다. 군주제에서는 사람다운 삶을 살려는 사람들로 들끓게 되어 내란이 끊이질 않는다. "평화를 유지할 수 없는 국가는 결코 국가라 할 수 없으니, 그런 경우 우리의 세금은 헛된 것이다." 국가는 자유와 재산을 보장해야 한다. 이제 국가는 왕이 통치하는 대신 법이 통치해야 한다. "자유로운 나라에서는 법이 반드시 왕이어야 하지 다른 것이 왕이어서는 안" 된다.[17] 페인은 외쳤다.

> 오, 인류를 사랑하는 그대들이여, 전제만이 아니라 폭군도 반대하는 그대들이여, 일어서라! 낡은 세계의 모든 곳이 압박에 짓밟히고 있다. 자유는 온 지구에서 쫓기고 있다. 아시아와 아프리카는 이미 오래전부터 자유를 추방해왔다. 유럽은 자유를 이방인처럼 생각하고, 영국은 추방 명령을 내렸다. 오, 망명자들을 받아들여라! 그리고 때를 놓치지 말고 인류를 위한 피난처를 마련하라!

『상식』은 '혁명 시대 전체를 통하여 가장 선동적이고 가장 인기 있는 팸플릿'이었다. 이 책에서 페인은 민주주의 공화국만이 유일하게 정당한 정

---

16 Paine(2004), pp.42~44.

17 Paine(2004), pp.63~67.

부 형태라고 주장했다. "페인에게 정치적 민주주의는 가난한 사람들의 경제적 요구와 분리될 수 없는 것이며, 해결책은 민주 정부이다. 가난한 사람은 오직 정치를 통해서만 그들의 비참한 상황에서 벗어날 수 있다." 페인은 모든 사람이 같은 권리를 누린다고 주장한다. "부유한 사람들이 가난한 사람들의 권리를 약탈할 때, 그것은 가난한 자들에게 본보기가 된다. 즉 그들이 부자들의 재산을 약탈해도 좋다는 것을 알려주는 본보기 말이다."[18]

페인도 로크처럼 자연 상태에서 자연은 인류 모두에게 공유 자산이었다고 주장한다. 그러나 로크와는 달랐다. 페인에 따르면 누군가 토지를 경작하여 사유재산권을 내세울 때도 이 공유 자산에 행사할 수 있는 권리는 상실되지 않는다고 주장한다. "개인 자산으로 주장할 수 있는 것은 (경작행위 등으로 말미암은 토지에 끼쳐진) 개량의 몫이지 토지 그 자체는 아니다."[19] 토지 그 자체를 소유한다고 주장할 수 없는 것은, 토지 소유자는 자기가 속한 공동체에 기초지대(ground-rent)를 빚지고 있기 때문이다.

페인에 따르면, 개인 자산은 사회에서 비롯한다. 사회 없이 한 개인이 개인 재산을 획득하기란 불가능하기 때문이다. 이러한 이치는 한 개인이 토지를 처음 만들어 낼 수 없는 것과도 같은 이치이다. "개인을 사회로부터 분리시켜 그에게 하나의 섬이니 대륙을 소유해 보도록 하라. 그는 개인 재산을 결코 획득하지 못한다. 그는 부자가 될 수 없다. 그처럼 수단과 목적을 분리할 수 없다." 이 수단이 없으면 목적도 없고, 목적이 없으면

---

18 Sean Monahan, 「토마스 페인, 한 혁명가의 삶과 사상」, 『녹색 평론』 147호, 녹색평론사, 2016, p.172.

19 Monahan(2016), p.175.

수단도 없다.

페인이 내린 결론에 따르면, 그 누구도 자기 노동에 따른 산물에 완전한 권리를 주장할 수는 없다. 한 인간 스스로 손으로 생산할 수 있는 것 그 이상으로 모든 개인 재산 축적은 그가 사회 속에서 삶을 영위함으로써 비로소 가능하다. 그렇다면 그가 축적한 재산, 그 전부는 아니더라도 그 일부는 그것이 나왔던 사회로 다시 되돌려야 마땅하다.[20]

---

20 Monahan(2016), p.177.

03

버크 Edmund Burke(1729~1797)

버크는 혁명을 반대한 보수주의자이다. 버크에 따르면, 기존 제도를 유지하면서 그것을 개선해 나가는 데 만족할 때 참다운 진보는 가능하다. "만약 그렇지 않을 경우 원시 야만 상태로 퇴화"한다는 것은 확실하다. 버크는 혁명은 후퇴를 의미한다고 주장하였다.[21]

버크는 군중을 '돼지 같은 군중(swinish multitude)'이라고 불렀다. 그는 대중이 통치권자를 해임할 수 있는 권리를 부정한다. 그는 대중이 정치체제를 바꿀 수 있는 권리를 부정한다. 그는 프랑스혁명을 찬양한 사람들에 대해서 다음과 같이 말한다. "인권에 관한 자기들 이론에 너무나 깊이 사로잡혀 있기 때문에 인간이 지닌 자연스런 모습을 완전히 망각하고

---

21 F.M. Watkins, *The Age of Ideology–Political Thought 1750 to the Present*(『이데올로기의 시대』, 이홍구 옮김, 을유문화사, 1987), pp.80~82.

있다."[22]

버크에 따르면, 사회개혁을 이루려는 계획은 신이 세워 놓은 발전계획에 거역하는 일이다. 사회 발전은 신이 계획한 대로 펼쳐진다. 그러니 갑작스런 혁명은 신에 맞서는 배반이다. "정치는 인간이 행하는 이성 추론이 아니라 인간이 가진 자연스런 모습에 맞추어져야 한다. 이성이란 인간이 가진 자연스런 모습에서 가장 큰 부분은 아니며, 단지 일부분에 불과할 따름이다."[23]

버크에 따르면, 사람은 이성에 따라 살아가는 것을 오히려 두려워한다. 사람은 이성보다는 예단(prejudice)에 따라 산다. "예단이란 긴급한 상황에서 미리 준비된 것을 적용하는 것이다. 이를 통해 우리 마음은 미리부터 지혜와 덕이라고 하는 안정된 길을 따르게 되며 인간은 결단의 상황에서 회의에 빠져 결정을 내리지 못한 채 당황하고 주저하는 상황에서 벗어날 수 있다. 예단으로 인간은, 서로 연결되지 않는 일련의 행위가 아니라, 자기 덕을 습관화할 수 있다."[24]

버크가 내세운 주장은 당대에 많은 영향을 미쳤다. 그렇지만 버크는 사회와 국가를 혼동했다. 버크는 특정 정치제도를 사회와 같다고 생각했다. 그는 안정되고 질서 있는 사회가 필요하다고 주장하면서, 그러려면 프랑스혁명 후 루이 16세를 교수형에 처해서는 안 되었다고 주장했다. 버크에 따르면, 어떤 규범에 의거한다는 것은 확고하게 확립된 사회생활을 전제한다. 그래서 버크는 혁명은 사회를 파괴하는 짓이라고 비판했다.

---

22 *Reflections on the Revolution in France*; MacIntyre(2004), p.386 재인용

23 MacIntyre(2004), p.387 재인용.

24 MacIntyre(2004), p.387 재인용.

버크는 '확고한 사회생활 형식(established form of social life)'개념과 '확고한 제도체제(established set of institutional arrangement)'개념이 서로 같다고 생각했다. 정녕 그럴까. 그렇지 않다. 사회제도가 사회생활 형식과 언제나 일치하는 것은 아니다. 사회생활 형식에 어긋나는 사회제도를 계속 유지하려는 사회는 갈등에 휘말릴 수밖에 없다. 혁명이란 바로 사회제도가 사회생활 규범에 어긋날 때 일어난다. 사회생활 형식은 잘못된 사회제도를 바꾸어 나가야 한다는 당위를 제공한다.[25]

버크는 어떤 행위를 하든 어떤 규칙에서 비롯한다고 주장했다. 그렇다고 규칙을 언제나 명확하게 이해하면서 따르는 것은 아니다. 심지어 어떤 행위를 하면서 특별히 어떤 규칙을 의식하지 못할 수도 있다. 버크에 따르면, 어떤 행동이든 예단(prejudice)이 작용한다. 버크가 주장하는 '예단'은 사람들이 어떤 규칙을 의식하지 않은 채 따를 수 있음을 입증한다.

사람들이 행동할 때마다 행동 규칙을 반성하지 않는다는 점에서 버크가 내세운 '예단' 개념은 그럴 듯하다. 대개 행동은 습관에 따라 결정되는 편이다. 그렇지만 어떤 경우에 사람들은 자기가 가진 예단을 검토하고, 검토한 결과에 따라 이제껏 행동이 잘못되었음을 반성할 수도 있다. 그래서 고드윈은 반성이 필요하다고 역설한다. "예단이라는 외투를 벗어던지고 벌거벗은 이성만을 남겨두라."[26]

---

25 MacIntyre(2004), p.389.

26 MacIntyre(2004), p.390 재인용.

04

고드윈 William Godwin(1756~1836)

미국 독립혁명, 프랑스혁명과 함께 또 다른 혁명은 1760년대 영국 산업혁명이었다. 산업혁명을 거치면서 영국은 풍요를 누리는 듯했다. 그렇지만 산업혁명으로 풍요와 함께 결핍도 찾아 왔다. 인구 도시집중화와 극심한 빈부격차로 말미암아 영국 전역에 우울한 그림자가 드리워졌다. 산업혁명과 함께 노동자는 크게 증가하여 새로운 사회계급으로 등장했다. 산업혁명과 함께 등장한 주목할 만한 사상은 공리주의였다. 공리주의는 어떻게 살아야 하는가에 '최대 다수 최대 행복'이라는 원칙을 제시한다.

공리주의는 벤담과 밀에게로 이어지기 전부터 오랜 전통을 지닌다. 흔히 고드윈은 공리주의 창시자라고 일컬어진다. 고드윈은 근대세계에서 혁신에 전념하는 도덕가, 그 원형이거나 본보기(prototype of innovating moralist)였다. 그럼에도 세상 사람들은 그를 강하게 비난했다. 동시대인 드 퀸시De Quincy는 "대부분 사람들은 고드윈에게 강시 혹은 냉혈한 흡혈귀, 혹은 프랑켄슈타인이 만든 괴물에게서나 느낄 수 있는 것과 같은

공포심과 거리감을 느꼈다."고 회고했다.[27]

고드윈이 세상 사람에게 악인으로 찍힌 건 아나키스트였기 때문이었다. 고드윈이 아나키즘을 내세운 건 페인으로부터 받은 영향이 컸다. 두 사람은 모두 사회와 국가가 다르다는 점을 강조했다. 사회는 필요하지만 그렇다고 국가가 언제나 필요한 것은 아니라고 그 두 사람은 주장했다. 그렇지만 페인이 국가는 필요악이기도 하다고 주장한 것과는 달리, 고드윈은 그 같은 필요성마저 의심했다.

실상 도덕 이론에서 고드윈은 온건했다. 고드윈에게 영향을 미친 사람은 에드워드Jonathan Edward(1703~1758),[28] 하트리David Hartley (1705~1757),[29] 홀바흐Paul Henry Thiry baron d'Holbach(1723~1789)[30] 등이었다. 고드윈에게 도덕이란, 어떤 경우라도 예민한 지성인들 모두를 행복하게 해 주기를 가르쳐 주는 체계였다. 모든 사람을 행복하게 해 주어야 마땅하다는 것은, 어떤 명제가 올바르다는 것이 자명하게 파악되듯이, 이성에 따른 공리이다. 이것은 모든 도덕 탐구를 가능하게 연역 원칙이다. 이 원칙으로부터 인간은 최대 행복을 증대해야 할 의무를 진다.[31]

고드윈에 따르면, 인간에게는 권리는 없고 의무만 있다. 여기서 권리란 무분별한 권력이다. 인간이 선택할 권리를 가질 경우, 그래서 어떤 것을 선택하여 선행을 해야 할 경우, 결코 마음대로 할 만큼 자유롭지 못하다.

---

27 MacIntyre(2004), p.230.

28 *Freedom of Will*(1754)에서 '신학 결정론' (theological determinism)을 지지했다.

29 *Observation on Man*(1749)에서 심리철학을 뇌신경생리학과 통합하였다.

30 *ystemde la nature*(1770)에서 자연주의 유물론(naturalistic materialism)을 주장했다.

31 John Plamenatz, *The English Utilitarians,* Basil Blackwell(1966), pp.88~96. 이하 같은 책 참조.

오히려 사람들은 사람들에게 의무를 갖기 때문에 마음대로 하는 것에 반대하는 주장을 한다. 권리를 부정할 때 고드윈이 염두에 둔 것은 무분별한 권력이었다.

고드윈에 따르면, 사람들에게 의무 이행이 폭력으로 강제되어서는 안 된다. 폭력 대신 논증이 필요하다. 사람들은 의무가 무엇인지를 이해함으로써 의무를 이행해야 한다. 논증이 필요한 건, 논증으로 문제가 해결될 수 있다는 희망이 남아 있는 경우이다. 마찬가지로 순식간에 일어나는 피해를 예방하는 불가피한 경우를 제외하고는 어떤 폭력도 행사하지 말아야 한다. 고드윈이 단호하게 거부하는 것은, 인간이 이성이 아니라 오로지 폭력이나 공포심만으로 제어할 수 있는 그런 정념을 갖고 태어난다는 것이다.

고드윈에 따르면, 인간은 실수 아니면 무지라는 잘못을 저지른다. 그러나 폭력은 인간이 저지르는 실수와 무지를 교정하는 적절한 수단이 아니다. 폭력은 어떤 경우, 심지어 처벌에 사용되는 경우에도 정당화될 수 없다. 고드윈에 따르면, 처벌은 본래 불가능하다. 의지는 자유롭지 않기 때문에 어느 누구도 자기가 한 행위 말고 다른 행위를 할 수는 없었기 때문이다. 그러니 그 누구라도 응당 고통 받을 만하다고 주장하는 것은 불합리하다. 그렇다고 사람이 유덕할 수도 없고 또 악덕할 수도 없다는 것은 아니다. 유덕한 사람은 자기 의무를 이행하기를 선택하는 반면, 악덕한 사람은 이와 다른 습관을 지니는 사람이다.

어느 누구라도 응당 고통 받을 만하지 않다는 주장과, 처벌이란 그 효용성으로 정당화된다는 주장은, 모든 공리주의자들이 똑같이 내세우는 바이다. 그러나 고드윈은 처벌이 교화 효과가 있다는 주장을 부정하는 만큼 다른 공리주의자들과 다르다. 고드윈에 따르면, 처벌은 범죄자와 심판자 모두를 평가 절하한다. 고드윈은 말한다. "나를 억지로 강제하는 사람은, 논증을 통해 자기 의도대로 나를 움직이게 하려면 얼마든지 그렇게 할 수 있었던 사람이었으리라. 그는 자기 논증이 중요하기 때문에 나를 처벌하는 것처럼 보이지만, 실상 그는 자기 논증이 먹혀들지 않았던 탓에 나를 처벌하는 것이다."

고드윈은 처벌이 가지는 억지抑止효과도 부정한다. 고드윈은 어떤 강제도 허용하지 말아야 한다고 주장한다. 누군가를 강제한다는 것은 이성을 외면하는 처사다. 그런 만큼 죄수를 무조건 처벌하는 일은 더 이상 없어야 한다. 죄수에게도 교도소矯導所 생활은 가능하면 즐거워야 한다. 교도소는 덕을 쌓는 학교여야 한다. 죄수들은 교도소에서 다른 사람들과 교제하면서 직업을 얻을 수 있는 기술 훈련을 받는 기회를 누려야 한다. 고드윈은 사람이 살지 않는 곳으로 추방하는 유배형도 찬성했다. 죄수는 이미 부패할 대로 부패한 모국을 떠나 아무 간섭 없이 새로운 사회를 만들 수 있는 기회를 누릴 수 있기 때문이다.

고드윈에 따르면, 도덕 분별력은 이성에서 비롯한다. 행위에 동기를 부여하는 것은 감정이지만, 이것이 올바른 행동으로 이어지려면 반드시 사실을 명확하게 파악해야 한다. 그러려면 이성이 필요하다. 이성으로 어떤 행위가 낳는 결과를 고려해야 한다. 특히 이성으로 자기 자신이나 다른 어떤 사람에게 호의를 베풀기 위해 어떤 예외를 허용해서는 안 된다는 불편부당성 원칙을 따라야 한다.

고드윈에 따르면, 도덕 논증은 "사람들을 차별해서 대우할 근거가 보일 때까지는 모든 사람을 동등하게 대우해야 한다"는 전제에서 비롯된다. 그 전제는 "도덕 근저에 놓은 원칙에 따라 어떤 식으로든 도덕에 대해 논의할 수 있으려면 사람들을 차별해서 대우해야 한다고 주장하는 사람들에게 정당화 부담이 지워져야 한다."는 원칙이기도 하다. 이 원칙에 따르면 나이, 성별, 지능, 피부 등을 이유로 사람들을 서로 다르게 대우할 까닭이 없다. 이 원칙이 '이성 원칙'이다. 이 원칙에 따를 때 비로소 평등사회를 이룩할 수 있다.

고드윈은 이 '이성 원칙'을 확장한다. 고드윈에 따르면, 이성을 통해 다수 행복이 한 사람 행복보다 더 가치 있음을 알려면, 그 한 사람이 나이건, 내 친척이건, 혹은 전혀 모르는 타인이건 그것은 문제되지 않는다. 따라서 내 행복보다는 전체 행복이 우선해야 한다.

고드윈에 따르면, 사람은 사사로운 감정에 치우치지 않고 얼마든지 공정해질 수 있다. 불타고 있는 건물 안에 두 사람이 갇혀 있는데 나는 그 두 사람 중 한 사람만 구출할 수 있는 처지이다. 그중 한 사람은 인권을 옹호하는 주장을 담은 유명한 소설을 탈고하려는 대주교이고 다른 한 사람은 평범한 가정주부로서 내 엄마이다. 고드윈에 따르면, 마땅히 구출해야 할 사람은 대주교라고 주장한다.

고드윈은 묻는다. "'나'라는 대명사 속에 어떤 마법이 들어 있어 공정하고 참된 결정을 뒤집으며 그걸 당연하게 여겨야 하느냐?" 고드윈에 따르면 사람은 자기 행복보다는 전체 행복을 무시할 때 불행을 느끼게 마련이다. 그렇지만 타인이 느끼는 고통은 내가 하는 행동에 이유가 되지 못한다. 그럼에도 다른 사람 불행을 외면함으로써 고통을 느낄 수 있다. 그건 이성 원칙 때문이다. 이성 원칙에 따름으로써 사람들은 다른 사람들이 고통스러워할 때 죄의식 같은 것을 느낄 수 있다.[32]

---

32 William Godwin, *Enquiry Concerning Political Justice and Its Influence on Moral and Happiness*, Vol.1, the Third Edition Corrected(Printed for G.G. and J.

고드윈이 내세웠던 불편부당성 원칙은 오늘날에도 계속 이어진다. 한 예로 오늘날 공리주의자 싱어Peter Singer(1946~)는 고드윈과 유사한 주장을 펼친다. 가령 친구 셋과 저녁식사를 하려고 막 외출하는 데 아버지로부터 전화가 왔다. 몸이 아픈 아버지는 아들이 지금 당장 와 주기를 바란다. 싱어에 따르면, "어떤 행동이든 더 많은 선호를 충족하는 편이 내가 취해야 할 행동이다." 결론은 아버지가 겪을 실망감이 더 크기 때문에 나는 저녁 식사모임을 포기해야 한다는 것이다. 물론 이 결론은 아버지를 아버지로서 특별하게 배려하지 않는 공정함에 따른 결과이다. 이러한 공정함은 쾌락과 고통을 느끼는 모든 생물체에로 확대될 수 있고, 그런 경우 동물을 해방시켜야 한다는 논의도 가능해진다.[33]

Robinson, Paternoster-Row, 1978); Stephen T. Asma, *Against Fairness*(『편애하는 인간』, 노상미 옮김, 생각연구소, 2013), pp.280~282.

33 Peter Singer, *The Expanding Circle ; Ethics and Sociobiology*, Farrar, Straus and Giroux(1981), (『사회생물학과 윤리』, 김성한 옮김, 연암서가, 2012), p.101.

05
울스턴크래프트 Mary Wollstonecraft(1759~1797)

울스턴크래프트는 고드윈과 부부였고, 그녀는 그 당시로는 놀랍게도 여성해방을 주장했다. 울스턴크래프트에 따르면, 18세기 유럽에서 여성은 졸병이나 다름없었다. 그 당시 군대에서 졸병은 노예였다. 졸병은 노예처럼 명령에 복종할 따름이었다. 왜 명령하는지 "그 이유를 알려고 하거나 생각하지 않기 때문이다." 졸병에게는 왜 명령을 따라야 하는지를 헤아릴 여유가 없었다. 무조건 복종하는 졸병은 자유로울 수 없었다. 졸병과 다름없던 여성은 자유롭지 못했다.[34]

자유롭지 못한 여성은 노예와 다를 바 없다. 여성이 노예로 전락하게 된 것은 '야만으로부터 빠져 나오던 인류 여명기'에서 비롯한다. 그 무렵은 힘이 전부였다. 장군과 사제는 힘으로 무제한 권력을 누렸다. 권력자

---

34 *A Vindication of Right of Woman* (『여성의 권리 옹호』, 문수현 옮김, 책세상, 2011), p.23. 이하 Wollstonecraft(2011)로 줄임.

는 명령했고 그 나머지 사람들은 무조건 복종해야 했다. 복종만이 살 길이었다. 운이 좋으면 복종하는 대가로 재화와 높은 신분을 얻을 수도 있었다. 점차 복종은 미덕처럼 여겨졌다.

야만 시대는 여성 스스로 복종을 미덕으로 여기도록 유도하였다. 그건 '여성 노예화'였다. 여성 노예화는 여성에게서 지성을 '잡아채듯' 빼앗음이다. 마침내 여성에게는 지성보다는 몸을 아름답게 가꾸는 게 먼저였다. "권력은 언제나 맹목적인 복종을 얻고자 하기 때문에 독재자들과 관능주의자들이 여성들을 어둠 속에 묶어두고자 노력하는 것은 당연하다. 독재자들은 노예를 원할 뿐이고, 관능주의자들은 장난감을 원할 뿐이기 때문이다." 여성들은 어느 한 순간도 스스로 독립을 느끼지 말아야 했다. 여성들은 '요염한 노예'여야 했다.[35]

인간차별이란 언제나 잔혹한 힘이 지배하는 야만 상태에서 이뤄졌다. 야만 상태는 무지에서 비롯했다. 여성차별도 무지에서 비롯했다. 여성차별론에 따르면, "소녀들은 아주 어린 시절부터 옷을 좋아한다. …… 소년들을 소녀들과 같은 방법으로 복종시키는 데에는 시간과 고통이 필요하다. …… 소녀들은 타인의 의지에 복종하도록 만들어야 할지도 모른다. …… 여성들은 …… 이 습관적인 구속으로부터 그들의 전 생애 동안 지녀야 할 유순함이 나온다."[36] 그러나 그러한 "미덕은 일종의 관습에 지나지 않는다."[37]

여성차별은 여성 노예화로 이어졌다. 여성 노예화는 여성을 "가장 깊

35 Wollstonecraft(2011), pp.42~46.

36 Wollstonecraft(2011), pp.75~81.

37 Wollstonecraft(2011), p.86.

은 무지 상태에 남겨두겠다."는 전제에서 비롯했다.[38] 그 전제에 따른 "결론은 명백하다."[39] 여성을 관능주의자들의 노리개로 만들어야 한다는 게 그 결론이다. 마침내 남성은 '관능적인 폭군'으로, 여성은 '질투심 많은 하인'으로 길들여진다.[40]

여성은 스스로 자기를 위해서 "생각하고 행동하도록 도전해 볼 수가 있"어야 한다. 여성은 품위를 지키는 인간으로 거듭나야 한다. 그러려면 여성은 "시민의 의무를 수행할 수 있도록 개인으로서, 시민으로서의 보호를 충분히 받아야 한다."[41]

여성은 시민으로서 공공이익에 기여해야 한다. 여성들은 "기혼이건 미혼이건 간에 국가의 시민이라는 조건을 갖춰야 한다." 스스로 존중받을 만한 사람이어야 한다. "아름답게 치장하는 것을 넘어서는 의무를 다함으로써 스스로 밥벌이는 하는 여성은 얼마나 존중받을 만한가!"[42]

이제껏 여성은 시민으로서 자유롭게 살지 못했다. 여성은 '무지와 의존'에 길들여졌을 뿐이었다. 이제라도 "여성을 자유롭게 하라. 그러면 그들은 즉시 남성처럼 현명하고 덕이 많은 존재가 될 것이다. 진보는 상호적인 것이어야 하고 인류의 절반이 종속되기를 강요받는 불공평은 억압자에 대한 보복을 수반하기 때문에, 남성의 미덕은 그가 발아래에 기르는 벌레들에 의해 좀먹게 될 것이다."[43]

---

38 Wollstonecraft(2011), p.91.

39 Wollstonecraft(2011), p.111.

40 Wollstonecraft(2011), p.125.

41 Wollstonecraft(2011), pp.126~129.

42 Wollstonecraft(2011), pp.134~135.

43 Wollstonecraft(2011), p.173.

여성은 남성과 다르지 않다. "남성들이여, 여성들에게 권리를 나눠 줘라! 그러면 여성들도 남성의 미덕을 따라가게 될 것이다." 인간으로서 권리를 누릴 때 더욱 완벽한 사람으로 거듭나리라. "지성을 갖춘 남성들이여 정의로우라!" 여성도 그대들과 다 같은 사람이 아닌가. "그리고 당신들이 먹이는 말이나 당나귀들의 잔꾀와 여성들의 실수를 엄격하게 구분하지 말라!"[44]

44 Wollstonecraft(2011), p.195.

06
마르크스 Karl Marx(1818 ~1883)

마르크스는 자본주의를 화폐를 생명으로 삼는 체제로 규정한다. 마르크스에 따르면, 이러한 자본주의로 말미암아 인간은 철저히 착취되고 인간으로 대우받지 못한다. 그렇지만 자본주의는 역사 진행 과정 중 한 단계일 따름이다. 자본주의가 봉건주의를 밀어냈을 때처럼 역사 진행 과정에서 자본주의는 소멸하고야 말 것이다. 역사가 인간을 만들었지만 인간 또한 역사를 만들어 간다.

자본주의는 소멸하고야 만다는 마르크스가 내세운 역사주의에는 휴머니즘이 깔려 있다. 그 휴머니즘은 '소외'를 문제시한다. 노동자들은 그들 삶을 지탱해 주는 노동으로부터 소외된다는 것이 마르크스가 내세운 주장이다. 노동자들은 많은 상품을 생산하면 할수록 점점 더 '소외'된다. 상품 세계는 그 자체가 노동자들을 적대시하는 힘을 지니면서 노동자들을 파멸시킨다. 실제로 많은 상품이 생산될수록, 노동력은 더욱 상품화된다. 노동은 개인이 자유로이 창조하려는 개성을 표현하지 못하고 타락과 비인간화에 이르는 수단으로 전락한다. 마르크스에 따르면, "물질세계가 과대평가되면서 인간세계가 더욱 평가절하된다."[45]

본래 인간 종족이 가진 특성은 '자유로운 의식 활동'이었다. 그렇지만 인간이 노동으로부터 소외되면서, 노동은 '자유로운 의식활동'을 수단으로 전락시켰다." 인간을 동물과 구별 짓는 의식에 바탕을 둔 노동은, 왜곡되면서, 더 이상 자유를 표현하지 못하며, 오히려 노동자를 압제하는 수단으로 전락한다. 노동이 노동자를 압제하는 수단으로 전락한 것은 '개인 소유권'이 등장했기 때문이다.[46]

마르크스와 엥겔스의 공동 저작 『공산당 선언』은 사유재산제 철폐를 주장한다. '소외'와 사유재산제는 서로 한 쌍이다. 소외란 결코 당하지 말아야 할 그런 것이듯이 사유재산제 역시 반드시 철폐되어야 한다. 사유재산제와 함께 '물신숭배(commodity fetishism)'에서 벗어나야 한다. "인간 두뇌가 만들어 낸 생산물들은 생명을 부여받아 자발성을 띠면서 인류와 혹은 그들끼리 관계를 형성한다. 상품 세계에서 이러한 사실은 인간이 손으로 만든 생산물에도 적용된다. 노동이 만들어 낸 산물이 상품으로 바뀌는 현상을 나는 물신숭배라고 부른다."[47]

마르크스가 품은 비전은 앞으로 펼쳐질 공산사회였다. 공산사회는 노동분화가 전혀 없으며, 따라서 계급이 없는 사회이다. 공산사회는 사람들이 자기 이익에만 매달리지 않으면서, 서로 협동하는 사회이다. 마르크스는 인간 잠재능력이 함부로 훼손당하지 않음으로써 정말로 인간이 인간다울 수 있는 그런 사회를 기대했다. 그는 '자아실현'을 무엇보다도

---

45 Trigg(2003), p.210 재인용.

46 Trigg(2003), p.210 재인용.

47 Trigg(2003), p.211 재인용.

중요하다고 믿었다. 마르크스는 진정으로 참된 공산사회에서 각 개인은 창조 활동으로 자기 본질을 실현할 자유를 누려야 한다고 주장한다.

공산사회는 어느 누구도 경제상 이유로 제약받지 않으며 또 독점하는 활동 영역도 없다. 공산사회는 '사냥꾼이나 어부, 양치기, 학자가 되지 않고서도 마음먹은 대로 오늘 이 일을 하고 내일 저 일을 하면서, 아침에는 사냥을 오후에는 낚시를, 저녁에는 소 먹이는 일을, 저녁을 먹은 후에는 토론을 할 수 있는' 사회이다. 그는 '자유', '노동', '자아실현'을 일치시킨다. '노동'이란 인간이 그 자신을 진정 드러낼 수 있는 창조성을 지닌 작업이다.

'노동'이란 본래 공장에서처럼 고달픈 작업이 결코 아니다. '노동'이 본래 의미를 다시 지니려면 자본주의라는 억압체제를 제거해야 한다. 창조성을 누구나 발현하도록 하는 사회가 가장 인간다운 사회라고 마르크스는 믿는다. 그러한 사회에서 부르주아 계급뿐만 아니라 프롤레타리아 계급도 창조성을 발현하는 자유를 누린다. 지배계급은 타인을 수단으로 삼아서 이익을 얻을 수 있지만 진정한 자유를 누리지 못하기는 마찬가지 신세이다. 어떤 계급이든 자본주의 체제에 갇힌 죄수이기는 마찬가지이다. 자유로운 경쟁이 인간이 자유를 누리는 마지막 발전 단계라고 생각하는 것은 크나큰 잘못이다. 그러한 잘못은 모순이기도 하다. 마르크스는 현존하는 모든 사회체제를 심각하게 회의한다.

"이제까지 모든 사회 역사는 계급투쟁의 역사이다."[48] 봉건사회가 무너지고 시민사회가 등장했다. 현대 시민사회에서는 계급이 없어진 듯이 보

---

48 *Menifest der Kommunistischen Partei*(『공산당 선언』, 이진우 옮김, 2002, 책세상), p.16. 이하 Marx(2002)로 표기함.

이지만 새로운 계급이 출현했을 뿐이다. 옛날 귀족 계급을 대신해서 새로운 계급 부르주아지가 출현했다. 부르주아지는 봉건귀족을 대신하는 계급이다. 부르주아지는 장인이 꾸리던 소규모 작업실이 대규모 거대한 공장으로 바뀌면서 등장했다. "프롤레타리아는 산업 사병들로 하사관들과 장교들로 구성된 완전한 위계질서의 감시 아래 놓여졌다. 그들은 부르주아 계급, 부르주아 국가에 충성하는 노예일 뿐만 아니라 매일 매시간 기계와 감독자, 특히 공장을 운영하는 개별 부르주아에 복종하는 노예로 살아간다. 이 전제정치는 그들의 목적이 영리라고 공공연히 선포하면 할수록 더욱 더 편협하고 혐오스럽고 잔인한 것이 된다."[49]

이 부르주아가 부리는 노예가 무산자 계급 프롤레타리아이다. 산업 발달로 프롤레타리아 계급 수효가 급증한다. 노동자 수효가 증가하고 다른 한편에서는 기계가 폭넓게 보급된다. 그로 말미암아 노동자들이 받는 임금은 형편없이 적어진다. 뿐만 아니라 부르주아들의 상호경쟁이 심해져서 생기는 공황으로 말미암아 노동자들이 받던 임금은 더욱 더 적어진다. 상황은 점점 노동자들에게 불리해지고, 부르주아와 프롤레타리아 사이에서 긴장은 충돌로 치닫는다. "마침내 계급투쟁의 결전이 가까워지는 시기에는 지배계급과 낡은 사회 전체 안에서 해체 과정이 매우 격렬하게 날카로운 양상을 띠기 때문에 지배계급 일부가 떨어져 나와 혁명계급, 이른바 미래를 손에 쥔 계급 대열에 합류한다. 그래서 과거에 귀족의 일부가 부르주아지로 넘어갔듯이 이제 부르주아지의 일부가 …… 프롤레타리아 계급으로 넘어간다."[50]

---

49 Marx(2002), p.25.

50 Marx(2002), p.29.

오직 프롤레타리아 계급만이 진정으로 혁명을 위해 깃발을 든다. 다른 계급들은 대규모 산업과 함께 몰락하고 쇠퇴한다. 프롤레타리아 계급이 대규모 산업으로 말미암은 가장 진정한 산물이다. 중산층, 소기업가, 소상인, 수공업자, 농부들은 중산층으로 살아가는 동안 몰락하지 않으려고 부르주아와 싸웠다. 이들이 싸웠다고는 하지만 혁명을 일으키지 않고 그저 그들 지위를 보존하려고만 했다. 이들은 '역사라는 수레바퀴를 뒤로 돌리려고 애쓴' 반동들이었다. 진정 혁명은 프롤레타리아 혁명이다. "프롤레타리아에게는 재산이 없다. 여성과 자식과 맺은 프롤레타리아의 관계는 시민의 가족관계와 더 이상 공통점이 없다. 현대 산업노동과 현대 자본억압은 프롤레타리아에게서 민족이라는 성격을 벗겨냈다. 법, 도덕, 종교는 …… 시민이 가진 편견들이다."[51]

마르크스에 따르면, 시민이 가진 편견을 벗겨내는 것이 공산혁명이다. 공산혁명은 시민혁명과 다르다. 시민혁명은 시민이 소유권을 얻어내기 위해 봉건소유를 철폐하려던 혁명이다. 그렇지만 공산혁명은 애당초 사유재산제 철폐를 요구한다. 공산혁명은 자본을 사회 모든 구성원에게 속하는 공동재산으로 만들려는 시도이다. "자본은 공동산물이며 오로지 많은 구성원끼리 공동활동을 거쳐, 결국 사회 전체 구성원들끼리 공동활동으로 비로소 가동될 수 있다." 재산을 사회 모든 구성원 공동재산으로 만들려는 최종 목적은 재산으로 생긴 계급을 타파하는 일이다.[52]

마르크스에 따르면, 현재 생산관계를 철폐하고 사회는 "능력에 따라 일하고 필요에 따라 갖는다."는 이념을 세워야 한다. 같은 노동에 같은 몫

---

51 Marx(2002), pp.29~30.

52 Marx(2002), p.34.

을 분배해야 한다는 주장은 잘못이다. 결혼한 사람도 있고, 결혼하지 않은 사람도 있으며, 자식 수효도 사람마다 다르기 때문이다. 같은 몫으로 나눔으로써 불평등은 더욱 심해진다.

마르크스에 따르면, 불평등한 사회를 바꿀 수 있는 것은 오로지 혁명뿐이다. 혁명이 반드시 필요한 까닭은 다른 방법으로는 지배계급을 타도할 수 없기 때문이다. 또 지배계급을 타도하는 계급은 혁명으로만 시대의 온갖 악폐를 제거할 수 있으며 사회를 새롭게 건설할 수 있기 때문이다.

마르크스는 가족제도에도 노예제가 잠재한다고 주장한다. 그만큼 가족제도에서도 평등한 권리가 보장받지 못한다. 엥겔스도 오늘날 가족제도는 공개리에 혹은 은밀하게 아내를 노예로 삼음으로써 세워졌다고 주장한다. "가족 내에서 남편은 부르주아이고 아내는 프롤레타리아를 대표한다."[53] 그러나 공산사회에서 어떤 가족제도가 나올지는 불확실하다. 가족제도는 자본에 기초한 부르주아 제도일 따름이다. 완결된 형태로서 가족제도는 부르주아 사이에서만 존재할 따름이다.

산업화로 말미암아 프롤레타리아 가족제도는 해체되고, 어린아이들은 '상품과 노동수단으로 전락'한다. 부르주아는 '가족제도'가 자연질서에 따른 것인 만큼 거기에 충실해야 한다고 말하지만, 그 말은 위선이며 자기만족에 지나지 않는다. "엄격한 일부일처제가 모든 미덕이 도달해야 하는 극점이라면, 승리는 촌충 몫이다. 촌충은 50~200개 각 편절 안에 수컷 성기와 암컷 성기 한 쌍을 완벽하게 지니고 있고, 각 편절에서 자기 스스

---

53 Germaine Greer, *The Female Eunuch*(『여성, 거세당하다』, 이미선 옮김, 텍스트, 2012), p.284 재인용.

로 짝짓기를 하면서 평생을 보내기 때문이다.[54]

가족제도는 사유재산제를 토대로 성립한다. 대규모 산업으로 프롤레타리아 가족 유대는 이미 끊어지기 시작했다. 부녀자들은 단순한 상품이나 노동도구로 바뀌었다. 이러한 상황에서 가족과 교육, 부모와 자식의 친밀한 관계를 말하는, 시민사회에서 쓰이는 상투어들은 역겹다. 특히 역겨운 까닭은 부르주아는 여성을 단순히 생산도구로서 간주하기 때문이다. 엥겔스는 계속해서 말한다. 고결한 도덕심에서 부인공유제를 은폐하지 말고 차라리 공명정대하게 드러내야 한다. 지금까지 부르주아지들이 매춘을 일삼고 돈을 미끼로 프롤레타리아의 부인과 딸들을 농락했던 만큼 실제로 부인을 공유했던 셈이다. 차라리 "현재 생산관계를 철폐하면서 여기서 파생된 부인공유제, 그러니까 공공연한 매춘과 감추어진 은밀한 매춘도 사라질 것임이 분명한 사실이다."[55]

오늘날 지구 곳곳에서 내세우는 '세계화'란 모든 국가의 '생산과 소비를 세계를 단위로 묶어내려는'[56] 부르주아지 음모이다. 극소수 부르주아지가 꾸미는 이 음모에 거의 모든 인류가 춤을 추는 실정이다. 그로 말미암아 국가산업 토대는 허물어질 만큼 허물어졌고, 극소수 지배 계급이 유혹하는 손짓에 따라 거의 전 인류가 파멸에 이르는 길일지도 모를 어디인가로 마구 달려가고 있다. 사유재산제가 없어 소유로 말미암은 계급 갈등이 없어지는 세계, 당당하게 부인을 서로 공유하는 세계, 바로 그런 세계가 공산사회이다.

---

54 Germaine Greer(2012), p.289 재인용.

55 Marx(2002), p.40.

56 Marx(2002), p.20.

마르크스에 따르면, "노동자들에게 조국이란 없다." 인간은 살아가면서 처한 상황, 사회 관계, 사회 위치와 더불어 의식도 변한다.[57] 의식은 물질과 함께 바뀐다. 한 시대 지배이념은 항상 지배계급이 가진 이념일 따름이다. 양심 자유 및 종교 자유라는 이념도 같다. 자유, 정의를 마치 영원한 진리로 삼는 것도 마찬가지이다. "공산주의는 영원한 진리를 철폐한다. 종교나 도덕을 새로 만드는 대신 그것들을 철폐한다. 거듭 말하면 공산주의는 이제까지 모든 역사 발전에 반대한다."[58] 결국 어떤 이념이든 계급 대립이 완전히 사라지고서 완전히 해체되고야말 의식에 불과하다.

마르크스에 따르면, 공산사회는 이제껏 모든 사회질서를 폭력으로 전복해야 달성할 수 있다. 지배계급이 두려워하는 것은 바로 이러한 공산혁명이다. "공산주의자들은 그들의 견해와 의도를 숨기기를 거부한다. 그들은 그들의 목적이 이제까지의 모든 사회질서를 폭력적으로 전복해야만 달성될 수 있음을 공개적으로 천명한다. 지배계급은 공산주의 혁명이 두려워 전율할지도 모른다. 프롤레타리아들은 공산주의 혁명에서 자신들을 묶고 있는 족쇄 말고는 잃을 게 없다. 그들에게는 얻어야 할 세계가 있다."[59]

---

57 Marx(2002), p.40.

58 Marx(2002), p.42.

59 Marx(2002), p.60.

9장

이성 VS 감성

01
합리주의

1.1. 직관으로서 이성

명예혁명으로 청교도혁명은 막을 내렸다. 사람에게 어떤 도덕 능력이 있느냐 하는 것은 정치 문제를 해결하기 위한 중요 단서였다. 청교도들은 신 앞에서 모든 사람들이 평등함을 입증하려고 열망에 사로잡혀 있었다. 이 열망에 부응한 것이 합리주의 도덕이론이었다.[1]

합리주의에 따르면, 도덕 원리는, 모든 사람들이 직관 능력을 통해 파악할 수 있을 만큼, 자명하다. 그 도덕 원리는 어떤 경우에도 적용할 수 있다. 설령 적용하기 어렵다고 해서 직관 능력이 불공평하게 분배되었다는 결론은 나오지 않는다. 예를 들어, 프라이스는 이성에 따른 직관으로 제1 도덕 원칙을 파악할 수 있다고 주장하였다. "우리들은 옳고 그른 것을 직각적으로 지각할 수 있는 능력을 갖는데 …… 그 능력이 이해력

1 *EE*(1992), p.507.

(understanding)이다."[2]

프라이스는 1689년 명예혁명 직후 마련된 권리장전이 개인에게 통치권자를 선택하고 해임할 수 있는 권리를 보장해야 한다고 주장했다. 특히 그는 그 권리가 정치제도를 바꿀 권리를 포함해야 한다고 강조하였다.[3] 프라이스와 마찬가지로 리드Thomas Reid(1710~1796)[4], 크루시우스Christian August Crusius(1715~1775)[5] 등도 합리주의 도덕이론을 내세웠다. 이들 모두는 개인 자유를 열렬히 주장한 청교도들이었다. 뿐만 아니라 이들 논의는 모두 샤프츠버리가 주창한 '도덕감(moral sense)'을 에워싸고 이뤄졌다. 특히 어떤 도덕 능력을 갖느냐는 이기심이 이타심과 양립할 수 있느냐는 문제였다.

1.2. 말브랑슈Nicolas Malebranche(1638~1715)

합리주의 도덕 이론은 예외 없이 경험을 배제한다. 합리주의 도덕 이론을 처음 제시한 사람은 프랑스 성직자 말브랑슈였다. 그는 인식론과 형

---

2 Richard Price, *A Review of the Principal Questions in Morals*, 3rd. ed.(London, 1787), Chap.1. Sahakian(1986), p.145 재인용.

3 MacIntyre(2004), pp.227~228.

4 "우리가 도덕적으로 책임져야 하는 행위는 우리가 자유롭게 의지한 결과로서 행위이다. 의지에 따른 행위는 행위자가 원인이 되는 행위이다. 여기서 '원인'이란 의지에 따른 행위를 할 수 있는 능력을 지닌 행위자이다." *EE*(1992), p.1078.

5 "진정한 자유는 어떤 상황에서든 행위를 할 수 있거나 행위를 하지 않을 수 있는 능력이다. 그 능력은 자기 결정이어야 한다. 그 능력은 사물 본성에서 비롯하는 완전성에 따른 결정이 아니다. 따라서 의지는 행위를 스스로 요구할 수 있어야 한다." *EE*(1992), p.232.

이상학에서 데카르트Descartes 합리주의를 발전시킨 것으로 유명하다. 그러나 윤리 이론에 이르러 그는 데카르트와 퍼펜도프Purfendorf가 내세운 주의주의(voluntarism)를 거부했다. 그는 도덕이론에서 의지보다는 인식을 강조했다.

말브랑슈는 도덕인식이란 영원한 관념을 파악하는 일이라고 주장했다. 영원한 관념이란 신이 세계를 창조할 때 따랐던 원형이다. 그 원형으로서 영원한 관념은 완전성이고, 그 완전성이 드러나는 정도에 따라 차이가 생긴다. 그 완전성이 얼마나 드러나는지에 따라 어느 정도 사랑할 것인지가 정해진다. 말브랑슈에 따르면, 완전성에 따른 사랑이 올바른 사랑이다. 그 올바른 사랑이란 신을 사랑하는 길이기도 하다. 이 올바른 사랑으로 비로소 편협하고 해로운 자기사랑을 극복할 수가 있다.[6]

1.3. 스피노자Spinoza(163~1677)

또 다른 합리주의자 스피노자에 따르면, 인간은 자연 전체에 속한다. 인간 행위란 자연 현상처럼 인과관계에서 비롯한다. 인간은 스스로 자기가 자유롭다고 생각하지만 실상 그렇지 않다. 인간이 자유의지를 소유하고 있다는 생각은 무지에서 비롯한 환상일 따름이다. 인간은 자기가 마치 어떤 특별한 방식으로 인과관계에서 예외라고 생각한다. 그런 생각으로 말미암아 의지 작용이 어떤 원인에 영향을 받지 않는 만큼 의지가 자유롭다는 생각에 이른다. 그러나 인간이란 자연에 속하는 만큼 어떤 인

---

6 *EE*(1992), p.504.

간 행위라도 그 이전에 발생했던 원인에 따라 결정된 사건이다.

인간 행위가 외부에서 유래한 힘으로 결정된다면 도덕은 어떻게 성립하는가? 이 물음에서 스피노자는 신에 대한 지식을 통하여 우리는 '최상의 가능한 정신적 순종'에 도달할 수 있다고 주장한다. 도덕은 혼란스럽고 부적합한 관념에서 벗어나 직관에 따라야 한다.

> 먼저 우리는 우리가 겪는 정념이 무엇인가를 이해해야 한다. 우리가 전념해야 할 의무와 지혜는 자연 속에서 우리가 차지하는 지위를 비롯하여 우리가 왜 불완전한가를 이해해야 한다. 그렇게 이해함으로써 우리를 그 불완전함으로부터 자유롭게 해야 한다. 인간이 누리는 가장 큰 행복을 비롯하여 마음이 누리는 평화는 자기를 철학을 통해 충분히 이해함으로써 얻어진다.[7]

스피노자에 따르면, 오로지 지식으로 행복에 이를 수 있다. 오로지 지식으로 욕망에 휘둘리지 않을 수 있다. 우리가 변화하는 사물로 말미암아 어떤 감정에 사로잡히고 있음을 제대로 이해해야만 욕망에 휘둘리지 않는다. 스스로 자기 감정을 이해하면 이해할수록 욕망은 사라진다. "정신이 사물을 필연적으로 이해하는 한 정신의 감정에 대한 제어력이 더욱 증대되어 사물의 지배를 덜 받게 된다." 그러려면 스스로 자기 감정뿐만 아니라 자연 전체 질서를 꿰뚫어 볼 수 있어야 한다. 자기 삶을 이해하려면 영원을 인식할 수 있어야 한다.

영원을 인식하려면 신에 관한 관념을 가져야 한다. 신에 관한 관념으로 비로소 모든 사건을 인식할 수 있기 때문이다. 정신이 혼란스러운 것은,

---

7 Stuart Hampsire, *Spinoza*, Penguin Book(1951), p.121.

소유할 수 없는 대상을 과도하게 사랑하는 탓이다. 사람이란 본성상 더 높은 완전성을 이성을 통하여 얻을 수 있다. 이러한 경지는 '신에 대한 지적인 사랑'으로 이뤄진다. 도덕에 이르는 길은 너무 험하다. "훌륭한 일은 매우 드물고 무릇 이루어지기 어렵다."[8]

8 Stumpf(2004), pp.372~374 참조.

02
감성주의 vs 지성주의

예외 없이 경험을 배제했던 합리주의 도덕 이론과 다르게 영국에서는 합리주의와 함께 경험주의도 받아들여졌다. 셀비 빅Selby-Bigge에 따르면, 영국 도덕철학자들은 영국 밖에서 합리주의 영향을 받으면서도 특별히 홉스 이론과 그 이후 전통에 관심을 기울였다. 그 결과 홉스 이후 도덕철학자들은 '감성주의자(sentimetalists)'와 '지성주의자(intellectualists)'로 나뉜다. 샤프츠버리, 허치슨, 버틀러, 스미드, 벤담 등이 감성주의자로, 커드워스, 클라크, 벌가이Bulguy, 프라이스 등이 지성주의자로 나뉜다.[9]

영국 도덕철학자들을 감성주의와 지성주의로 나누는 것은 마치 경험주의/합리주의 구별 방식을 연상시킨다. 그렇지만 영국 도덕철학을 감성

---

9 *British Moralist*, Oxford University Press(1897); Terence Irwin, *The Development of Ethics*, Oxford University Press(2008), Vol.2, p.204 재인용. 이하 Irwin(2008)으로 줄임.

주의와 지성주의로 나누기는 어렵다고 로엡Loeb은 주장한다. 로엡에 따르면, 감성주의든 지성주의든 그렇게 철저하게 감성주의이거나 지성주의가 아니다. 예를 들어, 홉스만 보더라도 처음 주장은 감성주의와 일치했지만 나중에 내세운 자연법은 지성주의에로 기울어졌다.[10]

감성주의자들로 분류된 영국 도덕철학자들 거의 모두 홉스와 유사했다. 샤프츠버리도 플라톤주의이거나 아니면 감성주의였고, 아니면 그 둘 모두이기도 했다. 그렇다면 18세기부터 19세기까지 영국 도덕철학자들 사이에 벌어졌던 열띤 도덕성 논의를 감성주의 아니면 지성주의 어느 한 경향으로 묶기란 힘들다. 그들이 모두 영국에서 활약했던 도덕철학자라는 점을 빼놓고는 거의 공통 경향을 찾을 수 없기 때문이다. 감성주의와 지성주의 사이에서 벌어진 논쟁은 그 후 휘웰Whewell, 밀J. S. Mill, 시즈윅Sidgwick 등으로 이어졌다.

---

10 L.E. Loeb, *From Descartes to Hume*, Cornell University Press(1981); Irwin(2008), Vol.2, p.205 재인용.

03
커드워스 R. Cudworth(1617~1688)

17세기에 영국에서는 케임브리지 대학을 중심으로 플라톤 철학이 유행했다. 커드워스를 비롯하여. 컴버랜드 Richard Cumberland(1631~1718)와 프라이스 등이 플라톤주의자였다. 플라톤주의자에 따르면, 도덕 법칙은 영원불변하며, 신에서 비롯하는 절대 법칙이다. 도덕 법칙은 올바름과 그름을 구별하는 기준이다. 모든 이성 존재는 그 법칙을 직관으로 인식한다. 이성 존재가 어떤 행위가 쾌락을 가져다주는지 여부를 문제 삼지 않는다. 이성 존재는 어떤 행위를 해야 하는 까닭은 그 행위가 올바른 행위이기 때문이다. 어떤 행위를 하기를 바라는 것은 영원불변하는 도덕 법칙을 이해했기 때문이다.

커드워스에 따르면, 인간 지식은 두 종류이다. 하나는 감각에서, 다른 하나는 마음 작용에서 비롯한다. 이 두 번째 종류 지식으로부터 지혜, 신중함, 악덕, 정직, 부정의와 같은 생득관념이 나온다. 이 두 번째 종류 지

식에서 불변하는 도덕 법칙에 대한 인간 지식이 나온다.[11]

커드워스는 영원불변하는 도덕 법칙은 어떤 신성한 의지(divine will)에 의거하지 않는다. 신이 원을 사각형으로 만들 수 없듯이 불변하는 '도덕 선'을 의지대로 바꿀 수 없다. "도덕적 선과 악, 정의와 불의, 정직과 부정직은 본성이 없는 채로 마구잡이로 의지에 의해 만들어지지 않는다. 왜냐하면 만물이 의지가 아니라 본성에서 비롯한다는 것만이 보편 진리이기 때문이다."[12]

본성이란 본래 그대로 있음이다. 본성은 결코 바뀌지 않는다. 그 본성은 있는 그대로 자연이다. "전능한 신도 '흼 자체(whiteness)' 혹은 '검음 자체(blackness)'라는 본성 없이 의지로만 사물을 희게 만들거나 검게 만들 수는 없다. 또 '비슷함 자체(likeness)'와 '같음 자체(equality)'라는 성질 없이 어떤 것을 다른 것과 비슷하게 만들거나 혹은 똑같이 만들 수는 없다."[13]

커드워스에 따르면, 선도 그 자체로서 선하고, 악도 그 자체로 악하다. 그 자체 선과 악은 본성 곧 이성으로 인식할 수 있다. 선과 악을 파악하는 능력은 신성한 이성으로 인간에게 전해졌다. 신은 선과 악을 결정할 수 없다. "신의 의지와 전능은 그의 지혜와 지식을 지배할 수 없으며 본래 선한 성향을 지배할 수도 없다."[14]

---

11 Vernon J. Bourke, *History of Ethics* Vol.1(1968), p.259. 이하 Vernon(1968)으로 줄임.

12 Ralph Cudworth, *Treatise concerning Eternal and Immutable Morality*(1731) chap.2, sect 1; Sahakian(1974), p.92 재인용.

13 Ralph Cudworth(1731), chap.2, sect 1.

14 Cudworth(1731), chap.1, sect 8.

04
샤프츠버리 A. Shaftesbury(1671~1713)

샤프츠버리는 '영국 윤리사상사에서 전환점'이다. 그는 심리 경험을 윤리 근거로 채택한 최초 사상가이다. 그는 도덕 판단은 이성이 아니라 도덕감(moral sense)에서 비롯한다고 처음으로 주장했기 때문이다. 도덕감을 내세움으로써 샤프츠버리는 플라톤주의에 맞선다. 도덕감이란 도덕분별력(moral distinction)이다. 도덕분별력이란, 선/악을 구별하는 특별 능력이다. 도덕감을 발휘함으로써 비로소 도덕을 파악할 수 있다.[15]

샤프츠버리에 따르면, 도덕을 파악하는 방식은, 미감이 대상에서 미를 감지하는 방식과도 같다. 그 방식은 오감이 대상에서 그 고유한 성질을 감지하는 것과 같다. 어느 경우이든 대상이 가진 성질을 파악하는 방식은 직관에 따른다. 그렇지만 도덕성이란, 물질이 가진 고유한 성질이나

---

15 Irwin(2008) Vol.2, p.353.

대상이 가진 아름다움과는 서로 다르다. 그런 만큼 도덕성은 행위자 스스로 도덕감이라는 고유 능력으로 파악해야 하는 성질이다. 도덕감은 인간에게 자연스러우며 고유하다.

샤프츠버리에 따르면, 사람은 저마다 자기 이익을 추구한다. 그렇지만 사람에게 자기 이익이 전부는 아니다. 좋음은 개체에게 좋음과 사회에 좋음으로 나뉜다. 사회에 좋음은 개체에게 좋음보다 더 우선한다. 개체에게 좋음은 그것이 사회에 기여하기 때문에 좋음이다. 사회란 개인들이 마치 세포처럼 결합한 유기체이기 때문이다.

덕이란 집합 보존에 이익을 주는 '감정 성향(disposition of affection)'이다. 미감 때문에 아름다운 대상을 사랑하듯이, 도덕감으로 말미암아 덕스런 행동에 애착이 간다. 도덕감으로 자기 이익뿐만 아니라 공공 이익을 추구해야 함을 깨닫는다. 도덕감으로 정의와 절제라는 덕을 추구한다.

샤프츠버리에 따르면, 덕을 추구해야 하는 까닭은 우선 자기 이익 때문이다. 유덕한 사람은 자기에게 이익이 되는 일을 함으로써 행복해지고 악덕한 사람은 자기 이익이 되지 않는 일을 함으로써 불행하다. 사회는 개인들이 결합한 유기체인 만큼 공공 이익을 존중하는 행위는 유덕한 행위가 되고, 공공 이익을 무시한 채 자기 이익만을 추구하는 행위는 악덕한 행위가 된다.

샤프츠버리에 따르면, 유덕한 사람은 정념과 경향성 사이에서 조화를 유지하는 사람이다. 양심이란 공감을 드러낸다. 유덕한 사람에게 양심은 그 자신과 다른 사람 사이에서 조화를 이루고 있다는 징표이다. 공감 능력이 있는 한 인간은 자비심에 자연스런 경향성을 갖는다.[16]

---

16 D.W. Hamlyn, *The Pelican Western Philosophy*, Pelican Book(1989), p.207.

덕에 따른 감정은 셋으로 나뉜다. 첫째, 자연스런 감정(natural affection)은 공공 이익에로 솔리는 애착이다. 둘째, 자기감정(self-affection)은 자기 이익에로 쏠리는 애착이다. 셋째, 자연스럽지 못한 감정(unnatural affection)은 잔인함과 같은 나쁜 정서이다. 악덕을 지니면 자연스럽지 못한 감정으로 말미암아 불행해진다. 유덕한 사람은 자연스런 감정과 자기감정을 모두 갖는다.

샤프츠버리에 따르면, 이타심과 이기심은 둘 중 하나여야 하는 관계가 아니다. 유덕한 사람은 이 둘을 서로 어울리게 만든다. 이타심과 이기심이 서로 어울리는 상태가 바로 자비심이다. 자비심은 인간 본성에 뿌리박은 감정이다. 행복한 사람이란 이타심과 이기심을 모두 가진 자비로운 사람이다.

05

클라크 Samuel Clark(1675~1729)

클라크에 따르면, 도덕 법칙은 신이 창조한 우주질서 중 하나이다. 그 우주질서가 '사물에 깃든 영원한 이성(Eternal Reason of things)'이다. 도덕 원리들은 수학 원리처럼 이성에 따르는 직관으로 파악할 수 있다. 도덕은 인간들 사이에 맺어진 계약이 아니다.

도덕 의무들은 '정당성 규칙(Rules of Righteous)'에서 비롯한다. 이 '정당성 규칙'이 올바르다는 것, 적절하다는 것, 자연스럽다는 것은 직관으로만 인식할 수 있다. 이 규칙은 신, 동료, 자기에 관계되는 세 의무를 부과한다. 제1규칙은, "신을 예찬하고 경배하라"이다. 제2규칙은, '공정성 규칙(Rule of Equity)'과 '사랑 혹은 보편 자비심 규칙(Rule of Love or Universal Benevolence)'이다. '공정성 규칙'은 "동료를 대우할 경우 유사한 상황에서 우리가 해 주기를 바라는 대로 그들을 대우하라"이다. '사랑 혹은 보편 자비심 규칙'은, "모든 사람에게 돌아갈 복지와 행복을 증진하도록 하라"이다. 제3규칙은, "모든 사람은 자기 보존에 온 힘을 쏟으라"이

다.[17]

제1규칙은 경건성, 제2규칙은 공정성과 자비심, 제3규칙은 자기보존을 각각 명령한다. 뿐만 아니라 제2규칙은 이타성을, 제3규칙은 이기성을 명령한다. 제2규칙과 제3규칙이 함께 따라야 하는 규칙인 만큼, 클라크는 이기성과 이타성이 서로 상반되지 않음을 주장한다. 뿐만 아니라 제1규칙을 제2규칙과 제3규칙과 함께 따라야 한다는 점에서, 신앙과 이성은 서로 상반되지 않음도 주장한다. 클라크에 따르면, 신앙, 이타성, 이기성이 모두 함께 어우러지는 게 도덕 원칙이다.

17 Rogers, *A Short History of Ethics : Greek and Modern*, Macmillan(1911), pp.150~151.

06

프라이스 Richard Price(1723~1791)

프라이스에 따르면, 이성은 수학 원리를 파악하듯 옳고 그름을 즉시 파악할 수 있다. 도덕 진리는 경험에 앞서는 직관으로 파악할 수 있다. 경험이 아니라 "우리들은 옳고 그른 것을 직각적으로 지각할 수 있는 …… 이해력(understanding)이다."[18]

자명한 도덕 원리는 경험에 앞서 의무를 부과한다. 의무를 부과하는 것은 의지가 아니다. 도덕 원리는 이성이 파악한 진리이다. 도덕 원리는 도덕 명령이다. 도덕 원리는 신성한 의지(divine will)에서 비롯한다. 그것은 영원히 불변하는 객체로부터 나온다. "도덕 원리는 움직일 수 없는 기반 위에서 고정되어 있으며 어떤 의미로든 인위적인 것으로 나타나지 않으며, 또 인간 능력 혹은 신의 능력에 의해 자의에 따른 결과로 나타나지 않으며, 모든 진리 및 이성과 마찬가지로 영원히 필연적인 그 무엇으로 나

---

18 Richard Price, *A Review of the Principle Questions in Morals*(1789), chapter 1.; Sahakian(1986), p.145재인용.

타난다."[19]

기하학 원리가 영원불변이듯 도덕 공리(axioms)도 영원불변이다. 기하학 원리를 이성으로 파악할 수 있듯이 도덕 원리도 경험이 아니라 직관으로 파악한다. "도덕 원칙은 영원불변하다. 또 그것은 어떤 행동이 옳고 그른 것인지를 나타낸다. 어떤 일이 무슨 형태로 나타나든 그것은 의지나 명령 혹은 힘으로 그렇게 된 것이 아니라 본성과 필연성에 따라 그렇게 된 것이다. …… 모든 사물은 분리 불가능한 불변하는 본질을 지니며 그 사물의 특성과 그것에 관한 수많은 진리도 본질에서 비롯되는 것이다."[20]

신이 전능하더라도 기하학 원리를 바꿀 수 없듯이 도덕 원리를 바꿀 수는 없다. 인간이 도덕 원리를 바꿀 수는 없다. 도덕 원리를 바꾸려 함은 인간이 스스로 이성 능력을 부정하고 파괴하는 짓이다. 도덕 원리는 필연성을 지니는 진리이다.

프라이스에 따르면, 옳음(rightness)은 실재한다. 그렇지만 옳음을 정의할 수는 없다. 옳음은 단순 개념이기 때문이다. "옳고 그름에 대한 우리 관념은 단순 관념이기 때문에 우리 마음에 내재하는 어떤 즉각적 지각 능력에 의거하지 않는다는 사실은 대단히 중요한 사전 관찰이다. 만약 이 사실을 의심하는 사람은 옳고 그른 것에 관해 같은 뜻을 가진 표현을 넘어서는 말로 정의해 볼 필요가 있다."[21]

---

19 Sahakian(1986), p.186 재인용.

20 Sahakian(1986), p.186 재인용.

21 Sahakian(1974), p.94 재인용.

07

흄 David Hume(1711~1777)

흄은 도덕 판단이 이성에서 비롯한다는 합리주의 윤리 이론을 강력 거부한다. 흄에 따르면, 도덕 판단은 이성에 따른 판단이 아니다. 이성은 진실이나 거짓을 찾는다. "진실이나 거짓은 관념들의 '진짜(real)' 관계에 대한 일치 혹은 불일치이거나, 아니면 사실 '진짜' 있느냐와 사실을 에워싼 일치 혹은 불일치이다. 따라서 이러한 일치 혹은 불일치로 포착되지 않는 것은 무엇이나 참이거나 거짓일 수가 없다."[22]

흄은 이성이 두 기능을 지닌다고 주장한다. 첫째 이성은, 증명하는 기능이다. 이것은 관념과 관념 사이에 관계하는 기능으로 필연성을 지닌 수학 지식을 낳는다. 여기서 이성은 행동을 일으키는 역할을 하지 못한다. 예를 들어, 상인은 상품 가격을 정할 때 산술을 이용한다. 그러지만

22 *A Treatise of Human Nature,* ed., David Fate Norton, Oxford University Press(2003), p.295. 이하 Hume(2003)으로 줄임.

더 많은 이득을 얻으려고 상품 가격을 정하는 일은 단순히 산술 문제가 아니다. 둘째 이성은, 예측하는 기능이다. 이것은 인과관계를 추론하여 개연성을 지닌 지식을 산출한다. 예를 들어, 어떤 대상에서 얻어질 쾌락과 고통을 예측하여 그 대상을 향하거나 피하려는 행동을 취한다. 그렇지만 그런 행동은 처음부터 이성에서 나오지 않는다. 쾌락을 좇고 고통을 회피하려는 의지가 먼저 있었고 나중에 이성이 그 의지를 이끌었을 따름이다.[23]

이성만으로는 어떤 행위도 할 수 없다. 그렇다고 이성이 정념과 반목하지는 않는다. 오히려 이성은 정념에 따른 의지를 잘 인도한다는 점에서, "이성은 정념의 노예이며, 결코 그 이상이어서는 안 된다. 감정을 섬기고 그에 복종하는 것 이외에 다른 어떤 역할도 할 수 없다."[24]

흄에 따르면, 어떤 행위든 그것은 미래에 쾌락과 고통이 생길 거라는 기대감에서 비롯한다. 그 기대감은 이성 활동이 아니다. 그 기대감은 감성 활동이다. 감정에 따라 어떤 대상을 얻으려고 하고, "그 대상을 얻게 하는 가장 경제적이고 효율적인 방법이 무엇인가?"에 대해 이성은 어떤 정보를 제공한다.[25]

이성은 감정을 판단하거나 비판할 수 없다. "내 손가락의 상처보다 전 세계의 파멸을 원한다고 해서 이성에 어긋나는 것은 아니다."라는 악덕한 결론은 전혀 이상하지 않다. 또 "인디언이나 내가 전혀 알지 못하는 사람의 곤경을 최소화하기 위해 철저하게 나를 희생시키는 일은 이성에 어

---

23 Hume(2003), p.265.

24 Hume(2003), p.266.

25 Hume(2003), p.266.

긋나지 않는다."는 지극한 이타주의 결론도 전혀 이상하지 않다. "도덕이란 판단해야 할 것이 아니라 느껴야 할 무엇이라고 해야 더 적절"하기 때문이다. 이성은 어떤 경우에도 감정을 판단할 수 없다. 흄은 다음과 같이 주장한다.

> 사악하다고 여겨지는 행동을 생각해 보라. 그 행동을 모든 면에서 면밀히 검토해 보고 여러분이 '악'이라고 부르는 사실이라든가 어떤 실재를 발견할 수 있는지를 확인해 보라. 아무리 따져 보아도 여러분은 모종의 정념, 동기, 의욕, 생각을 찾아낼 따름이다. 그 밖에 어떤 사실도 성립하지 않는다. '악'이라는 대상을 염두에 두는 한 그 '악'은 여러분을 피해 달아날 뿐이다. 비로소 그것을 찾으려면, 우리 마음을 주의 깊게 성찰하면서 그 행위를 향해 내면에서 일어나는 비난의 감정을 찾아야 한다.[26]

흄에 따르면, 악덕과 미덕은 거짓이냐 진실이냐를 가리는 문제가 아니다. 거짓이냐 진실이냐를 가리는 문제라면, 잘못된 행위란 거짓이며, 거짓은 진실이 아니다. 도둑질이 올바르지 못한 까닭은, 도둑질이 남의 물건을 마치 자기 물건처럼 여기는 거짓에서 비롯하기 때문이다. 혼외정사가 올바르지 못한 까닭은, 혼외정사가 남의 아내를 마치 자기 아내처럼 여기는 거짓에서 비롯하기 때문이다. 그렇지만 흄에 따르면, 잘못된 행위는 거짓에서 비롯하는 것이 아니다. 예를 들어, 혼외정사는 결혼관계에 대한 좋지 않은 인상을 주기 때문에 올바르지 못하다. 만약 완벽하게 다른 사람의 눈에 띄지 않고 혼외정사가 이뤄진다면 그것은 비난받을 까

26 Hume(2003), p.301.

닭이 없다.[27]

흄에 따르면, 어떤 사실에서 어떤 행위를 해야 한다는 결론은 나오지 않는다. 어떤 사람이 곤경에 처했다는 사실에서 그 사람을 도와주어야 한다는 결론이 나오지는 않는다. 사실에서 당위를 추론할 수 없다는 주장은 유명하다.

> 내가 지금까지 살펴본 모든 도덕체계에서, 나는 항상 다음과 같이 언급해 왔다. 그 저자들이 어느 기간 동안 통상 하던 방식대로 추론을 진행하고, 신이 있음을 입증한다거나 혹은 인간사에 관해 관찰하면서, 바로 그 순간 놀랍게도 '이다'와 '아니다'라는 명제들을 통상 결합하는 대신에, '해야 한다' '하지 말아야 한다'와 결합한다는 바로 그 점이다. 이러한 변화는 쉽게 감지할 수 없을 만큼 미세하지만 정말 중요하다. '해야 한다'와 '하지 말아야 한다'는 무언가 새로운 관계 아니면 긍정을 표출하며, 그런 만큼 마땅히 예의주시해야 하고 설명해야 한다. 동시에 생각할 수 없는 이러한 사태, 그러니까 어떻게 이러한 새로운 관계가 그와는 완전히 다른 관계로 연역될 수 있는지를 해명할 수 있는 어떤 근거가 제시되어야 마땅하다. 그러나 저자들은 대개 이러한 주의를 기울이지 않는 만큼, 나는 독자들에게 주의를 기울이라고 권유한다. 더불어 조금만 주의를 기울이면 모든 저속한 도덕체계를 뒤엎을 수 있으며, 미덕과 악덕 구별도 단순히 대상들 관계에서 찾아지지 않으며, 이성으로 지각되지도 않음을 깨달을 수 있다고 말하지 않을 수 없다.[28]

---

27 MacInytre(1998), p.170 참조.

28 Hume(2003), p.302.

흄에 따르면, 어떤 행동을 '유덕하다' 혹은 '부도덕하다'고 부르는 것은, 그 행동이 어떤 감정을 불러일으키기 때문이다. 악덕과 미덕을 가르는 사항은, '과연 즐거움을 주느냐'라는 문제다. 도덕 규칙을 지키는 것은 즐거움 때문이다. 물론 어떤 경우에는 도덕 규칙을 어기는 편이 더 많은 즐거움을 주기도 한다.

흄에 따르면, 즐거움을 주지 않음에도 도덕 규칙을 지키는 것은 규칙위반으로 자기에게 돌아올 피해가 더 크기 때문이다. 규칙 준수로, 자기에게 돌아오는 이익이 없더라도, 그로 말미암아 최소한 피해를 입지 않을 수 있기 때문이다. 규칙 준수로써 얻는 이익은 규칙 위반으로 얻는 피해를 훨씬 능가하기 때문이다.

흄에 따르면, 사람들 저마다 도덕 규칙을 엄수하여 사회 전체이익을 늘리고 또 자기 이익을 늘릴 수 있다. 사회 전체이익을 논의하는 만큼 흄은 공리주의이다. 그렇지만 사회 전체이익은 자기 이익에서 비롯한다고 주장하는 만큼, 흄은 이기주의자이기도 하다.

흄에 따르면, 도덕 규칙 준수는 자기 이익 때문이다. 도덕 규칙 준수는 승인하는 감정과 거부하는 감정에서 비롯한다. 승인하는 감정과 거부하는 감정은 자기 이익을 얻으려는 바람에서 비롯한다. 도덕 규칙 준수는 당장 얻을 수 있는 작은 이익을 포기하고 미래에 큰 이익을 얻으려는 선택이다. 흄에 따르면, 도덕 규칙이란 미래에 자기 이익을 극대화하려는 사려 깊음에서 만들어지고 지켜진다.

흄에 따르면, 도덕 규칙 준수는 자기 이익보다는 공공 이익을 우선시하는 자질 때문이 아니다. 사람들에게 자기 자신과 맺은 관계를 떠나 '인류애' 같은 감정이 그 자체로 주어진 것은 아니다. "사람이란 전혀 모르는 타인보다는 자기 가족과 친구들을 먼저 생각한다. 사람이라면 조카보다는 자식을 더 사랑하며, 사촌보다는 조카를 더 사랑하며, 모르는 남보다는 사촌을 더 사랑한다. 우리 의무감은 언제나 정념에서 비롯하는 공통된 자연스런 과정을 따른다."[29]

흄에 따르면, "다른 사람을 자기보다 더 사랑하는 사람을 만나기란 드문 일이다." 그렇지만 "친절한 보살핌이 탐욕스러움을 억누르지 못하는 사람을 만나는 것도 마찬가지로 드문 일이다."[30] 자기 이익은 정의에 대한 근본 동기이지만, "공공 이익에 대한 공감(sympathy)은 정의(justice)라는 덕에 수반되는 도덕 승인을 이끌어 내는 원천이다. 공감 원리는 너무 미약하여 우리 정념을 제어할 정도는 아니다. 그렇지만 우리 선호에 영향을 미칠 만한 충분한 힘을 가지며, 우리가 칭찬을 하거나 비난을 할 수 있게 하는 감성을 부여한다."[31]

흄에 따르면, 도덕은 공감에 기초한다. "공감은 인간 본성에 속하는 매우 강력한 원리"이다.[32] 또 공감은 '도덕 분별력의 주요 원천'이다.[33] 이 공감 원리는 인류 전체로 확장되는 자비심으로 이어진다. '인류 전체 행복에 대한 감정과 인류 전체 불행에 대한 분노'는 적절한 감정이다.[34] 그렇지만 자기 이익을 추구하면서 인류 전체 행복에 관심을 둘지는 의심스럽다. 그럼에도 분명한 것은 도덕이 이성이 아니라는 점만은 분명하다. 흄에게 도덕이란 인간에 부과된 명령이거나 요구가 아니다. 도덕이란 인간

---

29 Hume(2003), p.311.

30 Hume(2003), p.313.

31 Hume(2003), p.320.

32 Hume(2003), p.369.

33 Hume(2003), p.394.

34 Trigg(2003), p.161.

본성이 발현된 결과이다.

흄이 오늘날 윤리학에 미친 영향은 막대하다. 흄은 정념/이성을 주종 관계로 설정하면서 가치/사실을 이분했다. 사실/가치 이분법은 새로운 전통으로 자리 잡았다. 이 이분법은 이모티비즘emotivism을 낳은 모태였다. 20세기에 이모티비즘과 더불어 메타윤리학이 등장했다.

08

칸트 Immanuel Kant(1724~1804)

8.1. '선의지' vs '경향'

어떻게 살아야 하는가는 곧 어떤 행위를 해야 하는가라는 물음이기도 하다. 왜 어떤 행위를 해야 하는가라는 물음에, 그 행위가 올바르다는 것이 한 대답일 수 있다. 상인이 부당하게 손님을 속이지 말아야 하는 이유는 그렇게 하는 것이 올바르기 때문이다. 설령 손님을 속여서 부당하게 이익을 더 얻더라도 누군가를 속이지 말아야 한다. 누군가를 속여 막대한 이익을 얻을 수 있더라도 그렇게 하지 말아야 한다. 그렇게 하는 것은 잘못이다. 누군가를 속이는 짓은 올바르지 않기 때문이다.

칸트는 어떤 행위가 올바른 것은 그 행위 결과로 판단할 수 없다고 주장한다. 칸트에 따르면 세상에는 결과에 따라 좋다고 여겨지는 것이 있는가 하면, 또 그 결과와 무관하게 무조건 좋다고 여겨지는 '그 자체 선', 혹은 '본래 선'이 있다. 이 분류에 따르면, 행복은 무조건 선한 것이 아니다. 내가 정녕 행복한가는 내가 처한 상황에 따라 다를 수 있기 때문이다.

예를 들면 성향, 지능, 출생 환경, 행운에 따라 다를 수 있기 때문이다. 이 밖에도 감정 절제, 평온한 사유, 냉정함 등은 어떤 때에는 좋은 것이 되기도 하고 또 어떤 때에는 나쁜 것이 되기도 하는 그런 것들이다. 조건에 따라 선한 것과 달리 무조건 선한 것은 선의지뿐이라고 칸트는 주장한다.

> 비록 특정한 불운이나 계모의 사악한 품성같이 사악한 섭리로 말미암아 이 의지에는 스스로 의도를 성취할 만한 능력이 전혀 없다 해도, 또한 이 의지가 아무리 노력해도 이루는 것이 없고 다만 선의지만 남는다고 해도, 이 선의지는 여전히 마치 보석과도 같이 그 자체로 빛나며 스스로 모든 가치를 그 자체에 간직한다. 유용함과 무익함은 이 가치에 아무것도 더하거나 뺄 수 없다.[35]

칸트에 따르면, 도덕 가치를 지니는 행위는 선의지에 따르는 행위밖에는 없다. 선의지에 따르는 행위는 단순히 그렇게 해야 한다는 "의무를 이행하려는 단순한 바람이 아니라, 의무를 이행하려는 모든 노력"이다. 도덕 가치를 지닌 행위란 단순히 내가 하고 싶어서 한 행위가 아니라 '해야 한다'는 의무감(sense of duty)에서 비롯하는 행위다.

칸트에 따르면, 하고 싶어서 한 행위는 경향성에 따른 행위이다. 그것은 선의지에 따른 행위와 분명 다르다. 자기보존을 위한 행위라도 도덕 가치를 지니려면 자기보존에 대한 확고한 의무감에서 이뤄져야한다. 어머니가 자식에게 젖을 먹이는 본능에 따른 활동도 하고 싶어서 한 행위이

---

35 Kant, *Fundamental Principles of the Metaphysics of Morals,* trans., Thomas K. Abbott(1945), pp.10~11.

기에 결코 도덕 가치를 지니지 않는다. 칸트에 따르면, 해야 한다는 의무감에서 행위를 했다면 그 행위가 설령 나쁘더라도 도덕 가치를 지니는 행위로 높이 평가받을 만하다.

칸트에 따르면, 사람들이 자연스런 경향에서 올바른 행위를 했더라도 그 행위가 칭찬받을 수 없는 것은 물이 아래로 흐른다고 해서 칭찬받지 못하는 것과 마찬가지다. 약속 준수도 전적으로 약속을 지켜야 한다는 의무감에서 나와야 비로소 도덕 가치를 지닌다. 해야 한다는 의무감 말고는 그 무엇도 도덕 가치를 지니지 못한다. 칸트는 의무를 다음과 같이 찬양한다.

> 의무여! 너 숭고하고도 위대한 이름이여! 너는 사람들이 좋아할 것은 전혀 지니지 않았으면서도 복종을 요구하는구나! 그러나 너는 의지를 움직이기 위해서 사람의 마음속에 자연적 혐오와 공포를 일으키는 협박은 조금도 가하지 않고 오직 하나의 법칙만을 제시할 뿐이다. 그리고 이 법칙은 스스로의 마음속에 들어와서 마지못해 하는 존경을 받는다. 이 법칙 앞에서는 모든 경향성이 은밀히 반항하면서도 침묵을 지키고 만다.[36]

8.2. 정언명령

칸트에 따르면, 사람은 동물과 달리 이성을 가진다. 사람은 이성에 따라 스스로 이성 명령에 따를 수 있다. 따라서 나는 이성 명령에 따라 행위

36 '의무'를 묘사할 때 자주 쓰이는 부분으로, 『실천이성비판』 1부, 1편, 3장, '순수한 실천 이성의 동기' 21항에 나온다.

해야 한다. 인간은 이성 명령에 따라 행위하여 자기 본성을 실현한다. 이성 명령은 단순히 주변 여건에 좌우되는 조건부여서는 안 된다. 이성 명령은 어떤 조건도 붙지 않은, 무조건 "이러이러하게 행위하라"는 정언명령이어야 한다.

정언명령은 마치 '네가 대우받으려는 대로 대우하라'는 기독교의 황금률이나 '자기가 원치 않는 일을 남에게 하지 마라'는 공자 말씀처럼 보인다. 그러나 칸트에 따르면, 내용은 같아도 형식은 다르다. 그래서 칸트는 "네 의지의 준칙이 준칙準則인 동시에 보편입법 원칙에 맞도록 행위하라."를 정언명령으로 채택하였다. 그것은 "네 의지 준칙이 네 의지에 의해 보편 자연법칙처럼 행위하라."이기도 하다.

칸트에 따르면, 정언명령은 자기뿐만 아니라 다른 모든 사람들이 해야 한다고 생각하는 그런 행위를 하라는 명령이다. 자기가 하지 말아야(혹은 해야) 할 행위를 다른 사람들이 해야 한다(혹은 하지 말아야 한다)고 생각할 수는 없다. 정언명령에 따르는 행위는 보편 행위이다. 행위 규칙은 곧 보편 규칙이다. 보편 규칙은 행위자들이 저마다 입장을 바꾸어 생각해 보기를 시도한 결과이다. 갑이 을을 속이면서 을이 갑을 속이지 말아야 한다는 주장은 역지사지易地思之(입장 바꾸어 생각해 보는 역전환 테스트)를 통과하지 못한다.

정언명령은 보편 규칙에 그치지 않고, 다른 사람이 자기와 똑같은 사람이라고 생각하기를 요구한다. 자기가 존중받기를 욕구한다면 다른 모든 사람들도 자기처럼 존중받아야 한다. 칸트는 어느 누구보다도 인간이 존엄하다고 주장한 철학자이다. "다른 사람들을 그들 자신으로 목적으로 대하라. 결코 목적을 위한 수단으로만 대하지 말라." 역시 또 다른 정언명령이다. 칸트에 따르면, 인간은 자연 속에서 특별하다. "우리의 머리

위에 별이 빛나는 하늘과 우리 마음속의 도덕 법칙"은 인간이 자연에서 살면서도 스스로 자기에게 정언명령을 내릴 만큼 존엄하다. 사람들은 모두 존엄하다는 점에서 모두 평등하다. 누구라도 자기 욕망을 충족하려는 다른 사람을 수단으로만 이용하지 말아야 한다.

마침내 사람은 모두 평등하게 목적으로 대우받는 '목적왕국' 구성원이어야 한다. '목적왕국'은 "공통 법칙 아래 서로 다른 이성 존재들이 결합한" 왕국이다. 목적왕국에서 사람들은 모두 이 왕국을 통치하는 입법자이면서 동시에 시민이다.[37]

8.3. '현상 세계' vs '사물 자체'

칸트 윤리학은 그가 내세운 형이상학에 기초한다. 칸트 형이상학에 따르면, 세계는 '있는 그대로 세계'와 '보이는 대로 세계'로 나뉜다. '있는 그대로 세계'는 인간이 도저히 알 길 없는 세계이다. 사람이 아는 세계는 사람에게 보이는 세계일 따름이다. 그것은 곧 '보이는 대로 세계'일 따름이다. 바로 이 '보이는 대로 세계'는 현상 세계이다.

'보이는 대로 세계'는, 말 그대로 감각 경험으로 인식 가능한 세계이다. '보이는 대로 세계'는, 드러난 세계로서 현상 세계이다. 반면 '있는 그대로 세계'는 사물자체 세계이다. '있는 그대로 세계'는 감각 경험으로 인식할 수 없는 세계로 사물자체 세계이다. 사물자체 세계는, 오로지 상상으로만 가능한 예지계이다. 예지계는 깊은 사유 세계이다.

---

37 Arringron(2003), p.438.

칸트는 현상을 사물 자체와 엄격하게 구별한다. 지금 현재 보이는 세계는 현상이다. 칸트에 따르면, 지금 보이는 세계에 적용하는 법칙을 현상 너머까지 결코 적용하지는 말아야 한다. 칸트의 가장 큰 업적이라면 사물 자체를 가정했다는 점이라고 쇼펜하우어는 평가한다.[38] 사물 자체를 가정함으로써 인간은 비로소 자유로워진다고 칸트는 주장했기 때문이다.

칸트에 따르면, 인간은 언제나 두 영역에 속한다. 인간은 현상이면서도 사물 자체이다. 현실에서 인간은 인과관계에 따른다. 인간 행위는 인과연쇄에 얽매인 불가피한 결과일 따름이다. 그럼에도 모든 사물은 사물 그 자체이다. 인간 역시 사물 자체이다. 현상으로서 인간에게 주어진 외부 현실에서 오로지 한 가지 행위만을 할 수밖에 없다. 그렇지만 사물 자체로서 예지계에 속하는 인간에게는 여러 다른 행위가 가능하다. 예지계 인간은 본래 인간으로서 현상계 인간과 달리 자유롭다.

칸트에 따르면, 같은 사람은 두 자아로 나뉜다. ① 그 한 자아는 '경험 특성'을 지닌다. 경험 특성을 지닌 자아에게 행위는 단순한 동작으로서 한낱 현상이다. 현상은 자연법칙에 따라 다른 현상들과 철저히 인과관계로 연결된다. 그렇지만 ② 또 다른 자아는 '예지계'에 속한다. 이 예지계에서 인간은 인과관계에 얽매이지 않는다. 예지계는 현상계가 아니기 때문이다. 현상계와 예지계가 다른 만큼 자아는 ① 경험 자아 ② 예지계 자아로 나뉜다. 경험 자아는 인과관계에 얽매이지만 예지계 자아는 자유의지를 누린다. 한편으로 인과관계에 얽매이면 다른 한편으로 자유의지를 누리는 만큼 인과성과 자유는 서로 양립 가능하다.

---

38 Schopenhauer, *Über die Grundrage der Moral*(1840), (『도덕의 기초에 관하여』, 김미영 옮김, 책세상, 2004), p.113. 이하 Schopenhauer(2004)로 줄임.

인간에게는 악에로 기우는 자연스런 경향이 존재한다. 또 이 경향 자체는 결국 자유로운 선택의지로 물리쳐야 하고, 따라서 그에 대해 책임을 물을 수 있어야 하며, 그런 만큼 도덕 생활에서는 악한 것으로 작용한다. 이 악은 모든 준칙 근거를 허물어뜨릴 만큼 '근본'을 이룬다. 또 그것은 자연스런 경향으로서, 인간의 힘으로는 뿌리 뽑지 못한다. 그럼에도 악의 성향을 자유롭게 행위하는 존재로서 인간 안에서 찾을 수 있으므로, 그의 극복은 가능하다.[39]

인과관계와 자유로운 행위가 양립 가능한가는 오래된 주제이다. 양립 가능성에 맞서는 주장은 양립불가론兩立不可論(incompatibism)이다. 양립불가론에 따르면, 자유로운 행위와 인과성은 서로 동시에 성립하기 불가능하다. 양립불가론에 따르면, 자유로운 행위 아니면 불가피한 인과관계밖에 없다. 인과관계가 성립하면 자유로운 행위는 불가능하고, 자유로운 행위가 가능하려면 인과관계는 성립하지 않는다.

양립불가론에 맞서 홉스와 흄은 '자유로운' 행위가 가능하다고 주장했다. 그들은 '자유로운 행위'를 '외부 강제가 없는 상태'로 정의하였다. 물이 물길을 따라 흘러간다고 해서 강제로 흘러가는 것은 아니다. 마찬가지로 인간 행위에 원인이 있다고 해서 인간 행위가 강제된 것은 아니다. 원인(원인 있음)은 무원인(원인 없음)에 대비된다. 자유는 강제와 대비된다. 원인은 강제와는 다른 차원이다. 원인이 있다는 사실에서 인간 행위가 언제나 불가피하다는 결론이 나오는 것은 아니다.[40]

---

39 Leslie Foster Stevenson, David L. Haberman, *Ten Theories of Human Nature* (『인간 본성에 관한 10가지 이론』, 박중서 옮김, 갈라파고스, 2006), p.241 재인용.

40 Hobbes, *Leviathan*, Chap. XXI., Hume(1958), pp.407~408.

칸트에게도 악에 기우는 경향성은 자연스러우면서 동시에 극복 가능하다. 악에 기우는 경향성은 자연스러운 만큼 불가피해 보인다. 그렇지만 불가피해 보일 뿐 악에 기우는 경향성은 절대로 피할 수 없는 것이 아니다. '경험자아'에게 악에 기우는 경향성은 불가피했지만, 예지계 '자아'는 악을 스스로 나서서 극복할 수 있다.

8.4. 경향성 vs 의무감

칸트에 따르면 '의무감에서 비롯하는 행위'를 성숙한 도덕생활이 도달해야 할 최종 단계다. 성숙한 도덕생활을 하는 초기 단계에서 행위자는 경솔하게 행위하려는 유혹에 맞서야 한다. 그렇지만 격렬한 내면의 갈등을 겪은 후 경향성을 능가하는 의무감을 갖기보다는 행위를 할 때 유혹과 번뇌의 갈등을 겪지 않는 편이 훨씬 바람직하다. 성숙한 도덕생활을 하기 전에 나는 이런 고뇌를 겪을지도 모른다. 그렇지만 시간이 흐름에 따라 나는 변화해 간다.

엄청난 노력 끝에 의무감에서 비롯한 행위는 고귀하다. 그렇지만 사악한 행동에 기우는 경향성을 처음부터 극복함으로써 그 경향성에 저항할 필요조차 없는 행위는 더욱 고귀하다. 어떤 사람은 방화할 어떤 경향성도 갖지 않기에 그런 생각을 꿈도 꾸지 않을 사람이지만, 또 그와 다른 또 한 사람은 늘 방화하고 싶은 충동에 사로잡혀 의무감 때문에 방화하지 않는 사람이라고 가정해 보라. 누구라도 당연히 첫 번째 사람을 신뢰한다. 두 번째 사람은 자기 경향성에 압도되어 언제 충동에 사로잡혀 불을 지를지 모른다. 애당초 방화하려는 경향성을 갖지 않은 사람에게 의무감이란 자기 "경향성을 압도하지 못할 때나 어울리는 값비싼 장신구에 지나지 않는다."[41]

의무감에 따라 행동하는 사람은 경향성에 따라 행동하는 사람만큼 신뢰를 얻지 못한다. 경향성과 다르게 의무감은 단호한 결단이 필요하기 때문이다. 단호한 결단을 하려면 경향성에서 벗어나는 과정이 언제나 필요하다. 흄Hume이 지적하듯이 "인간의 자연스런 경향성은 인간에게 끊임없이 영향력을 행사한다. 그것은 인간의 마음에 항상 나타나서 어떤 생각 어떤 견해와도 결합한다. 경험에 비추어 볼 때 극히 일부 자연스런 정직과 자비심이 신학 이론과 체계가 제시하는 거창한 견해보다 인간 행위에 훨씬 더 많은 영향력을 행사한다는 것은 틀림없는 사실이다."[42]

의무감이 자연스런 경향성과 달리 도덕 가치를 지닌다는 믿음은 위험하다. 이런 믿음은 의무감과 경향성이 서로 언제나 대립한다고 전제하기 때문이다. 그렇지만 실제 의무감에서 나온 행위는 경향성에서 비롯한 행위이기도 하다. 실제 의무감과 경향성 사이에서 갈등은, 어떤 경향성과 또 다른 경향성 사이에서 갈등과 다르지 않다.

갈등 상황이 경향성 사이에서 갈등이라고 가정해 보라. 그럴 경우 의무감에서 나온 행위는 정녕 의무가 아닐 수도 있다. 행위자는 자기가 의무감에서 행위한다고 믿지만 다른 사람들은 그 행위가 의무가 아니라고 믿을 수 있기 때문이다. 그렇다면 "도덕 행위자는 자기 의무를 다해야 하는가 아니면 자기가 의무라고 믿는 것을 해야 하는가?"는 의미 없는 물음이

---

41 Hospers(1986), p.280.

42 David Hume, *Dialog Concerning Natural Religion,* 2nd. ed., Norman Kemp Smith, Social Science(1948), part 12, p.221.

다. 의무감을 경향성보다 중시해야 할 하등 이유가 없다. "나는 내가 했던 행위를 의무라고 확신하지만 과연 그것이 정녕 의무인가?"라고 의심할 수 있기 때문이다.[43]

8.5. 칸트 윤리학은 '이기주의' 혹은 '세속신학'이다

칸트 윤리학은 사회 성원이려고 하는 의지와 이기주의 욕구를 대비시킨다. 칸트는 인간 본성을 한편으로는 동물과, 다른 한편으로는 거룩한 의지와 대비시킨다. 인간은 '순수한' 실천 이성과 '순수하지 않은' 경험 신체를 지닌다.[44] "왜 도덕생활을 해야 하는가?"의 물음에도 그는 누구나 실천이성에 따르기 때문이라고 대답한다. 그렇지만 이기주의자도 칸트처럼 주장하는 것은 얼마든지 가능하다. 한 순간 만족에 사로잡히지 않고서 먼 미래를 내다보면서 자기에게 무엇이 진정으로 이익인가를 깊이 생각할 수 있기 때문이다.

칸트 의무주의는 실상 이기주의에 기초한다. "네 이웃을 네 몸처럼 사랑하라."는 말은 자기 사랑을 먼저 전제해야 한다. "자신에 대한 사랑이 다른 모든 사랑의 최대치이자 조건"이라고 쇼펜하우어는 말한다.[45] 아무리 이타주의 행위라도 그 동기는 이기주의이다.

칸트 의무주의 최고 원리는 "남이 네게 행하지 않는 것을 원하지 않는

---

43 Hospers(1986), p.283; Kurt Baier,*The Moral Point of View*, Cornell University Press(1958), pp.146~147 참조.

44 Mark Jonson, *Moral Imagination : Implication of Cognitive Science for Ethics.* University of Chicago(1993), p.67.

45 Schopenhauer(2003), p.45.

다면, 너도 그것을 남에게 행하지 마라"의 변형이다. 쇼펜하우어에 따르면, "이 원리는 너무 많은 것을 증명하고 요구하는 원칙으로 보인다. 예를 들어, 범법자가 재판관에게 그렇게 말했다고 생각해 보라, 서글프게 들릴지 모르지만 정의와 인간애는 결국 이기주의에 뿌리박고 있다."[46] 칸트의 도덕 원리는 결코 정언명령이 아니라 이기주의에 기초한 가언명령이다. 칸트의 정언명령은 이기주의를 은폐하면서 "네 이웃을 사랑하라."는 십계명 형식으로 위장했을 따름이다.[47]

칸트의 정언명령은 그 내용상 이기주의이며, 형식상 십계명이다. 칸트는 이 두 가지를 모두 끝내 숨기려고 했다. 쇼펜하우어는 칸트를 자기를 신비화하는 한 남자, "가면무도회에서 저녁 내내 가면 쓴 미녀의 사랑을 얻으려는 망상에 사로잡혀, 그 미녀가 자신의 아내라는 것을 알아챌 때까지 그녀와 사랑을 나누는 남자"에 비유한다.[48]

칸트 의무주의는 자연스런 욕구에 맞서는 능력으로서 이성을 내세운다. '나'는 자연스런 욕구를 이성으로 무조건 억눌러야 인간 존엄함을 유지할 수 있다. 칸트 의무주의에 따르면, 도덕 명령은 무조건 명령이다. 칸트는 그 당시 도덕 전통에 따라 정언 명령을 무조건 따르기를 요구할 뿐, 왜 따라야 하는지를 입증하지 않았다.[49]

욕구와 이성을 대비시켰다는 점에서 의무주의는 플라톤에로 거슬러 올라간다. 뿐만 아니라 플라톤처럼 칸트는 덕과 행복 사이의 관계를 숙

---

46 Ralph Wiener *Der lachende Schopenhauer Eine Blütenlese*(『쇼펜하우어, 세상을 향해 웃다』, 최홍주 옮김, 시아출판사2006), p.265.

47 Schopenhauer(2003), p.88.

48 Schopenhauer(2003), p.103.

49 Mark Johnson (1993), pp.153~154.

고했다. 칸트는 덕스러운 사람이 현실에서 언제나 행복한 것은 아니라는 사실을 잘 알고 있었다. 덕스런 사람보다는 오히려 사악한 자들이 더 잘 사는 것이 현실이다. 그래서 칸트는 덕과 행복을 일치시키려고 했다.

칸트에 따르면, 덕과 행복이 일치하는 상태가 최고선이다. 이 최고선에 도달하려고 도덕 법칙을 따르는 것이기도 하다. 그렇지만 최고선에 도달하기란 불가능하다. 결국 칸트는 '영혼불멸'을 내세웠다. 신은 현실에서 덕 있는 사람이 행복하지 못함을 내세에서 보상할 수 있어야 한다. 그러나 내세에서 보상받으려면 '영혼'은 '불멸'하는 '영혼'이어야 한다. 문제는 내세에 보상해 줄 신이 있느냐이다. 덕 있는 사람은 보상받을 수 있으려면 신이 있어야 한다. 그렇지만 신이 있어야 한다는 것은 간절한 바람일 따름이다. 신이 있어야 한다는 것은 한낱 '요청'이다. '영혼 불멸'과 '신'은 '실천이성에 따른 요청'이었다.[50]

실상 칸트 의무주의 윤리학은 특정 종교를 각색한 결과이다. 칸트는 세상을 초월하는 신을 '이성'으로 바꾸었다. 신성한 명령을 '이성명령'에 따른 '도덕 법칙'으로 만들었다. 신성한 명령을 '정언명령'으로 윤색했다. 인간이 '신 형상에 따라 창조되었음'을 '보편이성과 자유의지를 보유함'으로 바꾸었다. 마침내 정언명령은 실천이성에 따르는 보편 도덕 법칙으로 완성되었다. 쇼펜하우어에 따르면, 칸트가 도덕 근거로 제시하는 내용이 오랫동안 "윤리학의 확고한 기초로 여겨졌지만, 이제 그것도 부적당한 가정이자 신학도덕의 단순한 변장이라는 것이 밝혀졌다."[51]

칸트 윤리학은 '하나의 도덕 전통을 표현하는 도덕철학'이다. 그 도덕

---

50 김영철, 『윤리학』, 동아학연사, 1982, pp.126~127.

51 Schopenhauer(2004), p.125.

전통이란 바로 유대 · 기독교 전통이다. 칸트 윤리학은 그 유대 · 기독교 전통에 합리성을 부여하는 토대를 마련하려는 '도덕신학'이었다. 어떻게 살아야 하는가라는 윤리학 물음에 칸트는 도덕신학으로 대답했다. 칸트 윤리학은 세속신학이거나 아니면 신학도덕이다. 신학에서는 사용하지 않는 용어로 전통 유대 · 기독교 가치관을 윤색한 것이 곧 칸트 윤리학이다.

칸트 윤리학은 오래전부터 윤리학에 너무 깊고도 넓은 그림자를 드리웠다. 20세기부터 21세기 걸쳐 이 세속신학을 내세운 종교주의는 윤리학의 탈을 쓴 채 화려한 전성기를 구가하는 실정이다. '신'을 '이성'으로 바꾸는 방법으로 세속 용어를 사용하는 도덕신학 전통은 헤어Hare, 기워스Gewirth, 롤즈Rawls, 노직Nozick, 도너건Donagan 등 20세기 철학자들로 이어졌다.[52]

52 Mark Johnson(1997), pp.20~21, p.67.

10장

자기이익 VS 공공이익

01

맨더빌 Bernard Mandeville(1670~1733)

맨더빌은 샤프츠버리[1]가 내세운 두 주장을 공격했다. 하나는 "인간은 자연스럽게 이타적으로 행위 하는 경향을 지닌다."였고, 다른 하나는 "사회에 이익을 주는 것은 다름 아닌 이타주의와 자비심이다."였다. 이 두 명제를 맨더빌은 비판했다. "행위 원천은 실상 은밀하면서도 개인적(private and egoistical) 자기이익이다."라고 주장했다. 그래서 맨더빌에 따르면, 사회 공공선은 개인이 오직 자기이익에만 관심을 가질 때 나온다. 향락과 사치를 추구하기에 경제 사업이 활발해지며, 경제 사업이 활발해져서 전체 사회가 다행스럽게도 더욱 풍요로워진다.

1688년 명예혁명 뒤 네덜란드 총독 윌리엄이 영국 왕으로 등극하자 네덜란드에서 전문직에 종사하던 사람들이 영국으로 건너갔다. 맨더빌도 그중 한 사람이었다. 맨더빌은 1689년 철학박사 학위를, 1691년 의학박

1 이 책 p.320 이하 '샤프츠버리' 부분 참조.

사 학위를 받았다.

맨더빌은 1690년에 일어난 '코스터만 폭동'으로 유명해졌다. "코스터만이라는 시민이 사형을 당했는데, 다소 억울하다고 여겨졌을 뿐 아니라 사형을 요구했던 지방행정관 반 니벨트는 평소에도 부패한 인물로 알려져 시민들의 불만이 높았다. 이때 지방행정관을 비난하는 대자보가 나붙으면서 이를 보고 흥분한 군중들이 폭동을 일으켜 지방행정관을 쫓아냈다. 나중에 조사에서 드러난 증언들에 따르면 …… 그 대자보는 바로 버나드 맨더빌이 (혼자 또는 다른 사람들과 함께) 썼다는 것이다."[2]

맨더빌은 이 사건에서 이 세상은 선/악으로 나눠지는 게 아니라는 것을 뼈저리게 느꼈다. 그가 비난했던 악당은 멀쩡히 공직에 복귀했으며 맨더빌과 같은 편에 섰던 사람들도 부패 혐의가 밝혀졌기 때문이다. 이 세상이란 온통 다 악당으로 가득 찬 곳이며 "다들 한 자리를 차지하려고 제 이익을 위해 움직였던 것이다."[3] 맨더빌은 "아무리 겉으로는 도덕적으로 보이는 사람이라도 속은 그와 다르다는 것을 보여 주려고, 또 속으로 타락한 사람이 겉으로는 오히려 도덕을 내세운다는 것"을 드러내고 싶었다.[4]

맨더빌에 따르면, 사람들이 미덕으로 여기는 것이 실상 모두 악덕이었다. 그 당시 사람들에게 "방탕 사치, 명예욕, 뽐내는 마음(pride), 이기심, 탐욕, 쾌락"은 악덕이었으며, "금욕(self-denial), 겸손, 연민, 자선, 자기희

---

2 Bernard Mandeville, *The Fable of the Bees Or, Private Vices, Benifits*(『꿀벌의 우화, 개인의 악덕, 사회의 이익』, 최윤재 옮김, 문예출판사, 2011), pp.18~19. "사회를 이루고 사는 벌을 사람에 비유한 글은 오래전부터 많았"다. p.22n.

3 Mandeville(2011), p.20.

4 Mandeville(2011), p.30.

생, 공공심"은 미덕이었다. 맨더빌이 문제 삼은 건 욕심을 나쁘다고 여기면서 금욕을 미덕으로 여기는 풍조였다.[5] 맨더빌은 경제를 일으키는 건 사치라는 악덕임을 외쳤다.

> 악의 뿌리가 되는 탐욕은
> 삐뚤어지고 해로운 몹쓸 악덕으로서
> 방탕이라고 하는 고상한 죄악에
> 종노릇을 하게 되었으니
> 사치는 가난뱅이 백만에 일자리를 주었고
> 얄미운 오만은 또 다른 백만을 먹여 살렸다.
> 시샘과 헛바람은
> 산업의 역군이니
> 그들이 즐기는 멍청한 짓거리인
> 먹고 쓰고 입는 것에 부리는 변덕은
> 괴상하고 우스꽝스런 악덕이지만
> 시장을 돌아가게 하는 바퀴였다[6]

문제는 사람들이 이타적으로 행위하는 덕스러움을 뽐내기나 한다면 사회생활에서 진보란 도저히 이루기 어렵다는 점이다. 이타심이란 기껏해야 자기이익을 도모하려는 이기심을 은폐하는 수단일 따름이다. 맨더빌에 따르면, 도덕 판단은 자기이익과 무관할 수가 없다.

---

5 Mandeville(2011), p.31.

6 Mandeville(2011), p.106.

맨더빌은 사람에게는 자기이익이 먼저라고 주장한다. 사람들은 애당초 이기심으로 살아왔다. 이기심은 억누른다고 억누를 수 있는 게 아니다. 문제는 그 이기심을 탐욕스러움으로 여기는 세태이다. 그로 말미암아 세상에는 위선이 등장한다.

맨더빌에 따르면, 이기심은 단순히 탐욕스러움이 아니었다. 이기심에 따른 삶은 자연스런 삶이었다. 그럼에도 세상은 이기심을 악덕이라고 비난한다. 그러나 이기심 없이 세상은 돌아가지 않는다. 사람이 하는 일이란 모두 이기심에서 비롯한다. 이기심이 없으면 세상은 돌아가지 않는다. 겉으로 고귀하고 점잖아 보이는 사람들도 이기심으로 살아간다. 그렇지만 이기심은 '악덕'이 아닌가. 그러니 맨더빌은 이기심이라는 '악덕'으로 말미암아 세상이 돌아간다고 주장한다. "그렇기에 '악덕'을 없애려고 하는 도덕 운동은 세상을 나쁘게 하는 바보짓이었다."[7] 오히려 "개인의 악덕은, 솜씨 좋은 정치인이 잘 다룬다면, 사회 이득이 될 수 있다."[8]

> 그러니 불평을 말아라. 바보들은 오로지
> 위대한 벌집을 정직하게 만든다고 애를 쓴다만
> 세상의 편리함을 누리며
> 전쟁에서 이름을 떨치면서도 넉넉하게 사는 것이
> 커다란 악덕 없이도 된다는 것은
> 머릿속에나 들어 있는 헛된 꿈나라 이야기일 뿐이다.[9]

---

7 Mandeville(2011), p.32.

8 Mandeville(2011), p.264.

9 Mandeville(2011), p.119.

맨더빌에 따르면, 사람이 자기 행복을 추구함은 더 이상 악덕이 아니다. "우리는 위선이 아니고서는 사회적 동물이 될 수 없다. …… 모든 문명 사회에서 사람은 태어나면서부터 알게 모르게 위선자가 되기를 배우기 때문"이다.[10] 장례를 치러 주고 먹고 사는 교회 머슴은 사람이 죽어 나가기를 은근히 바란다. 그렇지만 사람이 죽었다고 기쁜 내색을 보여서는 안 된다. 그럼에도 실수로 웃음을 보일라치면 그날은 그 머슴이 죽어 나가는 날이리라!

10 Mandeville(2011), p.240.

02

허치슨 Francis Hutchson(1694~1747)

허치슨에 따르면, 인간은 이기심 말고도 타인을 배려하는 자비심을 갖춘다. 자비심을 가진 사람이 발휘하는 도덕감이란, 최대다수 사람들을 행복하게 하는 결과를 갖는 행위를 높이 평가하는 도덕분별력이다. 허치슨은 공리주의 원칙을 최초로 주창했다.

허치슨에 따르면 정신은 오감이 그렇듯이 외부 대상에 반응할 뿐만 아니라, 아름다운 대상이나 도덕성을 지닌 대상에도 반응한다. 외부 대상에 반응하는 것이 외부감(external sense)이며, 내부 대상에 반응하는 것은 내부감(internal sense)이다. 이 내부감은 다시 미감과 도덕감으로 나뉜다. 이 미감과 도덕감은 교육이나 습관으로 생기는 것이 아니며, 그렇다고 신앙이나 은총에서 비롯하는 것도 아니며, 본래부터 타고 날 따름이다. 내부감에서 비롯하는 것이 도덕 감정이다.

온건한 자비심(calm benovolence)은 도덕 감정 중 으뜸이다. 그것은 가장 높이 평가받는 감정이다. 그것은 온건한 자기사랑(clam self-love)과도 충돌하지 않는다. 자기사랑은 자비심과 동시에 작용하여 오히려 행위

동기로 작용한다. 인간 본성은 오로지 이기성만이 아니다. 그렇다고 인간 본성이 오로지 이타성만도 아니다. 사람은 두 본성을 지닌다.

> 오로지 자기사랑에서 나온, 그래서 자비심의 증거를 찾을 수는 없지만 타인에게 상처를 주지도 않는 행위들은 미덕도 아니며, 그것을 보는 이에게 사랑도 증오도 일으키지 않는다. 우리의 이성은 실제로 어떤 경계를 발견할 수도 있으며, 그 경계 안에서 우리는 전체 선과 조화를 이루는 자기 사랑에 입각해서 행위할 수 있다. 이 경계 내에서 각자 선을 위해 수행되는 모든 행위는 전체 선을 위해 절대적으로 필요한 것이기도 하다. 자기사랑을 결핍함으로써 전체에 엄청난 위험이다.[11]

허치슨에 따르면 자기이익은 타인에게 해를 끼치지 않는 한 공공 이익에 '절대 필요한' 요소이며, 그것이 없으면 사회 '전체에 엄청난 위험'이 생긴다. 그렇지만 오로지 자기이익만 추구하는 '자연 상태'에서 인간 저마다의 삶은 비참해지기 쉽다. 문제 상황으로서 자연 상태를 극복할 수 있었던 것은 사회제도 때문이었다. 무엇보다도 사유재산 제도로 사람은 서로 경쟁하고 갈등하기보다도 서로 협력하기에 이르렀다.

협동 체제는 개인을 근면과 노동으로 이끌었다. 협동을 통한 노동은 개개인이 혼자 수행하는 노동보다 훨씬 빠르게 숲을 개간하고 습지의 물을 빼고 거주할 집을 제공하고 축사의 울타리를 제공하였다. 자연 상태에서

---

11 Francis Hutchson, *An Inquiry in the Original of our Ideas of Beauty and Virtue*(1725); Francis Hutchson: *Philosophical Writings*, ed., R.S. Downie, Everyman(1994), pp.87~88.

이기심을 가진 개인들은 서로 협동하여 마침내 사회 전체 부유함을 증진하기에 이른다. 개인이 자기이익을 얻으려고 할 때, 개인은 물론 사회 전체 부유함은 늘어난다. 자기이익을 적극 추구함으로써 동시에 공공이익이 보장된다.

개인이 추구하는 자기이익은 사회 전체이익을 보장하는 필요조건이다. 그렇지만 개인이 추구하는 자기이익은 결코 충분조건이 아니다. 허치슨에 따르면, 자기이익을 추구하는 자기사랑만으로는 결코 유덕해지지 않는다. 그것만으로는 어떤 가치도 지니지 않는다. 스미스가 지적하는 바에 따르면, 허치슨은 자기사랑이 어떤 경우에든 유덕한 행위 동기가 될 수 있음을 전혀 인정하지 않는다.[12]

---

12 Adam Smith, *Moral Sentiments*(『도덕 감정론』, 박세일 외 옮김, 비봉출판사, 2009), pp.580~581.

03

버틀러 Joseph Butler(1692~1752)

버틀러는 왕실 고위 성직자였다. 버틀러에 따르면, 인간 본성은 몇몇 '원리들(principles)'로 구성된다. 그것들은 욕구(appetities), 정념(passions), 감정(affections), 판단 능력 등이다. 인간에게 이러한 원리들은 서열을 이룬다. 낮은 원리가 높은 원리로부터 지배를 받는다. 낮은 원리가 높은 원리를 지배하는 경우는 인간 본성에 어긋난다. 버틀러에 따르면, 가장 낮은 등급은 욕구와 정념이며, 그 다음으로 높은 등급은 자비심(benevolence), 그보다 더 높은 등급은 자기사랑(self-love), 가장 높은 등급은 양심(conscience)이다.

어떤 사람이 자비로운 것은, 그 사람이 습관에 따라 자비를 베푸는 기질 때문이다. '적절한 자기사랑'은 '추정된 자기사랑'과는 대비된다. '추정된 자기사랑'은 행복을 산출할 그 무엇에 관해 잘못된 생각을 주기 때문이다. '적절한 자기사랑'은 '부적절한 자기사랑' 혹은 '과도한 자기사랑'에 비해 '냉정하고 이유 있는 관심'을 자기 행복에 기울인다. 적절한 자기사랑은 행복을 증진할 그 무엇을 얻고자 특별한 정념과 경향을 조절한다.

버틀러에 따르면, 올바른 일을 하려는 경우 행복과 충돌하는 경우는 아주 드물다. "자기사랑은 대체로 덕과 조화를 이루며 우리를 거의 같은 삶을 살도록 유도한다." 따라서 덕 있는 행동은 자기이익과 즐거움을 무시하기를 결코 요구하지 않는다. "동정과 자비를 베푸는 기질은 그 자체로 기쁨을 준다. 거기에다 선행까지 곁들이면 더욱 더 새로운 기쁨과 즐거움을 누리게 된다. …… 자비심과 자기사랑은 …… 완전히 일치하여 스스로 누리는 최대 만족은 어떤 마땅한 절차에 따라 자비심을 가짐으로써 얻어진다."[13]

버틀러는 자비심과 자기사랑이 서로 조화를 이룬다고 가정한다. 사람은 한편으로 자기사랑을 욕구하면서, 다른 한편으로 타인에게 자비로워짐을 욕구한다. 타인에게 자비로워지려는 욕구도 욕구인 만큼 그 욕구 충족으로 역시 행복해질 수 있다. 오로지 자기사랑에만 탐닉하면 실제로 자기사랑을 부정하는 불행에 이르기 쉽다. 그럼에도 "편견과 파멸로 이끌어 가며 또 진정한 이익을 직접 거스르면서 자기사랑이라는 가장 큰 요구에도 어긋나는" 그런 정념과 감정에 스스로를 굴복시킨다. 버틀러에 따르면, 이러한 편견과 파멸을 피해야 한다. 그러려면 필요한 건 스스로 자기를 인도할 수 있는 적절한 자기사랑이다.[14]

버틀러에 따르면, 자기사랑과 자비심을 함께 아우르는 원리는 양심이다. 양심은 마땅히 해야 할 행위와 마땅히 하지 말아야 할 행위를 분별하는 능력이다. 양심은 자비심이 부족하면 그걸 보충하고 자기사랑이 넘치면 그걸 덜어낸다. 버틀러에 따르면 어느 누구에게라도 성찰 혹은 양심

---

13 *Fifteen sermons*, Sermon 3,8, Sermon 1, 6; Diané Collinson(1987), p.79 재인용.

14 MacIntyre(1996), p.165.

이라는 우선 원리가 있으며, 이 원리를 통해서 겉으로 드러난 행위들뿐만 아니라 마음의 여러 내면 원리들을 서로 구별한다. 양심은 반성 원리로서 그로 말미암아 의무와 이익 사이에는 어떤 갈등도 없어진다.

버틀러에 따르면, 양심은 "상담을 받지 않고도, 충고를 받지 않고도, 자기 능력을 공평히 발휘해서 무엇을 시인하거나 비난할 수 있다."[15] 양심은 인간본성에 내재하는 원리이다. 그것은 자연도덕 원리이다. 양심은 자연도덕 원리를 '관습에 따른 거짓 가르침'과 구별하는 신성한 능력이다.

버틀러에 따르면, "일반 행위 과정에서 이 능력이 받아들여지고 있음은 의심할 나위도 없다. …… 사람들은 어느 시대를 막론하고 양심을 갖는다고 공공연하게 선언했고 …… 양심은 지구상 모든 민법에 바탕을 이루는 기초이며 …… 인류를 위한 실천, 말하자면 정의, 진실, 공익을 실천해야 한다고 영향력을 행사한다."[16]

버틀러에 따르면, 공익과 사익을 함께 추구하려 함이 양심 원리이다. 그게 사람다운 자연스러움이니, 곧 양심이 곧 본성이다. "만약 양심이 인간 본성을 이루는 다른 원리들보다 더 강력해서 다른 원리들을 지배할 수 있다면 양심은 세계를 지배할 것이다."[17] '나'는 본성에 따라 양심을 충실히 따른다. '나'를 정의하려면 '나'가 채택한 양심에 비추어야 한다. '나'는 양심에 따르며, '나'가 따르는 양심은 다시 '나'를 규정한다.[18] 그러나 버틀

---

15 *Fifteen sermons*, Sermon 2,8; Diané Collinson(1987), p.79 재인용.

16 *Dissertation 2, On the nature of Virtue*, 1; Diané Collinson(1987), p.79 재인용.

17 *Fifteen sermons*, Sermon 2,14; Diané Collinson(1987), p.79 재인용

18 MacIntyre(1996), p.166.

러가 제시하는 논증은 전제와 결론이 서로 반복되는 순환 논증으로 변해 버린다.[19]

버틀러에 따르면, 양심에 복종해야 하는 것은 본성이다. 그렇지만 본성에 어긋나는 행위를 할 수도 있다. 본성에 어긋나지만 현실에서 그런 행위는 얼마든지 가능하다. 이런 문제는 무엇이 정녕 양심이 명령하는 바인지를 파악하지 못하기 때문에 생긴다. 버틀러에 따르면, 양심은 언제나 내가 해야 할 의무와 나에게 돌아올 이익이 서로 일치시켜 준다. 그렇지만 경험세계에서 의무와 행복은 정확하게 일치하지 않는다.[20]

버틀러에 따르면, 의무와 행복이 완전히 일치하는 것이 현실에서 불가능하면, 그것은 내세에서 가능하다. 버틀러는 내세를 설정함으로써, 마땅히 해야 할 의무와 행복은 언제나 일치함을 주장한다. 신은 그 고유한 권능으로 의무와 이익의 일치를 내세에 보장하기 때문이다. 버틀러가 제시한 논증은 권능을 가진 신을 내세우는 중세 도덕철학과 흡사하다. 그렇지만 그가 내세운 도덕 이론은 신학과 다를 바 없다.

---

19 MacIntyre, "Egoism and Altruism", *Encyclopedia of Philosophy*, vol.2.

20 MacIntyre(1996), p.165.

04
이기주의 신학

터커Abraham Tucker(1705~1724)는,버틀러와는 다르게, 내세보다는 현세를 내세웠다.[21] 터커에 따르면, 사람들은 모두 자기이익을 추구한다. 자기이익을 추구함으로써 사람들은 자기도 모르게 세계 전체에 만족을 충만하게 하는 일을 하게 된다. 자기이익을 추구하는 것은 곧 도덕에 충실한 삶이기도 하다. 자기이익을 추구함으로써 사람들은 기꺼이 도덕에 귀의하게 된다.

사람들 모두 저마다 행복을 증진하려고 한다. 그렇게 함으로써 신은 과거, 현재, 미래에 산출된 모든 행복을 '우주라는 은행'에 저축하도록 만든다. 신은 이렇게 저축된 행복을 동등한 몫으로 나눈다. 우리 모두는 다 같이 원죄로 말미암아 행복을 받을 만한 자격이 없다. 그런 만큼 동등하게 돌아갈 몫으로 나눈다. 공공저축을 증대함으로써 내가 받을 몫도 늘어난다.

---

21 MacIntyre(1996), pp.167~168.

터커에 따르면, 각 개인은 우주 차원에서 설립된 공동출자기업 구성원이다. 신은 그 기업을 무보수로 관리하는 책임자이다. 터커는 행복을 마치 돈처럼 생각했다. 터커에게 세상은 내세가 아닌 현실이었다. 그에게 신학이란 정보를 제공하며, 자기 행복에 신중하게 투자하는 사람은 자기가 어떻게 행위해야 하는가를 계산할 때 신학이 제공하는 정보를 고려한다.

페일리William Palely(1743~1805)는 공리주의 원칙에 충실한 인간을 신학으로 설명한다. 모든 사람은 자기이익을 욕구한다. 모든 사람은 자기이익을 얻는 수단으로서가 아니면 결코 타인에게 돌아갈 이익을 욕구하지 않는다. 최대다수 최대행복을 욕구하는 사람은 전지전능한 사람이어야 한다. 그렇다면 신은 전지전능한 만큼 최대다수 최대행복을 욕구할 수 있다.

페일리에 따르면, 신은 우주에서 단 하나뿐인 진정한 공리주의자이다. 신은 공리주의자이면서 유일한 이타주의자이다. 공리주의자로서 신은 사람들이 행복을 최대한 누리기를 욕구한다. 신에게 행복이란, 신이 창조한 피조물이 누리는 행복이다. 따라서 이기주의자로 살아가는 피조물들은 신으로부터 구원받는 수단으로서 최대다수 최대행복을 욕구하지 않을 수 없다.[22]

페일리에 따르면, 최대다수 최대행복을 추구해야 한다는 도덕 법칙은 신성한 의지로 우리에게 주어진다. 그런 만큼 도덕 법칙을 따름이란 신성한 의지를 따름이다. 그렇지만 신성한 의지에 따르려는 것은 맹목이 아니다. 도덕 법칙을 따름은 신으로부터 은총을 받으려는 것이다. 신으

22 John Plamenatz, *The English Utilitarians,* Basil Blackwell(1966), p.51.

로부터 은총을 받음으로써 비로소 행복해질 수 있기 때문이다. 그렇다면 도덕 법칙을 따름이란 곧 행복을 얻으려는 바람에서 비롯한다. 그때 얻어지는 행복도 단순히 스쳐 지나가는 즐거움과 같은 행복이 아니라 영원한 행복이다. 도덕 법칙을 따르는 것은, 영원한 행복을 약속 받으려는 바람 때문이다.

05

스미드 Adam Smith(1723~1790)

스미드가 내놓은 자기이익 개념은 역사상 더없이 위대하다. 스미드에 따르면, 사람은 누구나 자기 자신을 돌봐야 한다. 사람은 본래 타인보다는 자기 자신을 돌보는 데 적절하고 유능하다.[23] 그럼에도 자기이익 원칙에 따름은 칭찬받기는커녕 비난받는 경우가 허다하다. 그러나 그러한 비난은 자기이익 추구에 대한 비난이 아니다. 오히려 그 비난은 자기이익 추구를 제대로 하지 못하는 경솔함 혹은 부주의함에 대한 비난이다. 경솔함 혹은 부주의함이 비난을 받는 까닭은, 그 성품이 자기사랑을 결핍하고 있어서라기보다는 자기이익에 대한 진지한 관심을 결여하기 때문이다.[24]

절약, 근면, 신중, 전심치지傳心致志, 심사숙고 등은 자기이익에 대한

23 A. Smith, *The Theory of Moral Sentiment* (『도덕 감정론』, 박세일 외, 비봉출판사, 2009), p.413. 이하 A. Smith(2009)로 줄임.

24 A. Smith(2009), pp.582~583

관심에서 비롯한다. 스미드에 따르면, "자기이익을 진지하게 추구하지 않는 사람은 비열하기까지 하다. 우리는 영토의 정복과 방위에 신경을 쓰지 않는 군주를 경멸하지 않을 수 없다. 관직 없는 신사가 어떤 비열함이나 부정을 저지르지 않고도 상당한 토지 혹은 상당한 직책을 얻을 수 있음에도 그것들을 얻으려 하지 않는다면, 우리는 그에 대해 거의 존경의 마음을 가질 수 없다. 자신의 선거에 열의를 보이지 않는 국회의원을 그의 친구들은 그들의 사랑과 지지를 받을 가치가 없다고 내버려 둔다."[25]

자기이익을 추구하는 이기심은 자기이익을 독차지하려는 탐욕스러움(selfishness)과 다르다. 탐욕스러움은 자기이익만 추구한다. 그렇지만 자기이익에 대한 진지한 관심은 공공이익과 조화를 이룬다. 공공이익을 추구하도록 만드는 것은 결코 인류에 대한 사랑이 아니다. 그것은 우리 성품의 숭고함, 존엄함, 탁월성에 대한 사랑도 아니다. "자기 사랑의 강한 충동에 대항할 수 있는 것은 인류애가 결코 아니다. 자비도 아니다."[26] 자기이익은 공공이익을 추구하는 동기이다.

스미드에 따르면, "우리가 저녁식사를 기대할 수 있는 것은 정육점 주인이나 양조업자나 제빵업자의 자비심 때문이 아니라 그들이 자기이익을 중시하기 때문이다. 우리는 그들의 인도주의가 아니라 그들의 이기심에 호소한다. 그리고 그들에게 우리의 필요를 말하는 것이 아니라 그들이 얻게 될 이득을 말한다."[27]

스미드에 따르면, 인간은 자기이익 때문에 행위한다. 그렇지만 인간은

---

25 A. Smith(2009), p.323.

26 A. Smith(2009), p.253

27 *The Wealth of Nation,* Modern Library(1937), p.14.

자기 행위에서 비롯한 자기이익 말고는 어떤 결과에도 관심이 없다. 그럼에도 자기이익에 따른 행위는 자기이익 말고도 의도치 않았던 결과를 낳게 된다. 조화로운 사회생활이 바로 그것이다.[28] 바로 의도치 않던 결과로서, 조화로운 사회생활로 이끄는 힘이 '보이지 않는 손'이다.

스미드에 따르면, '보이지 않는 손'은 저마다 자기이익을 추구하는 개인을 협동으로 이끈다. '보이지 않는 손'으로 '자기이익'을 추구하는 열정은 '전체사회 이익'과 조화를 이룬다. '보이지 않는 손'은 협동이 끌어내는 것에 그치지 않는다. 협동 결과로서 사회가 원하는 상품이 어떻게 공급되는가도 보여 준다. 바늘공장 사례가 그렇다.

> 한 사람은 철사를 뽑아낸다. 다른 사람은 철사를 똑바르게 한다. 세 번째 사람은 철사를 자른다. 네 번째 사람은 철사 끝을 뾰족하게 한다. 다섯 번 째 사람은 바늘귀를 만들기 위해 철사의 다른 끝을 간다. 바늘귀를 만드는 데는 두세 공정이 더 필요하다. 도금을 하고 광을 내는 것은 별개 작업이다. 바늘을 종이에 포장하는 일도 또 하나의 작업이다. 나는 이런 작업을 하는 공장을 보았다. 고용 인원이 겨우 열 명밖에 되지 않고 몇몇은 두세 가지 작업을 겸했다. 그들은 가난했으며 허술한 방에서 기계와 함께 지내고 제대로 된 대우를 받지 못하고 있었다. 그들이 전력을 다해 일하면 하루에 12파운드의 바늘을 생산할 수 있었다. 중간 크기의 바늘 4000개 이상이 모여야 1파운드가 된다. 그러니까 열 명의 직공은 그들끼리 하루에 4만8000개 이상의 바늘을 제작할 수 있다. …… 그러나 그들이 따로 떨어져 독립적으로

---

28 Robert Heibroner, *Worldly Philosophers*(『세속의 철학자들』, 장상환 옮김, 이마고 2005) pp.62~79. 이하 Heibroner(2005)로 줄임.

일했다면 한 사람이 하루에 20개 어쩌면 한 개도 만들 수 없었을 것이다.[29]

스미드에 따르면, "구성원 다수가 가난하고 비참한 사회는 결코 번영하고 행복할 수가 없다." 물론 사회가 어느 개인이나 집단이 원한다고 해서 바뀌는 것은 아니다. 그렇지만 중요한 것은 구성원 개개인이다. 구성원 개개인이 있음으로써 비로소 노동의 세분화와 전문화는 가능해진다. 노동의 세분화와 전문화가 곧 "하층민에까지 확산되는 보편적 부"를 증가시킬 수 있는 '보이지 않는 손'이다."[30]

'보이지 않는 손'은 협동이 이룩한 결과를 상징한다. '보이지 않는 손'은 사회가 잔인한 경쟁체제가 아니라 서로 평등한 협동체제임을 입증한다. 잔인한 경쟁은 오히려 혼란을, 혼란은 폭압체제를 초래한다. 폭압체제에서 상호 존중과 평등 관계는 사라진다. 상호 존중과 평등 관계가 사라지면 협동도 불가능해진다. 협동이 가능하다는 것은, 사람이 저마다 자기이익을 추구하는, 평등하고 자유로운 시민임을 입증한다.

---

29 Heibroner(2005), p.79 재인용.

30 Heibroner(2005), pp.69~70.

06

벤담 Jeremy Bentham(1748~1832)

벤담은 『도덕 및 입법 원리 서론』을 프랑스혁명이 일어나던 1789년에 출간하였다. 이 책에서 벤담은 어떻게 살아야 하느냐라는 물음에 '최대다수 최대행복'(The greatest happiness of the greatest number) 원칙을 내놓았다. 벤담은 그 당시 유행하던 자연법 대신 공리 원칙(principle of utility)을 제시하였다. 벤담은 이 원칙을 프리스틀리Priestley가 썼던 소논문에서 찾아냈다. "프리스틀리는 내게 '최대다수 최대행복' 원리가 도덕과 법률의 토대가 된다는 신성한 진리를 가르쳐 준 최초 사람이었다."고 벤담은 고백한다.[31]

벤담에 따르면, 사람에게 주어진 의무는 공리 극대화였다. 공리 극대화란, 인류 전체의 이익 극대화이기도 하다. 인류 전체의 이익 극대화는 인류 구성원 저마다의 이익 극대화이기도 하다. 인류를 구성하는 사람들 중에는 당연히 '나'도 들어간다. 그렇다면 이익 극대화 요구는, 바로 내가

---

31 Diané Collinson(1987), p.94.

내 이익을 배려하는 방식으로, 다른 사람이 내 이익을 배려하는 방식은 아니다.

이익 극대화 원칙은 내가 나를 배려함으로써 이익을 극대화하는 원칙이다. 나를 포함하여 다른 사람이 누리는 이익을 극대화하려면 저마다 자기이익을 자기가 추구해야 한다. 공리주의는 이기주의에서 비롯한다. 이기주의는 공리주의에 필요조건이다. 자기 행복 없이 전체 행복은 없다.

'최대다수 최대행복' 원칙은 "선을 극대화하라."이다. "선을 극대화하라."는 곧 자기이익 극대화 원칙이다. 벤담은 "선을 극대화하라."는 원칙과 자기이익 극대화 원칙을 결합한다. 그 결과 좋음을 쾌락으로, 나쁨을 고통으로 정의하는 쾌락주의에 이른다. 벤담에 따르면, 쾌락주의로 이익 극대화라는 목표를 달성한다. 벤담에 따르면, 쾌락과 고통이 좋음을 결정짓는 유일한 기준이다.

> 자연은 인류를 두 군주 지배하에 두었다. 고통과 쾌락이 그것이다. 우리가 무엇을 해야 할 것인지를 결정해 줄 뿐만 아니라 지시해 주는 것은 바로 이 둘뿐이다. 한편으로 옳고 그름의 기준과 다른 한편으로 인과사슬은 이 두 지배자의 왕관에 고착되어 있다.[32]

쾌락을 추구하고 고통을 피하는 게 인간 본성이다. 인간 본성에 따른 행위 기준은 공리 원칙이다. "공리 원칙은 어떤 행동이든지 그 행동을,

32 *An Introduction to the Principles and Morals and Legislation*, chapter 1, 1. ed., Mary Warnock, New American Library(1962) 참조.

문제의 당사자에게 행복을 증가 또는 감소시키는 경향에 따라 칭찬하기도 하고 비난하기도 하는 원리를 말한다."[33] 벤담에 따르면, 이 원리는 자명한 도덕 공리이다. 벤담은 이 원리를 사회개혁에 적용하기를 요구했다. 특히 1832년 선거법 개정에서 이 원리를 적용하기를 주창했다.

이 공리 원칙에 따르려면 먼저 산출되는 쾌락과 고통을 양화시켜 측정할 수 있어야 한다. 벤담에 따르면 쾌락과 고통은 계산 가능하다. 한편에 어떤 행동이 산출하는 쾌락을 양으로 환산하고, 다른 한편에 산출되는 고통을 양으로 환산하여 각각 총계를 내면 그 행동이 어떤 결과를 갖는지를 알 수 있다. 벤담은 쾌락연산(felicific calculus) 문제를 해결하려고 다음과 같이 일곱 가지 기준을 제시했다.[34]

1) 강렬도(intensity); 다른 모든 것이 똑같은 두 개의 쾌락 중 더 강렬한 쾌락을 더 선호해야 한다.
2) 지속도(duration); 다른 모든 것이 똑같은 두 개의 쾌락 중에서 더 오래 지속하는 쾌락을 더 선호해야 한다.
3) 확실도(certainty); 발생할 것이 확실한 쾌락과 발생할 확률이 확실하지 못한 쾌락 중에서 선호해야 할 쾌락은 확실한 쾌락이다.
4) 다산도(fecundity); 더 많은 쾌락을 가져올 쾌락, 그러니까 '더 많은 수확을 올릴 수 있는' 쾌락과 고통을 가져올 것 같은 쾌락을 놓고서 선호해야 할 쾌락은 더 많은 쾌락을 가져올 쾌락이다.
5) 순수도(purity); 두 개의 쾌락을 놓고서 순수한 쾌락을 더 선호해야 한다.

33 Bentham(1962),Chapter1, 2.

34 Bentham(1962),Chapter4.

6) 신속도(propinquity); 다른 조건이 모두 같은 경우 공간으로나 시간으로나 가까운 쾌락을 더 선호해야 한다.

7) 확산도(extent); 다른 조건이 모두 같은 경우 영향력이 적은 쾌락보다는 영향력이 큰 쾌락을 선호해야 한다.

벤담에 따르면, 일곱가지 기준에 따라 쾌락연산이 가능하다. 그렇지만 현실에서 쾌락연산은 실제로 불가능하다. 어느 누구도 이 쾌락이 저 쾌락보다 1.5배 더 강하다는 식으로 생각하지 않는다. 어떤 쾌락이 다른 쾌락보다 몇 배 더 낫다는 엄밀한 양화로서 기수평가(cardinal value)는 불가능하다. 쾌락연산으로 기껏해야 이 쾌락이 저 쾌락보다는 더 낫다고 서열을 정하는 서수평가(ordinal value)만 가능하다. 쾌락을 엄밀하게 양화(quantification)하는 쾌락연산은 불가능하다. 저마다 다른 선호를 비교하여 측정할 수 없기 때문이다.

엄밀한 양화는 개인들이 서로 다름을 인정하지 않는 몰개성(impersonality)을 초래할 따름이다. 그럼에도 벤담이 쾌락연산을 제시한 까닭은, 쾌락연산이 정녕 가능하다고 믿었기 때문은 아니었을 것이다. 오히려 벤담은 사람들이 행위결과를 신중히 고려하지 않는 부주의를 경계했을 것이다. 오로지 자기이익에 몰두해서 자기 이웃과 자기 동포들이 감수해야 할 고통을 미처 고려하지 못하는 탐욕스러움을 경계했을 것이다. 탐욕스러움은 '최대다수 최대행복' 원칙에 어긋나기 때문이다.

벤담에 따르면, '최대다수 최대행복' 원칙은 모든 법률 개혁 작업에서 토대여야 할 뿐만 아니라 모든 사회 제도와 관습을 개선하는 기준이다. 이 기준에 따라 사회 문제를 해결해야 한다. 이 원칙에 따르면, 형벌은 유해하다. 형벌은 고통을 감소시키고 쾌락을 증대할 때에만 유용하기 때문이다.

벤담은 '최대다수 최대행복' 원칙으로 전 인류가 행복해지기를 열망했다. 그 원칙에 따라 벤담은 적극 사회 · 정치 문제에 참여했다. 그 한 예로 벤담은 원형감옥 파놉티콘Panopticon을 고안하여 정부 당국에 수용하도록 건의했다. 벤담은 죽은 후에마저 자기 시신이 해부 학교육에 사용되기를 희망하였다.[35]

---

35 Diané Collinson(1987), pp.94~96.

07

밀 John Stuart Mill(1806~1873)

7.1. 『공리주의』

밀에 따르면, '행복'이란 쾌락이면서 고통 없음이며, 불행은 고통이면서 쾌락 없음이다. 그렇지만 밀에 따르면, 행복은 단순히 쾌락을 많이 누림으로써 얻어지지 않는다. 지성, 교양, 양심을 가진 사람이라면, 짐승이 누리는 쾌락을 마음껏 즐길 수 있어도 여전히 만족스러워하지 않기 때문이다. "타고난 능력이 월등한 존재일수록 어지간한 것에는 행복을 느끼지 못"한다.[36] "인간으로서 품위는 인간이라면 누구나 이러 저런 형태로 지니고 있"기 때문이다.

품위는 사람에게 행복을 구성하는 필수요소이다. 따라서 품위 손상은 진정한 욕구 대상이 아니다. "결국 만족해하는 돼지보다 불만족스러워하는 인간인 편이 더 낫다. 바보보다는 불만족스러운 소크라테스가 더 낫

---

36 J.S. Mill, *Utilitarianism*(『공리주의』, 서병훈 옮김, 책세상, 2007), p.28. 이하 J.S. Mill(2007)로 줄임.

다. 바보나 돼지가 이런 주장에 대해 달리 생각한다면 그것은 그들이 한쪽 문제만 알고 있기 때문이다. 이에 반해 비교 대상의 다른 사람들은 두 측면을 모두 알고 있”기 때문이다.[37] 높은 수준은 쾌락을 제대로 향유할 처지가 아니므로 저급한 쾌락에 빨려 들어가기가 쉽다는 것이다.

고상한 감정을 향유하는 능력은 매우 연약한 나무와도 같다.[38] 밀에 따르면, 어떤 행동이든지 행복을 증진할수록 올바른 행위이며, 행복을 저해하는 것일수록 잘못된 행위이다. 그렇지만 목적으로서 행복은 극도로 쾌감을 주는 흥분 상태가 지속되는 상태가 아니다. 이같은 행복은 불가능하다. 고조된 쾌감은 아주 짧은 순간 이어질 뿐이다. 그러한 쾌감은 계속 활활 타오르는 불꽃이 아니라 아주 잠시 타오르다 꺼지고 마는 불꽃이다. 그러니 열정에 찬 기쁨이 가득한 인생이 행복한 건 아니다. 운 좋게도 이런 인생을 사는 사람도 있긴 있다. 그렇지만 우리 인생이 허용하는 것 이상을 기대하지 않는다면 이런 행복한 인생은 없다.[39]

밀에 따르면, 즐거운 흥분 상태와 평온함 이 두 가지가 모두 만족스런 삶을 구성할 때, 이 둘 중의 어느 하나만으로도 때로는 충분히 만족스럽다. 쾌락 양이 적더라도 평온한 상태라면 만족스러워하는 사람들이 많다. 흥분 상태에 병적으로 집착하는 사람이라면 평온 상태를 유지해 주는 여러 외적 조건에도 만족스러워하지 못해 삶을 충분히 즐기지 못한다. 그래서 삶을 불만족스럽게 만드는 것은 탐욕(selfishness)에서 비롯한 정신교양 부족이다.

---

37 J.S. Mill(2007), p.29.

38 J.S. Mill(2007), p.30.

39 J.S. Mill(2007), p.35.

교양 있는 사람은 "자신의 삶의 주변에서 흥미로운 일을 무궁무진 찾아낸다. 자연의 아름다움, 예술의 발전, 시적 상상력, 역사적 사건, 사람이 과거와 현재를 통해 살아가는 길과 그 미래의 모습 등 수많은 일들이 그 사람의 관심을 끈다."[40] 모든 인간이 자신의 야비한 개별성에 파묻힌 채, 남에 대해 아무런 배려나 감정도 없이 탐욕스런(selfish) 이기주의자로 살아가는 것은 아니다. 아무리 하찮은 사람이라도 탐욕스런 이기주의자로 살아가야 하는 것은 아니다. 올바르게 양육 받은 사람이라면 누구든지 스스로 의미를 부여하는 일에 애정을 쏟으면서 공공이익에 진지한 관심을 보인다. "관심을 둘 대상도 많고 즐길 만한 대상도 많으며 동시에 고치고 개선해야 할 대상도 많은 세상에서, 이렇게 웬만한 수준의 도덕적 · 지적 소양을 갖춘 사람이면 누구나 주위의 부러움을 살 만한 삶을 영위한다."[41]

밀은 교양 있는 인간과 함께 자유로운 인간을 강조한다. 인간은 본성상 모형대로 찍어내고 그것이 시키는 대로 따라 하는 기계가 아니다. 기계라기보다는 생명을 불어넣어 주는 내면의 힘에 따라온 사방으로 스스로 자라고 발전하는 나무와 같은 존재이다.[42] 스스로 자라남이란 각 인간의 고유한 '개별성(individuality)'이 현실로 드러나는 과정이다. 개별 인간은 스스로를 실현하려고 노력한다.

개인(individual)은 더 '이상 쪼개질 수 없는(in+divide)' 개별 원자이다.

---

40 J.S. Mill(2007), p.36.

41 J.S. Mill(2007), p.37.

42 J.S. Mill, *On Liberty*(『자유론』, 서병훈 옮김, 책세상, 2005), p.115. 이하 J.S. Mill(2005)로 줄임.

개인은 결코 완전하지 못하다. 완전하다면 어떠한 것에도 영향을 받지 않아야 하고 또 다른 것이 필요 없어야 한다. 개인은 주변 영향을 받지 않을 만큼 그 자체로 완전하지 못하다. 그렇다고 사람이 세상 또는 주변 환경이 정해 주는 대로 살아간다면 원숭이 흉내 내는 능력 이상이 필요하지도 않다.

밀에 따르면, 사람은 완전하지 못한 까닭에 자유가 필요하다. 첫째, 개인 발전을 위해서는 자유가 필요하다. 둘째, 효용 증대를 위해서 자유가 필요하다. 밀은 효용을 "진보하는 존재인 인간의 항구적인 이익에 기반을 둔 가장 넓은 개념"이라 정의한다.[43] 어떻게 행복해질 수 있는지를 가장 잘 아는 존재는 바로 자기 자신이다. 자유롭게 개인을 놓아 둔다면 각자는 자기 효용을 증대하는 방향으로 나아가며, 각자 효용 증대는 사회 전체 공리 증대로 이어진다. 자유는 이 두 측면에서 보장되어야만 한다.

밀에 따르면, 교양 있는 사람이라면 저마다 자기가 보유한 자원을 활용하여 행복을 성취해야 한다. 교양 있는 사람은 부단히 자기 주변의 대상들에 대해 관심을 기울여 스스로 행복을 성취해 나간다. 그러나 사람은 누구나 살면서 신체 · 정신에 영향을 미치는 여러 해악을 겪는다. 어느 누구도 어지간한 행운이 아니면 그런 재앙을 피하지 못한다.

문제는 이러한 재앙들과 어떻게 싸우느냐이다. 예를 들어, 고통을 수반하는 빈곤은 "개인의 건전한 상식과 건실한 태도가 합쳐진 사회적 지혜를 발휘하여 해소할 수"도 있다. 또 "고약하고 다루기 힘든 것의 으뜸이라고 할 질병조차도 건강교육과 도덕교육을 잘 시키고 유해한 환경을 적절히 통제하면 얼마든지 예방할 수"도 있다. "미래의 언젠가는 이 지긋지긋

43 J.S. Mill(2005), p.34.

한 문제를 훨씬 더 직접적으로 정복할 날도 올 것이다."[44]

공리주의자 밀은 빈곤도 없고 질병도 없는 미래를 예견한다. 빈곤과 질병조차도 그렇게 큰 문제가 아니었다. 정말 실망스러운 것은 무절제한 욕망에서 비롯하는 불완전한 사회였다. 실망스러운 것은 인간 스스로 주의하고 노력하려는 태도를 결여한다는 것이다. 사람들이 고통을 겪는 것은 안타깝게도 이런 태도를 결여한 탓이었다. 수많은 세대가 희생을 치러 얻었어야 마땅한 것은 탐욕에 대한 유혹이다.

밀에 따르면, 탐욕을 물리쳐야 한다고 해서 어떤 희생이 반드시 필요한 것은 아니다. 자기 행복을 희생해야 다른 사람이 행복해질 수 있다면, 그건 그만큼 사회가 불완전하다는 증거다. 아직까지 사회가 완전하지 못한 탓에 스스로 자기 행복을 포기하고 희생을 감수하는 사람들이 칭송받는다. 그렇지만 희생은 그 자체로 가치 있는 것이 아니다.[45]

밀에 따르면, 자기희생은 행복을 증대시키지도 않고 그런 기미조차 보이지 않는 탓에 낭비에 불과하다. 공리주의는 자기 부정을 요구하지 않는다. 그렇다고 독선에 가득 찬 무분별한 만족을 권장하는 것도 아니다. 공리주의 원칙에 따르면, 행복은 행위자 행복뿐만 아니라 관련된 모든 사람들 행복이어야 한다.

7.2. 『여성의 종속』

밀은 공리주의 원칙을, 여성이 남성에 예속되는 문제에 적용하였다. 먼

---

44 J. S. Mill(2007), p.38.

45 J. S. Mill(2007), p.41.

옛날에는 힘이 곧 법칙이었다. 그때 "모든 여자가 노예 신분이었고, 남자의 절대다수도 노예였다." 오랜 세월이 흘러 "남다른 용기를 지닌 사상가가 나타나, 이러저런 형태의 노예제가 정당치 못하고, 사회적으로 존재해야 할 이유가 없다고 주장하기에 이르렀다."[46] 기어코 남자 노예제가 무너졌다. "정의와 인간 존중의 사상이 모든 인간관계에 영향을 주면서, 원시적 형태의 노예제가 수정과 개량을 거듭하여 오늘에 이른 것이다."[47]

오늘날 힘 대신 제도가 등장했다. "어떤 제도를 처음 만들 때 그것이 무엇인가 바람직한 결과를 낳을 것이라는, 아니면 적어도 과거 한때 그랬다는 강한 기대감을 품게 된다."[48] 그렇다면 남성이 여성을 지배하는 제도도 바람직한 결과에 이르러야 한다. 그렇지만 "남성과 여성을 지배하는 제도의 경우는, 어느 모로 보나 정반대의 과정으로 만들어졌다."[49] 조금도 '유익한 역할'을 못한 채 "모든 여성이 일부 남성에 종속되는 상태에 빠졌을 뿐이다."[50]

여성 종속이 '자연스러운 상태'처럼 보일 때도 있었다. 그렇지만 "자연스럽다는 말은 갖다 붙이기 나름이다." 자유인으로 태어나거나 노예로 태어나는 것이 자연스러울까. 백인이 흑인을 지배하는 것이 자연스러울까. "정복자들은 침략을 당한 종족이 자신들에게 복종하는 것이 자연의 명령이라고 내세운다." 여성 종속은 한낱 관습이었다. 그 관습에 비추어

---

46 J.S. Mill, *The Subjection of Women*(『여성의 종속』, 서병훈 옮김, 책세상, 2015), p.20. 이하 J.S. Mill(2015)로 줄임.

47 J.S. Mill(2015), p.21.

48 J.S. Mill(2015), p.16.

49 J.S. Mill(2015), p.19.

50 J.S. Mill(2015), p.20.

여성 종속은 자연스러워 보였을 따름이다.[51]

밀에 따르면, 여성이 남성과 대등하다는 것이 고대 그리스 사람들에게는 그다지 부자연스럽지 않았다. 고대 철학자 플라톤은 "남성과 여성이 사회적 · 정치적 평등을 누려야 한다."고 주장할 정도였다. "고대사회 이래 …… 사람들은 권력 자체가 아니라 단지 그 권력이 폭압적으로 행사되는 것에 반감을 품었다." 중세 봉건시대에도 "특권계급 출신의 여성들이 남성다운 성격을 가지는 것도 자연스러운 일로 비쳤다. 신체적으로 힘이 모자란다는 것 말고는 남편이나 아버지에 비해 특별히 못난 것이 없었다."[52]

중세 이후 여성 종속은 심해졌다. 밀에 따르면, "남성은 여성이 복종하는 것 그 자체로 만족하지 못한다. 여성의 마음까지도 지배하고 싶어 한다. …… 여성이 강요에 의한 노예가 아니라 자발적인 노예가 되어주기를 강렬하게 바란다." 언제나 여성은 "여성의 이상적인 성격은 남성의 그것과 아주 다르다."는 것만을 듣고 배웠다. 여성은 "인간이 추구하고 귀하게 여기는 모든 중요한 목표와 사회적 야망"을 감히 품을 수 없었다. 남성으로부터 호감을 받는 것만이 근본 목표였다. 여성에게는 복종만이 미덕이었다.[53]

오늘날 세상은 바뀌었다. 밀에 따르면, "인간은 이제 타고난 능력과 좋은 기회를 이용하여 자신이 원하는 목적을 달성할 수 있는 자유인이 된

---

51 J.S. Mill(2015), pp.32~33.

52 J.S. Mill(2015), pp.34~36.

53 J.S. Mill(2015), p.37~38.

것이다."[54] 자유인으로 인간이 차별대우를 받는다는 것은 "상상하기 힘든 일이다." 그럼에도 왜 여성 종속은 여전할까. 이러한 현실은 "극히 예외적이고, 사회적으로 가장 중요한 기본법을 유린하는 아주 드문 사례이다."[55]

밀에 따르면, 남성과 여성이 서로 다르다는 것을 입증하기란 불가능하다. 남성과 여성이 서로 다름을 내세우는 어떤 주장이라도 "매우 조야하고 대단히 불충분하다."[56](50~51) 기껏 그런 주장은 오랜 관습에서 비롯할 따름이다. 남성과 여성을 구별 짓는 특질은 "교육과 환경의 차이에서 비롯되는 자연스런 현상에 지나지 않으며, 여성이 남성보다 특별히 열등하다는 주장은 말할 것도 없고 남녀 간에 근본적인 차이가 있다는 생각도 근거가 없"다.[57]

밀에 따르면, "여성이 남성에 비해 특별히 부족하다고는 도저히 생각할 수 없다."[58] 결혼도 평등한 계약이어야 한다. 결혼은 남편이 명령하고 아내가 복종하는 관계가 아니다. 결혼이란 두 당사자가 함께 행복해질 수 있는 사회이다. "평등한 사회야말로 진정한 도덕 감정을 느낄 수 있는" 학교이다. 명령과 복종은 인간 본성에 어울리지 않는다. 남에게 명령을 내리지도 않고 남에게 복종하지도 않는 "평등한 사회가 인간 본성에 더 부합"한다.[59]

---

54 J.S. Mill(2015), p.40.

55 J.S. Mill(2015), p.45.

56 J.S. Mill(2015), pp.50~51

57 J.S. Mill(2015), p.109.

58 J.S. Mill(2015), p.118.

59 J.S. Mill(2015), p.89.

08

시즈윅 Henry Sidgwick(1838~1900)

시즈윅의 주저 『윤리학 방법론』은, 브로드C.D. Broad에 따르면, "지금까지 쓰인 윤리 이론들 중 최고의 것이며, 영국의 철학 고전들 중 하나가 될 만하다." 그럼에도 "그는 저술가로서는 중대한 결함을 가지고 있었으며, 이것이 그의 명성을 손상시켰음이 분명하다. 그의 문체는 무겁고 난삽하다."[60]

시즈윅이 『윤리학 방법론』에서 무겁고 난삽한 문체로 논의한 것은, 공리주의는 직관주의와 어떤 관계인가라는 문제였다. 상식에 비추어 직관주의는 공리주의와 서로 다른 이론처럼 보이기 때문이다. 예를 들어, 공리주의에 내려지는 비판 중 하나는, 공리주의가 상식에 비추어 이상한 행동을 허용하거나 올바른 행위로 판단한다는 비판이다. 그 비판에 따르면, 공리주의는 '직관에 어긋나는(counterintutive)' 지침을 준다. 이제껏 공

---

60 C.D. Broad, *Five Types Ethical Theory*, Routledge & Kegan Paul, 1979 (『윤리학의 다섯 가지 유형』. 박찬구 옮김, 2000), pp.177-178.

리주의는 직관주의와 대립하거나 혹은 직관주의와는 다른 도덕 기준을 갖는 이론이라고 의심받아 왔다. 시즈윅은 이러한 의심을 밝혀내, 공리주의와 직관주의가 서로 다르지 않음을 입증한다.[61]

시즈윅은 『윤리학 방법들』에서 모든 윤리학 방법은 쾌락주의 아니면 직관주의라고 선언한다. 그래서 시즈윅은 윤리학 방법으로 (1) 이기 · 쾌락주의(Egoistic Hedonism), (2) 직관주의 혹은 상식 도덕, (3) 공리주의 혹은 보편 · 쾌락주의(Universalistic Hedonism)를 각각 제시한다. 그렇지만 제시하는 순서는 이기주의와 직관주의가 지닌 한계를 먼저 지적한 후, 다음으로 공리주의를 주장하는 순서이다. 그 순서에 따른 결론은 공리주의가 곧 직관주의 도덕과 다르지 않다는 것이다. 그 순서는 공리주의와 가장 잘 들어맞는 직관주의를 검토하는 과정이기도 하다.

시즈윅에 따르면, "'직관주의(Intentional)'란 무조건적으로 지시된 일정한 의무규칙들이나 의무명령에 따름을 도덕 행위가 추구하는 실천상 궁극 목적으로 삼는 윤리이론을 지시한다."[62] 여기서 직관주의는 이기 · 쾌락주의와는 차원이 다르다. 이기 · 쾌락주의는 '의무'와는 무관하게 행위자가 오로지 자기 행복을 추구해야 한다는 것을 가르치는 반면, 직관주의는 '의무'를 지시하기 때문이다. 시즈윅은 '직관 · 공리주의(intutional utilitarianism)'를 주장하고 있는 셈이다.[63]

시즈윅에 따르면, 직관주의 믿음이 어느 정도 일반성을 갖느냐에 따

---

61 강준호, 「시즈위크의 『윤리학의 방법들』에서 직관주의와 공리주의의 관계」, 『범한 철학』 제78집, 범한철학회, 2015년 가을, pp.228~249. 특히 pp.228~237 부분을 인용하고 참조했음을 밝혀둠.

62 Sidgwick, *Method of Ethics,* Macmillan(1913), p.96.

63 Rogers, *A Short History of Ethics : Greek and Modern*, Macmillan(1911), p.242.

라 세 유형으로 직관주의를 나눌 수 있다. 이 세 유형은 직관주의 발전 '단계(stage)' 이거나 발전 '국면(phase)'이다.[64] 첫째는 지각 · 직관주의(Perceptional Intuitionism)다. 지각 · 직관주의에 따르면, 도덕 판단을 내릴 때 어떤 형식이든 추론이 불필요하다.[65] 지각 · 직관주의에 따르면, 어떤 의심도 할 수 없고 반박할 수도 없는 것이 개인 직관이다. 개인은 "윤리학 물음과 관련하여 항상 분명하고 즉각적인 통찰을 의식하고 있다." 고 믿는다. 그렇지만 지각 · 직관주의는 '울트라ultra 직관주의'이다. '울트라'는 초능력이라는 뜻으로, 이런 능력에 따르는 직관주의를 정녕 윤리학 방법으로 채택할 수 있을까 의심스럽다.[66]

이 울트라 직관주의와 대비되는 것은, "기독교도 및 여타 윤리학자들이 주장하는 '사법 추론(jural reasoning)'과 유사한 양심 과정(process of conscience)"이다. 이 두 번째가 가장 흔하게 '직관주의'로 불리는 유형이다. 이 직관주의에 따르면, 사람들은 정녕 분명한 직관에 따라 일반 규칙(general rules)을 분별한다. 그 일반 규칙은 평범한 사람이 거치는 도덕 추론 속에도 이미 들어 있다. 평범한 사람은 그런 보편 규칙을 실제로 충분히 파악하며 대략 그 일반 규칙을 반영한다.[67]

문제는 이 직관주의가 독단주의와 다를 바 없다는 점이다. 이 독단 · 직관주의(Dogmatic Intutionism)는 어떤 명제를 자명한 만큼 직관으로 알 수 있다고 주장한다. 그렇지만 자명하기에 직관으로 알 수 있는 일반 도덕

64 Sidgwick(1913), p.102.

65 Sidgwick(1913), pp.98~99.

66 Sidgwick(1913), p.100.

67 Sidgwick(1913), p.101.

규칙이 그렇게 자명하지 않을 수도 있다. (1) 어떤 규칙이 자명하려면 정확하게 공식화될 수 있어야 하고, (2) 그 자명성은 신중한 반성으로 확인되어야 하고, (3) 그 규칙은 자명한 다른 명제들과 모순되지 말아야 하며, (4) 그 규칙은 보편성을 지닌 혹은 일반성을 지닌 합의를 받아야 한다. 그러나 평범한 사람에게 완벽한 지침으로서 일반 도덕 규칙이 이 네 조건을 모두 충족시키지 못한다. 그럼에도 어떤 일반 규칙을 자명하다고 주장하는 것은 독단주의임을 자인하는 것이다.[68]

끝으로 등장하는 것은 철학 · 직관주의(Philosophical Intutionism)이다. 철학 · 직관주의는 독단 · 직관주의가 지닌 한계를 지적하면서 자명한 직관주의 원칙을 세운다. 철학 · 직관주의는 "일정한 규칙을 연역할 수 있는 하나 혹은 그 이상의 …… 자명한 원칙을 세우려는 시도이다."[69] 시즈윅이 내세운 철학 · 직관주의는 제1원칙은 다른 원칙에서 도출될 수 없다는 고전 공리주의 전통에서 비롯한다. 제1원칙은 근본 원칙이면서 자명해야 한다는 기하학 공리와도 같다.

철학·직관주의가 채택하는 직관 원칙은, (1) 불편부당성(impartiality) 혹은 형평(equality) 원칙, (2) 합리주의 자기사랑(rational self-love) 혹은 타산(prudence) 원칙, (3) 합리주의 혹은 보편주의 자비심(benevolence) 원칙이다.

첫째 원칙에 따르면, "그 둘의 본성이나 환경에 아무 차이가 없는데도 단지 그들이 서로 다른 개인이라는 이유로 B가 A를 대우할 때는 그른 방식이 A가 B를 대우할 때에는 올바른 방식일 수는 없다." 첫째 원칙은 "만

68 Sidgwick(1913), pp.338~343.

69 Sidgwick(1913), p.379.

약 나에게 올바른 (혹은 그릇된) 어떤 종류의 행위가 다른 어떤 사람에게는 옳지(그르지) 않다면, 그것은 나와 그가 다른 사람이라는 사실이 아니라 두 경우들 사이에 어떤 차이가 있기 때문이어야 한다." 또 이 원칙은 "모든 유사한 경우들은 유사하게 판단되어야 한다."를 요구한다.[70]

둘째 원칙에 따르면, "단순한 시간상 선후 차이로 말미암아 어떤 한 순간 의식을 다른 한 순간 의식보다 더 중요하게 여길 합당한 근거가 아니다." 이 원칙은 불편부당성 원칙을 다른 사람이 아니라 한 개인의 의식 상태에 적용하는 원칙이다. 현재 작은 만족 때문에 미래에 누릴 더 큰 좋음을 포기하지 말라는 원칙이다. 이 원칙에 따르면, "어느 한 개인의 좋음이 …… 다른 어떤 개인의 좋음보다 …… 더 중요하지 않고…….합리성을 가진 존재로서 각 사람은 전체의 좋음을 얻으려고 노력해야 한다."[71]

셋째 원칙은 둘째 원칙에서 연역된다. "각 사람은 다른 개인의 좋음을 자기 자신의 좋음만큼 중시해야 할 도덕상 의무가 있다."[72] 셋째 원칙은 (1) 나는 전체 좋음을 증진해야 한다는 직관과 (2) 나는 내 좋음을 다른 개인이 누리는 좋음보다 더 중요하게 생각하지 말아야 한다는 직관에서 비롯한다. 이 원칙은 "공리주의 근본 원칙"이기도 하다.[73]

철학 · 직관주의에서 시즈윅이 도달한 결론은 공리주의 원칙이었다. 그렇다면 앞에서 '지각 · 직관주의'와 '독단 · 직관주의'에 가해진 비판은, '철학 · 직관주의'에 이르는 통로이며, 또 다른 한편으로는 공리주의 원칙

70 Sidgwick(1913), p.380.

71 Sidgwick(1913), p.381.

72 Sidgwick(1913), p.382.

73 Sidgwick(1913), p.387.

을 연역하는 과정이었다. 철학 · 직관주의는, "공리주의 체계를 위한 합리적 기초"를 마련하려는 것이었다.

지금까지 논증에서 밝혀진 것은, 시즈윅이 철학 · 직관주의자이면서, 동시에 공리 · 직관주의자라는 사실이었다. "행복은 유일한 근본 목적이다."[74]와, "더 많은 양의 쾌락이 더 작은 양의 쾌락보다 더 선호된다."는, 이 두 직관은 철학 · 직관주의와 공리주의가 서로 공유하는 원칙이다. 공리 원칙은 기하학 공리처럼 "전제로부터 추론"이라는 방식으로 증명이 불가능한 명백한 직관이다.[75]

---

74 Sidgwick(1913), p.402.

75 Sidgwick(1913), p.419.

09

"이것이 인생이다. 셀라비C'est la Vie"

로스William David Ross(1877~1971)에 따르면, "선을 극대화하라."는 최고 원칙임이 분명하지만, 그렇다고 이 원칙이 무조건 절대 원칙인 것은 아니다. 옳은 행위란 가능한 한 최대 선을 산출하는 행위이면서 동시에 상황에 따라 적절성(moral suitability)을 지닌 행위여야 한다.[76]

로스는 옳은 행위는 무조건 의무가 아니라 조건부 의무(*prima facie* duty)라고 주장했다. 예를 들어 약속을 지키는 일이 언제나 선을 극대화하는 것이 아닐 수도 있다. 어떤 약속은 긴급한 다른 사항으로 말미암아 지켜지지 않을 수도 있다. 그런 만큼 약속을 지켜야 한다는 의무는 무조건 의무가 아니다. 예외 없는 규칙이란 없지 않은가? 이러한 물음에 조건부 의무가 등장한다. '조건부'란 '무조건 절대는 아니다'라는 뜻이다.

---

76 *Foundation of Ethics*, Oxford University Press(1936), p.viii. Sahakian(1986), p.192 재인용.

로스는 '조건부 의무'로 규칙 준수가 어떤 원칙에 따르지 않음을 보여주려고 한다. 로스에 따르면, 모든 의무가 몇 가지 규칙 혹은 선을 극대화해야 한다는 의무로 바뀔 수 없는, 서로 다른 여러 근거를 갖는다. 선을 극대화해야 한다든지, 또는 악을 극소화해야 한다는 것은 주요한 원칙이다. 그렇지만 오로지 이 두 원칙만으로 의무가 생기지는 않는다.

의무가 언제나 선을 증대시켜야 한다는 원칙 혹은 악을 감소시켜야 한다는 원칙에 따라 생기는 것은 아니다. 의무는 어떤 보편 원칙뿐만 아니라 개인 특성에서 비롯되기도 한다. "우리는 특별한 사람에 대해서는 특별한 의무 때문에 특별한 의무를 지닌다. 우리는 부모에 대해서, 자식에 대해서, 우리에게 자선을 베푼 사람에 대해서, 이와는 다르지만 특별한 관계를 맺는 여타의 사람에 대해서 의무를 지닌다."[77]

로스에 따르면, 의무는 어떤 상황에서 '처음에 파악한 바에 따라(*prima facie*, at first face)' 의무라고 여겨지는 그런 의무여야 한다. 이 의무가 '조건부 의무'이다. 조건부 의무는 단 하나가 아니다. 조건부 의무에는, 성실(fidelity), 보상(reparation), 감사(gratitude), 정의(justice), 선행(benifience), 자기 계발(self-improvement), 악행 금지(non-maleficence) 등이 포함된다.[78]

로스가 제시한 조건부 의무론은 현실에서 의무라고는 여겨졌지만 명확하게 규정되지 않았던 여러 다양한 의무를 부각시킨 점에서 주목받는다. 그렇지만 조건부 의무론은 조건부 의무들끼리 서로 충돌하는 난처한 문제를 처리해야 한다. 그러나 로스는 조건부 의무들 사이의 갈등 문제

77 Hospers(2003), p.313.

78 Hospers(2003), pp.315~321.

를 놓고, "이 세상의 복잡함은 내가 만든 것이 아니다."라는 말과 함께 "모든 자료를 공정히 다루어라", "이것이 인생이다.(C'est la vie.), "결단은 양식의 문제이다.(The decision rests with perception.)"등으로 대응하였다.

로스와 유사하게 윌리엄스Bernard Williams(1929~2003)도 공리주의를 비판한다. 공리주의에 따르면, 도덕이란 '특이한 제도(peculiar institution)'이다. 모든 도덕제도가 삶을 언제나 의무로 환원시키기 때문이다. "도덕체계 안에서 도덕 의무는 특별히 중요한 결론 하나—도덕적 이성이 지배하며, 하나의 구체적 상황과 관련해서 무엇을 해야 할 것인지를 향한 결론—를 통해 표현된다."[79] 그렇지만 언제나 삶이 이 '이상한 제도'로만 재단되어야 할까 의심스럽다. 사람들은 서로 다른 환경에서 살아가고, 살아가는 환경에 대한 평가 역시 다양하기 때문이다. 어떤 문화권에서 공리주의 원칙을 따름이 마땅한 의무일 수 있지만, 또 다른 문화권에서는 공리주의 원칙이 이상하기만 하다. 윌리엄스는 다음 사례를 제시한다.

> 짐Jim은 백인 탐험가였다. 짐은 남미의 소도시의 중앙 광장에 도착했다. 벽에는 20여 명의 인디언이 묶여 있었고, 대부분 겁을 잔뜩 먹은 채였지만 몇몇은 반항할 기세였다. 그들 앞에는 제복을 입은 무장 군인이 몇 명 서 있었다. 땀에 절은 카키색 상의를 입은 뚱뚱한 사람이 책임자였다. 그는 짐을 심문하여 짐이 식물 탐사를 하던 중 우연히 여기에 당도했다는 것을 알았다. 최근 이곳에서 원주민 반정부 저항운동이 일어난 후 경찰은 저항하지 않는 것만이 살길임을 원주민들이 깨닫도록 저항할 만한 사람들을 무작위로 추

79 Bernard Williams, *Ethics and Limits of Philosophy*, Harvard University Pess(1985), pp.174~175.

출해서 총살하려는 중이라고 대장 페드로는 설명했다. 외국에서 온 존경스러운 방문객 짐에게 이 인디언 중 한 명을 죽일 수 있는 특권을 주겠다고 페드로는 제안했다. 짐이 이 제안을 수락하면 이 상황을 특별하게 여겨 다른 인디언을 석방시켜 주겠다고 했다. 짐이 거부하면 특별한 일이 생기지 않은 것이므로 페드로가 모두 죽이는 일만 생긴다. 짐은 학생 시절 읽은 모험소설을 상기하여 그가 총을 잡는다면 페드로와 다른 군인들을 붙잡아 위협할 수 있을지 생각한다.[80]

이러한 상황에서 짐은 어떻게 해야 하는가? '최대다수의 최대행복'이라는 말이 떠올랐다면 탐험가 짐이 어떻게 해야 하는가를 놓고 주저해야 할 까닭이 하등 없다. 그렇지만 '최대다수의 최대행복'을 들어 보지 못한 사람이라면 사정은 달라진다. 그리고 왜 최대다수의 최대행복이어야 하는가. 짐 자신의 입장도 중요한 만큼 그 점도 고려해야 한다. 짐이 그 제안을 받아들일 때 자신이 살인자가 되지만 제안을 거절하면 살인자가 되지 않는다는 점을 말이다. 살인자가 되지 않으려고 할 때 죽임을 당할 인디언의 수효도 고려하지 않을 수 없다. 대장 페드로가 죽이려는 인디언 20명에 대한 책임과 짐이 죽이려는 한 명에 대한 책임은 서로 다르다. 19명을 살리기 위해서 한 사람을 죽여야 한다는 것이 자못 당연한 듯이 보이지만 상황은 그렇게 단순하지만은 않다. 이 상황이야말로 "이것이 인생이다"를 되뇌이게 한다.

---

80 J.J.C. Smart & B. Williams, *Utilitarianism: For and Against*, Cambridge University Press(1973), pp.98~99.

11장

현실 VS 초월

01
헤겔 George W.F. Hegel(1770~1831)

일상생활은 반성을 결여한 삶이다. 개인은 다람쥐 쳇바퀴 돌듯 일상에 몰입하여 그날그날을 견딘다. 하는 일이라고는 자기에게 주어진 일뿐이다. 주어진 일 말고 다른 "무엇을 할 것인가?" 혹은 "어떻게 살아야 하는가?"라는 물음은 아예 묻지 않는다. 이러한 물음을 물으려면 반성이 있어야 한다. 반성을 통해 사람은 자기를 의식하게 된다. 반성을 통해 자기가 다른 사람과 어떤 관계를 맺고 살아가고 있는지를 깨닫게 된다.

개인이 어떤 목표를 갖고 살아가느냐는 곧 그 개인이 어떤 사회에서 살고 있느냐에 달린 문제이다. 젊은 시절 헤겔은 "왜 현대 독일인들(혹은 유럽인들)은 고대 그리스인들과 같지 않은가?"라고 묻고 대답했다. "기독교 등장을 통해 개인과 국가가 분리되었으며, 따라서 개인은 자기가 속한 정치공동체의 관습에 암암리 스며든 기준을 따르기보다는 현실을 초월하는 기준에 따른다." 기독교는 '시민'과 '영원한 운명을 지닌 인간'을 서로 구별 짓는다. 기독교 신은 가족과 도시를 통치하는 신에 머물지 않고,

세계를 지배한다. 반면 그리스 시민윤리는 폴리스에서 공유하는 사회 구조를 전제하며, 따라서 폴리스 구성원들은 공동체가 공유하는 목표에 따른다.

헤겔에 따르면, 개인 자의식에서 핵심은 주인과 노예 관계이다. 주종관계에서 주인은 처음부터 자신만을 완전하게 자각한 사람으로 생각하며, 자기 노예에 대해서는 한낱 사물, 곧 단순한 도구로 끌어내린다. 그렇지만 주종관계가 진전되면서, 주인 역시 왜곡되고 만다. 주인은 노예보다도 훨씬 더 철저하게 왜곡된다. 그 관계는 물질을 매개로 맺어진 관계이기 때문이다. 물질은 노예에게 노동을 제공하는 반면, 주인에게는 한 순간 즐거움을 제공한다.

노예는 왜곡된 인간이다. 노예가 왜곡된 인간인 까닭은, 노예는 언제나 주인 명령을 따라야 하기 때문이다. 노예가 어떻게 살아야 하는가는 주인 명령에 따라 좌우되기 때문이다. 노예는 자기 주장을 펼칠 수 없다. 그렇지만 왜곡되는 건 주인도 마찬가지이다. 주인도 그 자체 완전한 인격체가 되지 못한다. 노예는 주인을 완전한 인격체로 대우하지 않는다. 주인은 노예에게 그저 주인일 따름이다. 주인 역시 주종관계에서 벗어나지 못한다.

헤겔에 따르면 철학은 철학사이다. 철학사는 주종관계 문제를 해결하는 역사였다. 그렇지만 고대 스토아주의 철학은 속수무책이었다. 스토아주의에 따르면 자기가 어떤 신분이든 그걸 피할 수 없는 필연성으로 받아들인다. 세상만사는 보편이성이 발현한 결과일 따름이다. 그런 만큼 황제든 노예든 모두 세계시민이다. 스토아주의는 주종관계를 바꾸기보다는 오히려 그 관계를 은폐한다. '자유'를 끌어들여 노예라는 현실을 떨쳐버리려는 시도이다.

회의주의도 스토아주의와 별반 다르지 않았다. 회의주의는 온갖 차별을 의심했다. 당연히 주인과 노예를 구별 짓는 차별도 의심했다. 결론은, 차별은 주인이 조작한다는 것이었다. 그렇지만 회의주의는 그런 차별에서 벗어나는 길을 제시하지 못했다. 회의주의는 딜레마에 빠졌다.

회의주의는 한편으로 차별을 회의하면서도 다른 한편으로 차별이 횡행하는 세상에서 계속 살아야 하는 운명이었다. 회의주의는 한편으로 지배 이데올로기에 저항하면서도 다른 한편으로 그 지배 이데올로기에 순응해야 했다. 회의주의는 한편으로 자기가 왜곡되고 있음을 의식하면서도 다른 한편으로 왜곡된 자기에서 벗어날 수 없었다. 헤겔에 따르면 회의주의는 딜레마에 빠지면서 불행한 의식에 사로잡혔다.

불행한 의식에 사로잡히면서 비로소 기독교가 등장한다. 기독교에 따르면, 인간은 한편으로 왜곡된 인간이면서도 다른 편으로는 이 왜곡된 인간에서 벗어나야 할 인간이다. 인간은 한편으로 타락한 인간이면서 다른 한편으로는 신성함을 좇는 인간이다. 인간이 처한 현실을 깨닫는 순간 인간이 도달해야 하는 이상이 그려진다. 인간은 자신이 병들어 있음을 깨닫는 순간 그 병을 어떻게 치유할 것인가를 모색한다.[1]

---

1 MacIntyre(2004), p.202.

02
쇼펜하우어 Arthur Schopenhauer(1788~1860)

2.1. "세계는 내 표상이다"

쇼펜하우어에 따르면, "세계는 내 표상이다." 이 세계는 나에게 비추어진 외부 모습이거나 외부 개념일 따름이다.[2] "인간을 에워싸고 있는 세계는 표상으로만 존재한다." 외부 세계는 나에게 비추어진 모습과 개념으로만 있을 뿐 다른 무엇일 수 없다. "세계는 인간이라는 표상하는 자와 관계함으로써만 존재한다." 그러나 "이런 진리는 결코 새로운 게 아니다. …… 이를 최초로 단호하게 말한 사람은 버클리였다." 버클리(G. Berkeley)에 따르면, "주관 없는 객관은 없다."

---

2 표상은 둘로 나뉜다. 그 하나는 직관 표상이고 다른 하나는 추상 표상이다. 추상 표상은 추상 개념이다. 이 개념은 오로지 인간만이 소유할 수 있다. 인간이 이 개념을 소유할 수 있는 능력이 곧 '이성'이다. "이성이 그 자체로 홀로 갖고 있는 것은 내용 없는 조작 형식뿐이다." Schopenhauer, *Die Welt als Wille und Vorstellung*(『의지와 표상으로서의 세계』, 홍성광 옮김, 을유문화사, 2009), p.115. 이하 Schopenhauer(2009)로 줄임.

세계가 표상이라면 표상하는 무언가가 있어야 한다. 표상은 표상하는 주관이어야 한다. 세계는 그 주관으로서 세계이다. 주관은 내면이다. 표상은 내면이 무엇을 드러냄이다. 그 내면이 곧 의지이다. 그렇다면 "세계는 내 의지이다."라는 진리를 피할 수 없다.[3]

세계가 내 표상이라면, 신체도 내 표상이다. 신체는 내 의지이기도 하다. 표상으로서 세계는 2차원이다. 그 하나는 객관으로, 그 형식은 공간과 시간이다. 다른 하나는 주관으로, 그것은 시간과 공간 속에 존재하지 않는다. 주관이 있으므로 언제나 객관이 성립한다. 주관이 사라지면 표상으로서 세계도 사라지게 된다.[4]

쇼펜하우어에 따르면, 세계는 내 표상이다. 그렇지만 일상에서 이 세계 전체가 '내 표상'이라고 주장하기는 어렵다. 일상생활에서 세계는 단순히 나 한 사람뿐만 아니라 다른 사람들, 나무, 돌, 모래, 풀, 지구, 태양계, 은하계 등등 이루 헤아릴 수 없을 만큼 무수한 사물을 포함하는 그런 세계이다. 그렇지만 그 세계는 결국 '내 표상'이다. 세계는 '내 주관'을 벗어날 수 없다. '나'와 독립해서 따로 있는 것은 아무것도 없다.

"세계는 내 표상이다."에 따르면, 주관은 곧 객관이다. "모든 동물 신체는 모든 것을 인식하면서도 바로 그 때문에 결코 인식하지 않는 주관에 대해 직접적인 객관, 즉 세계에 대한 직관의 출발점이다." 인식하는 주관은 인식되는 객관이기도 하다.[5] 그럼에도 객관과 주관이 서로 분열됨으로써 비로소 표상이 가능해진다.

---

3 Schopenhauer(2009), pp.39~42.

4 Schopenhauer(2009), pp.43~44.

5 Schopenhauer(2009), p.67.

신체는 주관을 인식하기 위한 조건이다. "나는 내 신체가 없는 내 의지를 본래 표상할 수 없다. …… 객관이 주관과 맞아떨어지는 것을, 즉 객관이기를 단념하는 것을 보았기에 거기서 우리는 이러한 일치를 모름지기 경이로움이라고 불렀다. 말하자면 이 책 전체는 경이로움을 설명하는 것이다."[6]

쇼펜하우어에 따르면, "내 신체와 의지는 동일하다. 또는 내가 직관적 표상으로서 내 신체라고 부르는 것을 내가 전혀 다른, 어디다 비길 데 없는 방식으로 의식하는 한, 나의 의지라고 부른다. 또는 내 신체는 내 의지의 객관성이다. 또는 내 신체가 나의 표상이라는 것을 별도로 하더라도 내 신체는 단지 나의 의지에 지나지 않는다."[7]

쇼펜하우어에 따르면, 신체는 의지에서 비롯한 현상이다. 신체는 의지를 현현顯顯하는 객관이다. 인간 신체는 인간 의지에, 동물 신체는 동물 의지에 상응한다. 이렇게 의지를 계속 성찰하면, "존재하는 힘까지도, 그러니까 결정結晶이 생기게 하는 힘, 자석을 북극으로 향하게 하는 힘, 이질적인 금속이 부딪혀 충돌할 때 그에게 전해지는 힘, 물질의 친화력에서 도망치고 찾으며, 분리시키고 합일시키는 것으로 나타나는 힘, 그러니까, 마지막으로 심지어 모든 물질에 강력하게 작용하여 돌을 지면으로, 지구를 태양으로 끌어당기는 중력마저도, 이 모든 것은 현상만 보면 서로 다르지만, 내적 본질로 보면 같은 것으로 인식되고. …… 그것이 가장 또렷하게 드러나는 경우에 의지라고 불리는 것이다."[8]

---

6 Schopenhauer(2009), p.191.

7 Schopenhauer(2009), p.192.

8 Schopenhauer(2009), p.203.

쇼펜하우어에게 '의지'는 '에너지'와 같다. "인간 행위뿐만 아니라 돌이 낙하할 때에도 의지가 있다." 생명체라면 예외 없이 의지를 현현한다. 그 의지는 현현하는 힘으로서 표상表象하는 힘이다. "비유기적인 전체 우주는 의지가 현현함이고, 물리학자들에게 주어진 일은 이런 현현 규칙과 법칙에 가까운 운동을 발견하는 것"이다. 태양계에서 일어나는 모든 현상이 의지에서 비롯한다. 태양을 도는 지구의 운동도 의지이며, 조수 운동도 의지이다. 삼라만상 어디에나 있는 모든 생기와 충동은 의지이다.[9]

2.2. 삶에의 의지

의지 발현은 무기물에서 식물, 동물, 사람까지 등급을 이룬다. 사람이 그 등급 맨 위에 위치한다. 그럼에도 인간이 이 세계 목적을 규정할 수 있는 것은 아니다. 인간은 어느 시점에서 사라지고 만다. 이 세계에서 서로 다른 등급에 위치한 온갖 사물들은 끊임없이 경쟁한다. 서로 먹고 먹히느냐는 끝없는 투쟁이 이어진다. 식물은 동물의 먹잇감이 되고, 어떤 동물은 다른 동물의 먹잇감이 된다. "삶에의 의지는 대체로 자기 자신을 소모시키며, 여러 가지 형태로 그 자신의 영양분이 되지만 결국 인류는 다른 모든 것을 제압하기 때문에 자연을 자기가 사용하기 위한 제품이라고 간주한다. 그렇지만 인류 자신도 …… 자신 속에 투쟁, 즉 의지의 자기 분열을 섬뜩하리만치 드러내고, '인간의 인간에 대한 늑대'가 되는 것이

9 Brian Magee, *The Great Philosophers*(『위대한 철학자들』, 수선철학회 옮김, 동녘, 1994), p.259 재인용.

다."[10]

쇼펜하우어에 따르면, 의지는 서로 화해할 수 없는 투쟁으로 돌입한다. 투쟁은 의지가 스스로 객관화하는 방식이다. 의지가 객관화하여 나타나는 방식은 무한히 다양하다. 그럼에도 의지 자체는, 칸트에 따르면 '사물 자체'이다. 그렇다면 모든 객관은 '현상'일 따름이다. 현상들은 한없이 상이하고 다양하지만 사물 자체로서 의지는 단일하다.

쇼펜하우어에 따르면, 칸트가 이룩한 가장 큰 업적은, 현상과 사물 자체를 나누고, 현상에 적용되는 법칙들을 현상 너머까지 적용해서는 결코 안 된다고 갈파했다는 점이었다. 그러나 칸트는 언제나 사물 자체를 인식하는 것은 불가능하다는 것을 증명함으로써 사물 자체가 곧 의지의 발로임을 인정하지 않았다. 쇼펜하우어는 묻고 대답한다. "사물 자체는 무엇인가? 의지라는 것이 대답"이다.[11]

쇼펜하우어에 따르면, 인간 행위는 의지 발현이다. 그러나 "의지는 인식이 없고 단지 맹목이고 제어할 수 없는 충동에 불과하다." 그것은 살려는 욕구이다. "삶이란 표상에 대해 그 의욕이 나타난 것에 불과하다. 그리하여 우리가 '의지'라고 말하는 대신 '삶에의 의지'라고 말한다면 그것은 같은 표현이"다.[12] '삶에의 의지'는 최종 목적을 결여한 부단한 노력일 따름이다.

쇼펜하우어에 따르면, 그 부단한 노력은 만족을 주기도 하지만 결국은 고뇌로 끝난다. "모든 노력은 부족에서, 자신의 상태에 대한 불만에서 생

---

10 Schopenhauer(2009), p.256.

11 Schopenhauer(2009), p.217.

12 Schopenhauer(2009), p.461.

기므로, 노력이 충족되지 않는 한 고뇌이기 때문이다. 그런데 만족은 영속적이 아니라, 오히려 그것은 언제나 새로운 노력의 기점에 불과하다. 우리는 어디서나 노력이 저지되고, 어디서나 싸우고 있는 것을 본다. 그러므로 그런 한에서 노력은 언제나 고뇌로 나타나는 것이다."[13]

쇼펜하우어에 따르면, 세상살이는 곧 고뇌이다. 먹고 사는 것은 어쩔 수 없는 일로 '삶에의 의지'는 여러 욕구에 휩싸인다. 인간은 '무수히 많은 욕망 덩어리'이다. 인간은 "매일매일 새로이 생기는 요구들에 시달리며 자기 생존을 유지하기 위해 대개 일평생을 걱정하면서 살아"간다. 그러면서 한탄한다. "아, 삶이 계속되는 한, 왜 이런 존재의 암흑 속에, 왜 이런 커다란 위험 속에서 살아가야 한단 말인가!"[14]

쇼펜하우어에 따르면, 삶은 생존하려는 투쟁이다. 그러나 결국에는 질 수밖에 없는 투쟁이다. 인간은 죽음을 피할 수 없다. "죽음은 배후에 버티고 있어 피하려고 해도 피할 수 없는 것이고, 어느 때라도 다가 올 수 있다. 삶이란 암초와 소용돌이로 가득 찬 바다이며 …… 안간힘을 쓰고 재주를 부려 뚫고 나가는 데 성공한다 하더라도, 그는 사실 그럼으로써 …… 재기 불가능한 난파에 더 가까이 다가가는 것이며, 바로 난파를 향해, 즉 죽음을 향해 나아가는 것임을 알고 있다."[15]

쇼펜하우어에 따르면, 삶이 죽음을 향하고 있음을 알면서도 삶은 여전히 의욕과 성취 사이를 항해한다. 성취는 잠시나마 고뇌를 잊게 한다. 그러나 그건 아주 잠시뿐이다. 인생에서 가장 아름다웠던 시절이라든가,

---

13 Schopenhauer(2009), p.514.

14 Schopenhauer(2009), p.518.

15 Schopenhauer(2009), p.519.

가장 기쁨에 겨웠던 순간이라고 해야 아주 짧은 순간일 따름이다. 그 순간은 잠시 치열한 생존경쟁을 잠시 잊음으로써 삶에 '무관심한 방관자'가 되는 순간이다.[16]

쇼펜하우어에 따르면, 누구든 무슨 일을 하든 삶에서 고통을 떨칠 수는 없다. "고뇌를 추방하려는 끊임없는 노력은 고뇌의 형태를 바꾸는 것 말고는 아무것도 할 수 없다. …… 고통이란 연령이나 사정에 따라 교대로, 수많은 다른 모습을 취하며 성욕, 열정적인 사랑, 질투, 부러움, 증오, 불안, 명예욕, 금전욕, 질병 등등으로 나타난다. 고통이 결국 다른 모습을 취할 수 없게 되면 싫증과 지루함이라는 슬픈 회색 옷을 입고 나타"난다.[17]

쇼펜하우어에 따르면, 사람은 고통을 벗어날 수 없다. 사람은 언제나 결핍에 시달린다. 결핍은 채워도 채울 수 없다. 오로지 한탄할 따름이다. "우리가 원하는 것을 얻지 못하는 한, 그 가치가 모든 것을 능가하는 것으로 보이고, 그러나 그것을 얻고 나면 즉시 다르게 보이기 때문이다. 언제나 우리는 똑같은 갈증에 사로잡혀 애타게 삶을 갈망한다."[18]

2.3. 이기심과 도덕

'삶에의 의지'는 끝없는 노력이다. "삶은 빛바랜 동정이자 괴로움이고, 보잘것없는 생각을 품고 인생의 사계四季를 거치며 죽음을 향해 꿈결처

---

16 Schopenhauer(2009), p.521.

17 Schopenhauer(2009), pp522~523.

18 Schopenhauer(2009), p.528.

럼 비트적거리며 걸어가는 것이다. 그들은 태엽이 감기고는, 왜 그런지 알지도 못하고 가는 시계의 태엽 장치와 같다. …… 모든 개인, 모든 인간의 얼굴과 그의 인생 경로는 …… 삶에 대한 집요한 의지의 짧은 꿈에 지나지 않고 …… 무한한 백지에 재미로 그려 보는 덧없는 형상에 불과하다."[19]

쇼펜하우어에 따르면, 모든 개인 삶은 비극이다. 그러나 삶에는 희극도 섞인다. 그러나 '유치한 희극'일 따름이다. 사람들은 고뇌하는 삶에서 벗어나려고 온갖 공상으로 시간을 허비한다. 예를 들어, "인간은 자기 모습에 따라 마귀, 신, 천사를 만들어 낸다. 그런 다음에 이런 것들에 끊임없이 희생, 기도, 사원 장식, 서원誓願과 그것의 취소, 순례, 인사, 성상 장식 등이 바쳐져야 한다. …… 한편으로는 도움과 지원에 대한 욕구이고, 다른 한편으로는 일과 심심풀이에 대한 욕구이다."[20]

사람들에게 삶이란 피할 수 없는 운명이다. 사람들은 그 운명을 긍정하며 살아갈 수밖에 없다. "세계는 이러한 긍정의 반영으로서 무수한 개체와 함께 무한한 시간과 공간 속에서, 한없는 고뇌를 겪어시고, 생식과 죽음의 사이에서 끝없이 존재한다."[21] 삶을 긍정하는 많은 방식 중에서 첫째는 신체를 긍정하는 방식이다. 이 방식은 시간 흐름 속에서 신체를 보존하는 노력이다. 이러한 방식은 성욕 충족으로 자기 보존을 달성하려는 노력이다. "생식기는 삶을 유지하고, 시간에 무한한 삶을 보증하는 원리

19 Schopenhauer(2009), p.533.

20 Schopenhauer(2009), p.235.

21 Schopenhauer(2009), p.548.

이다."[22]

쇼펜하우어에 따르면, 삶을 긍정하는 방식은 '개별화 원리'에 따름이다. 개별화 원리는, 무수한 개체들이 저마다 동시에 자기 의지를 드러내는 방식이다. 이러한 개별화 원리를 따르면, 어떤 개체 의지는 다른 개체 신체를 공격할 수 있다. "다른 신체에 나타나는 의지를 부정함으로써 자기 자신의 의지를 자기 자신의 신체를 넘어 긍정하게 된다. …… 이러한 침범의 개념은 부당함이란 말로 지칭되어 왔다."[23] '부당함'과 함께 '선'과 '악'이 쓰인다.

쇼펜하우어에 따르면, "우리는 좋은 음식, 좋은 길, 좋은 날씨, 좋은 무기, 좋은 전조 등이라고 말한다. 요컨대 우리가 의욕하는 그대로 되어 있는 모든 것을 좋다고 말한다. 그 때문에 어떤 사람에게는 좋아도 남에게는 그 반대일 수 있다. 선의 개념은 두 가지 아종亞種으로 나뉜다. 말하자면 그때그때의 의지를 직접적으로 현재에 충족시키는 종류의 선과 다만 간접적으로 미래에 충족시키는 종류의 선이 있는데, 즉 쾌적한 것과 유용한 것이 그것이다. 이것과 반대되는 개념은, 인식하지 못한 존재에 관해 언급되는 한, 좋지 않다는 말로 표현되고, 더 드물고 더 추상적으로 화禍라는 말로 표현된다. 그러므로 이것은 그때그때의 의지의 노력에 응하지 않는 모든 것을 칭하는 말이다."[24]

쇼펜하우어에 따르면, 선이란 누가 무엇을 욕구하느냐에 따르는 상대주의 개념이다. 그런 만큼 절대선이란 모순이다. "절대선이란 하나의 모

---

22 Schopenhauer(2009), p.547.

23 Schopenhauer(2009), p.554.

24 Schopenhauer(2009), p.594.

순이다. …… 의지에게는 최고선도 절대선도 존재하지 않고 언제나 일시적 선만 존재할 뿐이다."[25] 반면 악이란 부당한 일을 하려는 사람을 악하다고 부른다. 악함이란 의지가 생존하려는 노력을 방해하거나 저지하는 경우를 뜻한다. 악의는 격렬한 의지에서 비롯하는 만큼 고통이 따른다. 격렬한 의지란, 삶에 매달리는 힘이 남들보다 훨씬 강해서 끔찍한 일을 서슴지 않는 경우이다 그런 만큼 "악인이란 괴롭히는 자일 뿐만 아니라 괴롭힘을 당하는 자이기도 하다."[26]

쇼펜하우어에 따르면, 증오와 악의는 '개별화 원리'에서 비롯한다. 개별화 원리는 이기심에 따름이다. 반면 정의正義는 개별화 원리를 물리침이다. 개별화 원리를 물리침으로써 "자신의 개체와 다른 개체의 구별이 없어지면서, 타인에 대한 비이기적인 사랑과 더없는 고결한 자기희생에 이르기까지 완전히 선한 마음"이 가능해진다. 개별화 원리를 물리침으로써 "자신과 남을 더 이상 구별하지 않고, 자신의 고통처럼 남의 고통에 커다란 관심을 가지며, 그럼으로써 언제라도 남을 도울 마음을 가질 뿐만 아니라 자신을 희생하여 남을 구할 수 있을 때 기꺼이 자기 자신을 희생"한다.[27]

쇼펜하우어에 따르면, 이기심에 사로잡혀 있는 사람은 개별 사물과 그것이 자신과 맺는 관계만을 인식하므로, 사물들이 늘 그의 의욕의 새로운 동기가 된다면 …… 물자체 본질에 대한 인식은 모든 의욕의 진정제가 된다. 의지는 이제 삶을 외면한다. 의지는 자신의 긍정이라고 인식되는 삶

---

25 Schopenhauer(2009), pp.596~597.

26 Schopenhauer(2009), p.602.

27 Schopenhauer(2009), p.621.

의 쾌락에 몸서리친다. 이리하여 인간은 자발적 단념, 체념, 참된 평정과 완전한 무의지의 상태에 도달하게 된다. …… 삶에의 의지, 고난에 찬 것으로 인식된 세계의 핵심과 본질에 대한 혐오가 생겨난다.[28]

쇼펜하우어에 따르면, 도덕은 형이상학에서 비롯한다. 세계는 사물 자체에서 비롯한 현상이듯이 개인도 사물 자체에서 비롯한 현상이다. 현상 세계에서 사람들은 개인으로 서로 분리되지만 사물 자체로는 서로 분리되지 않는다. 인간은 저마다 다르면서도 다른 한편으로 서로 같다. 서로 같은 까닭에 서로 공감을 느끼게 된다. 서로 공감을 느끼는 만큼 서로 즐거움과 고통을 나누게 된다. 내가 누군가를 아프게 하면, 그건 나를 아프게 하는 것이기도 하다. 나를 아프게 해야 할 까닭은 없다. 우리 모두가 하나임을 인식해야 비로소 도덕이 성립한다.

쇼펜하우어에 따르면, 삶에의 의지를 꺾음으로써 비로소 순수한 관조 상태에 들어가게 된다. 쇼펜하우어는 삶에의 의지가 빚어내는 악몽에서 벗어날 길은 "모든 것에서 자기를 발견한 다음 자기를 거리낌 없이 부정하는" 길이다. 의지를 소멸시킴으로써 큰 바다처럼 고요한 마음, 깊은 평정, 흔들림 없는 확신과 명랑함이 찾아온다. "인식만 남고 의지는 사라진다."[29]

28 Schopenhauer(2009), pp.622~623.

29 Schopenhauer(2009), p.671.

03
니체 Friedrich Nietzsche(1844~1900)

3.1. 변화하는 세계

니체에 따르면, 이제껏 인간은 거짓된 삶을 살아왔다. 이제껏 삶이란 그저 인습에 따른 삶이었다. 진정한 인간이라면 이제까지 삶을 내던져야 마땅하다. 사람은 자기 삶에 충실해야 한다. 자기 삶에 충실하려면 스스로 내린 자기결정에 따라야 한다.

삶이란 마치 예술과도 같다. 니체는 변화 그 바탕에 불변하는 어떤 실체도 단연코 거부하였다. 지속하는 자아도 마찬가지로 거부하였다. 그렇지만 니체는 인간 행위를 지배하는 '힘을 향한 의지'는 거부할 수 없었다. "제도에 따른 우리 삶 전체 그 바탕에 놓인 의지 형식은 곧 힘을 향한 의지"로 설명할 수 있다고 믿었다. 이 '힘을 향한 의지'는 본능이다. 이것은 다른 사람에 결코 종속당하지 않으려는 영웅다운 의지이다. 나아가 이것은 사회 규범이나 전통에 제한받지 않으려고 함이다. 삶의 목적은 외부 세계에서 주어지는 것이 아니라 자기에게 스스로 의지가 명령하는 바이다. 사람들 저마다 자기 삶을 창조해야 한다.

니체에 따르면, 어떤 삶을 살아야 하는가에 어떤 기준은 없다. 사람을 얼마나 자유로운가로 가늠할 수는 없다. 사람이란 의지가 강한가 아니면 약한가로 가늠해야 한다. "삶 자체는 본래 강자가 부리는 횡포, 공격, 지배이며 약자에게 그것은 억압, 고통이다. …… 힘없는 가장 온순한 자에게 그것은 착취일 따름이다." 니체는 착취가 사회 때문에 생긴다고 생각하지 않았다. 그것은 힘을 추구하는 본능에 따른 결과이다. 힘이란 생명체 근본 기능으로 삶의 '본질'이며, 엄밀히 말해 '살려는 의지'이다.[30]

니체에 따르면, 살기 위해서는 '힘을 추구하는 의지'가 필요하다. 힘을 향한 의지가 없이는 삶이 지닌 진정한 의미를 결코 발견할 수 없다. 우리는 삶이 가진 의미를 창조해야 한다. 힘을 추구하는 의지는 다른 사람을 지배하겠다는 단순한 욕구 그 이상이다. "너 자신을 알라!"는 고대의 격언이다. 물론 우리가 깨달아야 하는 고정된 자아란 없다. 차라리 이렇게 말해야 한다. "어떤 자아를 의지하라, 그러면 너는 어떤 자아가 되리라." "어떤 자아를 의지하라!"는 모든 걸 가능하게 만든다.[31]

이 세계는 변화한다. 변화하는 세계에서는 세계를 오직 하나로 해석할 수 없다. 변화하는 세계에서는 다양한 해석이 가능하다. 이 세계는 오히려 다양한 해석이 가능한 텍스트이다. "엄밀히 말해 사실이란 존재하지 않으며, 오로지 해석만 있을 따름이다."[32]

니체는 철학이 근본으로 삼는 전제를 철저히 공격한다. 해석이 해석자

---

30 Trigg(2003), p.245.

31 Trigg(2003), p.246.

32 Trigg(2003), p.233.

를 함축한다는 주장마저 거부한다. 해석은 차라리 발명이다. 현재 세계는 여러 가능한 해석들 중 한 결과에 지나지 않는다. 어떤 진리를 내세우는 태도는 진리가 한낱 환상임을 깨닫지 못함이다. "진리는 어떤 한 오류"이다.[33]

니체에 따르면, "정신이나 이성, 사유나 의식, 정신, 의지, 진리란 존재하지 않는다. 모든 것은 쓸데없는 허구이다. '주체와 객체'라는 문제도 없다." 모든 것이 허구이고 고안물일 따름이라면, 그래서 그 어떤 것도 결코 진실이 아니라면, 우리는 진실과 거짓, 실재와 현상 개념을 도저히 파악할 수 없다. 우리가 사용하는 언어가 근본으로 삼는 전제를 공격하면 결국 모든 언어가 바탕으로 삼는 전제를 공격하게 된다. 이쯤 되면 어떤 논쟁도 성립하지 못한다. 어떤 논쟁도 성립하지 않음으로써 이성을 더 이상 신뢰할 수 없다. 이성을 신뢰하지 못함으로써 어떤 논변도 불가능해진다. 당연히 니체를 논의하기도 불가능해진다.[34]

니체에 따르면, 어떤 주장, 어떤 믿음도 의미가 없다. 『차라투스트라는 이렇게 말하였다』에서 주인공 차라투스트라는 외친다. '차라투스트라' 그는 누구인가. '차라투스트라'는 어떠한 안주安住도 거부하는 사람을 가리킨다. 안주란 편안하고 부족함이 없는 상태이다. 편안함이란 곧 결핍을 쉽게 느끼지 않음이다. 결핍 없음이야말로 누구나 바라는 바이다. 그것은 그대로 멈추기를 바라는 상태이다. 그러나 그대로 머물고 싶음이란 그냥 그대로이고 싶음이며, 그냥 그대로이고 싶음이란 어떤 변화가 있을까 두려워함이다.

---

33 Trigg(2003), p.236.

34 Trigg(2003), p.237.

어떤 변화를 두려워함이란 그냥 그대로 머물고 싶음이다. 머문다고 함이란 이른바 정체停滯이다. 정체는 변화가 없음이다. 그러나 변화 없는 세상은 진정한 세상이 아니다, 변화 없는 세상을 거부하기를 차라투스트라는 외친다.

세상을 바꾸려는 열망에 휩싸인 사람에게 차라투스트라는 이 세상을 구원救援할 인물이다. 지금 살아가는 삶을 바꾸어야 한다는 열망에 그치지 않고 지금 삶을 극복해야 한다고 차라투스트라는 외친다. 변화를 넘어 복을 외치는 메시아가 차라투스트라이다. "나 너희에게 정신이 겪는 세 변화를 이야기하였노라. 어떻게 정신이 낙타가 되고, 낙타가 사자가 되고, 사자가 마침내 어린아이가 되는가를."[35]

3.2. 주인도덕 vs 노예도덕

니체에 따르면, 그대로 머물 수 없음에도 그대로 머물러야 하는 것은 참으로 무의미한 반복이다. 그럼에도 또다시 그대로 머물 수밖에 없다고 가정해 보라! 이처럼 무의미한 반복이 끝없이 이어지는 과정에서 어떻게 살아야 하는가? 바로 이러한 물음을 묻고 대답하는 이가 차라투스트라이다. 차라투스트라는 이렇게 말했다. "나로 하여금 너희에게 최고의 이념을 명하도록 하라. 사람은 극복해야 할 그 무엇이라는 것 말이다."[36]

니체에 따르면, 어떠한 인간관계이든 그냥 머물지 말고 극복해야 한

---

35 Nietzsche, *Also Sprache Zarathustra*(『차라투스트라는 이렇게 말하였다』, 정동호 옮김, 책세상, 2000), p.41. 이하 Nietzsche(2000)로 표기함.

36 Nietzsche(2000), p.77.

다. "지금도 모든 것이 유전流轉하지 않는가? 난간과 판자 다리가 모두 물속으로 가라앉지 않았는가? 누가 아직 '선'과 '악'에 매달려 있을 수 있는가?"[37] 차라투스트라는 "연민이 주제넘은 짓"임을 가르치는 사람이다. "그것이 신의 것이든 인간의 것이든, 연민은 수치심에 반한다. 돕겠다고 달려드는 덕보다 돕기를 거부하는 행위가 더 고결하다. '연민', 오늘날 소인배들이 하나같이 덕이라고 부르는 것이 바로 그것이다."[38]

차라투스트라에게는 오직 한 가지만 미덕이다. 그것은 어떤 금기도 두려워하지 않음이다. "나 내가 예로부터 마음속에서 숭배해 왔던 것, 그것을 파괴했고 모든 경계석과 우상들을 무너뜨렸으며, 위험스럽기 짝이 없는 소망을 뒤좇기도 했다. 진정 어떤 범죄든 나 한번은 넘어 보았"다.[39] '귀 있는 자'라면 들어야 한다고 차라투스트라는 외친다. "부숴버려라, 내 형제들이여, 경건하다는 자들의 계명을 적은 낡은 서판을 부숴버려라! 이 세계를 비방하는 사람들의 말을 때려 부숴라!" 차라투스트라에게 "신성하다는 계명보다 더 고약한 도둑과 살인자가 일찍이 이 세상에는 없다."[40]

차라투스트라는 목적이 아니라 과정이다. 그러니 소소한 행복에 만족스러워하지 않는 사람이 차라투스트라이다. "변변치 못한 행복을 겸허하게 껴안고는 그것을 일컬어 '순종'"[41]의 미덕이라 여기며 머물려고 하

37 Nietzsche(2000), p.333.

38 Nietzsche(2000), p.435

39 Nietzsche(2000), p.48.

40 Nietzsche(2000), p.334.

41 Nietzsche(2000), p.281.

는 사람이 아니다. "먼 길을 여행 하는 자, 모험 없는 삶을 좋아하지 않는 자"[42]들이 벗하는 사람이 차라투스트라이다. 그는 외친다. "나는 나그네요 산을 오르는 자이다."[43] "나는 평지를 좋아하지 않고, 오랫동안 한 곳에 조용히 앉아 있지 못하는 자"이다. 그러면서 그는 "모든 사물의 바탕과 배경까지 보려는" 사람으로, "별들을 발아래에 둘 때까지 위로, 위를 향해!" 가려는 사람이다.[44] "나 끊임없이 자신을 극복해야 하는 존재다."는 차라투스트라가 간직한 유일한 비밀이다. 무엇으로 극복하는가. 극복은 힘을 향한 의지이다. 힘을 향한 의지는 진리를 향한 의지가 결코 아니다. 차라리 힘을 향한 의지는 진리를 향한 의지를 발싸개로 삼는다.[45]

극복해야 할 존재로서 차라투스트라는 침묵해야 하는 사람이다. 사람들과 어우러져 사는 건 차라투스트라에게 결코 삶이 아니다. 사람들은 '거짓 가치와 황당한 언설이라는 질곡 속'에서 살기 때문이다.[46] 차라투스트라는 말한다. "나 또한 변장한 채 너희 틈에 앉고 싶다. 누가 누구인지 알아보지 못하도록 말이다. 이것이 세상살이를 위한 내 마지막 책략이다."[47]

세상에 맞서 본 적이 없는 사람은 도저히 느낄 수 없는 절절한 고독으로 지내는 이가 차라투스트라다. 고독하지 않으면 결코 차라투스트라가 아니다. 차라투스트라는 마침내 고독으로 돌아가야 하는 존재이다. "내

---

42 Nietzsche(2000), p.253.

43 Nietzsche(2000), p.255.

44 Nietzsche(2000), p.193.

45 Nietzsche(2000), p.193.

46 Nietzsche(2000), p.151.

47 Nietzsche(2000), p.244.

침묵은 침묵함으로써 자기 자신을 드러내는 일이 없도록 하는 법을 배웠다. 그것이 내가 가장 아끼는 악의이자 기술이다."[48] "그 누구도 내 바탕과 근본 의지를 들여다보지 못하도록 하려고 나 저 길고 환한 침묵을 생각해 내었다."[49]

차라투스트라에게 고독은 곧 고향이었다. "오! 고독이여! 너 내 고향 고독이여!" 세상은 알지 못할 수수께끼와 끔찍한 우연이 계속 이어지는 곳이다. 이처럼 변화무쌍하고 무의미한 반복의 세상, 그곳에서 살아남으려는 고독한 자! 그가 바로 차라투스트라이다.

차라투스트라는 친한 벗마저도 '더 없는 적'으로 느낀다. 벗과 친하게 지내는 일은 차라투스트라에게 조금도 어울리지 않는다. 차라투스트라가 누군가를 다시 상기하라! 그는 극복해야 할 존재가 아닌가. 그러니 벗과 대적하지 않을 수 없다. 벗과 대적하면서 벗을 비로소 "심정에서부터 더 없이 가깝게 느껴야 한다."[50] 연민으로 벗과 가깝게 지내는 것은 가장 큰 죄악이다. "대담한 모험, 끈질긴 의혹, 매정한 거부, 싫증, 생명 속으로 파고들기 · 어찌하여 이런 것들은 좀처럼 한데 모이지 못하는가! 진리는 이 같은 씨앗에서 탄생하기 마련이거늘!"[51]

니체에 따르면, 고독한 개인은 사회보다 우월하다. 고독한 개인에게 오히려 사회는 무용하다. 고독한 개인은 대중에 함몰되지 말아야 한다. 다수 이익이라는 명분으로 개인을 규제하지 말아야 한다. 니체는 군집 동

---

48 Nietzsche(2000), p.288.

49 Nietzsche(2000), p.268.

50 Nietzsche(2000), p.93.

51 Nietzsche(2000), p.331.

물처럼 큰 규모로 몰려 사는 무리를 경멸한다. 그는 결코 '공동체 정신'이나 '조국'을 거론하지 않는다. 그러한 이념은 개인에 비해 하찮다.

약자를 위해 희생하라고 강자에게 요구하는 것은 금기이다. 사회주의는 인간다운 삶을 부정하는 이론이다. 니체에 따르면, 모든 사람들이 신 앞에 똑같다고 주장하는 "종교는 인간다운 품위를 떨어뜨렸다." 신 앞에 모두 평등하다는 주장은 미친 소리이다. 모든 사람이 다른 사람에게 수단이 될 수 없을 만큼 가치 있다는 생각도 잘못이다. 평균인 수준은 수준 이하를 뜻한다. "인간 누구에게나 베풀어지는 사랑은 사실상 고통 받는 자, 가난한 자, 범죄자에게 베풀어지는 호의이다. 그러나 그것은 힘, 책임감, 희생을 해야 한다는 의무감을 저하시키고 약화한다. …… 기독교에서 권장하는 이타주의는 약한 자가 내세우는 집단 이기주의가 아니고 도대체 무엇이겠는가?"[52]

니체에 따르면, 이타주의는 집단이기주의라는 이데올로기이다. "우리 이웃에게 비이기성을 칭찬하는 까닭은, '그렇게 함으로써 이득을 얻기 때문'"이다. 사람들이 저마다 자기이익을 추구하지 않아야 내 이익은 커진다. 내 이익을 크게 하려면 다른 사람들에게 비이기성을 자꾸 칭찬해야 한다. 비이기성을 강조하는 행동을 도덕이라고 자꾸 치켜세우면 세울수록, 교묘한 방식으로 내 이익은 점점 증대한다. 그렇다면 지금까지 도덕이란 어떤 한 집단을 또 다른 집단이 공격할 때 사용하는 강력한 무기이다.[53]

니체는 왜 이기주의여서는 안 되는가 묻는다. "'이기주의이지 않아야

---

52 Trigg(2003), p.249 재인용.

53 Trigg(2003), p.250.

만' 하는가. 그러나 그대 우둔한 자들이여! 그러면 자기를 희생시킨 자가 찬양되는 것은? …… 다른 도리가 없다. 이웃을 위한 헌신과 희생의 감정, 자기 환멸의 도덕 전체를 가차 없이 해명하고 법정에 세워야 한다. '다른 사람을 위하여'라든가 '나를 위해서가 아니다'라든가 하는 감정에는 너무나 많은 매력과 감미로움이 있어 '그것은 아마도 유혹이 아닌가'라는 물음을 던질 수밖에 없다. 자, 우리 조심하도록 하자!"[54]

니체에 따르면, 그 '바로 그' 유대인, 예수가 등장해서 자기를 긍정하는 '주인 도덕'을 질투어린 '노예 도덕'으로 바꾸었다. 기독교인들은 힘없고 가난하고 압박받은 자들을 찬양한다. 그렇지만 실상 그들은 강하고 부유한 지배자들을 시기하고 증오한다. 그들은 자기를 긍정하는 주인에게 원한, 곧 르샹티망resentiment을 숨기고 있는 노예들이다. "어느 시대에서나, 신앙이란 그 이면에서 멋대로 춤추는 본능을 은폐하려는 외투, 구실, 차단막일 따름이다. 다시 말해 어떤 특정한 본능이 지배하고 있음에 대한 약삭빠른 눈가림일 따름이다."[55]

니체에 따르면, "지금까지 모든 도덕철학은 지루한 것이었으며 수면제였다."[56] 지금까지 도덕은 약자 이익 때문에 강자를 규제한다. 모든 사람이 본래 평등하다고 믿는 사람이라면 도덕을 열렬히 신봉한다. 사회 구성원 일부를 다른 사람이 부리는 횡포와 약탈로부터 보호하고, 그들의 허약을 보상해 주거나, 극빈자에게 자비를 베푸는 것이 과연 잘못인가. 그

---

54 *Jenseits von Gut und Böse · Zur Genealogie der Moral*(『선악의 저편 · 도덕의 계보』, 김정현 옮김, 책세상, 2011), pp.202~203.

55 McIntyre(2004), p.224.

56 Nietzsche(2011), p.213.

렇다. 병든 자와 고통 받는 자를 보호하는 일은 '타락'이다. 그러한 인간 부류를 향상시키는 일은 언제나 "계급과 서열을 내세우는 사회가 떠맡는 과제이다." 사회가 있어야 하는 까닭은 '허약한' 자들이 자기들 약점을 보강하려고 '집단 체제'를 구축하기 때문이다. "약한 자에게 결합하려는 경향이 있듯이, 강한 자는 분리하려는 자연스런 경향이 있다."[57]

니체에 따르면, 본성상 인간은 군집 동물이 아니다. 인간은 동물이어야 할까. 설령 동물이라고 해도 동물이 아니어야 한다. 인간은 그냥 인간이어야 하는 것이 아니다. 인간은 인간 이상으로 거듭나야 한다. 인간은 인간 그 이상, 위버멘쉬로 거듭나야 한다.

3.3. 위버멘쉬übermensch

니체에 따르면 온전히 사람으로 살려면 스스로 자기에게 명령하고 자기를 창조해야 한다. 왜 나는 나를 창조해야 하는가, 창조하려는 목적은 무엇인가? 여기에 니체는 '위버멘쉬'라고 대답한다. 동물로서 인간은 자신이 처한 현실의 조건을 초월하려고 노력해야 한다. 머물러 있지 말아야 한다. 머물러 있으려는 자들은 과연 누구를 증오하겠는가? 머물러 있으려는 자들에게 극복하려는 자들이란 그지없이 증오스럽다.

니체에 따르면, 머물러 있으려는 자는 벌레일 따름이다. "너희는 벌레에서 사람에 이르는 길을 걸어왔다. 그러나 너희는 아직도 많은 점에서 벌레이다. 너희는 한때 원숭이였다. 그리고 사람은 여전히 그 어떤 원숭

57 Trigg(2003), p.251.

이보다도 원숭이다운 원숭이다. 너희 가운데 더없이 지혜로운 자라 할지라도 역시 식물과 유령의 불화이자 트기에 불과하다. 그렇다고 나 너희에게 유령이나 식물이 되라고 분부하는가. 보라! 나는 너희에게 위버멘쉬übermensch를 가르치노라!"[58] 위버멘쉬를 배워야 한다. 인간이 위버멘쉬와 다른가. 어떻게 다른가.

먼저 '위버멘쉬'는 '운멘쉬unmensch'가 아니다. '운멘쉬'는 인간답지 않은 사람이거나 괴물을 가리킨다. 위버멘쉬는 초인超人이며, 슈퍼맨superman이다. '슈퍼맨'이라고 해서 영화처럼 하늘을 날 수 있는 능력을 가진 인간은 아니다. 인간을 넘어서는 또 다른 인간일 따름이다. 극복해야 하는 운명을 지닌 인간에게 붙여진 또 다른 이름이다. 인간을 극복해야 하는 존재가 위버멘쉬이다.

니체에 따르면, "인간에게 원숭이란 무엇인가? 웃음거리이거나 고통스러울 만큼 수치스런 존재이다. 마찬가지로 위버멘쉬에게 인간이란 무엇인가. 웃음거리이거나 아니면 고통스러울 만큼 수치스러운 존재이다." 차라투스트라는 위버멘쉬가 곧 세상을 살아가는 의미라고 말한다. "네 의지로 하여금 위버멘쉬가 '세상 살아가는 의미'라고 말하도록 하라." 이 위버멘쉬를 몸소 가르치려는 사람이 차라투스트라이다. "이 대지는 살갗으로 덮여 있다. 이 살갗은 여러 병으로 신음한다. 예를 들어, 그 병 가운데 하나가 '인간'이라는 존재이다."[59]

위버멘쉬로 거듭남으로써 인간은 치유된다. 위버멘쉬여야 한다는 것은 대지가 품은 뜻이다. "진정 이 대지는 치유 장소여야 한다. 이미 대지

---

58 Nietzsche(2000), p.17.

59 Nietzsche(2000), p.221.

주변에는 새로운 내음, 건강에 좋은 내음이 감돌지 않는가. 거기에다 새로운 희망이!"[60] 대지란 곧 현실이다. 대지에 충실함은 곧 현실에 충실함이다. "맹세코 대지에 충실하라. 하늘나라를 향한 희망을 설교하는 자들을 믿지 말라! 그런 자들은 자기 스스로 알고 있든 모르고 있든 독을 타 사람들에게 화를 입히는 자들이다."[61] 희망을 품고 그대로 머물라는 외침은 독이요, 화이다.

니체에 따르면, 정녕 사람이려면 그대로 머물지 말아야 한다. 멈춰 서 있는 것만큼 위험한 짓은 없다. "사람에게 위대한 것이 있다면 그것은 그가 목적이 아니라 어떤 교량"[62]이기 때문이다. "사람에게 사랑할 만한 것이 있다면, 그가 하나의 과정이요 몰락이라는 것이다. 나는 사랑하노라. 몰락하는 자로서 살 수밖에 없는 사람들을."[63] 몰락하는 자들은 몰락을 거쳐 새로이 머물 곳을 찾는 창조자들이다. 그럼에도 몰락을 거부하는 자들을 '파괴자, 범죄자'[64]로 몰아간다.

니체에 따르면, 인간이란 "동물과 위버멘쉬 사이에 놓인 밧줄, 끝없는 심연에 걸쳐져 있는 밧줄이다." 위버멘쉬란 한낱 무리에 속하는 사람이 아니다. 위버멘쉬란 영광스런 예외이다. "관습에 찌든 도덕으로부터 거듭 자유로우며, 자율로서 도덕을 초월하는, 그 누구와도 닮지 않은 개인"이 위버멘쉬이다. '해방된 개인'이 곧 위버멘쉬이다. 위버멘쉬는 결코 지

---

60 Nietzsche(2000), p.129.

61 Nietzsche(2000), p.18.

62 Nietzsche(2000), p.20.

63 Nietzsche(2000), pp.20~21.

64 Nietzsche(2000), p.33.

배당하지 않는다. 위버멘쉬는 도덕 규제와 종교 금기를 단연코 거부한다. 수세기에 걸친 전통과 관습을 위버멘쉬는 배격한다.[65]

---

65 Trigg(2003), p.247.

04
프래그머티즘 pragmatism

4.1. 퍼스 Charles Sanders Peirce(1839~1914)

퍼스는 프래그머티즘 창시자이다. 퍼스는 프래그머티즘을 "어려운 단어들과 추상 개념들이 갖는 의미를 결정짓는 방법"이라고 정의 내렸다. 퍼스가 1878년 발표했던 논문에 따르면, "개념에 대응하는 대상이 가질 거라고 추정할 만한 실제 관련 결과들을 고찰하라. 그러면 결과들에 대한 개념이 그 대상에 대한 개념 전체가 된다."[66] 이 논문에서 퍼스가 제시한 것은 철학 문제를 해결할 방법이다.

퍼스에 따르면, "우리가 어떤 개념을 긍정하거나 부정할 때 함축되는 생각할 수 있는 모든 실험에서 나타나는 현상들을 정확하게 규정할 수 있다면, 거기에서 그 개념을 완벽하게 정의내릴 수 있다." 어떤 개념, 믿음, 혹은 관념이 갖는 의미는 그것이 갖는 '프래그머틱한 의미(pragmatic

66 'How to make our ideas clear'; Diané Collinson(1987), p.114 재인용.

significance)'로 구성된다. 예를 들어 "이것은 단단하다."라는 진술은, "만일 우리가 이것을 긁는다면 우리는 성공하지 못한다."는 진술로 번역할 수 있다. 결론은 이렇다. "그 무엇에 대해서든 어떤 관념은 그것을 감각할 수 있는 결과들에 대한 관념이다. 그러나 그것과 다른 무언가를 상상한다면, 우리는 자기 자신을 속이는 게 된다."[67]

퍼스에 따르면, 사유란 의심에서 믿음으로 가는 과정에 관계한다. 의심은 충분한 사유가 없었을 때 생긴다. 의심은 믿음을 탐구하도록 유도하는 불안한 상태이며, 탐구는 사유가 이뤄지는 과정이다. 사유를 거쳐 의심을 거두고 그에 따라 습관 또는 행위규칙을 만드는 믿음이 발생한다. 행위 규칙은 믿음이 생겼다는 표시이다.

퍼스에 따르면, 프래그머티즘은 "의미들을 분별해 내는 방법으로 관념에 대해서뿐만 아니라 '지성적 개념들', 말하자면 객관 사실에 관한 논변이 의거하는 구조에 관한 개념들에도 적용된다. 그 방법은 부정확하게 또는 모호하게 사용되는 말들에 적용된다. 이런 방법으로 프래그머티즘은 "제기된 문제가 실제로는 문제가 아님"을 드러낸다. 이렇게 프래그마티즘은 어떤 믿음을 명료화하는 작업이 가능하다고 주장한다.[68]

4.2. 제임스William James(1842~1910)

제임스에 따르면, 모든 사물은 다양하다. 모든 사물이 유동성을 띤다. 모든 사물은 비결정성을 띤다. 그런 만큼 진리는 인간 인식과 독립한 고

---

67 'How to make our ideas clear'; Diané Collinson(1987), p.114 재인용.

68 Diané Collinson(1987), p.115.

정 불변하는 절대 관념이 아니다. 진리는 인간 활동이 빚어낸 관념이다. '행위'라는 관념이 참이려면 그것은 생활에 변화를 일으켜야 한다.

제임스는 개인이 내면에서 경험하는 느낌을 명료하게 드러내 줄 방법을 탐구했다. 제임스에 따르면, 정신 상태는 물리 상태로 발생하며, 정신 상태는 물리 변화에 따른 결과이다. 제임스는 물리 상태와 정신 상태를 모두 실체로 인정하는 2원론을 거부했으며, 그렇다고 모든 정신 현상을 물질 현상으로 환원하는 유물론도 부정하였다.

제임스가 내세운 방법은 정신 상태와 그 작용을 내성으로 관찰해서 기술하는 것이 목적이었다. 그 목적을 달성하려면 먼저 의식이 작용하고 있음을 먼저 긍정해야 한다. 의식을 분석해 보면 모든 상태는 어떤 개인 의식이다. 개인의식인 만큼 의식작용은 개인이 어떤 대상을 선택하는 과정이기도 하다.

> 우리가 잊혀진 이름을 생각해 낸다고 가정해 보라. 우리 의식은 각자에게 고유한 은밀한 개인의식이다. 그러한 의식 상태에서는 어떤 차이가 내재한다. 그 점이 중요하다. 우리가 생각해 내려는 이름에 대한 영상은 그 차이 속에 놓이는데 그것은 우리가 그 이름을 생각해 내도록 인도하기도 하고 때로는 그 정확한 이름이 떠오르지 않아 안절부절하게 하며, 혹은 바라던 이름을 생각해 내기를 포기하게 한다. 만일 틀린 이름을 우리 의식 속에서 제안된다면 의식 속에 생긴 일정한 차이가 틀린 이름을 부인하도록 직접 작용할 것이다. 왜냐하면 그것은 차이가 갖는 특성들에 적합하지 않기 때문이다.[69]

---

69 'The stream of thought', *The principle of Psychology*, vol.1; Diané Collinson(1987), p.117 재인용.

제임스는 '자아'에 대해서도 같은 설명을 한다. 제임스에 따르면, 의식하는 나와 의식되는 나를 구별해서 "의식하는 나는 모든 주어진 순간에 의식하는 것인 반면 '의식되는' 나는 의식 대상들 가운데 하나일 뿐이다." 의식되는 나는 세 구성 요소를 지닌다. 육체를 가진 나, 사회 속에서나, 정신을 가진 나이다. 이 세 요소는 서로 경쟁하고 갈등한다. 그러한 상호 작용으로 나는 우리 의식 안에서 어떤 일이 일어나는가를 판단하는 '이상적 관망자라는 의미'로서 의식하는 나이다.[70]

제임스에 따르면, 철학 전통은 강건한 기질과 온건한 기질로 나뉜다. 강건한 기질은 경험주의 철학으로서, '비관주의', '비종교주의', '회의주의', '다원주의' 등이다. 반면 온건한 기질은 합리주의 철학으로서, '낙관주의', '독단주의', '일원주의' 등이다. 이 두 철학전통은 일상인들을 만족시킬 수 없다. 반면 프래그머티즘은 어떤 기질이라도 받아들일 수 있는 방법을 제시한다.[71]

제임스에 따르면, 사유는 "우리를 한 경험으로부터 다른 경험으로 이끌어 간다." 그런 만큼 사유 과정에 포함된 관념, 믿음, 이론들이 가진 의미는 그것들이 삶 속에서 어떤 변화를 일으켰는가를 물음으로써 밝혀진다. 그것이 "우리 경험상 다른 부분과 만족스런 관계"를 맺었다면 그것은 올바르다고 평가받는다. 당연히 어떤 관념이 올바른 것은 그 관념을 가진 개인이 어떤 순간에 가진 생각에 비추어 봤기 때문이 아니다. 우리가 이해하고 그 정당성을 인정하여 확증할 수 있었기 때문에 그 관념은 올바르다.

70 Diané Collinson(1987), p.118.

71 Diané Collinson(1987), p.118.

제임스가 제시한 방법을 형이상학에도 적용할 수 있다. 예를 들어, 지각된 세계를 지지해 준다는 실체 개념은 실제로 우리가 알고 있는 지식에 아무것도 기여하지 못한다. "간단히 경험할 수 있는 어휘로 말하면 진리가 갖는 현금 가치는 얼마나 되는가?" 형이상학에서 사용되는 개념은, 실제로 현실에서 사용할 수 없는, 고대 시대에나 통용되던 화폐로서, 어떤 현금가치도 지니지 못한다. 제임스에 따르면, 경험은 삶 속에서 기본 조건이다. 경험은 삶을 이루는 기본 재료이다. 제임스는 경험에 따른 프래그머티즘이 이 세계 속에서 어떤 삶을 살아야 한다는 방향을 일러 준다.

프래그머티즘에 따르면, 우주는 거대한 자연 체계이다. 그 안에서 수없이 다양한 종이 살아간다. 그 가운데 인간은, 그들이 마주하는 모든 것과 관계를 맺고, 자기들 삶을 계속 재구성해 나간다. 변화를 거듭하는 진화 과정은 결코 멈추질 않는다. 따라서 자연 속에서 어떤 고정 불변하는 것을 찾을 수 없다. 무한한 가능성에 직면해서 끝없이 도전해야 할 일만 인간에게 주어질 따름이다.

12장

메타 윤리 VS 규범 윤리

01

메타 윤리학(meta-ethics)

윤리학은 어떻게 살아야 하는가를 묻는다. 그렇지만 '메타 윤리학'은 어떻게 살아야 하는가를 묻는 데 그치지 않는다. '메타meta'가 '~관한(about)' 혹은 '~다음'이라는 뜻이듯이, '메타 윤리학'은 '윤리학에 관한 윤리학'이거나, '윤리학 다음 윤리학'이다.

메타 윤리학은 윤리학이 정녕 학문인가를 묻는다. 메타 윤리학이 이러한 물음을 묻는 것은, 지금까지 윤리학이 '좋다', '나쁘다', '올바르다' '그르다' 등을 술어로 삼는 도덕 판단만을 내려 왔기 때문이다. 그러나 도덕 판단은 어떤 근거에서 내려지는가라는 물음이 제기될 수도 있다. 뿐만 아니라 도덕 판단은 사실 판단과 같은가, 같다면 도덕 판단은 사실 판단으로 바뀔 수 있는가, 바뀔 수 없다면 도덕 판단은 어떤 판단인가 등등 여러 물음이 제기될 수 있다.

사실 판단은 경험을 토대로 그 옳고 그름 여부가 가려질 수 있다. 도덕 판단도 사실 판단처럼 경험을 토대로 그 옳고 그름 여부가 가려질 수 있는가? 그렇지 못하다. 그렇지 못하다는 주장은 러셀Bertrand

Russell(1872~1970)이 내세운 '직접지直接知'(acquaintance) 이론 때문이었다. 직접지 이론에 따르면 사실이란 감각 경험으로 알려지는 지식이다. 그 대상이란 감각 경험으로 파악되는 사물이거나 그 사물에 속하는 속성이기도 하다.[1]

직접지 이론에 따르면, 사용하는 말은 언제나 감각 경험으로 파악하는 대상을 가리킨다. 그렇지만 현실에서는 지시 대상 없는 말도 사용한다. 예를 들어, "황금 산은 없다."는 말은 지시 대상이 없다. 직접지 이론에 따르면 '황금 산'은 무의미한 말이다. 그럼에도 "황금 산은 없다."는 말은 틀린 말이 아니다. "황금 산은 없다."는 말은 맞는 말이다. 그렇지만 직접지 이론에 따르면, "황금 산은 없다."는 맞는 말이면서도 무의미하다.

맞는 말이면서 무의미하다는 결론은 불합리하다. 이처럼 불합리한 결론은, "주어+술어" 형식에서 비롯한다. 이 불합리한 결론은, "주어+술어"라는 문장 형식이 "실체+속성"을 지시한다는 오랜 믿음에 따른 결과였다. 이 오랜 믿음에 따라 문장 주어는 실체를 가리킨다. 문장 술어가 실체를 가리킨다는 믿음은, 고대 아리스토텔레스 실체론에서 나왔다.

아리스토텔레스 실체론은 우주 전체를 설명하려는 형이상학이었다. 그 형이상학에 따르면, '황금 산'이 주어라면 그 주어에 해당하는 것은 반드시 있어야 했다. 주어에 해당하는 것이 있어야만 술어를 붙일 수 있기 때문이다. 그렇다면 주어에 해당하는 '황금 산'은 '없다'는 속성을 갖기 위해서라도 있어야만 한다는 불합리한 결론에 이른다.

---

1 Ian Hacking), *Why does Language Matter to Philosophy?*, Cambridge University Press, (1975), (『왜 언어가 철학에서 중요한가?』, 선혜영 외 옮김, 서광사, 1987), pp.90~103.

이 불합리한 결론을 피하려면, 문법 형식을 논리 형식으로 바꾸어야 한다. "황금 산은 없다."는 "어떤 것이 황금 산으로 불리는 것은 사실이 아니다."로 바뀌어야 한다. 이렇게 바꿈으로써 '황금 산'은 문장에서 주어에 위치하지 않는다. 러셀에 따르면, '황금 산'을 실재하는 것처럼 착각하는 형이상학은 문법 형식에서 비롯한다. 언어 마술이 빚어낸 착각을 '서술 이론(description theory)'으로 분석한다.

> "A는 B와 다르다"는 명제를 생각해 보자. 만약 이것이 옳다면 A와 B 사이에 차이가 있으며, 이 사실은 "A와 B 사이는 차이가 있다."라는 형식으로 표현될 수 있다. 그러나 A는 B와 다르다는 것이 거짓이라면, "A와 B 사이는 차이가 없다."는 형식으로 표현될 수 있는 것이다. 그런데 어떻게 비존재가 명제의 주어가 될 수 있는가? …… 따라서 어떤 것의 존재가 부정하는 것은 언제나 자기모순일 수밖에 없을 것 같다.[2]

"A와 B 사이는 차이가 없다."는 명제는 부정 진술이다. 만약 이 명제가 옳다면 'A와 B 사이'라는 말은 지시 대상이 없다. 그러나 동시에 이 말은 올바른 명제에서 주어에 위치한다. 그런 주어가 지시 대상을 갖지 않으면서도, 마치 지시 대상을 가리키는 것처럼 주어에 위치한다는 모순이 생긴다. 이 모순을 러셀은 서술 이론으로 피했다.

서술 이론은 직접지 이론에서 비롯한다. 직접지 이론에 따르면, 어떤

---

2 'On Denoting', *Logic and Knowledge*, ed., R.C. Marsh, Allen & Unwin(1956); M.K. Munitz, *Contemporary Analytic Philosophy*(1981), p.141 재인용; 강재륜, 『윤리와 언어 분석』, 철학과 현실사(1996), pp.30~40 참조.

말이 지닌 의미를 안다는 것은 그 말이 지시하는 대상을 직접 감각경험으로 안다는 것이다. 고유한 이름을 가진 사물을 지시하는 말은 직접지로써 의미를 갖는다. 그렇지만 '소크라테스'는 현존하지 않는 인물을 가리키는 말이다. 그럼에도 사람들은 소크라테스를 잘 알고 있다고 생각한다. 소크라테스에 관해 직접지가 성립하지 않음에도 소크라테스를 안다고 생각하는 것은 바로 서술에 따른 지식 때문이다.

러셀에 따르면, '소크라테스'는 현존하지 않는 인물이며, "플라톤의 스승 또는 독배를 마신 위대한 철학자라고 불리는 사람" 등으로 불리지만, 이 모두 서술일 뿐이다. '소크라테스'는 지시 대상이 없다. 오늘 날 어느 누구도 그를 직접 만나 본 적이 없고 또 생전에 그가 어떤 사람이었는지를 기억하지 못한다. 그러니 지시 대상이 있을 턱이 없다. 지시 대상이 없다면 '소크라테스'는 누구를 가리키는 고유한 이름이 아니다.

러셀에 따르면, 지시 대상이 없는 언어표현은 단순히 서술일 뿐이다. '소크라테스는 철학자이다'는 지시 대상이 없는 단순한 서술일 따름이다. 지시 대상을 갖는 언어표현만이 의미 있다면, 이 문장은 아무 의미도 없는 그냥 서술일 따름이다. 그렇지만 문장은 어떤 맥락에서 사용되었는지에 따라 지시하는 것이 얼마든지 달라질 수 있다. "소크라테스는 철학자이다."라는 문장은 철학사에 나오는 한 구절로서 의미를 지닐 수도 있다. 그렇다면 이 문장은 어떤 문맥이냐에 따라 의미를 지닌다.

문장이 지시 대상이 없어도 의미를 지닐까? 정녕 그렇다는 답변은, 의미를 지시 대상에서 찾았던 저 오랜 편견을 벗어나야 비로소 가능하다. 의미는 곧 지시 대상이라는 편견을 떨침으로써 비로소 지시 대상 없이도 어떤 문장은 문맥상 의미가 있었다. 문맥상 의미 있느냐 여부를 결정짓는 단위는 '단어' 혹은 '구절'이 아니었다. 의미 있는 지식을 구성하는 최소 단위는, 지시 대상을 가졌던 '단어' 혹은 '구절'이 아니라, 문맥에 따라 사용되는 '문장'이었다.

문장이 의미 있는 지식을 구성하는 단위임이 분명해졌다. 그렇다고 모든 문장이 의미 있는 지식을 구성한다는 결론에 이르는 것은 아니다. 감탄문이나 명령문도 문장이기 때문이다. 그렇지만 탄성을 표현하는 문장으로서 감탄문은 의미 있는 지식을 구성하지 않는다. 어떤 행동을 지시하는 문장으로서 명령문도 지식을 구성하지 않기는 마찬가지이다. 지식을 구성하는 문장은 서술문이어야 한다. 의미 있는 지식을 구성하는 최소 단위로서 서술문은 '명제(proposition)'라고 일컬어진다.

메타 윤리학의 주제는 도덕 판단이 '명제'인가라는 물음이었다. 도덕 판단이 명제가 아닐 수 있는 것은, 그것이 사실 판단이 아니기 때문이다. 사실 판단이 아니라면 그것이 참인지 거짓인지를 가리기 힘들다. 어떤 판단이 참인지 거짓인지 판별되지 않는다면 그것은 지식을 구성하지 못한다. 그것은 감탄문이나 명령문과 같아지고 만다. 도덕 판단이 감탄문이나 명령문과 유사하다면 윤리학은 어떤 의미 있는 지식체계가 아니라는 결론에 이른다.

02
무어 G.E. Moore(1873~1958)

1903년 무어는 『윤리학 원리』에서 도덕 판단은 사실 판단이 아님을 분명히 선언한다. 무어는 윤리학에서 가장 기본 물음은 "좋음이란 무엇을 의미하는가?"이어야 한다고 주장한다. 무어에 따르면, 윤리학이란 좋음에 관한 연구인 만큼 '좋음'이 무엇을 의미하는지를 밝혀야 한다. "이 최초 물음이 충분히 이해되지 않으면, 이 물음에 올바른 답이 명확하게 인식되지 않으면, 윤리학의 나머지는 체계적 지식이라는 견지에서 아무 쓸모도 없다."[3]

무어에 따르면, "윤리학은 의심할 여지 없이, 좋은 행위란 무엇인가를 문제 삼는다. 그러나 이를 문제 삼으면서 행위란 무엇이냐 뿐만 아니라 좋음이란 무엇이냐에 관해 말할 준비가 되어 있지 않다면 윤리학은 시작도 못한 것이 된다. 윤리학에서 단초는 좋음에 대한 정의이다. 문제는 좋

3 G.E. Moore, *Principia Ethica*, Cambridge University Press(1903), p.5. 이하 Moore(1903)로 줄임.

음을 어떻게 정의해야 하느냐이다."[4]

좋음을 어떻게 정의할 수 있는가? 먼저 좋음에 관한 정의는 단순히 언어상 정의가 아니어야 한다. 흔히 정의라면 어떤 말을 다른 말로 표현하는 것에 그친다. 무어가 찾는 정의는 그런 언어상 정의가 아니다. 무어가 찾던 정의는 '(그 말이 대리하는) 대상이나 관념 성질'이었다.[5]

무어에 따르면, 올바른 정의는 대상을 분석하여 그 복합성질을 밝힌다. 복합성질만이 정의내릴 수 있는 성질이다. 단순 개념은 정의 불가능하다. "나의 논점은 이것이다. '좋음'이란 노란색이 단순 개념인 것처럼 단순 개념이다. 당신이 노란색이 무엇인지를 모르는 사람에게 어떤 방법으로도 이것을 설명할 수 없는 것처럼, 좋음이 무엇인지를 설명할 수 없다는 것이다. 내가 찾고 있는 정의는, 말이 지시하는 대상 또는 관념의 참된 성질들을 서술하는 정의이고, 그 말이 어떤 의미로 사용되는지를 일러 주는 정의이며, 그런 정의는 문제 되는 대상 또는 관념이 복합적일 때에만 가능하다."[6] 무어뿐만 아니라 시즈윅도 도덕 판단을 사실 판단으로 바꿀 수 없음을 일찍이 지적하였다.

> "'해야 한다' '올바르다' 또는 이와 같은 수준인 기본 개념을 표현하는 다른 용어를 어떻게 정의할 수 있을까. 이 물음에 대한 내 답은 이런 용어가 공통으로 표현하는 개념이 너무 기초 개념이어서 형식상으로도 어떤 정의를 내릴 수 없다는 것이다. …… 우리가 검토하는 개념은—지금 우리 생각에서 그런

---

4 Moore(1903), p.2.

5 Moore(1903), p.6.

6 Moore(1903), p.7.

> 것처럼—그 보다 더 단순한 개념들로 분해될 수 없다. 이런 개념은 일상적 사고 속에서 관련을 맺는 다른 개념들, 특히 자칫하면 혼동하기 쉬운 다른 개념들과 관계를 가능한 한 정확히 확인함으로써 명료성을 높일 수 있다."[7]

무어에 따르면, "좋음은 노란색처럼 단순 성질이다. '좋음'을 지시하는 성질은 단순하기 때문에 열거할 성질들을 갖지 않는다. 정의를 내리려면 복합성질을 지녀야 한다. 그렇다면 '좋음'을 정의내리기란 불가능하다. '좋음은 좋음이다'라고 말할 수 있을 뿐이다."

무어에 따르면, "만약 '좋음이란 무엇인가?'라는 질문을 받으면, 내 대답은 '좋음은 좋음이다'라는 것이며, 이것으로 그만이다. 내 대답은 좋음은 정의될 수 없다는 건데, 이것은 이 문제에 대해 내가 말할 수 있는 전부이다."[8]

무어에 따르면, 좋음은 정의할 수 없다. 정의할 수 없는 것을 정의하는 건 오류다. 그렇다면 좋음을 정의내리는 건, 좋음을 왜곡하는 오류다. 좋음이 비자연 성질을 가졌음에도 마치 자연 성질을 가진 것처럼 오해할 때 좋음을 정의하는 오류가 생긴다. "너무도 많은 철학자들이 이처럼 다른 성질의 이름을 들면서 이로써 좋음을 정의했다고 생각했고, 이런 성질을 전혀 다른 성질이 아니라 절대적으로 전면적으로 좋음과 동일하다고 생각한 것이다. 나는 이런 견해를 '자연주의 오류(naturalistic fallacy)'라고 부를까 한다."[9]

---

7 Sidgwick(1878), p.23.

8 Moore(1903), p.6.

9 Moore(1903), p.10.

'자연성질'이란 자연에서 찾아지는 성질에만 국한되지 않는다. 그것은 일상생활 속에서 찾아낸 성질 모두를 가리킨다. 자연성질을 가진 대상으로 '쾌락'이 포함되고, '진화론적, 형이상학 특질'들도 형식상 자연성질에 포함된다. 무어는 쾌락주의를 비롯하여 진화론 윤리, 형이상학 윤리 등을 비판한다. 쾌락주의로는 밀J.S. Mill이, 진화론으로는 스펜서Spencer, 형이상학에는 헤겔Hegel과 브래들리Bradley가 그 비판 대상이다.

무어에 따르면, 쾌락은 쾌락일 따름이다. 쾌락은 정의 불가능하다. 쾌락이 정의 불가능한 것은, 좋음이 정의 불가능한 것과 같다. 쾌락으로 좋음을 정의 내린다든지, 좋음을 쾌락으로 정의 내리는 것은, 쾌락과 좋음을 모두 왜곡하는 처사이다. 좋음은 비자연 속성이고, 쾌락은 자연 속성이다. 자연 속성과 비자연 속성을 서로 혼동하지 말아야 한다. 이 둘을 서로 혼동함으로써 도덕 판단을 사실 판단과 동일시하는 오류가 저질러진다. 도덕 판단이 결코 사실 판단이 아님을 논리 실증주의(Logical Positivism)는 강력히 주장한다.

03
논리 실증주의(Logical Positivism)

철저한 경험론은 논리 실증주의(Logical Positivism)를 탄생시킨다. 수학자, 과학자, 철학자들은 1920년대에 오스트리아 비엔나에서 '비엔나 서클Vienna Circle'을 조직했다. 이들은, 로크Locke, 버클리George Berkeley, 흄Hume으로 이어지는 영국 경험론을 바탕으로, 형이상학을 철저하게 부정했다. 논리 실증주의에 따르면, 철학은 '통일 과학'을 이상으로 삼아야 한다. 그 이상에 따라 철학은 의미 있는 지식 체계를 구축해야 한다. 빈 서클 구성원들은 과학과 수학을 학문 모델로 삼았다. 그들은 콩트Comte류 실증주의와 구별하려고 '논리 실증주의'로 자처했다. 논리 실증주의자들은 무의미한 언설을 폐기처분한다고 '검증 원리(Principle of Verification)'라는 칼을 휘둘렀다.

특히 검증 원리는 비트겐슈타인Ludwig Wittgenstein(1889~1951)이 내놓은 그림이론(picture theory)에 힘입은 바 크다.[10] 그림이론에 따르면, 명제

10 Wittgenstein, *Tractatus Logico Philosophicus*, The Humanities Press(1956). 비트겐

는 이 세계를 반영하는 그림이다. 이 검증 원리는 경험을 넘어서거나 혹은 경험과 무관한 형이상학에 나오는 명제를 모두 무의미하게 만드는 원리이다. 검증 원리란 "어떤 진술이 지닌 의미란 그것을 검증하는 방법이다." 검증은 항상 경험 관찰에 따른다. 따라서 관찰로 검증될 수 없는 명제는 아무 의미도 없다는 것이 검증 원리이다. 수학명제는 특별한 기호와 연산에 따른 의미를 지니지만, 형이상학에서 사용하는 언어는 의미와 무의미를 가르는 검사를 통과하지 못하는 만큼 무의미하다. 흄과 칸트를 이어받아 논리 실증주의는 명제를 두 가지, 분석명제와 종합명제로 나눈다. 이 두 명제가 각각 의미를 지니는 까닭은 서로 다르다.

분석명제는 그 구성 요소로서 단어나 기호가 지닌 의미로부터 나온다. 수학명제가 의미 있는 까닭은 그것이 특별한 기호와 연산을 바탕으로 삼는 분석명제이기 때문이다. "두꺼운 책은 책이다."는 분석명제로서 '두꺼운 책'에는 이미 책이라는 뜻이 담긴다. "9x10=90"도 'x'와 '='과 같은 연산 기호에 따르는 분석명제이다. 분석명제는 '동어반복同語反覆(tautology)'이기도 하다.

동어반복은 주어에 나온 말을 술어에서 다시 반복한다. 같은 말을 반복하는 만큼 동어반복은, 정의된 용어와 기호를 분석할 때 언제나 올

슈타인의 사상은 전기와 후기로 나뉜다. 전기의 주제는 "무엇을 말할 수 있는가.(what can be said?)"이다. "이 책에서는 철학 문제가 다루어진다. 그리고 내가 믿기로는, 이런 문제의 제기는 우리의 언어 논리에 대한 오해에 기인함을 보여 준다. 이 책의 전체 의미의 요약은 다음과 같다. 도대체 말할 수 있는 것은 명확하게 말하고, 말할 수 없는 것에 대해서는 침묵해야 한다는 것이다."(p.27.) 여기에 바탕을 두고 그는 '이름은 대상을 의미 한다.'는 대상 의미론을 제시하였다. 이름의 의미는 그것이 지시하는(refer) 대상이며, 명제의 의미는 이름들이 모여 그리는 사실에 대한 묘사이다. 명제의 의미는 그 명제가 그리는 그림이다. 그 그림이 묘사하는 내용이 그 의미이다.

바른 명제이다. 그래서 동어반복은 '항진恒眞'명제이다. 반면 '모순矛盾(contradiction)'이란, 모순명제를 줄인 말로서, 정의된 용어와 기호를 언제나 잘못 사용하는 경우이다. 동어반복은 언제나 반드시 올바르다고 성립하는 명제인 반면, 모순은 언제나 그를 수밖에 없는 명제이다. 그러나 동어반복이나 모순은, 경험에 따르지 않더라도 올바름과 그름을 가릴 수 있는 명제인 만큼, 유미한 명제이다. 물론 동어반복이나 모순은 모두 경험에 따르지 않는다는 점에서 인간 지식을 확장하지는 못한다.

분석명제와 달리 종합명제는 어떤 경우에는 올바르지만 어떤 경우에는 그르다. 그것이 올바른가 아니면 그른가는 경험에 따른다. 분석명제는 언제나 올바르거나 아니면 언제나 그르다는 필연성을 지니는 반면 종합명제는 경험에 비추어 올바르거나 아니면 그르다고 판정되는 개연성을 지닌다. 어떤 명제가 지시하는 대상에 대응하는 감각경험을 확인할 수 있으면 그 명제는 올바르지만, 그렇지 않다면 그 명제는 그르다.

의미 있는 명제	분석명제	항진명제(tautology)
		모순명제(contradiction)
	종합명제	바른명제(true propositon)
		틀린명제(false propositon)

논리 실증주의에 따르면, 분석명제와 종합명제를 제외하면 모두 무의미하다. 형이상학은 그래서 무의미하다. 형이상학은 수학 명제도 아니며 검증 가능한 명제도 아니기 때문이다. 형이상학은 아무것도 주장하지 않는다. 형이상학은 지식도 아니며 이론도 아니다. 차라리 지식과 이론 그 밖에 놓인다고 해야 한다. 지식이나 이론 그 밖에 놓이는 만큼 그 올바름

과 그름을 확인할 길조차 없다. 올바름과 그름을 확인할 수 없으니 그것은 명제가 아니다. 그것은 차라리 웃음이거나, 기껏해야 서정시이거나 음악이다. 위험스러운 것은 형이상학이 지닌 매혹이다. 형이상학은 아무 지식도 주지 못하는 웃음거리로 부질없는 감정을 부추길 뿐이다. 이것이 바로 논리 실증주의자가 형이상학을 배제하고 거부하는 이유이다.

04
이모티비즘emotivism

4.1. 원형 이모티비즘

이모티비즘은, 좋음은 정의 불가능하다는 주장이다. 그렇지만 좋음이 정의 불가능한 까닭은 좋음이 비자연 속성이기 때문이 아니다. 이모티비즘에 따르면, 도덕 판단은 결코 어떤 속성을 지시하는 판단이 아니다. 도덕 판단에서 사용하는 '좋다'는 술어는, 자연 속성을 지시하는 것도 아니고, 그렇다고 비자연 속성을 가리키는 것도 아니다. '좋다'는 어떤 속성을 기술하는 단어가 아니다. 그런 만큼 도덕 판단은 관찰과 실험을 통해서 테스트될 수 없다.[11]

---

11 이모티비즘은 영어로 'emotivism'이지만, 그 번역은 '정의주의', '정동주의', '정서환기주의', '정서주의' 등등 다양하다. 이렇게 다양한 것은, 특히 'emotive'라는 언사를 놓고는 서로 이해가 엇갈리기 때문이다. 'emotive'에 가장 가까운 뜻은, '감정을 품는 상태가 아니라 감정을 드러내고 상대방을 자극하여 정서를 환기하는'이라는 뜻이다. 그렇다면 '정서환기주의'가 가장 걸맞는 듯하다. 그럼에도 오해를 피하려고 이 책에서는 따로 번역어를 찾지 않았다.

이모티비즘이 등장한 시기는 고대 그리스 소피스트에로 거슬러 올라간다. 고대 소피스트들은 청중들을 설득하기 위해 수사학을 도구로 사용했기 때문이다.[12] 그렇지만 오늘날 이모티비즘은 1930년대 논리 실증주의에서 비롯한다. 논리 실증주의에 따르면, 의미 있는 명제는 오로지 분석명제와 종합명제뿐이다. 분석명제는 항진명제/모순명제로 나뉘고, 종합명제는 경험명제를 가리킨다.

논리 실증주의에 따르면, 도덕 판단은 무의미하다. '좋다', '나쁘다', '옳다', '그르다', '해야 한다'는 표현은 명령문에 지나지 않는다. 명령문이 아니라면 도덕 판단은 감탄문에 지나지 않는다. 어느 경우이든 도덕 판단은 의미 있는 명제가 아니다. 도덕 판단은 무의미하다.

이모티비즘에 따르면, 도덕 판단이란 감탄문이거나 아니면 기원문 혹은 명령문과 같은 기능을 한다. 예를 들어 '좋다'거나 '나쁘다'는 단어를 포함하는 도덕 판단이란, 어떤 사물이나 사람에게 감정을 드러낼 뿐이다. 예를 들어 "살인은 그르다.", "행복은 좋다."는 발언은, 이 세계를 기술하지 않는다. 이런 발언들은, "살인, 그런 끔찍한 짓이라니!"이거나 "행복, 이 짜릿함이라니!"를 고상하게 표현할 따름이다.

감정을 드러냄이 감정을 기술하는 일은 아니다. 이모티비즘에 따르면, "살인은 그르다."는 판단은 "나는 살인을 싫어 한다."는 말과 서로 같지 않다. 두 사람이 서로 어떤 살인사건으로 논쟁한다고 가정해 보라. 논쟁 중에 어떤 사람이 "살인이 그르다."는 말을 했다고 가정해 보라. 이 때 이 말은 "나는 살인을 싫어 한다."를 의미하지 않는다. 만약 그렇다면, 이

12 Richard B. Brandt, "emotive theory of ethics", *Encyclopedia of Philosophy* Vol.2, Macmillan(1978), pp.493~494.

말은 옳거나 그르거나 둘 중 하나일 것이고, 그때 그 말은 어떤 상태를 기술하는 사실 판단이 된다. 그렇지만 이모티비즘에 따르면, "살인이 그르다."는 말은 결코 "나는 살인을 싫어 한다."는 심리 상태를 기술하지 않는다. 오히려 "살인이 그르다."는 말로 살인을 두려워하는 상태를 표출하는 중이거나, 아니면 살인 행위를 맹렬히 비난하는 중이다. 에어A.J. Ayer(1910~1989)는 다음과 같이 주장했다.

> 해야 할 일이란 '가치 판단'에 대해 실제 만족스럽기도 하고, 또 경험주의 일반원리와 부합하는 설명을 제시하는 일이다. 우리는 가치에 관한 진술이 통상 의의 있는 '과학' 진술임을 입증하려고 시도해야 할 것이다. 하지만 거꾸로 가치에 관한 진술이 과학 진술이 아닌 한, 그런 진술이 실제 의미 있는 게 아니라 단지 옳을 수도 있고 그를 수도 있는, 감정 표출(expression of emotion)일 따름임을 밝혀야 한다. …… 기본 윤리 개념이 등장하는 판단이 타당한가를 시험해 볼 기준이 없으므로, 이제라도 기본 윤리 개념이 분석될 수 없다는 걸 인정하고 시작하기로 하자. 여기까지는 (무어와 마찬가지로) 절대주의자와 일치하고 있다. 그러나 절대주의자 견해와 달리 윤리 개념이 분석될 수 없다는 이 사실은 설명될 수 있다. 윤리 개념이 분석될 수 없는 이유는 그것이 단지 사이비 개념이기 때문이라는 게 그 답이다. 어떤 명제 속에 나타나는 윤리 언사는 그 명제가 지시하는 사실 내용에 추가하는 내용이 전혀 없다. 따라서 혹시 내가 어떤 사람에게 "당신은 그 돈을 훔치는 나쁜 행동을 했다."고 말한다면, 그저 "당신은 그 돈을 훔쳤다."고 말하는 이상으로 무언가를 말하는 게 아니다. 이 행동이 나쁘다는 말을 덧붙인다고 해서 그 행동에 관해 더 내용이 풍부한 진술을 만들게 되는 건 아니다. 나는 단지 그 행동에 대해 도덕에 따른 부인(disapproval)을 표출한다, 그건 "당신은 그 돈을

훔쳤다."는 말을 자기 나름대로 혐오감을 드러내는 어투로 발언하고 있는 것과 마찬가지이다. …… 윤리에 관한 이 이론이 철저한 주관주의 이론이라고 지적하는 건 올바르다 하겠지만, 그래도 저 오랜 주관주의 이론과는 아주 중요한 점에서 차이가 있다. 왜냐하면 전통에 따른 주관주의자는 모럴리스트 moralist가 말하는 문장이 진정한 명제를 표현한다는 걸 부정하지는 않지만, 우리는 이 점을 거부하기 때문이다.[13]

4.2. 변형 이모티비즘

이모티비즘에 따르면, 도덕 판단은 분석명제와 종합명제와는 다르다. 그렇지만 도덕 판단은 특별 기능을 수행한다. 이모티비즘은 도덕 판단이 수행하는 특별 기능에 초점을 맞춘다. 스티븐슨C.L. Stevenson(1908~1979)에 따르면, 도덕 판단은 감정, 선호, 기호를 표출하는 데 그치지 않는다. 도덕 판단은 듣는 이로 하여금 태도를 바꾸도록 유도하는 기능을 한다. 도덕 판단은 듣는 이로 하여금 도덕 판단을 내리는 사람과 같은 태도를 갖도록 설득한다.

도덕 판단은 설득을 목적으로 삼는다. 스티븐슨에 따르면, 말은 말하는 이가 갖는 목적에 따라 둘로 나뉜다. 하나는 과학에서처럼 어떤 믿음을 기록하고 명료화하고 전달하려는 목적이다. 이 목적은 '서술(description)'로서의 사용이다. 예를 들면, "수소는 기체 중에서 가장 가볍다."는 말은, 듣는 이에게 어떤 사실을 믿도록 서술하는 말이다.[14]

---

13 A.J. Ayer, *Language, Truth, and Logic*, Penguin Books(1976), pp.136~142.

14 "The Emotive Meaning of Ethical Terms", *Facts and Values*, Greenwood

서술과는 다른 사용은, 하나는 '다이내믹dynamic'한 사용이다. '다이내믹'한 사용은, 서술이 목적이 아니다. '다이내믹'한 사용은 그 목적이 감정을 표출하거나 아니면 다른 사람이 행동이나 태도를 바꾸도록 하는 것이다. 예를 들어, "이 자리를 비켜주십시오!"는, 듣는 이가 어떤 특정 장소에서 물러나기를 요구하는 말이다. '다이내믹'한 사용은, 말하는 이가 어떤 톤으로, 어떤 제스처로, 또 어떤 분위기로 말하는가에 따라 그 효과가 달라진다. 바로 도덕 판단은 '다이내믹'한 사용이다.

윤리 언사는 이 '다이내믹'한 사용으로 '이모티브한 의미(emotive meaning)'를 지닌다. 예를 들면, 어떤 사람이 여러 사람과 이야기를 나누는 중에 59세 미혼 여성을 무심코 '노처녀'라고 불렀다. 그러나 그 '노처녀'는 그렇게 불림으로써 자기가 유별난 사람으로 여겨질지도 모른다고 생각했다. 그 '노처녀'는 마땅히 '미혼 여성'으로 불려야 했다. 그 두 말은 같은 대상을 서술하지만, '이모티브한 의미'는 사뭇 다르다. 이모티브한 의미를 지닌 말은 듣는 이에게 민감한 반응을 불러일으킨다. 이모티브한 의미를 무시한 채로 어떤 말을 사용하면 오해를 불러일으킨다.

스티븐슨에 따르면, 언어는 단순히 대상을 지시함에 그치지 않는다. 언어는 어떤 심리 상태를 불러일으키는 성향(disposition)을 지닌다. 이 성향 때문에 언어는 사람에 따라, 또 사람이 처한 상황에 따라 그 의미가 달라진다. 같은 말이라도 누가 하느냐에 따라, 또 언제 어디서 하느냐에 따라, 그 의미가 달라진다. 언어가 어떤 심리 성향을 지니는 것은, 어떤 언어를 사용하느냐에 따라, 자극받고 반응하는 성향을 지녔기 때문이다. 언어 성향과 사람 성향은 서로 복잡한 인과관계로 얽혀 있다. 그 복잡한 인과

Press(1975), p.19.

관계에서 이모티브한 언어는 비로소 의미를 지닌다.

> 말이 지닌 이모티브한 의미는, 감정이 연루된 상황에서 말이 지닌 내력 때문에, 그 말이 태도를 서술하거나 가리키는 것 말고도, 어떤 태도를 일으키거나 또는 어떤 태도를 직접 나타내는 힘이다. 그것은 단순한 형태로는 감탄사가 그 전형이다. 더 복잡한 형태로는, 그것은 시詩에 기여하는 요소이다. 또 그것은 칭찬이나 경멸을 나타내는 일상 담론 용어에서 친숙한 표현으로 사용된다는 것은 잘 알려진 사실이다. 이런 종류의 의미가 있기 때문에 윤리 판단은 (명령문 경우처럼) 일부러 의식해서 시도하지 않고도 '암시'라는 유연한 메커니즘에 의해 태도를 변경시킨다. …… 이모티브한 용어는 사람들 태도를 변경시킴에 명령하기보다는 이끄는 것이다.[15]

스티븐슨에 따르면, "여기를 떠나라!"라는 직접 명령문보다는 "여기에 계속 머물다가는 무슨 일을 당할지 모르는데……"라고 암시를 주는 편이 어떤 태도에 영향을 주기 쉽다. 그렇지만 어떤 태도에 영향을 주려면 먼저 '인지認知'가 선행되어야 한다. 무엇을 인지함으로써 행동을 불러일으키는 성향이 성립할 수 있기 때문이다. 그렇다면 윤리 언사는, 이모티브한 의미뿐만 아니라 그 이상으로 인지 요소인 서술 의미(descriptive meaning)도 지닌다.

설득 기능으로서 도덕 판단은 사실 판단과 확연히 다르다. 무어를 비롯한 비자연주의 윤리 이론은 도덕 판단이 좋음과 같은 특별 속성을 서술하는 기능을 가졌다는 독단에 사로잡혔었다. 결론은 도덕 판단이 사실 판

---

15 *Ethic and Languge*, Yale University Press(1944), p.33 이하.

단처럼 서술하는 기능을 지닌다는 게 결론이었다. 그러나 초기 이모티비즘에 따르면, 윤리 언사는 어떤 속성도 기술하지 않는다. 윤리 언사는 이모티브하기 때문이다. 그럼에도 스티븐슨에 따르면, 윤리 언사는 이모티브한 의미뿐만 아니라 서술 의미도 함께 지닌다.

05 수행과 처방

도덕 판단이 사실 판단과 다르다는 점에서, 도덕 판단이 갖는 고유한 특질에 관한 논의가 계속 이어졌다. 어떤 발언은 설득을 목적으로 사용할 수도 있고 감정 표출을 목적으로 사용할 수도 있다. 그렇지만 도덕 판단, 그 사용과 그 의미는 서로 다르다. 도덕 판단을 어떤 목적으로 사용할 수 있는 까닭은 바로 그 판단이 어떤 의미 있는 정보를 전달하기 때문이다. 그렇다면 도덕 판단에서 그 의미가 먼저이고, 사용은 그 다음이라는 결론이 나온다. 의미와 사용을 구별한 사람은 일상언어학파(ordinary language school) 오스틴J.L. Austin(1911~1960)이었다.

오스틴은 발언 수행효과(illocutionary force)와 발언 성취효과(per-locutionary force)를 구별하였다. 발언 수행효과는 그러한 발언을 지배하는 규칙에 따라 그 발언이 진행 중에 얻어진다. 예를 들어, 집 앞에 '무단출입 금지'라는 표지판을 내걸어 수행효과를 행사한다. 다른 한편, 표지판은 무단출입을 못하게 하려는 성취효과를 달성한다. 그 표지판을 본

이웃 사람들이 저 집을 함부로 들어가지 않기로 반응하는 것이 이 성취효과이다.[16]

오스틴에 따르면, 도덕 판단으로 감정을 표출하여 다른 사람을 설득할 수 있는 것은 발언 수행효과 때문이다. 도덕 판단이 가진 발언 성취효과는 발언 수행효과에 따른 우연한 결과이다. 도덕 판단은 발언 수행효과에서 그 의미가 생긴다. 발언 성취효과와 발언 수행효과는 서로 다르다. 그렇다면 윤리 언사는 발언 수행효과를 갖는 이모티브한 사용일 따름이지 정녕 발언 성취효과로서 이모티브한 의미를 지닐까 의심스럽다.

도덕 판단이 심리 상태마저 바꾸는 발언 성취효과로서 설득효과를 가질까 의심스럽다. 도덕 판단은 오히려 권유하고 안내하는 수행력을 발휘한다. 그런 수행력은 그에 합당한 이유를 제시해야 비로소 생기게 된다. 그렇다면 도덕 판단은 그 이유를 제시하는 서술 언어와 일절 무관할 수 없다.

헤어R.M. Hare(1919~)는 '서술 언어(descriptive language)'와 '처방 언어(prescriptive language)'를 나누었다. 도덕 판단은 '처방 언어'를 포함한다. 이 '처방 언어'는 이러 저러한 것을 하라는 명령이다. 그렇지만 처방 언어는 어느 특정인에게만 내리는 명령이 아니라, 누구에게나 내리는 명령을 포함한다. 처방 언어가 의미를 지니는 것은, 그것이 관련 상황에서 '누구에게나' 적용되기 때문이다.[17]

---

16 *How to Do Things with Words*, Harvard University Press(1975), pp.39~131; Michael Corrado, *The Analytic Tradition in Philosophy : Background and Issues*, American Library Association 1978,(『분석철학 : 그 전통과 쟁점들』, 곽강제 옮김, 서광사, 1986), p.157 참조.

17 *The Language of Morals*, Oxford Univ. Press(1978), p.3.

<table>
<tr><td rowspan="4">처방 언어</td><td rowspan="2">명령문</td><td>단칭 명령문</td></tr>
<tr><td>전칭 명령문</td></tr>
<tr><td rowspan="2">가치 판단</td><td>도덕과 무관한 판단</td></tr>
<tr><td>도덕 판단</td></tr>
</table>

"헤어는 명령에 관해 논리적으로 탐구하는 데 선구자였다."[18] 헤어에 따르면, 처방 표현에는 언제나 처방을 위한 전제가 적어도 하나 깔린다. 사실 판단만으로는 가치 판단을 절대 이끌어 낼 수 없다. "이 사람은 배고픈 사람이니 이 사람을 도와야 한다"는 판단에는 "배고픈 사람을 도와야 한다."는 전제가 깔린다. 문제는 왜 배고픈 사람을 도와야 하느냐이다. 이러한 물음에 배고픈 사람을 돕지 않아도 된다는 판단 역시 가능하기 때문이다. 서로 가치 판단이 팽팽하게 맞서는 가운데 서로 자기 가치 판단을 정당화해 줄 어떤 논변도 찾을 수 없다.

헤어에 따르면, 가치판단은 오로지 '선택'으로만 가능하다. "근본 원칙에 관한 문제에서 어떤 선언과 같은 주장에 대체하는 것은 논변을 통해서가 아니라 오직 그에 대응하는 선언과 같은 주장을 통해서만 가능하다." 헤어는 받아들일 수 없는 도덕 원칙을 주장하는 사람들에게 대항할 수 있는 무기는 도덕 판단이 보편화 가능하다는 그 이유로부터 얻을 수 있다고 주장한다.

예를 들어 단순히 피부색이 검다는 이유만으로 불쾌감을 주는 방식으로 흑인을 대우해야 한다고 주장하는 사람에게는 언제나 "만약 당신이

18 MacIntyre(2004), p.260.

피부가 검다면 당신에게 동일한 대우를 하는 것을 받아들일 용의가 있느냐."라고 물을 수 있다. 헤어에 따르면, 이러한 물음에 "그렇다."라고 대답할 수 있는 사람은 극소수이다. 이러한 사람들은 '광신자(fantatics)'로 불려 마땅하다. "논리적이고 개념적인 면에서, 내가 '좋다'라고 부르는 것과 '~을 마땅히 해야 한다'라고 주장하는 것은 …… 내 선택에 달려 있으며, 내가 어떤 식으로 가치평가를 선택하는가에 대해 논리적 제한은 없다." 헤어는 도덕 판단을 내림에서 내 선택보다도 더 큰 권위를 가진 선택은 없으며, 또 있을 수도 없다고 주장한다.

06 현대 규범 윤리학

1960년대는 메타 윤리학 일색이었다. 그 당시 언어분석철학이 대세였다. 그러나 1971년 롤즈John Rawls (1921~2002)는 『정의론』을 출간하였다. 이 책은 존 스튜어트 밀이래 정치철학에서 주목할 만한 책이라는 찬사와 함께 비상한 관심을 받았다. 그 당시 윤리학은 어떻게 살아야 하는가라는 문제를 외면한 채 언어분석에 매몰된 듯한 인상을 주었다. 정녕 그렇지 않다는 것을 보여주는 반증 사례가 『정의론』이었다.[19]

정의란 무엇인가라는 물음과 함께 롤즈가 제시한 방법이 특히 주목을 끌었다. 롤즈는 정의 문제를 다루면서 '원초 상태(original position)'라는 '사유 실험(thought experiment)'을 제안한다. 사유 실험이란 현실에는 없지만 생각으로 어떤 상태를 떠올리는 방법이다. 원초 상태는 아직 어떤 사회에 속하지 않은 사람들이, 앞으로 그들이 살아갈 사회를 구성하기

---

19 *A Theory of Justice*, Harvard University Press(1971).

위해 기본 원칙을 결정하려는 가상 상태이다.

원초 상태에 참여하는 개인들은 자유롭고 평등하다. 그렇지만 그 개인들은 무지 베일에 가려져 있다. '무지 베일(veil of ignorance)'에 가려짐으로써 그들은 나이, 성별, 피부색, 재능과 같이 자기의 고유한 특성을 알지 못한다. 자기의 고유한 특성을 서로 알지 못하는 만큼 그들은 자기가 어떤 삶을 바라고 있는지, 또 무엇을 선호하는지를 알 수 없다. 이들은 자기 이익에 충실한 합리적 개인일 따름이다.

롤즈는 이 원초 상태에서 개인들이 어떤 원칙에 합의한 것이 바로 정의 원칙이라고 주장한다. 그렇게 합의한 정의 원칙은 두 가지이다. 첫째 원칙은, 기본 자유를 모든 사람이 평등하게 누리는 한 되도록 많이 누려야 한다는 '최대 자유 원칙'이다. 기본 자유에는 언론자유를 비롯하여 양심 자유, 인격을 보호받을 자유, 정당한 이유 없이 체포되지 않을 자유 등이 들어간다. 둘째 원칙은, '공정한 기회균등 원칙'과 더불어, 사회에서 가장 불우한 '최소 수혜자(the least advantage)'에게 최대 이익이 돌아가지 않는 한, 그 어떤 사회 · 경제적 불평등(차별)도 허용하지 말아야 한다는 '차등 원칙(difference principle)'이다.

원초 상태에 놓인 개인들이 둘째 원칙을 채택하는 것은, 자기가 가장 불우한 처지에 놓인 사람으로 현실 세계에서 살아갈지도 모른다고 가정하기 때문이다. 원초 상태에서 개인들은 저마다 최대한 자기 이익을 추구하는 사람들인 만큼 '위험을 극소화하는 전략(maximin rule)'을 따르리라고 롤즈는 주장한다. 그러나 원초 상태 개인들이 누구나 이 차등 원칙에 합의하리라는 것은 그 누구도 장담하기 어렵다. 어떤 사람은 도박사와 같이 대담한 승부수를 걸 수도 있기 때문이다.

실상 롤즈가 제시한 '원초 상태'는 홉스와 로크가 제시하는 '자연 상태'

개념과 흡사하다. '자연 상태'와 '원초 상태'는 모두 가정 상태이거나 가설 상태이기 때문이다. 그렇지만 롤즈는 '원초 상태'를 지나치게 강조한다. 드워킨Dworkin에 따르면, 롤즈는 원초 상태에 놓인 사람들이 자기가 주장하는 정의 원칙에 합의하리라는 그 점을 입증하려고 "너무 많은 시간을 허비 한다.(Rawls spends too much time.)"

'원초 상태'에 너무 집착한 나머지 롤즈는 '원초 상태'를 마치 공리와 같은 출발점으로 세워 놓고 '냉엄한 논리(inexorable logic)'를 밟기도 한다.[20] 차라리 '원초 상태'란 '자연 상태'와 유사한 상태로서 정의 원칙을 이끌어 내는 장치로 사용했다고 논의했더라면 롤즈 정의론은 사람들에게 더 호감과 더 큰 호소력을 가질 수 있었을지도 모른다. '원초 상태'는 언제나 논란거리였다. 공동체주의자 매킨타이어A. MacIntyre(1929~)에 따르면, 롤즈는 '이모티비스트 병폐(emotivist disease)'에 시달리는 환자이다.[21] '원초 상태'는 사람이 사회를 구성하기에 앞서 어떤 추상 상태를 가정한 결과이다. 이 추상 상태란 곧 사회 구성 이전(pre-social)상태이다. 과연 사람이 사회 구성 이전 상태에서 자기가 어떤 사회에서 살 것인가를 결정지을 수 있을까. 매킨타이어에 따르면, 무척 의심스럽다. 그럼에도 롤즈는 사회 구성 이전 상태에 놓인 개인들이 각자 자기 선호에 따라 어떤 도덕 판단을 내릴 수 있음을 가정한다. 매킨타이어에 따르면, 이러한 개인은 유령과도 같다. 사회 구성 이전 상태에서 개인이 자기 선호에 따라 도덕 판단

---

20 Bryan Magee, *Men of Ideas : Some creators of contemporary philosophy*, Oxford Unversity Press, 1978(『현대 철학의 쟁점들은 무엇인가』, 이명현 외 옮김, 심설당, 1985), pp.336.

21 *After Virtue*, University of Notre dame(1981), pp.22~33; Stephen Mulhall & Adam Swift, *Liberals & Communitarians*, 2nd, Blackwell(1996), p.77.

을 내릴 수 있다는 생각이라니! 그런 생각이야 말로 이모티비스트가 하던 생각이 아닌가!

매킨타이어뿐만 아니라 샌들Michael Sandel(1953~)은, 롤즈가 계약 상황으로 제시한 원초 상태가 마치 사물 자체 세계로서 예지계를 연상시킨다고 지적한다. 예지계에 속하는 개인은 스스로 자기를 사회 구성 이전 상태에 놓일 수 있다고 상정한다. 그렇지만 어느 누구도 사회 이전 개인이기를 상정하기란 불가능하다. 차라리 롤즈가 주창하는 원초 상태는 자유주의 공동체를 가정하는 개념이다. 그런 만큼 "샌들은 롤즈 이론이, 롤즈 자신이 그 가능성을 거부하는, 정치공동체에 대한 근본 애착(constituitve attachment)을 전제한다."는 비판도 가능하다.[22]

이후 롤즈 비판은 '공동체주의와 자유주의 논쟁'으로 이어졌다. 매킨타이어와 샌들에 이어 테일러C.Taylor(1931~), 왈쩌M.Walzer(1935~) 등은 자유주의에 맞서 공동체주의를 주장했다. 마치 논쟁을 지켜보고 있기나 했었다는 듯이 롤즈는 1993년 『정치적 자유주의(Political Liberalism)』를 내놓았다.[23] 롤즈는 『정의론』에서 제시했던 '공정으로서의 정의'가 '포괄적(comprehensive)' 도덕 교설로 오해받을 수 있음을 인정하면서도, 본래 '정치적' 관점에서 마련된 것임을 분명하게 밝혔다. 그러나 이 부분 역시 지극히 난해하고 모호한 탓에 여전히 그 내용을 놓고 해석이 분분하기만 하다.

---

22 *Liberalism and the Limits of Justice*, Cambridge University Press(1982), pp.544~545; Mulhall(1996), pp.66~67.

23 Taylor, *Source of the Self*, Harvard University Press(1989), Walzer, *Spheres of Justice : A Defence of Pluralism and Equality*, Basic Books(1983), Rawls, *Po1iltical Liberalism*, Columbia University Press(1993).

07 진화생물학

7.1. 상호 호혜

사회생물학은 자연에서 도덕 판단을 이끌어 낸다. 사회생물학은 자연주의 표본이다. 사회생물학은 인간 행위를 진화론에 토대를 둔다. 진화론에 따르면, 타인 배려는 번식 이익에서 비롯된다. 이러한 관점에서 사회생물학은 도덕을 이끌어낸다. 자연선택은 행위자와 혈연관계에 놓인 사람에게 이익을 주는 유전자를 선호한다. "우리는 친구들과 친척들에 대한 친절함과 이방인에 대한 적대감 등을 소중히 여기고 승인하도록 선택되었다."[24]

이타행위는 유전자 전승 때문에 가능하다. 이타행위로 개체가 번식 이익을 누릴 수 있기 때문이다. 알렉산더Alexander에 따르면, 번식 이익이 없었더라면 도덕도 성립할 수 없었다. 도덕이 있음으로써 번식 이익도

---

24 Trigg, *The Shaping of Man*(『인간 본성과 사회 생물학』, 김성한 옮김, 궁리, 2007), pp.201~202. 이하 Trigg(2007)로 줄임.

생길 수 있었다.[25]

사회생물학에서 '이익'이란 '번식 이익'이다. '번식 이익'은 단순히 생물학 개념으로 개체 이익이 아니다. '번식 이익'은 '상호 호혜'로 얻어진다. '상호 호혜'의 개념은 혈연관계에서만 가능했던 이타행위를 설명한다. 사람은 대개 상대방에게 친절을 베푸는 것이 그렇게 함으로써 자기에게 이익으로 돌아오기 때문이라고 생각한다. 친절을 베풀면 상대방은 그 친절에 보답할 것이기 때문이다. 루즈M. Ruse에 따르면 "사람들은 일종의 사리분별이 있는 자기이익의 원리를 바탕으로 집단, 심지어 친척이 아닌 집단에 이르기까지 이타성을 확장하고 보존한다."[26]

트리버스Trivas는 '상호 호혜 이타주의(reciprocal altruism)' 개념을 제안하면서, 이타행위를 "그렇게 행동하는 생물에게는 분명하게 손해가 되면서, 동시에 밀접한 관계가 아닌 또 다른 생물에게는 이익을 주는 행동"으로 정의했다. 트리버스가 밝혀낸 것은 생물체 활동이 수단과 목적 관계에서 이기와 동시에 이타라는 이중성을 지닌다는 사실이었다. 활동 목적은 자기이익이어도 수단은 이타성을 띠기 때문이다.

상호 호혜 개념을 바탕으로 속고 속임을 당하는 문제에 관한 다양한 이론이 등장했다. 특히 상호 호혜의 개념으로 여러 사회 제도 중에서도 특히 도덕 제도를 설명할 수 있는가를 놓고서 논의가 분분했다. 상호 호혜의 개념에 따르면, "다른 사람들을 우리가 도와주어야 그 보답으로 우리를 돕는다는 것이 도덕의 핵심이다."[27] 이 상호 호혜 개념은 도덕이 자기

25 Trigg(2007), p.204.

26 Trigg(2007), pp.207~208.

27 Trigg(2007), p.211.

이익과 무관한 무조건 명령 체계가 아님을 입증한다.

7.2. 죄수 딜레마(Prisoner's Dilemma)

오늘날 '죄수 딜레마'라는 가상체험으로 어떻게 협동이 이루어질 수 있는가라는 문제가 제기되었다. 이 사고 실험이 '죄수 딜레마'로 불리는 까닭은 그 내용이, 어떤 선택을 하느냐에 따라 형량이 무거워지기도 하고 가벼워지기도 하는, 두 죄수 이야기이기 때문이다. 그것은 서로 격리된 두 죄수가 동시에 신의를 지킴으로써 두 사람 모두 가벼운 형량의 이익을 얻지만, 어느 한쪽이 배신함으로써 배신한 쪽은 이익을 독식하게 된다는 내용이다.[28] 그 내용은 이렇다.

> 두 사람이 모두 신의를 지키면 1년 형을 선고받지만, 둘 다 배신하면 3년 형을 선고받는다. 그러나 어느 한쪽이 배신하고 다른 쪽이 신의를 지키면 신의를 지킨 자는 5년 형을 선고받지만 배신자는 석방된다. 따라서 상대방이 배신할 것이라면 당신도 배신하는 편이 유리하다. 그래야 5년 형보다는 짧은 3년 형을 살게 되기 때문이다. 그렇지만 상대방이 배신하지 않는다고 해도 여전히 당신은 배신하는 편이 더 유리해진다. 상대방이 배신하지 않고 당신이 배신하는 경우 당신은 3년 형이 아니라 석방될 것이기 때문이다. 결국 상대방의 태도에 관계없이 언제나 당신이 배신하는 편이 유리하다. 그러나 상대방도 똑같이 생각하기 때문에 결론은 상호배신이다. 신의를 지키면 1년 형

---

28 Matt Ridley, *The Origin of Virtue*, Penguin Books(1996), (『이타적 유전자』, 신좌섭 옮김, 사이언스북스, 2001), pp.51~64.

이나 5년 형을 살아야 하지만, 배신을 하면 석방되거나 3년 형을 살기 때문이다. 따라서 '배신'이 최선이라는 결론이 나온다.

'죄수 딜레마'는 그 원형이 '귀게스Gyges'반지에로 올라갈 만큼 오래되었다.[29] 귀게스 반지를 훗날 루소Rousseau는 '사슴 사냥'으로 각색했다. 사슴 사냥을 할 때는 저마다 자기 위치에 충실해야 하지만, 만일 사냥꾼들 중 한 사람 옆으로 산토끼가 우연히 지나갈 때 그 토끼를 잡기위한 대열 이탈이 예상된다. 그는 다른 동료들이 그들 몫을 잃게 된다는 점을 전혀 개의치 않는다. 그는 대열 이탈로 얻은 이익을 독식한다.

'사슴 사냥'을 다시 바꿔 홉스태더Douglas Hofstadter는 현대판 '늑대 딜레마(wolf's dilemma)'라는 게임으로 내놓았다. 그 게임에 따르면, 스무 명이 각각 작은 칸막이 속에 앉아 손가락을 버튼 위에 올려놓는다. 아무도 버튼을 누르지 않고 기다리면 10분 후에는 모두에게 1000달러씩이 배당되지만, 누군가가 버튼을 누르면 그 사람은 100달러를 받고 나머지 사람들은 한 푼도 받지 못한다. 영악한 사람이라면 버튼을 누르지 않고 기다렸다가 1000달러를 받을 것이다. 그러나 좀 더 영악한 사람이라면 누군가가 멍청하게 버튼을 누를, 낮기는 하지만 있을 수 있는, 확률을 눈치 채고 차라리 자기가 먼저 눌러 이익을 취하려고 한다. 그러나 아주 영악한 사람이라면 앞서 좀 더 영리한 사람이 그 같은 추리를 해서 먼저 버튼을 누를 것임을 알기 때문에 자기가 먼저 버튼을 누를 것이다.[30]

배신이 최선의 선택이라는 '죄수 딜레마'의 결론은 충격이었다. 협동이

---

29 Platon, *Politeia*(1997), 359c,

30 Ridley(1996), p.55.

사회를 떠받치는 근간이라고 생각했던 사람은 그 결론에 거부감을 느꼈다. 플러드Merril Flood와 드레셔Melvin Dresher는 '죄수 딜레마'가 마치 공기처럼 우리 주변 어디에나 항상 있어 왔던 만큼 앞으로 엄청난 재앙이 닥칠지도 모른다고 염려했다.[31]

게임 이론은 1944년 헝가리 폰 노이만Johann von Neumann(1903~ 1957)이 처음 주창하였다. 게임 이론은 어떤 행위를 할 것이냐 말 것이냐가 타인이 하는 행위에 따라 결정되는 세계를 다루는 이론이다. 어떤 물건을 살 것이냐 팔 것이냐는 대개 다른 사람이 내리는 결정에 좌우되는 경우이다. 물론 이런 경우에도 다른 사람이 하는 행위에 관계없이 행동할 수는 있다. 그렇지만 다른 사람이 하는 행위와 완전히 무관한 행위는 불가능하다. 게임 이론은 이런 경우에 적용할 보편 전략을 찾으려는 논의이다.[32]

보편 전략을 찾는 실마리는 1951년 내쉬John Nash(1928~2015)가 제안한 평형이론(Nash's equilibrium)이었다. 내쉬가 주창한 평형 상태는, 모든 참가자들이 다른 참가자들이 구사하는 전략에 대한 적정 반응으로 자기 전략을 선택하고, 동시에 어느 누구도 그들이 선택한 전략으로부터 이탈할 만한 유혹을 받지 않는 상태이다.

내쉬 평형이론을 이해하기 위해 하메르슈타인Hammerstein과 젤턴Reinhard Selten은, 콘라드Konard와 니코Nico라는 두 가상인물을 등장시켰다. 두 사람은 주어진 돈을 서로 분배해야 한다. 콘라드는 주어진 돈을 공평하게 나눌지, 불공정하게 나눌지를 결정하는 권한을 갖고, 니코는 판

31 Ridley(1996), pp.58~59.

32 Ridley(2001), p.85.

돈이 얼마나 커야 할지를 결정한다. 이 경우 콘라드가 불공정한 분배를 결정한다면 니코와 비교해 9배나 되는 돈을 가질 수 있다. 한편, 니코가 판돈을 큰 쪽으로 선택하면, 작은 쪽을 선택할 때에 비해 두 사람 모두 열 배로 돈을 가질 수 있다. 콘라드는 공정한 분배를 선택할 수 있으며, 니코는 작은 판돈을 선택할 수도 있는 상황이다. 그렇지만 그럴 경우 두 사람 모두 몫이 줄어든다.[33]

내쉬 평형이론에 따르면, 콘라드는 불공정한 분배를 선택하고, 니코는 큰 판을 선택한다. 니코에게 큰 판은 바라던 바는 아니지만 불리한 조건에서 할 수 있는 최선이었다. 그러나 내쉬 평형 상태에서 언제나 최선에 도달하는 것은 아니다. 최선에 도달하지 못하는 경우가 더 많다. 내쉬 평형이론에 따라 몇 번에 걸친 게임을 시행한 경우, 두 사람이 모두 배반한 경우도 있었기 때문이다.[34]

정말로 배신이 '죄수 딜레마'에 나올 유일한 결론이어야 할까? 그렇지 않다는 연구가 광범위하게 이뤄졌다. 그중 하나는 '죄수 딜레마' 게임을 두 차례 이상 시행할 경우 배신이 가장 '합리적' 선택은 아니었다는 주장이다. 이 주장은 여러 차례 게임을 반복함으로써 적의가 아니라 호의가 게임 규칙이었음을 밝혀 냈다.[35]

플러드와 드레셔는 처음 게임을 고안한 당시에 이해하기 힘든 현상을 관찰했다. 그들은 두 동료 아멘 알키안Armen Alchian과 존 윌리엄스John

---

33 Ridley(2001), p.86.

34 Ridley(2001), p.87.

35 William Pounstone, *Prisoner's Dilemma*(1992), (『죄수의 딜레마』, 박우석 옮김, 양문, 2004), pp.169~175.

Williams에게 판돈을 주고 100회에 걸쳐 게임을 반복하도록 했는데, 예상 밖으로 그들은 진지하게 협동하는 모습을 보였다. 그들은 100회 게임 중에서 60회나 협동을 해서 상호부조의 이익을 누렸다.

이후 '죄수 딜레마'에 관한 연구는 상대 반응을 보지 않는 '무조건 대응'과 상대 대응에 따르는 '조건적 대응'이라는 현상을 찾아냈다. 나아가 조건부 대응 전략에도 '상대에 따라 협동과 배신을 번갈아 구사하는 맞대응', '관용을 갖춘 대응', '상호 호혜를 이끌어 내는 대응'이 이뤄졌다. '죄수 딜레마'를 게임으로 설정하여 횟수를 거듭하여 시행하기만 한다면 '배신'이 최선은 아니었다. 최선은 '상호 호혜를 이끌어 내는 대응'이었다.[36]

---

36 '상대에 따라 배반과 협동을 번갈아 구사하는 맞대응'의 전략은 레퍼퍼트(Anold Rapopott), '관용을 갖춘 대응'은 노와크(Martin Nowak), 그리고 '상호 호혜를 이끌어 내는 대응'은 프린(Marcus Frean)이 주로 연구하였다. Ridely(1996), p.60, pp.76~78, p.80.

참고문헌

Ayer, A. J. *Language, Truth, and Logic* , Penguin Books(1976).

Aristophanes, *Lysistrate* (「뤼시스트라테」, 『아리스토파네스 희극 전집』, 천병희 옮김, 숲, 2010).

Aristoteles. *Metaphysica* (『형이상학』, 조대호 옮김, 나남, 2012).

Aristoteles. *Politika*, (『정치학』, 천병희 옮김, 숲, 2011).

Arrington, Robert L. *Western Ethics : An Historical Introduction*, Blackwell(1998) (『서양 윤리학사』, 김성호 옮김, 서광사, 2003), 본문에서 Arrington(2003)으로 줄임.

Asma, Stephen T. *Against Fairness* (『편애하는 인간』, 노상미 옮김, 생각연구소, 2013).

Austin, J. L. *How to Do Things with Words*, Harvard University Press(1975).

Bakewell, Sarah. *How to Live : A Life of Montaignu* (2010) (『어떻게 살 것인가』,김유신 옮김, 책 읽는 수요일, 2012), 본문에서 Bakewell(2012)로 줄임.

Becker, Lawrence & Becker, Charlotte. ed., *Encyclopedia of Ethics* (1992), 본문에서 EE(1992)로 줄임.

Bentham. *An Introduction to the Principles and Morals and Legislation*, ed., Mary Warnock, New American Library(1962)

Bourke, Vernon J. *History of Ethics* 1(1968).

Bowiw, Norman E. & Simon, Robert L. *The Individual and the Political Order*, Prentice Hall(1977), (『사회 · 정치철학』, 이인탁 옮김, 서광사, 1988).

Broad, C. D. *Five Types Ethical Theory*, Routledge & Kegan Paul(1979)(『윤리학의 다섯 가지 유형』. 박찬구 옮김, 2000).

Bronovski, J. & Mazlish, Bruce. *The Western Intellectual Tradition : From Leonardo To Hegel*, (1970) (『서양의 지적 전통』, 차하순 옮김, 홍성사, 1979), 본문에서 Bronovski(1979)로 줄임.

Bryan, Magee. *The Great Philosophy*, Oxford University Press(1987) (『위대한 철학자들』,수선철학회 옮김, 동녘, 1994), 본문에서 Magee(1994)로 줄임.

Collinson, Diané. *Fifty Major Philosophers*, Routledge(1987)(『철학의 큰 스승 50』, 김동림 외 옮김, 책세상, 1991), 본문에서 Diané Collinson(1987)로, 혹은 Diané Collinson(1991)로 줄임.

Corrado, Michael. *The Analytic Tradition in Philosophy : Background and Issues*, American Library Association(1978) (『분석철학 : 그 전통과 쟁점들』, 곽강제 옮김, 서광사, 1986).

Edward, Paul. ed., *Encyclopedia of Philosophy* (The Macmillan Company, 1978).

Greer, Germaine. *The Female Eunuch* (『여성, 거세당하다』, 이미선 옮김, 텍스트, 2012).

Gros, Frédéric. *Marche, une philosophie*(2009)(『걷기, 두발로 사유하는 철학』, 이재형 옮김, 책세상, 2014).

Hacking, Ian. *Why does Language Matter to Philosophy*?, Cambridge University Press(1975)(『왜 언어가 철학에서 중요한가?』,선혜영 외 옮김, 서광사, 1987).

Hamlyn, D. W. *The Pelican Western Philosophy*, Pelican Book(1989).

Hampsire, Stuart. *Spinoza*, Penguin Book(1951).

Hare, R. M. *The Language of Morals*, Oxford University Press(1978).

Heibroner, Robert. *Worldly Philosophers* (『세속의 철학자들』, 장상환 옮김, 이마고, 2005).

Hesiodos. *THEOGONIA*,(『신통기』, 김원익 옮김, 민음사, 2003), 본문에서 *THEOGONIA* (2003)로 줄임.

Hobbes. *Leviathan*, ed., Tuck Richard Cambridge Univ. Press(1991), 본문에서 *Leviathan*(1991)로 줄임.

Homeros. *ILIAS* (『일리아스』, 천병희 옮김, 숲, 2007), 본문에서 *ILIAS* (2007)로 줄임.

Homeros. *ODYSSEIA* (『오뒷세이아』, 천병희 옮김, 숲, 2015) 본문에서 *ODYSSEIA*(2015)으로 줄임.

Hospers, John. *Human Conduct* (『인간행위론』, 최용철 옮김, 간디서원, 2003), 본문에서 Hospers(2003)로 줄임.

Irwin, Terence. *The Development of Ethics*, Oxford University Press(2008).

Janes, Julian. *The Origin of Consciousness in the Breakdown of the Bicameral Mind*, Trust(1976), (『의식의 기원』, 김득용 외 옮김, 한길사, 2005), 본문에서 Janes(2005)로 줄임.

Kant. *Fundamental Principles of the Metaphysics of Morals*, trans., Abbott, Thomas K. (1945).

Kojin, Karatani. *Tetugaku No Kigen*, (『철학의 기원』, 조영일 옮김, 도서출판 b, 2012), 본문에서 Karatani Kojin(2012)로 줄임.

Läertios, Diogenes. *Vitae Philsophorum*, (『그리스철학자열전』,동서문화사, 2011), 본문에서 Läertios (2011)로 줄임.

Lakoff, George. *Moral Politics : How Liberals and Conservatives Think* (『도덕 정치를 말하다』, 손대오 옮김, 김영사, 2010).

Locke. *Two Treatise of Government : THE Second Treatise of Government–An Essay Concerning the True Original, Extent, and End of Civil–Government* (『통치론』,강정인외 옮김, 까치, 1996).

MacIntyre, Alasdair. *A Short History of Ethics*, University of Notre Dame Press(1996) (『윤리의 역사, 도덕의 이론』, 김민철 옮김, 철학과현실사, 2004), 본문에서 MacIntyer(1996) 혹은 MacIntyer(2004)로 줄임.

MacIntyre, Alasdair. *After Virtue*, University of Notre Dame(1981).

Macpherson, C. B. *The Political Theory of Possesive Individualism*, Oxford University Press, (1990) (『홉스와 로크의 사회철학–소유적 개인주의 정치이론』, 강유원외 옮김, 박영사, 2002), 본문에서 Macpherson(2002)으로 줄임.

Magee, Bryan. *The Story of Philosophy : The Essential Guide To the History of Western Philosophy*(1998).

Magee, Bryan. *Men of Ideas : Some creators of contemporary philosophy*, Oxford Unversity Press(1978)(『현대 철학의 쟁점들은 무엇인가』, 이명현 외 옮김, 심설당, 1985).

Mandeville, Bernard. *The Fable of the Bees Or, Private Vices, Benifits* (『꿀벌의 우

화, 개인의 악덕, 사회의 이익』, 최윤재 옮김, 문예출판사, 2011).

Mark, Johnson. *Moral Imagination* : I*mplication of Cognitive Science for Ethics*, University of Chicago Press(1993)

Martin, Thomas R. *Ancient Greece* : *From Prehistoric to Hellenistic Times*, (『고대 그리스사 :선사시대에서 헬레니즘까지』, 이종인 옮김, 책과함께, 2013), 본문에서 Martin(2013)으로 줄임.

Marx. Menifest der Kommunistischen Partei (『공산당 선언』, 이진우 옮김, 2002, 책세상), 본문에서Marx(2002)로 표기함.

Mill, J. S. *On Liberty* (『자유론 』, 서병훈 옮김, 책세상, 2005), 본문에서는 J. S. Mill(2005)로 줄임.

Mill, J. S. *Utilitarianism* (『공리주의』, 서병훈 옮김, 책세상, 2007), 본문에서 J. S. Mill(2007)로 줄임.

Mill, J. S. *The Subjection of Women* (『여성의 종속』, 서병훈 옮김, 책세상, 2015), 본문에서 J. S. Mill(2015)로 줄임.

Morgan, Kenneth. ed., *The Oxford History of Britain, Oxford University Press*(『옥스퍼드 영국사』, 영국사학회 옮김, 2012, 한울), 본문에서 Morgan(2012)로 줄임.

Monahan, Sean. '토마스 페인, 한 혁명가의 삶과 사상', 「녹색 평론」147호, 녹색평론사, 2016,

Moore, G. E. *Principia Ethica*, Cambridge University Press(1903), 본문에서 Moore(1903)로 줄임.

Mulhall, Stephen & Swift, Adam. *Liberals & Communitarians*, 2nd, Blackwell(1996).

Mumford, Lewis. *The Story of Utopia* (『유토피아 이야기』, 박홍규 옮김, 텍스트, 2010).

Munitz, M. K. *Contemporary Analytic Philosophy* (1981).

Nietzsche, *Also Sprache Zarathustra* (『차라투스트라는 이렇게 말하였다』, 정동호 옮김, 책세상, 2000), 본문에서 Nietzsche(2000)로 줄임.

Nietzsche. *Die Geburt der Tragödie*, (『비극의 탄생』, 이진우 옮김, 책세상, 2005),

본문에서 Nietzsche(2005)로 줄임.

Norton, David Fate. ed., *A Treatise of Human Nature*, Oxford University Press(2003), 본문에서 Hume(2003)로 줄임.

Paine, Thomas. *Common Sense* (『상식』, 박홍규 옮김, 필맥, 2004), 본문에서 Paine(2004)로 줄임.

Pearson, Lionel, *Popular Ethics in Ancient Greece*, Stanford University Press(1966).

Peters, F. E. *Greek Philosophical Terms : A Historial Lexicon*, New York University Press(1967).

Plamenatz, John. *The English Utilitarians*, Basil Blackwell(1966).

Platon, Paidon (『파이돈』, 박종현 역주, 서광사, 2003).

Platon. Apologia (『변론』, 박종현 역주, 서광사, 2003).

Platon. Euthyphron (『에우티프론』, 박종현 역주, 서광사, 2003).

Platon. Menon (『메논』,박종현 역주, 서광사, 2010).

Platon. Politeia (『국가』, 박종현 옮김, 서광사, 2005).

Popper, K. *The Open Society and Its Enemy* I , Routledg(1945) (『열린사회와 그 적들 I』, 이한구 옮김, 민음사, 1995).

Pounstone, William. *Prisoner's Dilemma*(1992), (『죄수의 딜레마』,박우석 옮김, 양문, 2004).

Prior, William J. *Virtue and Knowledge : An Introduction to Ancient Greek Ethics*, Routeledge(1991)(『덕과 지식, 그리고 행복』, 오지은 옮김, 서광사, 2010), 본문에서 Prior (2010)로 줄임.

Rawls, John. *A Theory of Justice*, Harvard University Press(1971).

Ridley, Matt. *The Origin of Virtue*, Penguin Books (1996), (『이타적 유전자』,신좌섭 옮김, 사이언스북스, 2001).

Rogers, Reginald A. P. A *Short History of Ethics : Greek and Modern*, Macmillan(1911).

Rousseau, J. J. *Du contrat social* (『사회 계약론』,박호성 옮김, 2015).

Rousseau, J. J. *Discours sur l'origine et les fondements de l'inegalité parmi les hommes*, (『인간 불평등 기원론』, 이영찬 역주, 계명대학교 출판부, 2010),

본문에서 Rousseau(2010)로 줄임.

Sahakian, William S. *Ethics: An Introduction to theories and problems*, Barnes & Noble Books (1974) (『윤리학의 이론과 역사』, 송휘칠 외 옮김, 박영사, 1986) 본문에서 Sahakian (1974)와 Sahakian(1986)으로 줄임.

Schopenhauer, *Die Welt als Wille und Vorstellung* (『의지와 표상으로서의 세계』, 홍성광 옮김, 을유문화사, 2009), 본문에서 Schopenhauer(2009)로 줄임.

Schopenhauer. *Über die Grundrage der Moral*(1840), (『도덕의 기초에 관하여』, 김미영 옮김, 책 세상, 2004), 본문에서 Schopenhauer(2004)로 줄임.

Scrouton, Roger. *Xanthippic Dialogues*, Curtis Curtis(1993) (『크산티페의 대화』, 김재인 옮김, 민음사, 1993)

Sidgwick, H. *Method of Ethics*, Macmillan(1913).

Singer, Peter. *The Expanding Circle ; Ethics and Sociobiology*, Farrar, Straus and Giroux(1981)(『사회생물학과 윤리』, 김성한 옮김, 연암서가, 2012).

Skirbekk, Gunnar & Gije Nils. *A History of Western Thought*, Routlege(2001) (『서양 철학사』, 윤형식 옮김, 이학사, 2016), 본문에서 Skirbekk(2016)로 줄임.

Smart, J. J. C. & Williams, B. *Utilitarianism: For and Against*, Cambridge University Press(1973).

Smith, Adam. *Moral Sentiments* (『도덕 감정론』, 박세일 외 옮김, 비봉출판사, 2009), 본문에서 A. Smith(1996)로 줄임.

Sophokles. *Oedipus the King* (『오이디푸스 왕』, 강대진 옮김, 민음사, 2009), 본문에서 Oedipus the King(2009)로 줄임.

Stevenson, C. L. *Ethic and Languge*, Yale University Press(1944).

Stevenson, C. L. *Facts and Values*, Greenwood Press(1975).

Stevenson, Leslie Foster & Haberman,David L. *Ten Theories ofHuman Nature*(『인간 본성에 관한 10가지 이론』,박중서 옮김, 갈라파고스 2006).

Stumpf, Samuel Enoch. *Socrates to Sartre : A History of Philosophy*, McGraw-Hill Book Company(1988)(『소크라테스에서 포스트모더니즘까지』, 이광래 옮김, 열린책들, 2003), 본문에서 Stumpf(2003)로 줄임.

The Fragments of Presocratic Philosophers, (『소크라테스 이전 철학자들의 단편 선

집』, 김인곤 외 옮김, 아카넷, 2015), 본문에서 『단편선집』(2015)으로 줄임.

Thomson, G. *The Study of Ancient Greek Society : The First Philosophy*, London, Lawrence & Wishart(1961), (『고대사회와 최초의 철학자들』, 조대호 옮김, 고려원, 1992), 본문에서 G, Thomson(1992)로 줄임.

Thoukydides. *Ho Polemos ton Peloponnesion kai Athenaion* (『펠로폰네소스전쟁사』, 천병희 옮김, 숲, 2014), 본문에서 Thoukydides(2014)로 줄임.

Toulmin, Stephen. *The Abuse of Casuistry : A History of Moral Reasoning*, University of Calfornia(1998) (『결의론의 남용 : 도덕 추론의 역사』, 권복규외 옮김, 로도스, 2009), 본문에서 Toulmin(2009)으로 줄임.

Trigg, Roger. *Ideas of Human Nature : An Historical Introduction*, Basil Blackwell(1988), (『인간 본성에 대한 철학적 논쟁』, 최용철 옮김, 간디서원, 1996).

Trigg, Roger. *The Shaping of Man* (『인간 본성과 사회 생물학』, 김성한 옮김, 궁리, 2007).

Urmson, J.O. & Rée, Jonathan. ed., *The Concise Encyclopedia of Western Philosophy and Philosophers*(1989).

Watkins, F. M. *The Age of Ideology-Political Thought 1750 to the Present* (『이데올로기의 시대』, 이홍구 옮김, 을유문화사, 1987).

Wedgwood, C. V. *The Thirty Years Wars* (2005) (『30년 전쟁 : 1618-1638』, 남경태 옮김, Humanist, 2011), 본문에서 Wedgwood(2011)로 줄임.

Wiener, Ralph. *Der Lachende Schopenhauer, Eine Blütenlese*, Milittzke Verlang,(1996), (『쇼펜하우어 세상을 향해 웃다』, 최홍우 옮김, 시아출판사,2006).

Weischedel, Wilhelm. *Die Philsophische Hintertreppe*(1973) (『철학의 뒤안길』, 이기상 · 이말숙 옮김, 서광사, 1990).

Wicks, Robert L. *Schopenhauer's The World as Will and Representation*, Bloomsburt(2011)(『쇼펜하우어의 '의지와 표상으로서 세계' 입문』, 김효섭 옮김, 서광사, 2014)

Williams, Bernard. *Ethics and Limits of Philosophy*, Harvard University Pess(1985).

Wittgenstein. *Tractatus Logico Philosophicus*, The Humanities Press(1956).
Wollstonecraft. *A Vindication of Right of Woman* (1792)(『여성의 권리 옹호』, 문수현 옮김, 책세상, 2011), 본문에서 Wollstonecraft(2011)로 줄임.

강재륜, 『윤리와 언어 분석』, 철학과 현실사(1996).
강재륜, 『윤리학의 역사』, 대왕사(1996).
강준호, '시즈위크의 『윤리학의 방법들』에서 직관주의와 공리주의의 관계', 「범한 철학」 78집, 범한철학회(2015).
김영철, 『윤리학』, 동아학연사(1982).

찾아보기

ㄱ

ㄴ

ㄷ

ㄹ

ㅂ

ㅅ

ㅇ

ㅈ

ㅊ

ㅋ

ㅌ

ㅍ

ㅎ

건지학술총서 ❻

윤리학 그 흐름과 쟁점들

'일리아스'부터 '죄수 딜레마'까지

지은이 최용철
펴낸이 이남호
펴낸곳 전북대학교출판문화원

초판 1쇄 인쇄 2016. 12. 25
초판 1쇄 발행 2016. 12. 30

전북대학교출판문화원 전라북도 전주시 완산구 어진길 32 (풍남동2가)
전화 (063) 219-5321~2
FAX (063) 219-5323
출판등록 2012년 8월 20일 제465-2012-000021호

값 35,000원

ISBN 979-11-87892-07-6 94190
ISBN 978-89-98534-66-0(세트) 94080

이 도서의 국립중앙도서관 출판예정도서목록(CIP)은 서지정보유통지원시스템 홈페이지(http://seoji.nl.go.kr)와 국가자료공동목록시스템(http://www.nl.go.kr/kolisnet)에서 이용하실 수 있습니다. (CIP제어번호 : CIP2016031096)